汉代农业社会诸问题研究

黄今言 著

中国社会科学出版社

图书在版编目（CIP）数据

汉代农业社会诸问题研究/黄今言著.—北京：中国社会科学出版社，2024.8
ISBN 978-7-5227-3541-2

Ⅰ.①汉… Ⅱ.①黄… Ⅲ.①三农问题—研究—中国—汉代 Ⅳ.①F329.034

中国国家版本馆CIP数据核字（2024）第091616号

出 版 人	赵剑英
责任编辑	吴丽平
责任校对	李　莉
责任印制	李寡寡

出　　版	中国社会科学出版社
社　　址	北京鼓楼西大街甲158号
邮　　编	100720
网　　址	http://www.csspw.cn
发 行 部	010-84083685
门 市 部	010-84029450
经　　销	新华书店及其他书店

印刷装订	北京君升印刷有限公司
版　　次	2024年8月第1版
印　　次	2024年8月第1次印刷

开　　本	710×1000　1/16
印　　张	26
插　　页	2
字　　数	326千字
定　　价	169.00元

凡购买中国社会科学出版社图书，如有质量问题请与本社营销中心联系调换
电话：010-84083683
版权所有　侵权必究

前　言

中国是世界上农业起源最早的国家之一。在中国古代，农业是主要产业部门，农民占人口的绝大多数，农村为整个社会的基础。以农业、农民和农村为主体构成的农业文明，在很大程度上决定着中国传统社会的历史特点和基本国情。从历史发展的脉络来看，汉代社会值得高度关注。深入研究汉代的农业、农民和农村，认真总结它的经验教训，具体剖析其发展轨迹与得失，是史学工作者的重要使命。此研究不仅具有学术价值，而且对今天的"三农"问题也富有积极的借鉴意义。

长期以来，特别是改革开放后，史学界对汉代的农业、农民和农村分别做过有益的探讨。在现有的论著中，已有专门的农业史、农民史、农村社会史及众多论文，可谓成果丰硕，功不可没。但是也存在一些不足，主要体现在以下三个方面，一是分散研究多，综合性的整体考察少；二是关注的广度、深度不够，存在不少薄弱环节和盲点；三是因研究视角和对史料的理解不同，有些方面认识不一，存在异议。

多年来，我对汉代农业、农民和农村问题研究的进展较为关注，有过一些追索。为避免与前人成果重复，不拟对之进行全面系统的阐述。只是试图根据目前研究现状中的不足和问题，侧重疑难，做些填漏补缺，主要是针对过去没有关注，或很少涉及并有异议的问题展开探讨，如农业方面，主要探讨国家重农政策创立的时间和贯彻情况，汉代南方水稻种植的演进，全国各地的农业劳动生产率，农业商品生产的群体结构，专业农户的经济效益，农业生态思想与环境保护，农业成就的总体评估等问题；农民方面，主要就农民的构成与其生产经营特点，农民的权益与负担，自耕农的经济收支状况，农民的土地拥有量与其"背本趋末"的表征和原因进行探讨；农村方面，着重就汉代的乡里聚落，集市贸易，私人借贷，民间的扶贫互助，三老、父老的选拔和作用，国家对农村社会的治理和管控等问题进行探讨。我聚焦这些以往研究薄弱的节点，进行研究并汇集成册，目的仍在希冀方家和读者赐教！同时，也望为日后对汉代"三农"的深入研究，有所裨益！

目 录

上篇　农业篇

国家重农政策在秦汉时的确立与推广 …………………………… 3
汉代南方水稻种植与耕作方法的演进 …………………………… 20
汉代不同农耕区的劳动生产率问题
　　——以粮食生产为研究中心 ………………………………… 38
汉代农业商品生产的群体结构及其发展水平之评估 …………… 56
汉代专业农户的商品生产与市场效益 …………………………… 75
汉代农业生态思想的践行模式 …………………………………… 88
汉代农业资源开发与生态环境 …………………………………… 103
汉代农业发展的突出成就 ………………………………………… 131

中篇　农民篇

汉代农民的构成及其数量变化 …………………………………… 151
汉代农民生产经营的基本特征 …………………………………… 160
汉代农民享有的权利与赋役负担 ………………………………… 172
汉代自耕农经济的初步探析 ……………………………………… 194

汉代农民土地所有权的发展与其地权丧失后之流向 …………… 217

汉代农民"背本趋末"的历史考察 ………………………………… 236

下篇　农村篇

汉代聚落形态试说 …………………………………………………… 267

汉代农村集市贸易的发展 …………………………………………… 290

汉代民间的扶贫与互助 ……………………………………………… 307

汉代借贷盛行与农村社会 …………………………………………… 320

汉代乡里的三老与父老 ……………………………………………… 334

汉代国家对农村社会的治理和管控 ………………………………… 345

两汉自然灾害与政府的赈灾行迹年表 …………………………… 375

后　记 ………………………………………………………………… 409

上篇 农业篇

国家重农政策在秦汉时的
确立与推广

重农政策，历来为学界所关注。现已刊发了不少研究成果。但在中国历史上重农始于何时？重农的原因是什么？重农的内容和政策举措有哪些？重农政策在当时贯彻程度如何？对这些问题，人们的认识并非完全一致，目前仍有较大的研究空间。这里，拟在前人研究的基础上，专就秦汉时期重农政策的确立与推行，以及它在实际贯彻中的问题等，谈些初步看法。

重农政策在秦的确立

农业是古代社会最重要的产业部门。农业在社会经济中的重要性，早在先秦时期的一些政治家、思想家就有过论述。西周末年的虢文公说："夫民之大事在农，上帝之粢盛于是乎出，民之蕃庶于是乎生，事之供给于是乎在，和协辑睦于是乎兴，财用蕃殖于是乎始，敦庞纯固于是乎成。"[①] 春秋战国之际的墨翟说："凡五谷者，民之所仰也，君之所以为养也。故民无仰则君无养；民无食则不可事。故食不可不务

[①] 《国语·周语》，上海古籍出版社1978年版，第15页。

也，地不可不力也。"① 战国时期的诸子百家，如李悝、荀子、韩非子等，对农业的重要性，也都有各自的论断和深刻的认知。

但国家重农政策的有力创导者是秦国的商鞅。据《商君书·农战》记载：

> 凡人主之所以劝民者，官爵也；国之所以兴者，农战也……圣人知治国之要，故令民归心于农……是以明君修政作壹，去无用，止浮学事淫之民壹之农，然后国家可富而民可抟也。②

现存《商君书》虽非商鞅所作，但它保存了不少商鞅的思想。商鞅认为，要使国家富强，唯一的途径就是"农战"，即农业和战事。只有专心"农战"，国家才能富强。他从这一理论出发，提出了许多重农的具体政策。首先，大力提倡开垦荒地。在《垦令篇》中，列出了二十种督促农民积极垦荒的办法。从上到下，各行各业，皆做了严格规定，要求务必执行，促使农民专心生产，以增加农业收入。其次，提倡增加农业劳动力，在《徕民篇》中，建议秦王广招"徕民"。对来到秦国的各国人民给予优待，"利其田宅，复之三世"，用以解决秦国地广人稀、缺乏农业劳动力问题。最后，就是提高粮价，加重商业税。在《外内篇》中提出："欲农富其国者，境内之食必贵，而不农之征必多，市利之租必重。"提高从事农业的利益，减少商业赢利。防止商业活动侵蚀和影响农业生产。另外，商鞅在秦国主持变法时，除了对土地制度和赋税制度进行改革外，还规定"僇力本业，耕织致粟帛多者复其身"③，可享受免除徭役的优待。这些重农政策为当时秦国的农业发展起到了促进作用，后来，使秦国一跃而成为较强的诸侯国。

---

① 孙诒让：《墨子间诂》，中华书局 2001 年版，第 25 页。
② 蒋礼鸿：《商君书锥指》，中华书局 1986 年版，第 19—26 页。
③ 《史记》卷六八《商君列传》，中华书局 1959 年版，第 2230 页。

商鞅死后,"秦法未变"。重农政策在秦继续得到推行。当秦王政(始皇)刚登上王位时,很重视古代农业生产经验的总结,他命相国吕不韦主持编撰了《吕氏春秋》。这部百科全书式的著作,收入了农家学派的《上农》《任地》《辨土》《审时》四篇文章。其中不仅强调农业的重要,而且涉及农业生产中的一些关键性问题。例如,对土壤的识别与改良;因地制宜,合理种植;育苗、除草、灭虫、施肥等,乃至精耕细作,生产季节等都做了总结。要求农民在生产实践中遵照执行。尤其应当指出的是,当时还重视与强化对农业的立法,颁布了一系列的法律条文,推进农业生产的发展。这在《睡虎地秦墓竹简》中,提供了丰富的具体资料,主要体现在以下几个方面。

第一,督促农户耕垦,合法使用土地。《田律》规定"以其受(授)田之数,无豤(垦)不豤(垦),顷入刍三石、槀二石"①。受田民不论耕垦与否,都要以其授田之数上交一定数量的田租、刍稿。还规定"盗徙封,赎耐"②,这里的"封"是指田界。不论是国有土地还是私有土地的田界,都要受到保护。若私自迁移田界,侵犯他人的土地所有权,便要受到法律的惩处。

第二,定期评比、考核对耕牛的饲养和保护。《厩律》规定"正月大课"之时,对耕牛饲养得好、成绩优秀的,赏赐田啬夫酒一壶,干肉十条,免除饲牛者一次更役,赏赐牛长资劳三十天;成绩低劣者,申斥田啬夫,罚饲牛者资劳两个月。还规定"将牧公马牛,马「牛」死者,亟谒死所县"③。即放牧官有的牛马,若有死亡,应及时向牛马死时所在的县呈报,并做出处理。

第三,加强田间管理,保护农作物生长。《田律》规定"雨为澍

---

① 《睡虎地秦墓竹简》,文物出版社1978年版,第27—28页。
② 《睡虎地秦墓竹简》,文物出版社1978年版,第178页。
③ 《睡虎地秦墓竹简》,文物出版社1978年版,第30—35页。

(澍），及诱（秀）粟，辄以书言澍（澍）稼、诱（秀）粟及垦（垦）田畅毋（无）稼者顷数。稼已生后而雨，亦辄言雨少多，所利顷数。早（旱）及暴风雨、水潦、螽（螽）蚰、群它物伤稼者，亦辄言其顷数。近县令轻足行其书，远县令邮行之，尽八月□□之"①。意思是，下了及时雨和谷物抽穗，地方官应及时用书面向上级报告受雨、抽穗的顷数和已开垦而没有耕种的田地顷数。禾稼生长后下了雨，也要立即报告雨量多少和受益田地顷数。如果旱灾、暴风雨、涝灾、蝗虫及其他害虫等灾害损伤了禾稼，也要报告受灾顷数。距离近的县，文书由走得快的人专程递送；距离远的县，由驿站传送；在八月底之前送达。

第四，凡政府直接经营的农业生产，包括种子、播种量、收获物等，按照制度规定执行。《仓律》规定"稻、麻亩用二斗大半斗，禾、麦一斗、黍、苔（同答）亩大半斗，叔（菽）亩半斗"。还规定作物收获后，要上报产量，不同农产品分别存放。谷物的入仓、出仓时要履行登记、封印、上报等手续，并注明仓库管理人员的姓名，以便验证等。② 管理非常具体而严格。

第五，禁止滥伐森林、堵塞水道等，保护农业生态环境。《田律》规定"春二月，毋敢伐材木山林及雍（壅）隄水。不夏月，毋敢夜草为灰，取生荔、麛卵鷇，毋□□□□□□毒鱼鳖，置穽罔（网），到七月而纵之。唯不幸死而伐绾（棺）享（椁）者，是不用时"③。意思是，春天二月，不准采摘刚发芽的植物或捉捕幼兽、鸟卵和鸟，不准毒杀鱼鳖，不准设置捕捉鸟兽的陷阱和网罟，到七月解除禁令。只有因有死亡而需伐木制造棺椁，才不受季节限制。这些对保护山林川泽

---

① 《睡虎地秦墓竹简》，文物出版社1978年版，第24—25页。
② 《睡虎地秦墓竹简》，文物出版社1978年版，第35—54页。
③ 《睡虎地秦墓竹简》，文物出版社1978年版，第26页。

和野生动物的政策措施，有利于保护生态和农业的发展。

此外，还禁止酤酒。《田律》规定"百姓居田舍者毋敢酤（酤）酉（酒），田啬夫、部佐谨禁御之，有不从令者有罪"①，旨在防止粮食消耗。

秦始皇统一六国之后，在琅琊刻石称："皇帝之功，勤劳本事，上农除末……节事以时，诸产繁殖。"② 上述睡虎地秦墓竹简提供的材料可进一步得到证实。秦时的重农政策对促进农业生产的发展，确乎起到了积极的作用。

汉代推行重农政策的举措

两汉政权对农业重要性的认识显得更为突出。皇帝经常下达重农诏令，强调农业的重要：

文帝在前元二年二月诏曰："夫农，天下之本也。"③

景帝后元三年正月诏曰："农，天下之本也……其令郡国务劝农桑，益种树，可得衣食物。"④

昭帝元平元年二月诏："天下以农桑为本。日者省用，罢不急官……耕桑者益众，而百姓未能家给，朕甚愍焉。"⑤

成帝阳朔四年诏曰："夫洪范八政，以食为首，斯诚家给刑错之本也。先帝劭农，薄其租税，宽其强力，今与孝弟（悌）同科。"⑥

---

① 《睡虎地秦墓竹简》，文物出版社 1978 年版，第 30 页。
② 《史记》卷六《秦始皇本纪》，中华书局 1959 年版，第 245 页。
③ 《汉书》卷四《文帝纪》，中华书局 1962 年版，第 117 页。
④ 《汉书》卷五《景帝纪》，第 152 页。
⑤ 《汉书》卷七《昭帝纪》，第 232 页。
⑥ 《汉书》卷一〇《成帝纪》，第 314 页。

章帝元和元年诏曰："王者八政，以食为本，故古者急耕稼之业，致耒耜之勤，节用储蓄，以备凶灾，是以岁虽不登而人无饥色。"①

两汉皇帝的重农诏令很多。几乎每个皇帝登基后，都要强调农业的重要性。当时还有许多思想家也曾对农业的重要有过不少论述。

汉代帝王和思想家强调要重视农业的理由，一是，认为农业是衣食之源，"人情，一日不再食则饥，终岁不制衣则寒……故务民于农桑"②。衣食之资，要靠发展农业来提供，农业为立国之本，是必不可少的大事。二是，认为农业能创造社会财富，是国家富裕的首要条件。发展农业可"开资源之道"，增加赋税，积累财富，增加国家财政收入，实现"富安天下"。还认为发展农业是巩固国家政权，维护社会秩序稳定的必要保证。"仓廪实而知礼节，民不足而可治者，自古及今，未之尝闻"。"民贫，则奸邪生。贫生于不足，不足生于不农，不农则不地著，不地著则离乡轻家，民如鸟兽，虽有高城深池，严法重刑，犹不能禁也"③。只有发展农业，才能国富民安，达到社会秩序稳定的目的。因此，重农不仅是一个经济问题，同时也是一个政治问题，它直接关系国家政权能否巩固。东汉时的张奋就曾说道："夫国以民为本，民以谷为命，政之急务，忧之重者也。"④ 这可以说是对重农意义的有力注释。汉代统治者在这种重农思想的指导下，当时采取了一系列的政策措施。归纳起来，主要体现在如下几个方面。

第一，帝王亲自"藉田"，置"力田"为典范。"藉田"是劝课农桑的一种礼制，周代已然。当时每年立春之日，周王率领诸侯在田里举行藉田礼，劝导农事。迄至汉代，从汉文帝开始，皇帝在立春之日

---

① 《后汉书》卷三《章帝纪》，中华书局1965年版，第145页。
② 《汉书》卷二四《食货志》，第1131页。
③ 《汉书》卷二四《食货志》，第1131页。
④ 《后汉书》卷三五《张奋传》，第1199页。

也举行藉田礼,以示对农业的重视。例如,汉文帝十三年(前167)诏曰:"朕亲率天下农耕以供粢盛,皇后亲桑以奉祭服,其具礼仪。"① 汉景帝后元二年(前142)诏曰:"朕亲耕,后亲桑,以奉宗庙粢盛祭服,为天下先。"② 东汉明帝永平四年(61)亦诏曰:"朕亲耕藉田,以祈农事。"注引《礼记》曰:"天子亲耕于东郊,为藉田千亩,冕而朱紘,躬秉耒耜。"《五经要义》曰:"天子藉田,以供上帝之粢盛,所以先百姓而致孝敬也。藉,蹈也。言亲自蹈履于田而耕之。"《续汉志》云:"正月始耕,既事,告祠先农。"《汉旧仪》曰:"先农即神农炎帝也。祠以太牢,百官皆从。皇帝亲执耒耜而耕。天子三推,三公五,孤卿七,大夫十二,士庶人终亩。乃致藉田仓,置令丞,以给祭天地宗庙,以为粢盛。"③ 当时,除行"藉田礼"之外,还在乡里设置"力田","欲以劝厉天下,令各敦行务本"④,在社会基层以"力田"为重视农业、努力耕稼的表率。

第二,大力兴修水利灌溉工程。汉代对水利与农业的关系有了进一步的认识。汉武帝曾在诏令中说:"农,天下之本也。泉流灌浸,所以育五谷也。左、右内史地,名山川甚众,细民未知其利,故为通沟渎,畜陂泽,所以备旱也……令吏民勉农,尽地利,平繇行水,勿使失时。"⑤ 由于对水利重视,当时在全国范围内掀起了兴修水利的高潮。在今关中平原、河西走廊和淮河流域,都开凿了许多水利灌溉渠道。其中尤以关中的六辅渠和白渠灌溉量为大。白渠凿成之后,当地人民歌之曰:"且溉且粪,长我禾黍。衣食京师,亿万之口。"⑥ 可见水利

---

① 《汉书》卷四《文帝纪》,第125页。
② 《汉书》卷五《景帝纪》,第151页。
③ 《后汉书》卷二《明帝纪》及注,第107—108页。
④ 《汉书》卷三《高后纪》注引师古曰,第96页。
⑤ 《汉书》卷二九《沟洫志》,第1685页。
⑥ 《汉书》卷二九《沟洫志》,第1685页。

灌溉给农业生产带来了巨大的效益。东汉时期，不少地方官吏主持修治陂塘也很有成绩。例如，建武初年（25），渔阳太守张堪，"乃于狐奴开稻田八千余顷，劝民耕种，以致殷富"①。建武年间，汝南太守邓晨，"晨兴鸿却陂数千顷田，汝土以殷，鱼稻之饶，流衍它郡"②。武威太守任延在河西"乃为置水官吏，修理沟渠，皆蒙其利"③。章帝时，广陵太守马棱，"兴复陂湖，溉田二万余顷，吏民刻石颂之"④。这方面的记载多见。大量史实证明，两汉的农田水利建设，取得了明显成效。

第三，推广先进农具和耕作技术。随着科学技术发展，农业生产工具在汉代有许多重大发明。当时发明了"耦犁"和"耧车"，使"耕耘、下种"，"皆有便巧"⑤。还发明了用于碎土、起土、平整土地的"耙"和"耱"，以及利用水流为动力的"水碓"。南阳太守杜诗还发明水力"鼓风炉"，为大量制造廉价的优质农具创造了便利条件。由于政府对先进农具的推广，节约了人力和畜力，大大提高了生产效率。耕作技术也有显著进步。当时在总结农民生产经验的基础上，开创了"代田法"和"区田法"。"代田法"的要点是先平整土地，开沟作垄；而后把种子播在沟中，当幼苗出土后及时中耕除草，把垄上的土刨下壅到幼苗的根部，每年沟垄互换，更替耕作。这种方法不仅能恢复地力、防风、抗旱、助苗生长，而且能提高产量。"区田法"的优点是可充分发挥土地潜力；采取等距离点播种子，使农作物排列成行，便于通风、集中施肥，便于集中灌溉和中耕除草，有利于提高产量。此外，耕作技术上，当时还采用混种、套种、复种等多种方法。汉代为发展

---

① 《后汉书》卷三一《张堪传》，第1100页。
② 《后汉书》卷一五《邓晨传》，第584页。
③ 《后汉书》卷七六《循吏传·任延》，第2463页。
④ 《后汉书》卷二四《马援传》，第862页。
⑤ 《汉书》卷二四《食货志》，第1139页。

农业，政府通过多种渠道推广先进农具和耕作技术，地方官吏也对农民广泛引导，帮助他们更新观念，改进耕作方式。例如，汉宣帝时黄霸任颍川太守，他劝民"及务耕桑，节用殖财，种树畜养，去食谷马"①。渤海太守龚遂，"乃躬率以俭约，劝民务农桑，令口种一树榆、百本薤、五十本葱、一畦韭，家二母彘、五鸡"②。东汉卫飒任桂阳太守时，"教民种殖桑柘麻纻之属，劝令养蚕织屦，民得利益焉"③。任延担任九真太守时，因"九真俗以射猎为业，不知牛耕"。任延"令铸作田器，教之垦辟。田畴岁岁开广，百姓充给"④。王景担任庐江太守时，当地"百姓不知牛耕，致地力有余而食常不足"。王景"驱率吏民……教用犁耕，由是垦辟倍多，境内丰给"⑤。由于对先进农业科学技术的推广，大大提高了劳动生产效率。

第四，救灾备荒，安置流民。自西汉中期以后，土地私有制迅速发展，许多农民丧失土地，加之自然灾害频仍，大批农民背井离乡。汉政权为稳定社会秩序，采取过不少措施。主要是对缺乏生产资料的贫民，假民或赐民公田，贷给种、食等。例如，汉宣帝地节元年（前69），"假郡国贫民田"⑥。地节三年（前67），又诏曰："流民还归者，假公田，贷种、食。"⑦ 汉元帝初元二年（前47），"关东饥，齐地人相食"。皇帝诏曰："岁比灾害，民有菜色，惨怛于心，已诏吏虚仓廪，开府库振救，赐寒者衣。"⑧ 永光元年（前43），诏"令厉精自新，各

---

① 《汉书》卷八九《黄霸传》，第3629—3630页。
② 《汉书》卷八九《龚遂传》，第3640页。
③ 《后汉书》卷七六《卫飒传》，第2460页。
④ 《后汉书》卷七六《任延传》，第2462页。
⑤ 《后汉书》卷七六《王景传》，第2466页。
⑥ 《汉书》卷八《宣帝纪》，第246页。
⑦ 《汉书》卷八《宣帝纪》，第249页。
⑧ 《汉书》卷九《元帝纪》，第282—283页。

务农亩。无田者皆假之,贷种、食如贫民"①。汉成帝河平四年(前25),"遣光禄大夫博士嘉等十一人行举濒河之郡水所毁伤困乏不能自存者,财振贷。其为水所流压死,不能自葬,令郡国给椟葬埋,已葬者与钱,人二千"②。东汉明帝永平九年(66),"诏郡国以公田赐贫人各有差"③。永平十一年(68),"贫无家属不能自存者粟,人三斛"④。汉和帝永元十六年(104),"诏贫民有田业而以匮乏不能自农者,贷种粮"。"贫民无以耕者,为雇犁牛直"⑤。对大批四处流亡的农民进行安置,使他们"著籍",政府要求各郡国对流民要"谨遇以理"。流民所过郡国,"皆实禀之",⑥使其安慰居业,重新固着在土地上进行农业生产。

第五,减免田租,助民归农。汉代不仅长期"轻田租",而且在诏令中经常提到"减免田租"。例如,汉文帝二年(前178)的劝农诏曰:"赐天下民今年田租之半。"⑦汉文帝十二年(前168)诏曰:"赐农民今年租税之半。"⑧汉文帝十三年(前167)诏曰:"其除田之租税。"⑨汉景帝元年(前156)下令:"令田半租。"⑩灾荒之年,减免田租的情况亦为常见。例如,汉昭帝始元二年(前85)诏曰:"往年灾害多,今年蚕麦伤……毋令民出今年田租。"⑪汉宣帝本始三年(前71),"大旱。郡国伤旱甚者,民毋出租赋"⑫。本始四年(前70)诏

---

① 《汉书》卷九《元帝纪》,第287页。
② 《汉书》卷一〇《成帝纪》,第310—311页。
③ 《后汉书》卷二《明帝纪》,第112页。
④ 《后汉书》卷二《明帝纪》,第115页。
⑤ 《后汉书》卷四《和帝纪》,第192页。
⑥ 《后汉书》卷四《和帝纪》,第178页。
⑦ 《汉书》卷四《文帝纪》,第118页。
⑧ 《汉书》卷四《文帝纪》,第124页。
⑨ 《汉书》卷四《文帝纪》,第125页。
⑩ 《汉书》卷五《景帝纪》,第140页。
⑪ 《汉书》卷七《昭帝纪》,第220页。
⑫ 《汉书》卷八《宣帝纪》,第244页。

曰："被地震坏败甚者，勿收租赋。"① 汉元帝初元元年（前48）诏曰："关东今年谷不登，民多困乏。其令郡国被灾害甚者毋出租赋。"② 初元二年（前47）诏曰："间者岁数不登……郡国被地动灾甚者无出租赋。"③ 汉成帝始建元年（前32）十二月，大风，"郡国被灾什四以上，毋收田租"④。东汉光武二十二年（46）诏曰："日者地震，南阳尤甚……其令南阳勿输今年田租刍藁。"⑤ 汉章帝初即位时，"是岁，牛疫。京师及三州大旱，诏勿收兖、豫、徐州田租、刍藁"⑥。此外，汉和帝永元四年、九年、十三年、十四年、十六年，在兖、豫、荆州等地，因"旱蝗""淫水为害"，减免田租。汉安帝永初七年、元初六年、建光元年、延光元年，在京师、会稽及其他一些郡国，因"大疾""蝗虫""地震""水雨伤稼"，减免田租。汉顺帝永建元年、三年、六年，永和三年，在京师、冀州、金城、陇西等地，因"疫疠""水潦""地震"，而减免田租者。⑦ 汉代减免田租的范围和幅度不一样，就范围来说，当时有全国性的减免，有局部地区的减免。在减免的幅度上也有差异，有的只减免田租，有的田租、刍稿，甚至逋租也一起减免。有的对田租实行全免，有的减半收租。有的在受灾郡国全免田租，有的在受灾地区按灾情轻重减免田租。至于减免的期限，有的减免一年，但局部地区因灾情严重也有减两三年者。汉代减免田租，虽然占有大量土地的地主得惠最多，获利最大；但给农民也带来了一些润泽和好处，这对发展农业生产起到了积极作用。

第六，入粟拜爵入粟赎罪。汉初，晁错说："欲民务农，在于贵

---

① 《汉书》卷八《宣帝纪》，第245页。
② 《汉书》卷九《元帝纪》，第279页。
③ 《汉书》卷九《元帝纪》，第281页。
④ 《汉书》卷一〇《成帝纪》，第304—305页。
⑤ 《后汉书》卷一下《光武帝纪》，第74页。
⑥ 《后汉书》卷三《章帝纪》，第132页。
⑦ 《后汉书》和帝、安帝、顺帝各本纪，第174、220、253页。

粟；贵粟之道，在于使民以粟为赏罚。今募天下入粟县官，得以拜爵，得以除罪。"① 汉文帝采纳晁错的建议后，规定凡是向政府入粟支边的，可以按其数量赐予不同等级的爵位。例如，入粟六百石可以拜爵"上造"，入粟四千石可拜爵"五大夫"，入粟一万二千石者可拜为"大庶长"，"各以多少级数为差"②。其后，又规定犯罪者"得输粟于县官以除罪"③。所以，当时地主、富民为了获得爵位和免受刑罚，都致力于农业生产，设法增加粮食产量。

汉代重农的政策和措施，对农业生产的发展确曾获得了显明的效益。主要体现在当时各地兴修了不少农田水利工程，使灌溉面积扩大；铁农具和牛耕得到广泛运用；耕作技术较前进步，开创了"代田法"和"区田法"；懂得了使用肥料、改良土壤和按季节进行作物种植；农副业多种经营，丰富了农产品种类；粮食产量比战国时期有所提高，粮食储备也比以前增多，从中央到地方各地皆设有粮仓。除战乱和自然灾害外，粮价通常较低，如汉宣帝时"谷至石五钱"④，"金城、湟中谷斛八钱"⑤；东汉明帝时，"百姓殷富，粟斛三十"⑥。大量史实说明，汉代由于推行重农政策，加之广大农民的辛勤耕作，农业生产取得明显的成就。

影响重农政策贯彻的诸因素

秦汉时期，政府虽然采取了不少重农的政策措施，并取得了明显

---

① 《汉书》卷二四《食货志》，第1133页。
② 《汉书》卷二四《食货志》，第1134页。
③ 《汉书》卷二四《食货志》，第1135页。
④ 《汉书》卷二四《食货志》，第1141页。
⑤ 《汉书》卷六九《赵充国传》，第2984页。
⑥ 《后汉书》卷二《明帝纪》，第115页。

成效。但贯彻不平衡，在有的时段和地区，由于战事不断，加之商品经济冲击及吏治腐败等原因，对重农政策仍然未能得到全面贯彻，当时存在的问题，也严重影响到农业生产的正常发展。

首先是战争频繁，影响重农政策的全面推行。

秦汉四百年中，先后发生大小战争达400余次。其中秦朝9次，西汉124次，东汉260多次。[1]当时不仅战争频仍，而且战争的类型也多，既有统一战争，民族战争，也有农民战争，还有军阀割据的战争等。围绕着这些战事所开展的活动，使大批农民离开生产第一线，奔赴战场。这势必加重农民的赋税和徭役负担，妨碍农业生产的正常进行，甚至对社会经济带来很大破坏，损害重农政策推行的社会环境。

秦始皇战胜六国，完成统一大业，虽然对中国历史具有重大意义，是"千古伟业""功齐三代"[2]。但他"遂并天下，内兴功作，外攘夷狄，收泰半之赋，发闾左之戍"[3]。战争使"百姓靡敝，孤寡老弱不能相养，道路死者相望"[4]。汉人伍被说秦时"遣蒙恬筑城，东西数千里。暴兵露师，常数十万，死者不可胜数，僵尸满野，流血千里。于是百姓力屈……父不宁子，兄不安弟"，"悲号仰天，叩心怨上"[5]。可见，战争给百姓带来了极大的痛苦，严重妨碍了重农政策的推行。

汉武帝反击匈奴侵犯，征服周边各族所进行的战争，对巩固统一多民族国家有积极意义，使"夷狄宾服"，"匡难避害"，是"当世之务，后世之利也"，[6]为现代中国的疆域奠定了基础。但连年战争，耗

---

[1] 参见《中国军事史》附《历代战争年表》，解放军出版社1985年版，第3页。
[2] 《史记》卷一一二《平津侯主父偃列传》，第2954页。
[3] 《汉书》卷二四《食货志》，第1126页。
[4] 《史记》卷一一二《平津侯主父偃列传》，第2954页。
[5] 《汉书》卷四五《伍被传》，第2171页。
[6] 《盐铁论》卷八《结和》，载王利器撰《盐铁论校注》，中华书局1992年版，第480页。

损了大量的人力、物力和财力。据载,当时为"征伐四夷,师出三十余年,天下户口减半"①,"海内虚耗"②。由于赋敛无度,兵徭不断,社会不安,农民难于生产,导致群起反抗。汉武帝晚年,他认识到战争带来严重的后果之后,于征和四年(前89)下达了"轮台罪己诏",明确提出,"当今务在禁暴,止擅赋,力本农"的建议。于是不复出兵,"与民休息",从大规模的战争,转入关注民生,发展农业经济。所以,后来出现了"昭宣中兴"。

史实证明,战争与发展生产是有矛盾的。发展农业生产要有安定的社会环境,农民只有"安居",才能"乐业"。大批农民奔赴战场,长期脱离农业生产第一线,必然会导致"农桑失时","田畴芜秽",③妨碍农业生产的有序进行。

其次是商品经济的发展,在不同程度上冲击了重农政策的贯彻。

自战国以来,政府虽然有过"抑商",但当时主要是打击富商大贾,不法商人。至于人们日常生活所需的工商业,仍在继续发展,而且商品经济在战国的基础上发展到了一个高峰。突出表现在商品生产有发展,商品交换显著加强,商业形态多样,出现了多层级市场,农民与市场的联系更为普遍,货币流通量也大为增加。在这种经济形势下,由于国家管理部门在政策上没有处理好农、工、商的关系,极大地挫伤了一些农民从事农业生产的积极性,也冲击了部分民众"重农"的思想基础。

农业是衣食之源,是第一要务。但当时却出现了"农不如工,工不如商"的现象。从农、工、商的经济比较利益来看,从事农业,不如从事工商末业。从事农业劳动生产效率低,农民种田用力多,而获

---

① 《汉书》卷二七中之下《五行志》,第1427页。
② 《汉书》卷七《昭帝纪》,第233页。
③ 《后汉书》卷二八《冯衍传》,第966页。

利少,并且农、工产品的比价拉得很大。在同一市场、同一时间内,农产品与手工业的价格相差悬殊,农产品的价值远不如手工业产品高。尤当指出者,汉代"务农",不仅比不上"务工",更不如"经商"。商业利润很丰厚,如《汉书·贡禹传》说:"商贾求利,东西南北,各用巧智,好衣美食,岁有十二之利。"这记载,在言及商业利润时都说是十分之二,即拥有一万钱的资本经商,一年可以获利二千钱。利润20%,是汉代经商的通例,有的甚至更多。农、工、商三者的利润差距很大。所以,司马迁在《货殖列传》说:"用贫求富,农不如工,工不如商。"崔寔在《政论》中亦说:"农桑勤而利薄,工商逸而入厚。"① 由于务农辛苦、利薄,而工商业容易获利,故当时很多地方的人,把从事工商末业作为求富趋利的目标。例如,长安诸陵,"故其民益玩巧而事末也"。邹、鲁之人,"好贾趋末,甚于周人"。陈在楚夏之交,"通鱼盐之货,其民多贾"。宛"俗杂,好事,业多贾"。②

汉代不仅从事工商末业的地区较广,而且由于多种原因,社会上"背本趋末"的情况,也不断出现。据载,汉武帝时"天下侈靡趋末,百姓多离农亩"③。宣帝时"民多背本趋末"④。汉元帝时"民心动摇,弃本趋末,耕者不能半"⑤。汉成帝时"间者,民弥惰怠,乡本者少,趋末者众"⑥。到了东汉甚至出现"举俗舍本农,趋商贾"的走向⑦。文献中的这些描述,虽有夸张之嫌,我们不能完全依此进行量化,然它反映了当时不少农民不安心农业生产的事实,乃当无疑。

在汉代商品经济发展的浪潮下,农民从经济比较利益着眼,认为

---

① 《诸子集成补编》第10册,四川人民出版社1997年版,第6页。
② 《史记》卷一二九《货殖列传》,第3261—3267页。
③ 《汉书》卷六五《东方朔传》,第2858页。
④ 《汉书》卷七四《魏相传》,第3137页。
⑤ 《汉书》卷二四《食货志》,第1176页。
⑥ 《汉书》卷一〇《成帝纪》,第314页。
⑦ 《后汉书》卷四九《王符传》,第1633页。

农不如工，工不如商。农民乐于从事工商末业，有的甚至"背本趋末"。这显然会对政府的重农政策产生负面影响和冲击。

最后是吏治的腐败，导致重农政策难以落实到位。

汉代的文帝、景帝、昭帝、宣和光帝、明帝、章帝诸帝时期，帝王一般能励精图治，官吏较为清廉。他们比较关注民生，也注意减轻农民负担，致力于发展农业生产。但随着王朝统治巩固，吏治便日渐走向腐败。他们聚敛为奸，加重对农民的赋役征课，使农民难以维持简单的再生产。

汉代的吏治腐败，史文多见。例如，对官吏的选拔，有时不是选贤任能，而是以奸伪者"居大位"①。用"豺狼牧羊豚，盗跖主征税"②。这些贪官污吏执事期间，在征收赋税的过程中，手段极为恶劣，敲诈勒索，无所不有。他们或"诈为诏令，妄作赋敛"；或"视民如寇雠，税之如豺虎"；或"倍公向私，侵渔百姓，聚敛为奸"；或"贪残专恣，不奉法令，侵冤小民"。这种情况，到东汉后期尤为突出。当时的朱穆说："公赋既重，私敛又深，牧守长吏，多非德选，贪聚无猒（餍），遇人如虏，或绝命于棰楚之下，或自贼于迫切之求。又掠夺百姓，皆托之尊府。"③刘宠也说："它守时吏发求民间，至夜不绝，或狗吠竟夕，民不得安。"④当时的贪官污吏，不仅"贪聚无厌，遇人如虏"，"掠夺百姓，皆托之尊府"，甚至连晚上也到农民家中苛征赋税，弄得农民鸡犬不宁。在这种恶劣环境下，农民的赋役负担极重，自然很难专心于农业生产。

当时的吏治腐败，不仅加重农民的赋役负担，导致农民负债破产；

---

① 《汉书》卷七二《贡禹传》，第 3077 页。
② 《后汉书》卷四九《仲长统传》，第 1654 页。
③ 《后汉书》卷四九《朱穆传》，第 1468 页。
④ 《后汉书》卷七六《刘宠传》，第 2478 页。

还表现在官吏弄虚作假,隐匿灾情,贪污赈灾物资。例如,新莽末年,黄河流域旱灾连年,饥荒严重,当时政府要求"开东方储仓振贷穷乏",并对入关的数十万流民进行安置,给予禀给。但一些官吏却贪盗政府禀给的赈灾粮食,结果导致流民因饥饿而死者"什七八"[①]。东汉末季,汉献帝兴平元年(194)四月,三辅地区大旱。"谷一斛五十万,豆麦一斛二十万。人相食啖,白骨委积"。当时朝廷派遣侍御史侯文"出太仓米豆,为饥人作糜粥"。但侯文弄虚作假,虚报赈济实情,结果"经日而死者无降"[②]。灾民因饥饿而死者未能得遏止。救灾备荒,安抚灾民,是重农政策的重要措施之一,但不少官吏对此并未有效贯彻。

诸多史实说明,在吏治腐败的情况下,民生得不到关注,农民的负担很重,灾荒之年得不到应有的救济,所以,重农政策难以落实到位。

---

① 《汉书》卷二四《食货志》,第1145页。
② 《后汉书》卷九《献帝纪》,第376页。

汉代南方水稻种植与耕作方法的演进

汉代在"重农政策"的推动下，谷物种植在全国各地区得到了迅速发展。这里，专就当时南方水稻种植与耕作方法的几个问题做些简要陈述。[①]

水稻品种及其主要产地

水稻的起源，一般上溯到距今7000年的河姆渡文化时期。20世纪80年代中期以来又在长江中游发现了早于河姆文化的彭头山文化、城背溪文化、李家村文化等稻作遗存，时间为距今约8000年至9000年[②]。江西万年县仙人洞更是发现了10000年前的栽培稻植硅石。可见，稻作很早就成为重要的农事活动。

春秋战国时期，吴、楚、越等国的水稻种植，已有较大发展，如据《周礼·职方氏》记载，荆州、扬州"谷宜稻"。《战国策·楚策》载，苏秦为赵合纵游说楚威王曰："楚，天下之强国也……地方五千

[①] 详见黄今言主编《秦汉江南经济述略》，江西人民出版社1999年版，第67—86页。本文由王福昌同志执笔，这里在内容上做了调整与删节。

[②] 参见陈文华主编《农业的起源与发展》，南京大学出版社1996年版，第238页。

里,带甲百万,车千乘,骑万匹,粟支十年,此霸王之资也。"这里的"粟"当是粮食的统称,在楚地应主要指稻谷。《越绝书》卷二云:"摇城者,吴王子居焉,后越摇王居之。稻田三百顷,在邑东南,肥饶、水绝,去县五十里。"① 表明当时楚、吴、越之湖泽平原的水田面积已经不小,水稻生产水平也达到了一定的程度。

汉代南方的水稻种植,在先秦基础上得到较大的进步。据文献和考古资料的记载,当时仅水稻的品种就有稻、秫、秔、稴、秏、穤、秫、稬等多种名称。稻。《说文》曰:"稻,秫也。"秏。《说文》曰:"秏,稻属,伊尹曰:'饭之美者,玄山之禾,南海之秏。'"秔。《说文》曰:"秔,稻属。"稴。《说文》曰:"稴,稻不黏者。"穤。《说文》曰:"稻紫茎不黏也。"秫。《说文》曰:"稷之黏者。"为黏性最强的稻。又《古今注》曰:"稻之黏者为秫"。稬。《说文》曰:"稬,沛国谓稻曰稬。"《字林》曰:"稬,作糯,黏稻也。"

从大量的材料来看,汉代南方的水稻品种主要有三大类——粳、籼、糯,其中以粳稻、籼稻为主。这可从近年来考古发现的实物资料得到证实,具体见表1所示。

表1　　　　　　　汉代南方水稻的品种

地区	地点	时代	粳	籼	粳、籼	不明	资料来源
南方（长江流域及其以南地区）	湖南长沙马王堆1号墓	西汉			√		《马王堆一号汉墓报告》下册第120页
	广西贵县罗泊湾	西汉	√				《文物》1978年第9期
	湖北云梦大坟头	西汉		√			《文物资料丛刊》第4辑
	广西合浦堂排	西汉			√		《农业考古》1981年第2期

---

① (东汉)袁康、吴平辑录:《越绝书》,俞纪东译注:《越绝书全译》,贵州人民出版社1996年版,第47页。

续表

地区	地点	时代	粳	籼	粳、籼	不明	资料来源
南方（长江流域及其以南地区）	江苏邗江胡扬	西汉				√	《文物》1981年第11期
	湖北江陵凤凰山	西汉	√				《文物》1976年第10期
	四川西昌坝河堡子	西汉				√	《考古》1976年第5期
	江苏邗江甘泉	西汉				√	《文物》1980年第12期
	广西贵县风流岭	西汉				√	《考古》1984年第1期
	安徽霍山	西汉				√	《文物》1991年第9期
	贵州兴义	汉				√	《文物》1979年第5期
	广东广州西村	东汉		√			《考古》1958年第8期
	安徽寿县马家古堆	东汉		√			《考古》1966年第3期
	江西南昌南郊	东汉			√		江西省博物馆藏
	湖南余家台子	东汉		√			《湖南考古辑刊》第2期
	湖北宜都	东汉				√	《考古》1988年第10期

考古发现的稻谷标本，出于长江流域及其以南地区的计有17处。其中，4处是籼稻，3处是粳稻，3处为粳、籼皆有，余则不详。还可以从长沙马王堆一号汉墓粳籼占同出的粳、籼、糯的60%左右为证。且粳稻多出在南方，似乎可以说明南方更适宜粳稻的栽培。

此外，从表1中还可以发现，籼稻不仅多产于南方，且时间亦晚至东汉，似乎可以证明东汉以后，籼稻在南方也有较大的发展。

在长江流域汉墓出土的水稻标本中，以湖北江陵凤凰山西汉墓出土的稻穗和湖南长沙马王堆一号汉墓出土的稻谷标本最为重要。下面做一简要的介绍。

1975 年，在湖北省江陵凤凰山 167 号西汉墓出土了 4 束完整的稻穗，出土时色泽鲜艳，穗、颖、茎叶外形完整，穗型整齐，芒、刚毛清晰可见。主穗长 18—19 厘米（平均 18.5 厘米），每穗粒长 41—72 粒（平均 51 粒），平均粒长 0.8 厘米，芒长 2.2—6.7 厘米，平均梗长 5—7 厘米，千粒重约 28—32 克。经鉴定为一季晚粳稻。

这一发现最重要的收获是整束稻穗完整的出土，这是过去从未有过的。这对研究西汉水稻品种有很大的科学价值，农学家可以将它和现代的水稻品种进行比较，从而得出一些颇有价值的结论。浙江农业大学的游修龄教授曾将它和 20 世纪 50 年代初期长江中下游地区推广的粳稻品种进行了比较研究。①

比较的结果发现，无论穗长、千粒重、生育期、芒、谷粒形状等，都同现代粳稻良种很相似，足见西汉时期中国的水稻育种已有相当的成就。但是江陵西汉古稻每穗的粒数大大低于现代品种，只有一半左右。这样看来，西汉每亩稻田的株数如果和现代相同即使在水、肥、田间管理各个方面都和现代相同，其产量也仍然低于现代一半左右，这似乎可以说汉代以后水稻的增产，就水稻植株本身来说，主要是靠增加粒数而不在于提高千粒重。同时也表明"每穗粒不像千粒重和生育期那样遗传上较稳定，它是可塑性很大的性状，可以通过育种和栽培技术的改良，促其小穗的分化而得以增加"。这对现代水稻遗传育种研究工作也有很大的启发。因此，这一考古发现和游修龄教授的比较研究，已引起中国一些农业科学家们的兴趣和重视，这也是农业考古为现实服务的一个典型例子。

湖南省长沙市郊区（1996 年撤销）马王堆一号汉墓是在 20 世纪 70 年代初发掘的，出土了大量的稻谷。出土时也是颜色鲜黄，谷壳外

---

① 游修龄：《西汉古稻小析》，《农业考古》1981 年第 2 期。

形完好，芒及稃毛均完整，内外颖上方格条纹明显可见，但颖壳已疏脆，内含物胚及乳已大多消失，种皮尚有残存，呈褐红色硅胶状空壳。粒型大小和现代同类栽培稻差不多。估计大粒的稻谷原千粒重大于25克，小粒者在22—23克。出土后因接触空气，蒸发脱水，逐渐干枯，变为灰白草黄色。

马王堆汉墓出土的古稻经有关单位鉴定，分为四个类型。"马01"为籼稻，其形状与今天湖南省种植的晚稻品种"红米冬粘""长粒籼稻"相同。其余"马02号"与现在云南的"冷水谷"类较相似，"马03"近似于云南的"旱谷"。"马01"也与云南陆稻类中的"镰刀谷型"粒、长、宽大小及颖肩平直、粒端歪嘴形、护颖长尖等特征上均极为近似。原鉴定还指出"马04""颖毛整齐，短而密集于颖端，应属粳型。但无芒，也可能是粳型糯稻"。因此，汉代的秔（粳）穤（籼）、秫（糯）三种稻谷在马王堆汉墓出土的稻谷中都可找到标本。此外，云南省农业科学院周季维教授在研究马王堆出土的稻谷时，发现其中有极少量稻粒，虽颖壳磨损，但未见稃毛脱落痕迹（稃毛脱落或磨掉后，在20×和40×体视镜下可见乳毛白色疣粒圆形突起痕迹），与云南光壳种有近似的情况。"故在马王堆出土的稻谷中或许也有光壳稻。"光壳稻在今天的云南已基本绝迹，但云南南部至今仍有较多光壳稻，其粒形与马王堆的相似。江西省南昌县曾在东汉墓一陶仓中发现一些稻谷，但只剩谷壳，颜色至今鲜黄，据观察亦可能是属于光壳稻类型。看来，汉代的江南一带应有光壳稻。

可见，汉代江南的水稻以粳稻占优势，到了东汉以后，籼稻逐渐发展。水稻的粒形、大小和千粒重已与现代栽培稻相同。此后2000年来没有太大的突破。当时水稻品种的繁育已取得了很大的成就。

这些成就的取得跟当时劳动人民选种留种技术分不开。中国传统农业一贯重视种子的选育。《诗经·大雅·生民》就有了"嘉种"这个词，"嘉种"即良种。云梦秦简《仓律》规定"种：稻、麻亩用二斗大半斗……利田畴，其有不尽此数者，可殹（也）"。收藏种子时要"别粲、稬（糯）、秙（黏）稻"。秦汉时期江南可能培育了不少的水稻品种，到南北朝时已有37个品种。

《氾胜之书》记载粟的选种方法是："取禾种，择高大者，斩一节下，把悬高燥处，苗则不败。"收麦种的方法是："取麦种，候熟可获，择穗大强者，斩，束，立扬之高燥处，曝使极燥。无令有白鱼。有，辄扬治之。取干艾杂藏之，麦一石，艾一把。藏以瓦器竹器。顺时种之，则收常倍。"这种方法就是现在育种工作中常用的穗选法，它可以使种子提纯复壮，为增产创造前提条件，还可逐渐选育出新品种。水稻的选育方法亦当如此，如湖北江陵西汉墓的4束稻穗，出土时放在竹笥里（竹器）与上述《氾胜之书》说的情形相合。

稻作工具与牛耕推广

随着冶铁业的进步，铁器质量提高，汉代铁农具的使用相当普遍。《盐铁论·水旱》篇说："铁器，民之大用也。"同书《农耕》篇又云："铁器者，农夫之死士也。"足见，铁农具在当时农业生产中占有极其重要的地位。铁农具的广泛使用成为汉代农业生产力提高的主要标志之一。在考古资料中，秦和西汉时的铁农器不少，锸、钁、犁铧、锄、镰等种类比较齐全，能适合于翻土、刨土、碎土、耕地、平整土地、除草、收割等各种场合。这些铁农器的出土地点遍及南方各地，如湖北、湖南、江西、上海，甚至闽越等地也有考古发现。详情请见表2。

表 2   秦汉时期铁农器在南方的考古发现

时代	出土地点	器物名称	出处
秦代	湖南长沙	铁锄	《考古》1959 年第 9 期
西汉	湖南长沙	铁锸	《长沙马王堆一号汉墓》
西汉	湖南长沙	带柄铁锸	《文物》1974 年第 7 期
西汉	江西修水	铁锸、铁铲、铁锄	《考古》1965 年第 6 期
西汉	湖南长沙	铁铲	《考古学报》1957 年第 4 期
西汉	湖南长沙	铁锄	《文物》1960 年第 3 期
西汉	湖北枣阳	铁耨锄	湖北省博物馆藏
西汉	福建崇安	铁铧、铁钁、铁锄	《考古》1960 年第 10 期
西汉	湖南溆浦	铁锄	《湖南考古辑刊》第 2 辑
西汉	湖北宜昌	铁锸、铁锄	《考古》1985 年第 5 期
西汉	福建崇安	铁锸、铁镢、五齿耙	《文物》1985 年第 11 期
西汉	湖南汨罗	铁锄	《湖南考古辑刊》第 3 辑
西汉	福建崇安	铁镰	《汉江考古》1985 年第 4 期
西汉	福建崇安	铁锸	《文物》1992 年第 8 期
汉	上海戚家墩	铁铲	《考古》1973 年第 1 期
东汉	江西清江	铁锸	江西省清江县博物馆藏
东汉	湖南长沙	铁锄	《文物》1960 年第 3 期
汉	湖北黄陂	铁凹锄	《汉江考古》1985 年第 4 期
东汉	安徽芍陂	铁锄、铁犁铧	《文物》1960 年第 1 期
东汉	湖北郧县(郧阳区)	铁锸	《江汉考古》1986 年第 2 期
东汉	湖南资兴	铁锸	《考古学报》1984 年第 1 期
东汉	湖南常德	铁锸	《考古学集刊》第 1 辑
西汉	湖南资兴	铁锸	《考古学报》1995 年第 4 期

汉代不仅铁农具的品种多，而且数量亦颇为可观。例如，1964年在江西省修水县古市出土新莽时期的铁农具19件。其中铲1件，锄1件，锸4件，䦆13件。又如，福建省崇安县安城村出土铁锸25件；湖南省长沙市出土的铁农具更多，达100件以上。

随着铁农具的广泛使用，南方地区的牛耕也逐渐得到推广。但南方的牛耕何时才得到推广？这是学术界有争议的一个问题。为此，首先让我们来考察如下事实。

云梦秦简《厩苑律》规定："以四月、七月、十月、正月肤田牛……其以牛田，牛减絜，治（笞）主者寸十。"意思是每年四、七、十月和正月评比耕牛。如果用牛耕田，牛的腰围减瘦了，每减瘦一寸要笞打主事者十下。①

《汉书·王莽传》载王莽欲派允费兴任荆州牧，临行前王莽召允费兴问治理方略，对曰："兴到部，欲令明晓告盗贼归田里，假贷犁牛种食，阔其租赋，几可以解释安集。"

《后汉书·王景传》载王景迁九江太守时，"先是，百姓不知牛……景乃驱率吏民，修起芜废，教用犁耕"。

《后汉书·第五伦传》载建武时，第五伦任会稽太守，"会稽俗多淫祀，好卜筮。民常以牛祭神，百姓财产以之困乏。（巫以为）其自食牛肉而不以荐祠者，发病且死先为牛鸣。前后郡将莫敢禁。伦到官，移书属县，晓告百姓，其巫祝有依托鬼神诈怖愚民，皆案论之，有妄屠牛者，吏辄行罚。民初颇恐惧，或祝诅妄言，伦案之愈急；后遂绝，百姓以安。"

又据考古资料：1958—1959年福建崇安安城村汉城遗址出土铁犁一件。②

---

① 《睡虎地秦墓竹简》，文物出版社1978年版，第30页。
② 福建省文物管理委员会：《福建崇安城村汉城遗址试掘》，《考古》1960年第10期。

基于上述材料的综合分析，似可认为秦和汉初，南方局部地区已开始有牛耕。但南方的自然条件跟北方不同，不完全适宜北方流行的"二牛抬杠"耕作形式，所以，一时没有得到推广。直到东汉，江南人民才把北方的牛耕形式初步改造成适宜南方的牛耕形式，牛耕才得以在不少地方推广。俟后，经过六朝的反复实践，到了唐代，江南人民乃普遍掌握了新的牛耕技术。

上面就铁器、牛耕问题做了一个简略的申述。下面再就考古发现的耒、耜、锸、铲、锄、镢、镰、杵臼、碓、石磨等农业生产工具，结合陈文华先生的研究成果分别做些介绍。①

耒、耜 耒耜是古老的农具。《易经·系辞下》载"神农氏作，同斫木为耜，揉木为耒。耒耨之利，以教天下。"② 此后的史籍记载，或单称耒、耜，或耒耜并称。到底耒耜是两种农具还是一种农具两个名称，长期以来未有统一的看法。传统的说法，耒耜是一种工具的两个部分，上部弯曲的扶柄是"耒"，下部施耕的部分称"耜"。③ 据陈文华先生考证，耒、耜是两种农具。最早的木耒是一根木棍，可以用耒挖松土地，后来发展为双尖，提高了工效，使用较为普遍。汉代的著作中经常提到"耒"，如《淮南子·主术训》曰："一人跖耒而耕，不过十亩。"说明秦汉时期，耒仍是重要的起土工具。南方各地的汉墓大都有木耒出土。如湖南省长沙市西汉墓中曾出土过8件木质耒的模型，是木俑手中的执物。湖北省江陵凤凰山廿号汉墓中也出土过1件持耒木俑，所执的也是双尖耒。耜是从单尖耒发展而来的，刃部为扁平的

---

① 陈文华：《汉代长江流域的水稻栽培和有关农具的成就》，载《论农业考古》，江西教育出版社1990年版，第186—205页。
② 《周易正义》卷八系辞下，载阮元校刻《十三经注疏》，上海古籍出版社1980年影印，第86页。
③ 参见段注《说文》"枱"字条，载段玉裁《说文解字注》，上海古籍出版社1981年影经韵楼刻本，第259页。

板状是用整块木头砍斫而成的。木耜在新石器时代已是主要的整地工具，一直延用到汉代，铁农具普及之后，还未完全绝迹。例如，湖南省长沙市西汉墓中就出土过两件木耜模型；1975 年在长沙市西汉中期曹嬛墓中也出土过一件实物，出于盗洞内，说明是取土用具。看来当时的南方水田，木质耒耜还在继续沿用着。

锸 《说文》中收录"臿""锸"二字。"锸"在《说文》中的解释是"䇎衣针也"（段注曰"䇎各本作郭"），就是用来固定衣服的插针。《说文》解释"臿，舂去麦皮也"，段注曰："引伸为凡刺入之称。如农器刺地者曰鍫臿。"《说文》木部曰："㭒，臿也。"徐铉说"㭒"就是"耜"，但段玉裁说徐铉错了。段并云"锹臿亦不殊"[①]，臿就是锹。在汉代"臿"属于起土工具。《释名·释用器》明确说明了锸的用途及组织结构，其辞曰："锸，插地起土也。或曰销。销，削也，能有所穿削也。或曰铧。铧，刳地为坎也。其板曰叶，象木叶也。"锸，是汉代最重要的起土工具，使用范围极为广泛。秦汉时期南方地区锸的使用也十分普遍。扬雄《方言》曰："江、淮、南楚之间谓之臿，沅湘之间谓之畚。"考古发现中几乎所有的"叶"都已腐朽，只剩下"銎"，不易认识锸的全貌。但是长沙马王堆三号汉墓出土一件西汉铁锸保存十分完整，是件实用的工具，该锸长 140.5 厘米，木叶左肩较右肩略矮并向外突出，这是为了便于脚踩入土中。可见，汉代农民在使用锸翻土时是右手握柄上方，左手执柄下部，左脚踏叫左肩然后用力起土。看来，南方水田生产中，锸同样是一种主要的起土工具。

铲 "铲"字始见于篆文。《说文》载"铲，鏶也，一曰平铁也"，铲是薄铁型农具。刘宋何承天《纂文》曰："养苗之道，锄不如耨，耨不如铲。铲柄长二尺，刃广二寸，以剗（铲）地除草。"汉代的铲全是

---

① （汉）许慎撰，（清）段玉裁注：《说文解字注》，上海古籍出版社 1981 年影经韵楼刻本，第 259 页。

属于铁制品。湖南省长沙市、江西省修水县、上海市金山区山阳镇戚家墩均有出土。从四川省出土的执铲陶俑看，铲和耒、耜、锸等都是起土农具。但出土铁铲的肩多数为弧形，刃端平直，宽于肩，体积也小。除少数可能是用于起土的外，其他大都是属于除草、松土的工具，类同商周时期的"钱"。

锄 锄是横装木柄由上向下掘入地里向后翻上的农具。用锄挖土时，使用者边挖边向前进。秦汉南方的锄，大致有两种样式。一种是凹口锄，湖北黄陂等地有出土。四川省成都市青木工坡出土一件东汉陶俑残片，陶俑手中所执即是凹锄。它是将凹口铁刃套在"木叶"上，然后在木叶上凿孔装柄，主要是用来挖土的。另一种是六角形锄，主要流行在北方。南方只有湖北省、江西省出土过几件。它主要用于锄草，故《释名》曰："锄，助也，去秽助长苗也。"这种锄多用于南方旱地作业。

钁 "钁"字在汉代著作中常见，是当时的重要起土工具。《说文》："钁，大钼也。"《淮南子·兵略训》曰："奋儋钁。"钁的装柄方法与上述凹口锄相同。福建省、湖北省有出土。从湖北省江陵凤凰山西汉墓出土木俑所执的模型来看，侧视为等腰三角形，正面为长条形，顶部中空为方銎，套入木叶，再横装柄。这种农具体身狭长厚重，适合于硬土或岩石挖土。

镰 铁镰是汉代的主要收割工具。湖北省、福建省有出土。铁镰一般呈微内弧长条形，单刃有齿，基部夹装在木柄中，长20厘米左右，宽2.5—3厘米；厚约0.3厘米。类似今江南农村的铁镰。湖北省还出土一种大型铁镰，双刃，无齿，基部卷成圆銎。这种镰又叫"鏺"。据《说文》解释："鏺，两刃，木柄，可以刈草。"其用途主要是用来收割稻秸或野草。

杵臼 杵臼是汉代江南农村主要的粮食加工农具之一。今湖北省、湖南省、江西省等省均有杵臼实物和模型出土。例如，江西省南昌市吴墓出土的臼，湖南省郴州东汉墓出土的臼、杵一套3件。特别是湖南省资兴东汉墓出土的陶Ⅱ式屋，呈曲尺形，内有两个持杵、臼俑，两俑持杵操作；陶Ⅵ屋内亦有两俑持杵作舂米状，生动地再现了当时江南人民使用杵的场面。

碓 除了杵臼外，汉代江南人民还发明了碓，用于提高粮食加工的工效。实物有湖北省襄樊东汉墓的磨、碓，湖北省宜都东汉墓出土的碓1件，湖北省随县东汉墓出土的碓2件、磨2件，安徽省马鞍山东吴墓出土的磨1件、碓1件。桓谭《新论》说："及后人加巧，因延力借身重以践碓，而利十倍杵舂。"说明踏碓的效率较高。其中湖北省东汉墓出土的陶碓模型及踏碓舂米画像砖，尤其是四川省绵阳县等地出土的画像砖，生动地再现了当时踏碓操作的情况。这种踏碓，南方农村至今还有。《新论》又说："又复设机关，用驴骡牛马及役水而舂，其利乃且百倍。"江南的水力资源丰富，当有水碓，似无可疑。

磨 磨，汉代写作"䃺"，又作"䃠"。据《说文》解释："䃠，䃺也……古者公输班作䃠。"《世本·作篇》也有同样的记载。安徽省寿县茶庵马家古堆东汉墓出土陶磨2件，安徽省太和有磨出土，湖北省襄阳亦有磨出土。可见，在汉代，江南已逐渐推广使用磨。

总之，汉代南方稻作农业区的铁具已渐普及，至东汉，牛耕技术也得以在不少地方推广。各种铁制农业机具逐渐增多，粮食加工用具也多有改进。这标志着南方稻作农业区的农具，已开始步入成熟时期。生产工具是社会生产力的组成部分。用经济学术语来说，生产工具是劳动资料。"劳动资料是劳动者置于自己和劳动对象之间、用来把自己的活动传导到劳动对象上去的物或物的综合体"[①]。劳动工具

[①] 《马克思恩格斯全集》（第二版）第42卷，人民出版社2014年版，第169页。

显示了一个社会经济时代的具有决定意义的特征。"各种经济时代的区别,不在于生产什么,而在于怎样生产,用什么劳动资料生产。劳动资料不仅是人类劳动力发展的测量器;而且是劳动借以进行的社会关系的指示器"①。因此,在农业生产过程中,生产工具先进与否,对生产的结果起着重要的作用和影响。

南方的稻作农业,除生产工具外,对农田水利灌溉也多有进展。重视水利,这是中国的历史传统。自春秋战国以降,人们在长期的实践中进一步认识水利对农业的重要性。《管子·禁藏》篇曰:"食之所生,水与土也。"《荀子·王制》云:"修堤梁,通沟浍,行水潦,安水藏,以时决塞。岁虽凶败水旱,使民有所耘艾。"不但懂得水是农业生产的命脉,而且懂得水还有危害农业生产的一面。汉代,兴修水利已被提到重要的议事日程。当时认为发展农业必须要搞水利。《汉书·沟洫志》说:"农,天下之本也,泉流灌浸,所以育五谷也。左右内史地名山川原甚众,细民未知其利,故为通沟渎,蓄陂泽,所以备旱也。"农业是最基本、最主要的生产部门,而发展农业的一个重要条件是水利灌溉,防止干旱和洪涝,这就要依靠渠道、陂塘等水利工程。因此,当时统治者重视水利事业,主要表现在以下两点。一是,设有专门官吏,管理水利事宜。例如,设有"司空",掌水土事。在司空之下,有长吏、令史等官职。二是,皇帝不时下达诏令,要求搞好水利灌溉。例如,东汉明帝永平十二年(69)、安帝元初二年(115)等都曾下达过有关"通利水道,以溉公私田畴"的诏令。此外,一些地方官吏也十分注意水利工程的兴修。当时荆、扬二州等江南地区兴修的水利工程不少。据《汉书·召信臣传》载,召信臣任南阳太守,"行视郡中水泉,开通沟渎,起水门提阏凡数十处,以广溉灌,岁岁增加,

---

① 《马克思恩格斯全集》(第二版)第42卷,人民出版社2014年版,第170页。

多至三万顷"。《后汉书·杜诗传》载,杜诗任南阳太守,"修治陂池,广拓土田,郡内比室殷足"。又《水经注·沔水注》载,南郡太守王宠在襄阳附近凿渠溉田,"陂水散流;又入朱湖陂,朱湖陂亦下灌诸田,余水又下木里沟。木里沟是汉南郡太守王宠所凿,故渠引鄢水也,灌田七百顷。白起渠溉三千顷,旁良肥美,更为沃壤也"。此类事例甚多,不必赘引。

汉代荆、扬二州的水利工程多集中于南阳盆地、江汉平原洞庭湖区及东部太湖地区。其特点是以陂湖为主,既需要筑坝,又需要引水,兼有蓄水、防洪、灌溉的多重功能。有了水利工程后,可使一些农田避免洪水泛滥成灾的同时,又可利用这些工程对农田进行人工灌溉。所以,江南水利工程的大量兴修,直接促进了农业生产的发展。

耕作方法与田间管理

汉代南方稻作农业的耕作方法问题,文献多有记载。

《史记·货殖列传》曰:"楚越之地,地广人稀,饭稻羹鱼,或火耕而水耨……"。

《汉书·地理志》曰:"江南地广,或火耕水耨,民食鱼稻,以渔猎山伐为业……。"

上面引文中的"火耕水耨",其内涵及耕作方法,学术界多有争议,各方解释不一。这里拟根据考古资料为主,结合文献记载,就当时的耕作方法包括整地、播种、田间管理、收获等方面结合前人的成果作些必要的申述。

(一) 整地

西汉《氾胜之书》载:"凡耕之本,在于趣时、和土、务粪泽、早锄早获。"这就是说要及时耕作，改良土壤，重视肥料，保墒灌溉，及早中耕，及时收获。东汉王充《论衡·率性》篇曰："深耕细锄，厚加粪壤，勉致人工，以助地力。"这都是把整地作为田间作业中最重要的环节。一般说来水田不需要开沟起垄，但需要耕翻土地，使之平整。秦汉时期，江南行"火耕水耨"。应劭释之曰："烧草下水种稻，草与稻并生，高七八寸，因悉芟去，复下水灌之，草死，独稻长，所谓火耕水耨。"其步骤为烧草—翻土地—种稻。当时耕地的工具有耒、耜、锸、铲和犁等，以铁质器具为主。

整地，在南方水田区的工作量较大。稻田需要修筑田塍以蓄水，田边开口引水，水田的面积和形状也因地势不同而不同。一般来说，平原地带将田修建成方格状，田边挖水渠。在山坡丘陵和地势不平的地带，则根据地形将田修建成不规则形状。因客观技术条件的限制，水田的面积一般不能太大；因为"大则水深浅不适"。可见，当时对水稻田的整地有别于旱地，要求是较严格的，并非完全是粗放型耕作。

(二) 播种

汉代强调要及时播种。《氾胜之书》说："种禾无期，因地为时。"对于水稻则根据不同品种而规定不同的播种时间。《氾胜之书》载："三月种秔（粳）稻，四月种秫稻。"《四民月令》也说："三月……时雨降，可种秔稻。""五月……可别秔稻。"即移栽。这些记载对南方稻作农业有很大的指导作用。

关于播种量，《氾胜之书》说："稻，地美，用种亩四升。"《四民月令》载，种粟"美田谷稠，薄田谷稀"。云梦秦简有类似的规定，说明南方人民十分注意播种量。

至于播种的方法，西汉可能采用撒播，时至东汉开始乃育种移栽。这可以从广东省、四川省、贵州省出土的水田模型中得以证实。广东省佛山市澜石出土的陶水田模型中有农夫播种的形象。四川省新津市出土的陶水田模型中，田中有行距整齐的秧孔。贵州省兴义县出土的水田模型中也刻画出整齐的禾稼形象。此外，四川省峨眉县出土的石刻水田模型上有两个农夫在田中用手耘田的形象；四川省新都县出土的薅种画像砖上有两个农夫手扶竹杖用脚在耘田的形象。这都是只有采用了育秧移栽技术种植水稻以后才可能有的情景。这是水田生产技术的一个重大突破。

(三) 田间管理

水稻的田间管理包括灌溉、施肥、中耕、灭虫等，现拟结合南方"火耕水耨"问题，做些介绍。有的学者指出"火耕水耨"和灌溉、施肥、中耕、灭虫有密切关系。这主要表现在以下几个方面。

1. "火耕"

"火耕"有效地抑制了水稻病虫害的发生。水稻病虫害由各种病菌病毒引起，寄生于上年稻草和杂草上越冬，随稻草传播繁殖。水稻病虫种类很多。汉人对水稻虫害深有认识。王充说："稻时有虫。"先秦时期，人们就发明了火烧防虫的办法。《诗经·小雅·大田》云："去其螟螣，及其蟊贼，无害我田稚，田祖有神，秉畀炎火。"秦汉江南未见有直接用火防稻病虫害的史料，但从云梦秦简《法律答问》中，有关于火烧防止马身上的病毒传染的记载。用火烧防止水稻病虫害亦当在使用之中。这种办法简易有效。故终汉一代，见于史文记载的江南蝗灾只有两次。

2. "水耨"

"水耨"是水稻中耕除草的基本方法，不仅实行于两汉六朝，而且为后世沿用。"耨"原来就含有中耕的意思，"深耕易耨""耨者熟耘"即是。这里的水耨当是用手抠抓杂草根部，同时耨断了一些稻株老根，促使生发更多的新根。老根透水性和吸水输导能力很差，影响稻苗的正常生长，新根粗壮呈白色，吸收能力强，植株所需的养料水分主要靠新根输送。所以耨秧之后稻苗迅速萌发较多的新根，生长和分蘖特别旺盛。"水耨"疏松了泥土，又具有改善土壤通气性能的作用，更大程度地满足水稻根系对空气的需求，有利于根系的生长。由于土壤中空气含量的增多，一些有毒物质可以氧化，减轻了对根系的污染和侵蚀，黑根现象明显减少。空气增多也有利于土壤微生物的活动，加速肥料的分解腐熟。"水耨"若在施肥前后进行，还可以使土肥均匀混合，减少肥分流出，有利于根系吸收，充分发挥肥效。例如，四川省峨眉县东汉墓中出土的石雕水田模型，田内有两个农夫匍匐弯腰；上体赤身，裤脚上挽，用双手进行稻田耨秧的形象。[①] 江南当亦如此。

3. "火耕"和"水耨"

"火耕""水耨"兼有施肥的效应。以火烧草，草木灰是很好的磷钾肥。以水淹草，草塞入田中腐烂就成了很好的绿肥。陈文华等学者比刘磐修更加强调了这个作用。不过，当时更重要的可能还是粪肥。在江南地区出土的墓葬中见有陶厕、带厕陶屋陶牧畜圈的现象是很普遍的。粗略统计，报道有牧畜圈的文章共22篇。[②] 在广东省佛山市澜石和四川省峨眉县出土的东汉水田模型，田中都有堆积的肥堆。田中堆肥料跟现在江南农村打基肥的情况相类似。施用呈碱性的草木灰、粪肥加上上面所讲的中耕，耨耘对江南地区黏稠、呈酸性土壤有很大的改良作用。今天遍布大江南北的水稻土就是千百年来不断改造的结果，这是江南人民的一大创造。

4. "火耕水耨"与灌溉相结合

关于江南水利灌溉工程兴修的成就，前文已论列。稻田用水的具

---

① 沈常：《东汉石刻永塘水田图像略说》，《农业考古》1981年第2期。
② 笔者根据历年《考古》《文物》《考古学报》和部分《江西文物》《江汉考古》等杂志统计而来，这里未详列具体材料。

体管理，陈文华先生曾有过精辟的论述。他推测，长江流域稻田灌水方法有两种。一种方法是将陂塘中的水直接灌进田中，然后又引进相邻的田中。另一种方法是将水引进田的水沟，再从水沟中将水引进田里；这跟《氾胜之书》指出的"始种，稻欲温，温者，缺其塍，令水道相直。夏至后，大热，令水道错"是一致的。利用流水来调节稻温度是一项了不起的成就。

（四）收获

汉人非常重视及时收获。《氾胜之书》言："获不可不速，常以急疾为务。"收获水稻亦当如此。

收割工具普遍使用的是铁镰刀，汉代江南铁镰刀有大量出土。从湖北江陵出土的4束古稻来看，早在西汉，江南地方已采用了连秆收割稻谷的方法。

综上所述，秦汉南方地区水稻耕作方法和技术，从播种到收获整个过程都取得了较高的成就。至少，到东汉已逐步走上了精耕细作的道路，这为以后中国南方水稻生产的高速发展奠定了基础。

汉代不同农耕区的劳动生产率问题

——以粮食生产为研究中心

农业劳动生产率,一般是指"农业劳动者的生产效率",通常"用单位时间生产的农产品数量(或产值)来表示"[①]。以往,我们对汉代的农业劳动生产率缺乏全面研究。虽然对当时的粮食亩产量有过不少探讨,也取得了一定成就,[②] 然而众说纷纭,认识不一。有的在论述汉代亩产量时,于史料运用上也稍嫌笼统,且多用中原地区的粮食产量来概括全国情况,未曾注意各农耕区之差异。这里根据文献、考古资料,在前人研究的基础上,拟分别就汉代南方、中部及西北边郡这三个农耕区的农民(含田卒)人均垦田面积、田亩产量与粮食岁收总产值等有关劳动生产率的不同及其原因问题,做些具体的考察。

[①] 见许涤新主编《政治经济学词典》下册,人民出版社1980年版,第334页;并见《辞海》,上海辞书出版1980年版,第1624页。

[②] 这方面的成果主要有宁可:《汉代农业生产的几个数字问题》,《北京师院学报》1980年第3期;吴慧:《中国历代粮食亩产研究》,农业出版社1985年版,第112页;王全忠:《西汉亩产管见》,《农业考古》1986年第1期;周国林:《关于汉代亩产的估计》,《中国农史》1987年第3期;于昆琦:《秦汉粮食亩产量考辨》,《中国农史》1990年第1期;杜绍顺:《战国至汉初一般亩产量探析》,载《秦汉史论丛》第七辑,中国社会科学出版社1998年版。

南方农耕区

南方农耕区，这里主要是指淮河、长江流域以南的广大地区。据司马迁《史记·货殖列传》说，这里在战国时期属楚、越及秦的巴蜀之地。而在汉代乃包括汝南、广陵、会稽、江夏、南郡、豫章、长沙、桂阳、零陵、武陵及巴蜀等地。

这一地区稻作起源很早。迄至汉代，各地农业发展的程度参差不齐。有的地方步伐走得较快。例如，吴地有"三江五湖之利"，人们利用这里的自然条件，发展农业，"国用富饶"。江陵的"云梦"之地，物产丰富，成为南北经济对流的枢纽。巴蜀平原，"民食稻鱼，亡凶年忧"[①]。但从总体来看，秦至西汉前期，南方大多数地区仍然经济封闭，生产力水平较低。具体记载如下。

《史记·货殖列传》说："楚越之地，地广人稀，饭稻羹鱼，或火耕而水耨，果隋蠃蛤，不待贾而足，地势饶食，无饥馑之患，以故呰窳偷生，无积聚而多贫。"《汉书·地理志》说："江南地广，或火耕水耨，民食鱼稻，以渔猎山伐为业。"《汉书·严助传》说："南方暑湿，近夏瘅热，暴露水居，蝮蛇蠚生，疾疠多作。"

由于南方经济相对落后，气候"暑湿"，所以，当时中原人往往以此为畏途，其实也是对江南不甚了解。不过南方地广人稀乃是事实，当时每平方公里只有 2—3 人[②]，人口分布密度甚为疏落，生产发展极不平衡，大部分土地尚未得到开发和利用。

以水稻种植为主的南方，农业生产的工具和技术除平原地区外，一般较为滞后，有的地区实行"火耕水耨"。此法，据《史记·货殖列

---

① 《汉书》卷二八《地理志》，第 1645 页。
② 据《汉书》卷二八《地理志》统计，第 1523—1671 页。

传》注引《正义》的解释是："言凤草下种，苗生大而草生小，以水灌之，则草死而无损也。耨，除草也。"对"火耕水耨"，今人解释众说殊异。① 事实上，"火耕水耨"是指先放火烧掉田中的禾稿和杂草，以增肥力，再深翻土地，然后灌水、耙田整地种上水稻。主要是在一些沼泽地和山区的冷浆田实行。当时"火耕水耨"尽管脱离了原始的水田农业形态，不同于"刀耕火种"，也有其特定的某些功效，然而它毕竟是一种较为粗放的耕作方式。南方的广大平原地区，并非皆为"火耕水耨"，特别是东汉以后，随着北人南迁和先进生产经验的传入，农业生产便有了新的进展。如不少地区开始推广牛耕，施用底肥，开渠蓄水，实行育秧移栽等，这在文献及出土的陶水田模型中可以得到实证。

种植水稻的工作程序比较复杂。除了整地、耙田、播种、插秧外，还有经常性的田间管理，如及时灌溉、施肥、中耕、防止病虫害等，费时多，劳动量大。因此普通农民的垦田亩数有限。这里先要说明的是，西汉前期大、小亩制并行。当时关东的许多地方，仍实行"百步为亩"的小亩制；而秦故地及南方的原楚地，实行"二百四十步为畛"的大亩制。自汉武帝后期开始，才在全国统一亩制，不论南北皆实行"二百四十步为亩"的大亩制。当时一大亩等于2.4小亩。下文提到的亩，若原来是大亩，皆折成小亩，旨在便于在此前后南北各地的对比。汉代有关南方一个农民的垦田数量问题，见于记载者有如下几处。

据《江陵凤凰山十号汉墓木牍》记载，郑里有25个农户，能田者

---

① 参见李根蟠《对"火耕水耨"的再认识》，载《平准书》第三辑，中国商业出版社1986年版；彭世奖《"火耕水耨"辨析》，《中国农史》1987年第2期；杨振红《论两汉"火耕水耨"》，《农业考古》1990年第1期；郭开农《论两汉时期的"火耕水耨"与"千金之家"》，《江汉论坛》1990年第3期；刘磐修《两汉六朝"火耕水耨"的再认识》，《农业考古》1993年第3期。

（能从事农业生产的劳动者）69人，人口105人，全里共有田617亩，平均每户有田24.6亩，每个能田者仅耕9亩土地。文景之时，这里实行大亩制，人耕9大亩，约合22小亩。

《淮南子·主术训》说："夫民之为生也，一人跖耒而耕，不过十亩。"这是反映西汉前期江淮以南一人垦田量的记录，行大亩制，10大亩，合24小亩。

据《三国志·钟离牧传》载，东汉时钟离牧曾在会稽郡"躬自垦田，种稻20余亩"。这里没有说明究竟是钟的一家还是他个人。若一家种稻20余亩，则"五口之家"以2个劳动力计算，一人耕种10大亩，合24小亩。

从这些记载来看，南方一个农民耕种稻田的亩数，通常在9—10大亩，即22—24小亩，平均23小亩左右。

南方水稻的耕作制度，汉时为一年一熟。其播种量，据云梦秦简《仓律》载，"种稻、麻亩用二斗大半斗"，秦与汉大致相近。简文中的"斗"，是大斗。尽管当时的量制有大石、小石之分，① 但根据有关文献考古资料，汉代较为通行的是大石、大斗。又杨联陞先生曾在《汉代丁中、廪给、米粟、大小石之制》一文中，认为"大石小石盖皆虚名，以别米粟"，"非实有两种斛斗"。故本文下面提到的石，皆权且视为大石、大斗。汉代南方水稻的播种量，每亩为"二斗大半斗"，其亩产量，我们可以参见下列记载。

《淮南子·主术训》说："一人跖耒而耕，不过十亩。中田之获，率岁之收，不过四石。"即耕作中等土地10亩（大亩），年均每大亩产谷4石，合小亩收1.7石。

《东观汉记·张禹传》说，元和三年（86年），张禹迁下邳（今江

---

① 汉时大石、小石的折算关系：1小石合大石6斗，1大石合1.66小石。

苏睢宁）相，修蒲阳坡（陂），"垦田四千余顷，得谷百万余斛"①。斛与石同义。是知每亩（大亩）产谷约2.5石，合小亩每亩约1.04石。

稻谷的品种，汉代南方主要是粳、灿、糯三大类。品种不同，产量稍有微别，但不会相差很大。以上两处记载表明，南方稻谷的亩产量，一般为每大亩收2.5—4石，即每小亩收1.04—1.7石，平均每小亩收1.37石。

根据上举事实可以窥知，南方一个普通农民，若一年耕种9—10大亩；或23小亩左右的土地，亩产1.37石，其年均稻谷的总产量是1.37石×23小亩=32石。汉代的谷价，各个时期高低不一。②若以宣、元二帝时期为例，当时有"谷斛八钱"③，"谷石五钱"④，"谷石三百余"⑤，也有"谷石二百余"至"石四、五百钱"⑥者。我们权且以"谷石百钱"计算，32石谷，折合货币是3200余钱的产值。

汉代南方一个"五口之家"的农户，如果有两个主要劳动力，耕种20大亩以上的稻田，农闲季节从事"渔猎山伐"的农副业经营，⑦农民虽然难有什么积聚，但可以解决吃饭问题。所以司马迁说："江、淮以南，无冻饿之人，亦无千金之家。"⑧

---

① 王先谦《后汉书集解·张禹传》说顷田："千余顷作四千余顷。"
② 黄今言：《秦汉商品经济研究》，人民出版社2005年版，第227—236页。
③ 《汉书》卷六九《赵充国传》，第2984页。
④ 《汉书》卷八《宣帝纪》，第259页。
⑤ 《汉书》卷二四《食货志》，第1142页。
⑥ 《汉书》卷七九《冯奉世传》，第3296页。
⑦ 南方养鱼、采伐的资源很丰富。文献虽然对当时70多种鱼类和各种竹木价格缺乏详细具体的记载，但司马迁在《货殖列传》有个概括的说法。所谓"通邑大都……木千章，竹竿万个……鲐鲨千斤，鲫千石，鲍千钧……此亦比千乘之家"。这虽然是就竹木业、渔业专业户来讲的，普通农民作为副业生产，其数量不可能有"千章""万个"，或"千斤""万石"，更不可能成为"千乘之家"。但是，我们从中可以窥知"渔猎山伐"有利可图，可以增加稻作以外的经济收入。
⑧ 《史记》卷一二九《货殖列传》，第3270页。

中部农耕区

中部农耕区，这里主要是指黄河中下游的关中和关东地区。西自秦陇，东至海滨，包括关中的泾、渭平原和关东的三河、上党、太原、赵国、中山以及梁、宋、齐、鲁、颍川等地。

这一地区农业生产有悠久历史，向来以旱地作物的种植为主。《史记·货殖列传》记载如下。

> 关中自汧、雍以东至河华，膏壤沃野千里……好稼穑，殖五谷，地重。
>
> 三河在天下之中，若鼎足，王者所更居也，建国各数百千岁，土地小狭，民人众，都国诸侯所聚会，故其俗纤俭习事。
>
> 梁宋"好稼穑……能恶衣食，致其蓄藏"。
>
> 鲁地"颇有桑麻之业，无林泽之饶，地小人众，俭啬"。齐地"带山海，膏壤千里，宜桑麻，人民文采布帛鱼盐"。

以上记载说明，中部地区有"以农为本"的传统，到处有良田沃野，是农业生产较为发达的地区。

位处东亚大陆的中部地区，由于长期重视种植业，这里到了汉代，人口密集，不仅铁农具成为农业生产的主要工具，而且水利事业发达，生产技术明显进步，有"精耕细作"的生产模式。当时一个普通农民的耕作能力，即垦田亩数，见于文献者，有如下一些常见的记载。

《汉书·食货志》记李悝之言曰："今一夫挟五口，治田百亩。"又同书记晁错的话说："今农夫五口之家，其服役者不下二人，其能耕者不过百亩。"李悝讲的"一夫"，是指一个"五口之家"的户主，是战国时期"授田百亩"的一夫，非谓一个农民。李悝、晁错说的"百亩"，皆为武帝改制之前，关东地区的小亩，即周制"百步为亩"的亩。按晁错所云，"五口之家，其服役者不下二人"，若以两个劳动力计算，则每个农民垦田 50 小亩。

《史记·陈丞相世家》谓陈平"阳武户牖乡人也。少时家贫，好读书，有田三十亩，独与兄伯居。伯常耕田，纵平使游学"。《集解》徐广曰："阳武属魏地。户牖，今东昏县，属陈留。"而《汉书·地理志》曰："属河南郡，盖阳武乡属梁国耳。"可见，阳武这个地方，属地处在实行小亩制的"关东"乃无可疑。汉初的陈平不事农业，全由其兄耕种，是知，一人耕种 30 小亩。

看来，中部地区五口之家的普通农户，两三个劳动力耕垦 100 亩（小亩），一人耕垦 50 小亩，当是最高极限。故晁错说"不过"，即不会超过这个数字。普通农民，一年通常的垦田亩数为 30 小亩左右，应该是比较符合当时一个农民耕作能力的。当然，生产条件较好者，若用人力挽犁或畜力犁耕，垦田面积可扩大。《汉书·食货志》说："民或苦少牛，无以趋泽，故平都令光，教过以人挽犁，过奏光以为丞，教民相与庸挽犁，率多人者田日三十亩，少者十三亩。"这里尽管没有讲明"多人"与"少者"的确切人数，无法判断其人均日耕数量，但耕作效率提高是肯定的，不然就不会"教民相与庸挽犁"。据《崔寔·政论》记载，汉时犁耕，"用二牛三人，日耕二十亩"。西汉中期以后，有些地方由于使用"二牛抬杆"式的犁耕，故垦田数量有明显提升，比人力耕种超过多倍。但中部地区牛的价格很贵，据《九章算术》的《方程》《盈不足》题记记载，"每头牛高达 1818—3750 钱。一般农民的经济能力难以承受，购买不起"。

中部地区粮食作物的种类很多，有粟、麦、禾、黍、豆、菽等。这些作物的播种量，据云梦秦简《仓律》载："种……禾、麦一斗，黍，亩大半斗，叔（菽）亩半斗。"农作制度和南方一样，一年一熟制。至于田亩产量，由于土质肥瘠、水利条件及耕作技术的不同，各地不完全一样。在一些土质肥沃、灌溉条件好，采用特殊耕作方法的地方，亩产量很高。《史记·河渠书》谓秦在关中修郑国渠，"渠就，用注填阏之水，溉泽卤之地四万余顷，皆收亩一钟"。《史记·货殖列传》说："及名国万家之城，带郭千亩亩钟之田。"《汉书·食货志》谓赵过行代田法时，"试以离宫卒田其宫壖地，课得谷皆多其旁田亩一斛以上"。又《太平御览》卷八二一《田》谓氾胜之在进行区田法试验时，"收至四十石"。但肥沃膏腴的"亩钟之田"，相比之下，当时毕竟不是很多，而"区田法"因投放成本极高，也不可能大范围推广。

那么，汉时一般中等土地，即普通旱田或某些水浇地的粮食亩产量，可从下列记载中得到反映。

《汉书·食货志》记载晁错之言曰："今农夫五口之家……其能耕者不过百亩，百亩之收，不过百石。"即每小亩年产粟不过 1 石。

《史记·河渠书》载："穿渠引汾溉皮氏、汾阴下，引河溉汾阴蒲坂下，度可得五千顷……今溉田之，度可得谷二百万石以上。"汾水在秦故地，当时实行大亩制，1 大亩得谷 4 石多，折合小亩 1.7 石。

《后汉书·仲长统传》云："今通肥饶之率，计稼穑之入，令亩收三斛。"东汉时期，1 大亩平均产粟 3 石，折合小亩 1.25 石。

此外，有的论者还用《管子》的材料说明汉代中部普通土地的亩产量。例如，其中的《治国篇》曰："常山之东，河汝之间，蚤生而晚杀，五谷之所蕃熟也，四种而五熟，中年亩二石，一夫为粟二石。"常山即恒山，地处黄河下游冲积平原，可"四种五熟"，四年收获五次，故每小亩产粟 2 石。又《轻重甲》曰："一夫之事，终年耕百亩，百亩之收，不过二十钟。"一钟为 6.4 石，那么 1 小亩产粟 1.28 石。《管子》以上诸篇的成文年代虽然学界众说不一，但多数学者认为是反映了西汉前期的亩产量，与前引《食货志》《河渠书》的记载相近。

诸多记载说明，中部地区的粮食岁均亩产量为每小亩 1 石以上至 2 石，平均 1.5 石这当是可以成立的，我同意宁可先生的结论。[①]

以上事实告诉我们，中部一个普通农民，通常耕种 30 小亩土地，一年一熟，亩产量 1.5 石，其粮食生产的岁均总产值是 1.5 石 × 30 小亩 = 45 石。粮价各个时期波动很大，我们仍以西汉宣元二帝的价格为例，以"百钱一石"计算，则 45 石粟，折合货币 4500 钱。

汉代中部地区一个"五口之家"的农户，如果有两个主要劳动力，垦田 60 小亩，"男耕女织"，又从事家禽家畜、种植蔬菜与农副业生产[②]，则年收入可达中等自耕农水平。在没有天灾人祸、年景正常、赋税征课较轻的情况下，其生产、生活基本上可以得到维系。

西北边郡农耕区

西北农垦区，位处关中、关东的西部和北部，即司马迁说的"龙门、碣石"以北。据《史记·货殖列传》《汉书·地理志》的记载，其地理范围大致上包括敦煌、酒泉、张掖、武威、天水、北地、五原、朔方、云中、上谷等郡。

这一地区，在经济上具有半农半牧的特色。其特点是地广人稀，成片草地，有发展畜牧业的良好条件。

---

① 参见宁可《汉代农业生产的几个数字问题》，《北京师院学报》1980 年第 3 期。
② 《汉书·龚遂传》说宣帝时，龚遂为勃海太守，"躬率以俭约，劝民务农桑，令口种树榆，百本薤、五十本葱、一畦韭，家二母彘、五鸡"。从事这些副业生产，对维持生活起着不可忽视的作用。如《管子·禁藏篇》曰："糠秕六畜当十石粮。"《急就篇》曰："园蔬果瓜助米粮。"《盐铁论·散不足》云："夫一豕之肉，得中年之收十五石粟，当丁男半月之食。"说明副业生产是粮食作物的重要补充。

据《史记·货殖列传》载,"龙门、碣石北多马、牛、羊"。

"天水、陇西、北地、上郡与关中同俗,然西有羌中之利,北有戎狄之畜,畜牧为天下饶"。

又据《汉书·地理志》记载,"自武威以西……地广民稀,水草宜畜牧,凉州之畜为天下饶"。

"安定、北地、上郡、西河,皆迫近戎狄,修习战备,高上气力,以射猎为先"。

西北地区因与游牧民族相邻,在生产、生活方式上受游牧民族影响很大,这一带畜牧业较为发达。自秦以后,由于中原内郡大量移民西北边郡,故这里也有相当程度的种植业,特别是从汉代开始更为明显。文帝时,为"守边备塞,劝农力本",接受晁错的建议"募民徙塞下"①,在那里,为移民解决土地、田器、水源和居室问题,以资发展种植业。武帝元狩三年(前120),"山东被水灾,民多饥乏……乃徙贫民于关以西,及充朔方以南新秦中,七十余万口"②,次年冬,又"有司言关东贫民徙陇西、北地、西河、上郡、会稽凡七十二万五千口,县官衣食振业"③。同时,为反击匈奴,曾在那里兴修水利,广泛开展屯田。武帝元狩四年(前119),漠北战后,"汉度河自朔方以西至令居,往往通渠置田,官吏卒五六万人,稍蚕食,地接匈奴以北"④。又云"初置张掖、酒泉郡,而上郡、朔方、西河、河西开田官,斥塞卒六十万人戍田之"⑤。太初三年(前102),李广利"益发戍田甲卒十八万酒泉、张掖北,置居延、休屠以卫酒泉"⑥。汉时,由于大量实行

---

① 《汉书》卷四九《晁错传》,第2287页。
② 《汉书》卷二四《食货志》,第1162页。
③ 《汉书》卷六《武帝纪》,第178页。
④ 《史记》卷一一○《匈奴列传》,第2911页。
⑤ 《汉书》卷二四《食货志》,第1173页。
⑥ 《汉书》卷六一《李广利传》,第2700页。

"移民殖边"和大规模的屯田。所以,西北边郡的种植业比以前获得了相对发展。

西北边郡屯垦区,汉时从事种植业的劳动者,就其身份而言,既有内郡"移民",也有被征应役的士卒和弛刑徒。在文献及简牍中对其有种种称谓,如"田士""屯士""屯田吏""田卒""戍田卒""积卒"及"弛刑"等。有关内郡农民徙边的垦田量,文献简缺。但"屯田卒"或"戍屯卒"及"弛刑士"的垦田量,即耕作任务,乃有记录在案。

《汉书·赵充国传》说:"愿罢骑兵,留弛刑应募及淮阳、汝南部兵与吏士私从者,合凡万二百八十人……田事出,赋人二十亩。"是知,宣帝时赵充国率领的部队,人垦20亩(大亩),折合48小亩。

《居延新简》曰:"用积卒二万七千一百卌三人。率曰百廿一人,奇卅九人。垦田卌一顷卌四亩百廿四步,率人田卅四亩。"(72.E.J.C:1)① 所谓"积"是屯田积谷的"积",积卒当为屯田卒的一种。当时在 27143 个积卒中,每天用 121 人耕种 41 顷 44 亩 25 步的土地,平均每人种地 34 亩(大亩),约折合 80 小亩。

《疏勒河流域出土汉简》释文曰:"令玉门屯田吏高年垦田七顷□□弛刑十七人。"② 因弛刑在边郡主要是从事军中后勤或农耕,故劳动强度大,每人的垦田量超过 41 亩(大亩),约折合 98.4 小亩。

除这些记载外,《流沙坠简考释》卷二《戍役类》也有记载,"将张金部见兵廿一人,大麦二顷已截廿亩,下床九十亩,溉七十亩,小麦卅七亩已□廿九亩,禾一顷八十五亩,溉廿亩,茐(锄)五十亩"。"将梁襄部见兵廿六人,大麦六十六亩已截五十亩,下下床八十亩,溉七十亩"③ 小麦六十三亩溉五十亩,禾一顷七十亩,茐(锄)五十亩,

---

① 甘肃省文物考古研究所编:《居延新简释粹》,兰州大学出版社 1988 年版,第 87—88 页。
② 林梅村、李均明:《疏勒河流域出土汉简》,文物出版社 1984 年版,第 95 页。
③ 罗振玉、王国维编著:《流沙坠简》,中华书局 1993 年版,第 153 页。

溉五十亩。从简文来看，张金部见兵21人，种田512亩，人均24亩多；梁襄部见兵26人，种田380亩，人均14.5亩多，二者平均约20亩（大亩）。这虽是反映魏晋时的情况，但离东汉不远，与前引《汉书·赵充国传》所记的兵卒垦田数"赋人二十亩"相近。

由此可见，屯垦区的劳动者，因身份、任务不同，他们的垦田数量有别。且耕且守的"屯兵"一般耕种20大亩，专事耕种的"屯田卒"为34大亩，而"弛刑"则41大亩。若打通来计算，平均每人垦田约31大亩，折合74小亩。这虽与使用铁器和牛耕有关，但也是超经济强制的程度相当严重。

汉代的军事屯田，是国家有组织的耕垦活动。当时屯田用的土地，耕作所需的种子、农具、耕牛由国家提供，劳动者的口粮、衣物乃至零用钱均由国家供给。当然，屯田生产的收获物如谷、麦、大麦、小麦、穄穇、黄米等也要全部上缴官仓。那么，实行一年一熟耕作制的屯垦区，其亩产量是多少？过去学界意见不一。有的说，这里的粮食亩产量相当高，"可能是四、五石之多"[1]。有的说，汉代"河西亩产量的低限大约不会低于全国亩均一小石的水平，其高限也不至超出太多"，"粮食亩产量在1.1—1.2小石"[2]。看来，这至多只能说是局部地区的情况。若以之视为整个西北部的亩产量，估计可能偏高了些。为进一步探讨这个问题，让我们先看下面两片简文。

据《居延新简》记载，"用积卒二万七千一百卌三人。率百廿一人，奇卅九人。垦田卌一顷卌四亩百廿四步，率人田卅四亩，奇卅亩百廿四步得。谷二千九百一十三石一斗一升，率人得廿四石，奇九石"。(72. E. J. C：1)[3] 依该简文所记，"垦田"41顷44亩余，"得谷"

---

[1] 孙正甲：《试析汉代边地屯田的经济效益》，《大庆师专学报》1988年第1期。
[2] 李并成：《河西地区历史上粮食亩产量的研究》，《西北师大学报》1992年第2期。
[3] 甘肃省文物考古研究所编：《居延新简释粹》，兰州大学出版社1988年版，第87—88页。

2913石多，那么，121个田卒，人均垦田34亩，得谷24石；其亩产量当为24石÷34亩=0.7石。

《疏简》六一五简曰："入二年□□粟百五十六石□田二顷七十亩穄穅卅一石"①。出土敦煌的这片简文，意思有些含混，只记有"田"2顷七十亩，"粟"156石，"穄穅"41石。所属关系不明。若我们将其理解为270亩田，产粟156石，产穄穅41石，共粮食197石；其亩产量当为197石÷270亩=0.73石。

要说明的是以上两片简文所讲的亩，皆为汉武帝改制后的大亩，如果和前面一样都折合成小亩计算，其平均亩产量不到半石，每亩只有0.4石左右。

西北地区的屯田卒，若一人平均耕种31大亩，即74小亩，一年一熟，亩产量0.4石，则其年均总产粟谷仅为0.4石×74小亩=29石。边郡的粟谷时价，据《居延汉简甲乙编》载，有"石百一十钱"（314·4），"石八五钱"（276·15），最高者"粟一石，四百一十钱"（167·2）。今按中等价，仍以"石百钱"计算，29石粟，折合货币为2900钱。这个劳动收获或许可以解决田卒的部分口粮问题，但如果将国家提供的农具、耕牛、种子计价在内，他们的劳动所获诚然不能自给，故屯田卒的农业劳动生产率，远远低于内郡其他地区。

但是，对西北屯田的作用、意义不能低估。对此，学术界多有论述，这里再强调两点。其一，从军事政治上看，汉代西北的屯田，加强了对边境的防卫。屯田卒是边塞上的一支重要武装力量，他们且耕且守，对阻扼边犯入侵、巩固边疆起到了重要作用；同时也为汉廷在边地移民、建立郡县、加强行政管辖等打下了一定基础。其二，从经济上看，汉廷数十万军队长期屯驻在西北，一边戍守，一边屯垦。在

---

① 林梅村、李均明：《疏勒河流域出土汉简》，文物出版社1984年版，第71页。

那里兴修水利，推广铁农具和"代田法"等先进技术，不仅促进了边郡地区生产力的发展，同时，通过屯田，也节省了从内郡长途转运的大量消耗。当时几十万边兵的军需粮饷主要依靠内地，而转输耗费巨大。史称汉武帝时，"千里负担馈饟，率十余钟致一石"，又"兴十余万人筑卫朔方，转漕甚远，自山东咸被其劳，费数十百巨万，府库并虚"①。在转输困难的情况下，通过屯田解决军士的一部分口粮、草料问题，这对减轻国家财政负担和内郡人民军粮转输的痛苦是有积极意义的。② 所以，我们考察西北屯田区的劳动生产率时，似又不能只看那里的田亩产量，还当看到屯田劳动者在军事、政治和经济等其他方面所付出的劳动和贡献。

各农耕区劳动生产率不同的原因

据上节所述，汉代各农耕区的劳动生产率存在明显不同，专就粮食生产而言，南北差距较大。具体见表1。

表1　　　　　　　　汉代农耕区劳动者生产率

农耕区域	劳动者成分	年人均垦田亩数	农作制度	平均亩产量	粮食总收入量	粮价（西汉中期为例）	折合钱币
南方农耕区	一个普通农民	9—10大亩（平均23小亩）	一年一熟	1.37石	32石	100钱	3200钱
中部农耕区	一个普通农民	30小亩	一年一熟	1.5石	45石	100钱	4500钱
西北屯垦区	一个屯田卒	31大亩（74小亩）	一年一熟	0.4石	29石	100钱	2900钱

---

① 《汉书》卷二四《食货志》，第1158页。
② 参见刘光华《汉代西北屯田研究》，兰州大学出版社1988年版；黄今言：《秦汉军制史论》，江西人民出版社1993年版，第183—186页。

表 1 说明,汉代的农业劳动生产率,从总体上看,中部农耕区最高,南方农耕区次之,西北屯垦区最低。形成这种状况的原因是多方面的。

首先,从地理条件看,全国各农耕区域不一样。南方农耕区,处在淮河、长江以南,气候温暖,生态环境好。降水量充足,在 800 毫米以上,地下水位高,河网湖泊众多,平原、丘陵相间。但除吴地、江陵、巴蜀有较大的平原外,大部分地区是丘陵、山地。"江南卑湿"①,人口稀少,是尚未开发的水田区。中部农耕区,处在黄河中下游,属温带季风气候,降雨量大致在 400—800 毫米。其地势比较平坦,土质松软、肥沃,便于耕垦,有较好的水利灌溉条件,适宜农作物生长。人口稠密,自周秦以来皆以旱地种植业为主。西北农垦区,大部分处在黄土高原和内蒙古高原,地势复杂"穷险",土质比较贫瘠,降水量在 400 毫米以下,气候干燥,不适宜大面积的农作物生长,只有在狭窄的河川之地能搞些种植业。这种自然地理条件的好坏,对各地农业生产有重要的影响。

其次,生产工具对农田垦辟等有重大作用。《盐铁论·水旱篇》载:"铁器者,农夫之死士也","民之大用也"。铁制工具虽然于春秋战国时,在农业上已被使用;但自秦至西汉时期,它在全国各地的普及程度并非一致。当时南方,除福建省、广西省等个别地方曾使用铁犁铧和牛耕外,西汉大部分地区还没有得到推广。农民使用的工具仍多为耒、耜之类,所谓"蹠耒而耕"。民间用耒耜种田,除文献记载外,还有大量的考古资料可证。例如,湖南省长沙市、湖北省江陵市等地汉墓中均出土过木质耒、耜的模型。②只不过这时的耒、耜都套上了铁刃而已。在丘陵、黄土及薮泽地带,若无锋利的铁农具,仍然

---

① 《史记》卷一二九《货殖列传》,第 3268 页。
② 参见陈文华《论农业考古》,江西教育出版社 1990 年版,第 123 页。

"蹠耒而耕"，自然很难提高生产力，垦田亩数，必然受到限制。中部农耕区随着冶铁业的发展，铁农具成为农业主要工具。不仅分布广，遍及关中、关东各地，而且数量也多，如在今河南省临汝夏店西汉冶铁遗址就发现铁镢300余件。① 1975年在西安省西郊一个铁农具窖藏中，一次性发现大小铁铧、铁犁等农具达85件。② 特别要指出的是，中部农耕区铁农具的种类也较前增多。据文献、考古资料所见的有耒、耜、锸、耰、耙、锄、耨、钩、铍、镰、铚等，各种农具齐全。此外，牛耕在中部也广为使用。据考古发掘，出土了很多汉代"牛耕图"，如有枣园村王莽时期的壁画墓牛耕图③，陕西省米脂东汉画像石牛耕图④，山东省滕县黄家岭东汉画像石牛耕图⑤等，牛耕的发展趋势，西汉时尚处在"二牛抬杠"阶段，到东汉乃出现一牛挽杠的短辕犁，有了明显改善。由于黄河中下游地区，普遍使用铁农具，富裕农民还用牛耕，故耕作能力与生产效率显得较高。西北垦田区，尽管政府在那里也推行了铁器和牛耕，但使用程度、发展力度均不如中部；同时，劳动者的素质、任务不同，对铁农具的功能、作用也发挥得有限。

再次，生产技术与农田产量的高低有密切关系。早在春秋战国时期，中国的传统农业技术已开始形成。迄至汉代逐渐走上成熟，出现了不少总结汉代生产经验的农学著作⑥。但由于各地自然条件与开发程度不同，南北生产技术存在着差异。当时南方以种植水稻为主，在一

---

① 倪自励：《河南临汝夏店发现汉代炼铁遗址一处》，《文物》1960年第1期。
② 卫斯：《我国汉代大面积种植小麦的历史考证》，《中国农史》1988年第12期。
③ 杨陌公、解希恭：《山西平陆枣园村壁画汉墓》，《考古》1959年第9期
④ 陕西省博物馆：《米脂东汉画像石墓发掘报告》，《文物》1972年第3期。
⑤ 蒋英炬：《略论山东汉画像石的农耕图像》，《农业考古》1981年第2期。
⑥ 据《汉书·艺文志》记载西汉以前的农书仅战国时期的两家，《神农》二十篇、《野老》十七篇；而西汉的农书则有七家，包括《宰氏》十七篇、《董安国》十六篇、《尹都尉》十四篇、《赵氏》五篇、《氾胜之书》十八篇、《王氏》六篇、《蔡癸》一篇。可惜都已失传，只有《氾胜之书》保存下来，散见于《齐民要术》等书中。

些地广人稀之地，在一些沼泽地或山区长期采用"火耕水耨"，牛耕未及使用，耕作方法滞后。到了东汉，才开始逐步推广牛耕，并采用插秧、施肥、耘田等方法，使水稻栽培技术走向进步。而中部的农耕区，以种植粟、麦、菽等为主，"精耕细作"的农业传统得以日渐丰富和发展，正如反映当时中部农业生产基本原理的《氾胜之书》说："凡农之本，在于趣时、和土、务粪、泽、早锄、早获。"即及时耕作、改良土壤、多施粪肥、保墒灌溉、及早除草、及时收获。王充在《论衡·率性篇》亦说："深耕细锄，厚加粪壤，勉至人工，以助地力。"又《四民月令》亦记录了洛阳地区一些与农事活动相关的内容。如耕地、播种、分栽、除草、收获、储藏等。所有这些都具体体现旱地作物栽培经验之积累和基本原理的确立。不仅如此，同时还实行"一亩三甽，岁代处"的"代田法"①，以及集约施肥、充分灌溉、合理密植、等距管理的"区田法"。这些精耕细作的先进技术，对充分发挥地力，提高田亩产量等起有相当大的作用。西北屯垦区，开发较晚，那里虽然也在局部地方推行了"代田法"等生产技术，许多"移民"也来自内郡，但由于"屯田卒"耕垦面积太大，"且耕且守"任务繁重，许多先进技术的具体措施，难以得到较好落实，一般只能广种薄收。

最后，从社会历史条件看，各农耕区也不一样。南方虽是中国古代人类发祥地之一，人们披荆斩棘，曾相继创造了灿烂的巴蜀文化、荆楚文化和吴越文化。但由于受到交通及劳动力等制约，加之远离统治中心，故在总体上比中原落后。闽越之地，当时尚处在与外界隔绝的封闭状态。据淮南王刘安说："越，方外之地，劗发文身之民也。"严助也说这里"非有城郭邑里也，处溪谷之间，篁竹之中"；"越人愚戆轻薄，负约反覆，其不用天子之法度"；风俗"与中国异，限以高

---

① 《汉书》卷二四《食货志》，第1139页。

山，人迹所绝，车道不通，天地所以隔外内也"①。这虽有些夸张，但它反映了江南有些地方的经济，特别是农业发展程度较低，乃是事实。中部农耕区也是人类发祥地之一，后又"王者所更居"，地理位置重要。这里的当政者历来比较关注辟土垦荒，提倡"重农"。如战国时的李悝在魏国"作尽地力之教"。商鞅在关中的秦"行耕战之赏"，国富民强，"故关中之地，于天下三分之一，而人众不过什三；然量其富，什居其六"②。至汉代，发展农业进一步提到了重要议事日程。在历代重农政策的倡导下，于具体措施上，中部地区贯彻得最为有力。例如，先后修建的许多水利工程，包括漕渠、龙首渠、六辅渠、白渠、灵轵渠、成国渠等均集中在关中；先进生产工具和生产技术，如"代田法"，首先在三辅、河东、弘农等中部地区推广；土地开垦率，在全国以关东为最高，约占全国总耕地的百分之五十。大量事实表明，由于历史政治等原因，中部的农业已占据龙头地位，在全国具有明显的优势。但西北地区，汉人与羌人、匈奴、乌桓、扶余等游牧民族杂居或相邻，受游牧民族影响较深，自然形成半农半牧经济，"地踔远，人民希（稀）"③，农业还未能得到充分发展。

---

① 《汉书》卷六四《严助传》，第2778页。
② 《史记》卷一二九《货殖列传》，第3262页。
③ 《史记》卷一二九《货殖列传》，第3265页。

汉代农业商品生产的群体结构及其发展水平之评估

秦汉时期，虽然自然经济在总体上占有强大的地位，但商品经济也有明显的发展。这方面，学界研究较多，且取得了丰硕成果，[①] 但在农业领域中的商品生产，目前仍缺乏系统的专文论述。本文拟就汉代农业商品生产的群体结构、经营特点及其发展水平问题等做些初步探讨。

专业户的兴起与商品化生产

专业户是指在农村中以较多资金和人力经营某项专业生产的农户。通常情况下，专业户的经营项目收入应超过全部收入的60%。专业户一般都有较高的技术，并且有较强的经营能力，能够为市场提供较多的商品。

战国时期专业农户已展现端倪。到了汉代，随着社会分工的拓展、生产力的提高及产业结构的调整，农业专门化生产得到了较大的发展。

---

① 林甘泉：《秦汉自然经济和商品经济》，《中国经济史研究》1997年第1期；李根蟠：《自然经济商品经济和封建地主制》，《中国经济史研究》1988年第3期；黄今言：《秦汉商品经济研究》，人民出版社2005年版，第1—26页。

汉代农业商品生产的群体结构及其发展水平之评估

其时，专业农户所涉及的门类较多，如据以下记载。

> 陆地牧马二百蹄，牛蹄角千，千足羊，泽中千足彘，水居千石鱼陂，山居千章之材。安邑千树枣；燕、秦千树栗；蜀、汉、江陵千树橘；淮北、常山已南，河济之间千树萩；陈、夏千亩漆；齐、鲁千亩桑麻；渭川千亩竹；及名国万家之城，带郭千亩亩钟之田，若千亩卮茜，千畦姜韭：此其人皆与千户侯等。①

司马迁这段话，学术界多有引证，使用率极高。从中说明，秦汉时期，已出现了专业化的畜牧业、渔业、林业和园圃业等，且都是以营利为目的的大规模的农场式经营。这些大型专业户所经营的生产项目规模很大，各具特色。笔者在《汉代专业农户的商品生产与市场效益》一文中已有详述。这里仅就其典型事例做些陈列。

畜牧专业户的商品生产。汉代西北地区，除大量官营畜牧业外，还有民间的私营畜牧业。随着畜牧业基地的扩大，畜牧业普遍发展，当时有些地方涌现了以畜牧业经营为主的个体专业大户。

> 乌氏倮畜牧，及众，斥卖，求奇缯物，间献遗戎王。戎王什倍其偿，与之畜，畜至用谷量马牛。②

> 班壹避地于楼烦，致马牛羊数千群……故北方多以"壹"为字者。③

> （桥姚乘官府斥开边塞之机，恣其畜牧）已致马千匹，牛倍之，羊万头，粟以万钟计。④

---

① 《史记》卷一二九《货殖列传》，中华书局1959年版，第3272页。
② 《史记》卷一二九《货殖列传》，第3260页。
③ 《汉书》卷一〇〇《叙传》，中华书局1962年版，第4197—4198页。
④ 《史记》卷一二九《货殖列传》，第3280页。

卜式，河南人也……式入山牧，十余年，羊致千余头，买田宅。①

（马援）因处田牧，至有牛马羊数千头，谷数万斛。②

专业渔户的商品生产。秦汉时期，在我国的东南沿海、江南、巴蜀和黄河流域的中原地区，有丰富的渔业资源。其他地域的渔业资源亦较丰富。随着渔业生产的发展，当时除官营之外，民间养殖、捕捞及贩卖鱼类的专业户也渐为常见。

水居千石鱼陂。注引《正义》曰："言陂泽养鱼，一岁收得千石鱼卖也。"③

陈在楚夏之交，通鱼盐之货，其民多贾。④

（建武三年）寇恩"为候粟君载鱼之觻得卖"，一次即"载鱼五千头"。⑤

林业专业户的商品生产。秦汉之时，在西北、关中、巴蜀及江南等广大地区，有许多自然林、竹木茂密。汉时，人工造林较为盛行。随着林木采伐与种植的日益增多，其中商品性经营也有一定程度的发展，在汉代，有些人专门从事竹木的商品性生产与经销活动，如以下记载。

江南之楠梓竹箭……待商而通。⑥

---

① 《汉书》卷五八《公孙弘卜式兒宽传》，第2624页。
② 《后汉书》卷二四《马援传》，中华书局1965年版，第828页。
③ 《史记》卷一二九《货殖列传》，第3272—3273页。
④ 《史记》卷一二九《货殖列传》，第3267页。
⑤ 《"建武三年候粟君所责寇恩事"释文》，《文物》1978年第1期。
⑥ 《盐铁论》卷一《本议》第一，载王利器撰《盐铁论校注》，中华书局1992年版，第3页。

今者京师贵戚，必欲江南檽梓豫章之木。边远下土，亦竞相放效。夫檽梓豫章，所出殊远，伐之高山，引之穷谷，入海乘淮，逆河泝洛，工匠彫刻，连累日月，会众而后动，多牛而后致，重且千斤，功将万夫，而东至乐浪，西达敦煌，费力伤农于万里之地。①

园圃专业户的商品生产。春秋战国时期，树果、蔬菜等园圃生产已渐趋普遍。迄至秦汉，随着农业生产力提高，园圃业的生产得到了进一步发展。涌现出了不少的专业户。具体有如下记载。

召平者，故秦东陵侯。秦破，为布衣，贫，种瓜于长安城东，瓜美，故世俗谓之"东陵瓜"，从召平以为名也。②

李衡遣客十人于武陵龙阳汜洲上作宅，种甘橘千株……吴末，衡甘橘成，岁得绢数千匹。③

汉代专业农户的商品生产有几个明显的特点。

（一）规模大，数量多

司马迁在《货殖列传》中论及的专业户都以"千"计，有"千足""千石""千章""千树""千亩""千畦"。"千足彘"是养250头猪，"牧马二百蹄"是养50匹马，"牛蹄角千"是约养167头牛。其实，司马迁所谓的"千"，仅是一个约数，言其数目之大，在实际生活中的大专业经营者则往往甚于"千"数。这些专业户的经济效益也很好。假若马一匹的价格为7000钱，牛一头为3000钱，羊一

---

① 《后汉书》卷四九《王充王符仲长统传》，第1636页。
② 《史记》卷五三《萧相国世家》，第2017页。
③ 《三国志》卷四八《吴书·三嗣主》注引，中华书局1959年版，第1156—1157页。

头为 250 钱。① 那么，有"马千匹，牛倍之，羊万头"的桥姚，共计收入可达 1550 多万钱。汉代专业户的经营规模之大已达到惊人的地步。

（二）有较高的生产技术和管理水平

从生态学的角度讲，农业生态系统远比自然生态系统结构简单，生物种类少，食物链短，自我调节能力较弱，易受各种灾害的影响。② 而专业户的生产，生态系统结构要比一般的生产经营要简单得多，物质能量循环成一直线，十分容易造成大面积的灾害，其技术要求甚高。例如，卜式就是一个高水平的养羊能手，他开始取羊百余入山放牧，"十余年，羊致千余头"。他的经验是"以时起居，恶者辄去，毋令败群"③。据说，他能按时放牧，发现病羊，及时汰除。④ 再如，马援在洛阳宫中创制了"高三尺五寸，围四尺五寸"的铜质良马，作为标准马式，⑤ 他是一位出色的相马专家。在经营管理水平方面，他们一般不进行粮食生产，而是选取农业中市场需求量大的生产门类，用现代人的话讲是能在调整农业结构上下功夫。但又不能一概而论，如秦杨经营被称为"掘业"的"田农"，却能富甲一州。⑥ 总之，他们善于经营管理，"用奇致富"。

（三）生产目的性明确，主要是为了交换，获取利润

专业户的收入占自己生产收入的大部分，生产的目的皆是交换，属于商品生产。专业户的商品生产成了汉代农业经济的显著特征之一。

---

① 《史记》《汉书》《后汉书》《九章算术》和《居延汉简》等文献和考古材料中，皆有马牛羊价格的记载，但很不一致，这里采用中等的价格计算。
② 孙儒泳等：《普通生态学》，高等教育出版社 1993 年版，第 302 页。
③ 《汉书》卷五八《公孙弘卜式儿宽传》，第 2626 页。
④ 参见梁家勉主编《中国农业科学技术史稿》，中国农业出版社 1989 年版，第 226 页。
⑤ 《后汉书》卷二四《马援列传》，第 840—841 页。
⑥ 《史记》卷一二九《货殖列传》，第 3282 页。

获利通常达20%。《史记》卷六十九《苏秦列传》说:"周人之俗,治产业,力工商,逐什二以为务。"说明战国时人从事商品生产或经营商业已追求十二之利,汉人承袭了战国时期的风俗。《汉书》卷七二《王贡两龚鲍传》载贡禹曰:"富人积钱满室,犹无厌足。民心动摇,商贾求利,东西南北各用智巧,好衣美食,岁有十二之利,而不出租税。"这里讲的"十二之利",大概是商人的年商业利润。司马迁在《货殖列传》中谈到"通邑大都",大商人追求商业利润时也说:"佗杂业不中什二,则非吾财也。"而他在具体谈到大专业农户商品生产的利润时说:"庶民农工商贾,率亦岁万息二千,百万之家则二十万,而更徭租赋出其中。"通过这些事实,大致上可以得出这样的认识,大专业户和大商人的年利润大约皆为20%。

总之,随着汉代农业生产专业性的加强,出现了不少专业收入占自己总收入大部分、生产目的是为了交换的农业专业户,专业户的经营者具有较高的技术水平和经营管理经验。这些专业户遍及农业生产的许多部门,其大者,规模达到了惊人的程度。

地主田庄的自给生产与商品生产

专业农户以专门生产某种产品为主,其生产的目的是交换或出售。田庄主则不同,他们占有较大面积或大面积的地产,其经营的目的和经营方式比较复杂。

随着土地私有制的发展,西汉中期开始,在关中、关东内腹地区的土地逐渐走向集中,不少地主拥有大地产。例如,汉宣帝时阴子方"暴至巨富,田有七百余顷,舆马仆隶,比于邦君"[1]。(成帝时)

---

[1] 《后汉书》卷三二《樊宏阴识传》,第1133页。

"(张)禹为人谨厚,内殖货财,家以田为业。及富贵,多买田至四百顷,皆泾、渭溉灌,极膏腴上贾"①。"郑太字公业,河南开封人,司农众之曾孙也。少有才略。灵帝末,知天下将乱,阴交结豪桀。家富于财,有田四百顷,而食常不足,名闻山东"②。

这些大地主对地产的经营方式有两种,一是,把土地出租,收取"见税十五"的地租;二是,自营田庄。土地出租经营的情况比较复杂,地主收取地租,应该说一般是与商品生产无涉。但地主的自营田庄不同,田庄主的剩余产品有相当部分将用于交换,进入流通领域转化为商品,它是自给生产与商品生产相结合的经济单位,对当时社会有深远的影响。地主自营田庄自西汉中叶至东汉时期多见。

灌夫,诸所与交通,无非豪桀大猾。家累数千万,食客日数十百人。陂池田园,宗族宾客为权利,横于颍川。③

(杨)恽既失爵位,家居治产业,起室宅,以财自娱……身率妻子,戮力耕桑,灌园治产,以给公上。④

(樊重)世善农稼,好货殖。重性温厚,有法度。三世共财,子孙朝夕礼敬,常若公家。其营理产业,物无所弃,课役童隶,各得其宜,故能上下戮力,财利岁倍,至乃开广田土三百余顷。其所起庐舍,皆有重堂高阁,陂渠灌注。又池鱼牧畜,有求必给。尝欲作器物,先种梓漆,时人嗤之,然积以岁月,皆得其用,向之笑者咸求假焉。赀至巨万,而赈赡宗族,恩加乡闾。⑤又云:"广起庐舍,高楼连阁,波陂灌注,竹木成林,六畜放牧,鱼蠃梨

---

① 《汉书》卷八一《匡张孔马传》,第3349页。
② 《后汉书》卷七〇《郑孔荀列传》,第2257页。
③ 《史记》卷一七《魏其武安侯列传》,第2847页。
④ 《汉书》卷六六《公孙刘田王杨蔡陈郑传》,第2894—2895页。
⑤ 《后汉书》卷三二《樊宏阴识传》,第1119页。

果，檀棘桑麻，闭门成市。"①

（梁冀）广开园囿，采土筑山，十里九坂，以像二崤，深林绝涧，有若自然，奇禽驯兽，飞走其间……又多拓林苑，禁同王家，西至弘农，东界荥阳，南极鲁阳，北达河、淇，包含山薮，远带丘荒，周旋封域，殆将千里。又起菟苑于河南城西，经亘数十里，发属县卒徒，缮修楼观，数年乃成。②

这些田庄的规模颇大，田庄内的生产活动以种植业为主，多种经营。上述樊氏田庄，除经营广达三百余顷的耕地外，还广泛从事林、牧、渔、副及商业。正因如此，地主田庄内生产的产品多样，极为丰富。据崔寔的《四民月令》③记载，当时地主田庄内的产品有以下几类。

粮产品，包括小麦、大麦、椹麦、春麦、粟、黍、穄、穬、穊禾、粳稻、大豆、小豆、稗豆等。

油料产品，包括葵花子、胡麻（芝麻）等。

蔬菜产品，包括瓜、瓠、韭、蓼、大葱、小葱、蒜、姜、芥、芋等。

果产品，包括杏、桃、枣等。

畜产品，包括马、牛、羊、猪等。

林产品，包括松、柏、桐、漆、梓、榆、桑、竹、柳等。

渔产品，包括麦鱼、鲖鱼（鳢鱼）、鱼酱等。

药用产品，包括术艾、乌头（附子）、冬葵、葶、苈等。

副食产品，包括酱、酒、醋、糖等。

---

① 《水经注》卷二九《比水》，载陈桥驿撰《水经注校正》，中华书局 2007 年版，第 693 页。
② 《后汉书》卷三四《梁统传》，第 1183 页。
③ 缪启愉：《四民月令辑释》，农业出版社 1981 年版，第 1—109 页。

其他产品,包括蚕桑、苴麻、牡麻等。

田庄主生产的产品一部分供给自己消费,具有自给性生产的特征,剩余的一部分投放到市场,又具有商品性生产性质。

地主田庄经营范围如此广泛,其经济收入亦相当可观。如樊氏的田庄,仅粮食收入一项就十分惊人。他有田土三百余顷(即30000亩),土质、灌溉条件较好。若以亩产3石计,共产粮食为30000×3=90000石。汉代每人每月口粮若为3石,则一人一年的口粮为36石,90000石粮可供2500(90000/36)人一年的食用。当时粮价若百钱一石,90000石粮,折钱9000000万元。若加上"池鱼""畜牧""梓漆""竹木""檀棘""利果""桑麻"等收入,其资财将远远超过1000万元。这些收入除用于家庭自身消费、交纳租赋、扩大再生产、支付雇佣劳动的工钱外,当有大量剩余产品投放市场,参与商业活动。生产越发展,商品交换活动越多,田庄主介入商业活动越频繁便逐渐演化为以货殖逐利求富的商业行为。正因为如此,所以大地主、大田庄主往往都以经营商业著称,如樊重"好货殖",李通"世以货殖著姓",[1]这种现象东汉中后期更加普遍,他们或"囤积居奇"牟取暴利,或"船车贾贩周于四方"。故仲长统在《昌言·理乱篇》中有如下记载。

> 豪人之室,连栋数百,膏田满野,奴婢千群,徒附万计。船车贾贩,周于四方;废居积贮,满于都城。琦赂宝货,巨室不能容;马牛羊豕,山谷不能受。妖童美妾,填乎绮宝;倡讴伎乐,列乎深堂。宾客待见而不敢去,车骑交错而不敢进。三牲之肉,臭而不可食;清醇之酎,败而不可饮。[2]

---

[1] 《后汉书》卷一五《李王邓来传》,第573页。
[2] 《后汉书》卷四九《王充王符仲长统传》,第1648页。

这些田庄主"膏田满野",广泛经营诸业,其收获量之多"满于都城",所养马牛羊豕"山谷不能受"。这众多的物资,多数是为了满足其家庭自身的奢侈消费。然而,这些田庄主为了"得其所欲",达到进一步扩大财富的目的,又免不了要进行商品生产,把一部分产品投放到市场,通过部分商品生产,获取更大的经济利润。

综上所述,在地主制下的田庄经济,虽未摆脱自然经济的特征,田庄的生产安排及收获的农副产品,其首要的目的是满足地主家庭的生活需要。但它又存在着商品生产。在以往的研究中,只强调田庄主的自给自足,忽略其商品生产,似乎有些片面。

农民的自给生产与部分商品性生产

一家一户的农民经济是封建生产方式的广阔基础。在地主制经济下,农民经济虽然是以自给性生产为基本目的,没有摆脱自然经济的范畴,但由于种种原因和条件,它又与市场有广泛的联系,并包含着部分商品性生产。

在汉代社会中,由于自然条件和农民自身生产条件的差异,农民有不同的层次结构。对绝大多数农民来说,是从事自给性生产,但也不排斥有的农民出于种种原因从事商品性生产。汉代农民自给性生产与商品性生产的结合程度各不相同,在整个农民经济中形成一个多层级的商品生产性结构。[①] 具体构成有如下几点。

其一,自给型农户的商品性生产。自给型农户将总产品的绝大部分供自己消费,是典型的自给性自然经济。这种农民自给性生产的外在形式是农业与家庭手工业的结合,即"男耕女织"的自然分

[①] 参见方行《论清代前期农民商品生产的发展》,《中国经济史研究》1986年第1期;《封建社会的自然经济和商品经济》,《中国经济史研究》1988年第1期。

工。这在文献中多有记载,《史记·秦始皇本纪》曰:"男乐其畴,女修其业,事各有序。"①《汉书·食货志》曰:"一夫不耕,或受之饥;一女不织,或受之寒。"②《淮南子·主术训》曰:"人之情不能无衣食,衣食之道必始于耕织,万民之所公见也。"③《盐铁论·园池》谓:"夫男耕女绩,天下之大业也。"④"男耕女织"的这种分工,主要是由男女之间的体力和体能决定的。"男耕",是为了解决"吃饭"问题;"女织",是为了解决穿衣问题。男女合力,"温饱"问题一般也就可以得到解决。自给型农户生产的目的不是为了交换,但为了缴纳赋税、调剂余缺,他们仍会把一小部分产品投入市场成为商品。其情况有两种。

一是,农民的生产水平提高,产品除自用外往往有所节余。汉代,统治者为了保障赋役来源,达到长治久安的目的,比较注意"劝课农桑",发展农户的家庭副业生产。例如,黄霸为颍川太守,"为条教,置父老师帅伍长,班行之于民间,劝以为善防奸之意,及务耕桑,节用殖财,种树畜养,去其谷马"⑤。龚遂为渤海太守,"见齐俗奢侈,好末技,不田作,乃躬率以俭约,劝民务农桑,令口种一树榆、百本薤、五十本葱、一畦韭,家二母彘、五鸡"⑥。王景为庐江太守,"驱率吏民,修起芜废,教用犁耕","又训令蚕织,为作法制,皆著于乡亭"⑦。

---

① 《史记》卷六《秦始皇本纪》,第252页。
② 《汉书》卷二四《食货志》,第1128页。
③ 《淮南子》卷九《主术训》,载刘文典撰《淮南鸿烈集解》,中华书局1989年版,第314页。
④ 《盐铁论》卷上《园池》,载王利器撰《盐铁论校注》,中华书局1992年版,第172页。
⑤ 《汉书》卷八九《循吏传·黄霸》,第3629页。
⑥ 《汉书》卷八九《循吏传·龚遂》,第3640页。
⑦ 《后汉书》卷七六《循吏传·王景》,第2466页。

当时在一系列"重农"政策的鼓励下，自给性农户不仅努力种植粮食和种桑养蚕，还力所能及地尽可能扩大自己的生业，比较广泛地从事家禽家畜的饲养、种植蔬果、栽植林木。因此，这种自给性农户的产品有些方面往往会有所剩余。汉代一户中等水平自耕农，若拥有60亩土地，其全家的收支状况，我们曾粗略地做过些测度，① 认为一户中等自耕农，男耕女织，全年收入为11200钱，支出10386钱，收支相抵基本持平，略有积余。当然，因涉及物价的估算等因素，弹性较大，难于精确，这只能说明一个大概。但总的来说，中等自耕农户，拥有60亩耕地和家庭副业的收入，在没有天灾人祸，年景正常，社会相对安定，赋役征课较轻的情况下，其某些产品会有所剩余。而拥有100亩以上的"富裕"型农家，可能会有较多的剩余。如果他们把这些产品投放到市场便成了商品。

二是，换取货币，缴纳赋税。汉制，编户齐民的赋役负担有租税、赋敛和徭役三项。其中除田税缴纳实物外，而赋敛又包括算赋（对成年征课的人头税）、口钱（对儿童征课的人头税）和更赋（"戍边三日"的代役钱），这三项负担都得交钱，每人每年通常的标准分别是120钱、23钱和300钱。② 一个五口之家农户，三大二小，又一丁壮需交更赋。那么，一岁需交的赋额为：3×120+2×23+300=706钱。这一款项折合为粮食则为11石左右，也就是说一个农户需出卖11石粮，才能交纳赋敛所需货币。

以上两种情况，只是农户把自己的产品投入到市场才成为商品，他们生产的本来目的不是交换，应该说这还不是完全意义上的商品生产。

---

① 详见黄今言《汉代自耕农经济的初步探析》，载《秦汉经济史论考》，中国社会科学出版社2000年版，第36—37页。

② 详见黄今言《秦汉赋役制度研究》，江西教育出版社1988年版，第211—225页。

其二，半自给型农户的商品性生产。这种农民的总产品大部分供自己消费和缴纳租赋，同时又根据社会需要生产一部分商品，用于交换其他生产和生活必需品。这些农民生产的产品很多是适宜当地自然条件的土特产品，包括农副业生产。他们换回的产品多是农家自身不能生产或难于生产的耕具和日常生活必需品。如以下所述。

姚俊常种瓜菜灌园以供衣食。①

步骘避难江南，单身穷困，种瓜自给。②

此外，各地农户还广泛从事方物、特产的生产。当时，山西盛产木、竹、谷、纑、旄，山东多鱼、盐、漆、丝，江南多梓、姜、桂、犀、玳瑁、珠玑、齿革，西北则多马、牛、羊。无论是山西、山东、江南，还是西北的农户都是因地制宜的生产，各地农民把产品出售后主要是换回自己需要的生产、生活用品。所以，各农户生产和交换的最终目的皆是为了实现余缺调剂。

这种农民出售的产品，有的往往是以交换为目的而生产的，他们与前面说的自给型农户不同，他们"为买而卖"。从整体来看，仍然不是以流通为媒介的再生产，只能说是自我完成的再生产，但已有了部分的商品生产，乃属事实。

其三，交换型农户的商品生产。交换型农户的商品生产亦可分两种情况。

一种是，有些农民的总产品的少部分用于缴纳国家租赋和供自己消费，大部分投放市场，以换取生产生活用品。这种农民的家境多数不好，因土地和耕具的缺乏，为了维持生计，而从事商品生产经营。

---

① 《艺文类聚》卷八七，上海古籍出版社1982年版，第1502页。
② 《艺文类聚》卷八七，上海古籍出版社1982年版，第1502页。

具体如下所述。

>公孙弘……家贫，牧豕海上。①
>孙期……家贫，事母至孝，牧豕于大泽中，以奉养焉。②
>孙钟，富春人，与母居，至孝，笃信，种瓜为业。③

他们从事商品生产，是为了获取使用价值，以维持一家的温饱，他们的商品流通形式仍是"为买而卖"。他们的商品生产占主要地位，自给性生产往往居次要地位，这类农民养猪、种瓜是为了"以副养农"，维持生计。

另一种是，一些农民受商品经济的冲击影响很大，受工商末业高额利润的引诱，加之有强烈的发财致富欲望，因而"以末补农"，进行农业领域的商品生产。据《蓝赋序》载，"余就医偃师，道经陈留，此境人皆以种蓝染绀为业。蓝田弥望，黍稷不植"④。《列仙传》载洛人祝鸡翁，"养鸡百余年。鸡有千余头……卖鸡及子，得千余万，辄置钱去，之吴，作养鱼池"⑤。

上述农民三个类型的商品性生产，构成了农民商品生产的多层次结构。农民经济汪洋大海，农民商品性生产的发展也使农民成为社会商品不可或缺的提供者。农民商品生产的发展对扩大价值规律的作用范围，发挥各地自然条件的优势，开发农业资源，调整农业结构等起到了良好的作用。但是，自给型和半自给型的农户占多数，交换型的农户不会太多。由于多数农民生产的目的不完全是交换，所以，对市

---

① 《汉书》卷五八《公孙弘卜式儿宽传》，第2613页。
② 《后汉书》卷七九上《儒林传·孙期》，第2554页。
③ 《艺文类聚》卷八七，上海古籍出版社1982年版，第1503页。
④ （东汉）赵岐：《蓝赋序》，见严可均校辑《全上古三代秦汉三国六朝文》《全后汉文》卷六二，中华书局1958年版，第814页上栏。
⑤ 《中华野史》（先秦隋朝卷），泰山出版社2000年版，第337页。

场来说,这是一个不稳定的商品来源。农民农业商品生产所生产的产品多属日常生活的一般必需品,规模亦不可能很大,还不可能从事生产技术水平和经营管理水平较高、生产垫支量较大的农业商品生产。在经营管理上,农民没有像田庄主那样把人力合理地配置到复杂的农业生产中去的能力,只能沿袭"男耕女织"的传统。价值规律对农民农业商品生产虽然也起一定作用,但对大多数农民生产的品种和耕地面积的影响不大。①

农业商品生产发展水平的总体评估

上面就汉代从事农业商品生产的群体结构和经营特点做了些概括性的叙说,下面就当时农业商品生产的发展水平做些总体评估。

首先,应该看到在汉代市场上农产品是比较多的,是商品构成的主要成分之一。据《方言》《说文解字》《急就篇》等书的记载,当时人们认识、利用的物品种类已有很多,且有不少物资已投放到了市场。仅《史记·货殖列传》所说,当时在市场上的商品种类就有不少。

> 通邑大都,酤一岁千酿,醯酱千瓨,浆千甔,屠牛羊彘千皮,贩谷粜千钟,薪槀千车,船长千丈,木千章,竹竿万个,其轺车百乘,牛车千两,木器髹者千枚,铜器千钧,素木铁器若卮茜千石,马蹄躈千,牛千足,羊彘千双,僮手指千,筋角丹沙千斤;其帛絮细布千钧,文采千匹,榻布皮革千石,漆千斗,糵曲盐豉千荅,鲐鮆千斤,鲰千石,鲍千钧,枣栗千石者三之,狐䑙裘千皮,羔羊裘千石,旃席千具,佗果菜千钟,子贷金钱千贯;节驵

---

① 关于汉代不同农户从事商品生产的情况,详见黄今言《秦汉商品经济研究》的第二章第二节,人民出版社 2005 年版,第 67—87 页。

会，贪贾三之，廉者五之，此亦比千乘之家，其大率也。①

依上述司马迁的记载，并结合其他文献和考古资料，汉代市场上农产品的种类有多种多样。具体列举如下。

粮食类，有粟、麦、菽、粱、谷、糜、穬麦、秫、糒、糖糒等。

家禽家畜类，有马、牛、豕、羊、犬、鸡，有用范围包括肉、脂、头、肝、肺、舌、胃（肚子）、肠、颈、脾、心、肾、牛革等。

蔬果类，有姜、瓠、芸、葱、蓼、蒜、荈、瓜、韭、柚枣、栗、橘、大薯、成介等。

竹木类，有竹、漆、柟、梓、桂、樵、萩、豫章、榆木等。

水产类，有鲋、鲐、鲛、鲤、鳗、鳝、鲫、鲍等。

在西北边陲的武威、张掖、酒泉、敦煌四郡，虽然远离经济政治中心地区的中原，农产品市场亦颇为繁荣。如据《居延汉简》的记载，在当时，市场上出售的粮食类，有粟、粱、谷、糜、黍米、大麦、穬麦、秫、糒、糖糒等；副食类，有肉、脂、头、肝、肺、舌、胃（肚子）、肠、颈、脾、心、肾、牛肉、鸡、鱼、姜、曲、豉、大薯、成介等；牲畜类，有牛、马、羊、狗、豚等；其他，还有箸、檠绳、折橐、牛革、汲桶、檠弩绳、扬弩绳、桐绳、楯革、上火革、席、榆木、漆、胶、芯、橐、椹皮、荚、大荠种、戎介种、付子、木、麻、目宿等②。

这些农产品投放市场，在一定程度上促进了市场兴旺，也反映了商品经济的发展状况。但是，也应该看到，汉代农业领域的商品生产发展极不平衡，具有明显的地域性和分散性。

当时，农业商品生产，大多分散于各处田庄和各个体农户，集中

---

① 《史记》卷一二九《货殖列传》，第3274页。
② 参见徐乐尧《居延汉简所见的市》，《秦汉简牍论文集》，甘肃人民出版社1989年版，第49—69页；高维刚《从汉简管窥河西四郡市场》，《四川大学学报》1994年第2期。

的大规模的专业农户所占比例不是很多；生产和销售的时间亦颇为分散。据《四民月令》的记载，关于农产品的贸易，除一月、九月、十二月外，其余各月都有买进和卖出，卖出的农产品有黍、粟、大小麦、麻子、种麦、胡麻、缣、帛、絮等。

其次，汉代农业商品生产的地区虽广，从中原沿至边陲，但边远地区的江南还处于"不待贾而足"的状态，[①] 商品生产主要还是集中在中原一带。专业农户所在地区，除畜牧业外，主要分布在安邑、燕、秦、蜀、汉、江陵、淮北常山以南、河济之间、陈、夏、齐、鲁、渭川，都在中原或在其附近。就中原内郡地区，因受自然地理、社会文化条件的限制，农业商品生产也还是比较分散。再以专业农户所经营的生产项目为例，也远未达到那些动植物生物生长范围所能达到的所有区域。具体说，"桑"在南北皆可种植，但文献中只提到齐鲁，"漆"南北皆可种植，而文献中只提到陈、夏，关中、江南是"竹、木"的主要生产地区，文献中仅提出渭川，其局限性是十分明显的。汉代农业商品生产中规模巨大的大专业户生产者毕竟不是多数，比较广泛的还是分散的小生产者，生产量和销售量往往也有一定的限度。

尤其值得注意的是，汉代的农业商品率较低，农业商品化水平不是很高。汉代，虽然是我国商业发展的一个高峰时期，但当时商品经济的发展和商业的繁荣有诸多不正常的成分，它没有建立在商品生产的基础上，往往是病态的畸形繁荣。在上述专业户、田庄主和农民等商品生产的群体当中，只有专业户的生产经营才是完全建立在社会分工的基础之上，真正意义上的农业商品生产并不是很广。以男耕女织、自给性为特征的自然经济，仍在国民经济中占据主导地位。为了说明问题，我们试对当时的农业商品率做一个十分粗略的测度。

[①] 《史记》卷一二九《货殖列传》，第3270页。

所谓的农业商品率,就是农产品的商品值占农业总产值的百分比。根据情况的不同,我们可以估算整个国家的农业商品率、单项产品(如粮食)的商品率和以一个农家为计算单位的农业商品率。吴慧先生曾匡算出我国古代粮食商品率为百分之二十几,并指出计算的关键是估算城乡人口的比例,计算的方法大致为,城市人口比例减去吃地租或吃租粮的地主、官吏和军士的比例,再加上农村中靠商品粮为生的人口比例。[1] 关于汉代城市人口占总人口比例,学术界已有多种说法,一种认为比例为40%—45%,另一种认为西汉约为27.7%、东汉约为27.5%,还有一种认为西汉末年约为17.7%。[2] 我们若采用折中的估算,城市人口占人口总数的27%左右,又假设吃地租或吃租粮的地主、官吏、军士的比例和农村中靠商品粮为生的人口比例,两者相抵消,那么,汉代的粮食商品率当应为百分之二十几。

农业商品率与单项粮食商品率的情况大致相同,但又有所区别。城市人口基本上是非农业人口应当是没问题的,但城市中吃地租或吃租粮的官吏、军士所消费的其他农产品仍要购买。所以,汉代的农业商品率肯定会超过单项粮食的商品率,也就是说肯定会超过27%。

汉代,以一个农家为计算单位的农业商品率又有多少呢?根据对汉代一户中等水平农户全家收支状况的测算,其一年的收入为11200钱,支出中的食盐、农具、赋敛、祭祀、人际关系、医药都得通过交换,卖出的农产品折合货币共为2386钱,另外自用有余布为5匹,合钱2000钱,若其中2.5匹布出售得钱1000用于当年消费,加上上面的2386钱,那么,卖出的农产品折合货币增至3386钱。这样一个中等水

---

[1] 《关于中国商业史学科建设的几个问题》,载《平准学刊》第四辑下册,光明日报出版社1989年版,第24页。

[2] 参见何兹全《战国秦汉时代的交换经济和自然、自由民小农和依附性佃农》,《史学理论研究》2001年第3期;周长山《汉代城市研究》,人民出版社2001年版,第123页。

平农家商品率为3386/11200，约为30%。① 有人曾估算中世纪西欧一般农家的商品率为44%，而传统中国农家的商品率为14%。② 看来他们的估算并不一定能反映中国传统社会的实际情况，但不管怎么说，汉代的农业商品率较低，农业商品化水平不高乃可确认。

汉代农业商品化水平不高，主要是受到诸因素限制，限制因系有三。一是，农民经济结构的制约。汉代，"五口之家"的小家庭在社会上占据着主导地位，2年和140年的家庭人口规模分别为4.87%和5.07%，其中又以"自给型生产"的农户占多数。"每一个农户差不多都是自给自足的，都是直接生产自己的大部分消费品，因而他们取得生活资料多半是靠与自然交换，而不是靠与社会交往"③。这一时期社会上占相当比重的农副业生产，都融入农民家庭生产的汪洋大海之中，大大地制约农业领域商品生产的发展规模和专业化程度。二是，工农业产品差价悬殊。"农不如工，工不如商"，汉代工农业产品的差价悬殊，形成一个"剪刀差"。也就是说，付出同样的劳动，从事农业生产收获得少，而从事手工业收获得多。这种情况导致大批农人去农从事其他手工业生产或"去农经商"，阻碍了农业商品生产的发展。三是，国家干预。西汉中期，汉武帝出于统治需要，抑制私营工商业的发展，垄断"山林川泽"资源，还增收渔产税加强渔业生产管理等。这些政策显然不利于农业商品生产的发展。

---

① 参见黄今言《秦汉经济史论考》，中国社会科学出版社2000年版，第36—37页。
② 参见马克垚主编《中西封建社会比较研究》，学林出版社1997年版，第116—123页。
③ 《马克思恩格斯选集》第1卷，人民出版社1995年版，第677页。

汉代专业农户的商品
生产与市场效益

所谓商品生产,就其本来意义而言是指:"物品生产出来不仅是为了供生产者使用,而且也是为了交换的目的;就是说,是作为商品,而并不是作为使用价值来生产的。"① 商品生产有不同的历史形态,有不同的门类分工和数量特征。秦汉时期,自然经济虽然在总体上具有强大的地位,但随着社会分工的扩展,生产力的提高,产业结构的调整,在农业领域中,越来越多的产品进入流通过程与市场发生联系。本文仅就从事畜牧业、渔业、林业、园圃业等方面的专业农户之商品生产及其利润率,或市场营销后的经济效益作些初步探讨。

畜牧业在古代农业经济中的地位

畜牧业在古代农业经济中占有重要地位。秦汉时期,西部、北部边郡,地广民稀,水草丰美,具有发展畜牧业的良好条件。如《史记·货殖列传》说:"龙门、碣石北,多马、牛、羊。""天水、陇西、北地、上郡与关中同俗,然西有羌中之利,北有戎翟之畜,畜牧为天下

---

① 《马克思恩格斯选集》第3卷,人民出版社1972年版,第381页。

饶。"《汉书·地理志》亦说:"自武威以西……地广民稀,水草宜畜牧,故凉州之畜为天下饶。"汉代在西北地区,除大量官营畜牧业外,也有民间的私营畜牧业。随着畜牧业基地扩大,畜牧经济普遍发展,当时有些地方涌现了以畜牧经营为主的个体专业大户。具体如下所述。

《史记·货殖列传》说:"乌氏倮畜牧,及众,斥卖,求奇缯物,间献遗戎王。戎王倍其偿,与之畜,畜至用谷量马牛。""(桥姚乘官府斥开边塞之机,恣其畜牧)已致马千匹,牛倍之,羊万头,粟以万钟计。"

《汉书·叙传》:"班壹避坠于楼烦,致马牛羊数千群……故北多以'壹'为字者。"

《汉书·卜式传》:"卜式者,河南人也……式入山牧十余岁,羊致千余头,买田宅。"

《后汉书·马援传》:"(马援)因地处田牧,至有牛马羊数千头,谷数万斛。"

汉代畜牧专业户生产有以下几个特点。首先,地区分布不断扩大,由西北地区逐渐向中原延伸。受周代以来的长期影响,使中原的一些地方亦开始发展畜牧业。如史称冀州"畜宜牛羊",豫州、兖州"畜宜六扰。"即适合于马、牛、羊、猪、犬、鸡六畜的牧养。其次,畜牧生产的品种、类别有发展。除马匹之外,还有牛、羊、驴、骡等。驴、骡是秦代之前中原所没有的品种,被视为"奇畜"。西汉中期后,乃"赢驴馲驼,衔尾入塞,騨騱騵马,尽为我畜"[1]。最后,当时畜牧专业户生产的规模大,数量多。有的"畜至用谷量牛马",有的"马牛羊

---

[1] 《盐铁论》卷一《力耕》第二,载王利器撰《盐铁论校注》,中华书局1992年版,第28页。

数千群",有的"马牛羊数千头"。汉武帝太初年间,为征伐大宛,发兵六万人出敦煌,并有"牛十万,马三万匹,驴骡橐以万数齐粮"①。这众多的牲畜,除官养的之外,有不少当是来自民间的私养。还有一点,就是专业户经营的目的明确,它不是生产自给,而是为了出卖,通过交换获利。如乌氏倮,擅长"畜牧",将其牲畜"斥卖"之,购"求奇缯物",乘间以献戎王。卜式畜养"羊致数千头"后,再"买田宅"。可见,他们的畜牧经营是一种商品生产。当时有"马侩""牛侩"等畜牧经纪人,也说明畜牧的商品化走向业已很明显。

马牛在畜牧类中有特殊地位和重要的经济价值。史称:"马者甲兵之本,国之大用。"② "牛乃耕农之本,百姓所仰,为用最大,国家之为强弱也。"③ 匹马,匹牛,居则以耕,出则以战。当时,由于边郡长期战争,发展骑兵需要马匹;驾车运输和使用犁耕需要"服牛";而祭祀、肉食需要用羊。所以马、牛、羊等成为汉代的大宗商品,买卖现象极为普通。如据《汉简》记载:"元延二年七月乙酉,居延令尚丞忠,移过所县道河津关遣亭长王丰以诏书买骑马酒泉"④,"□书曰,大昌里男子张宗责居延甲渠收虏隧长赵宣马钱凡四千九百二十将告宣"⑤,"已校左部中曲候令史黄赏,以私财买马一匹"⑥,"建毅丞行为郡买马"⑦,"□昭三年三月中卖牛一肩水金关□"⑧,"出二百五十买羊

---

① 《汉书》卷六一《李广利传》,第2700页。
② 《后汉书》卷二四《马援传》,第840页。
③ (东汉)应劭:《风俗通义》卷八五佚文,见(唐)欧阳询辑《艺文类聚》,上海古籍出版社1982年新1版,第1446页。
④ 中国科学院考古研究所编:《居延汉简甲乙编》,中华书局1980年版,第115页。
⑤ 中国科学院考古研究所编:《居延汉简甲乙编》,中华书局1980年版,第158页。
⑥ 《敦煌悬泉汉简释粹》,上海古籍出版社2001年版,第131页。
⑦ 《湖北江陵凤凰山9号汉墓木牍、竹简》,见李均明等《散见简牍合辑》,文物出版社1990年版,第64页。
⑧ 中国科学院考古研究所编:《居延汉简甲乙编》,中华书局1980年版,第78页。

一"（E.P.T.51：22）①。从《居延汉简》所见，当时市场上"买马""买骑马""买牛""买马牛""买羊"的记载不少，说明买卖频繁。

汉代，有关马牛羊等的市场价格记载不一，往往因时因地各异。边郡价格与内地有别。边郡马价，据《居延汉简甲乙篇》记有"用马五直二万"，"□□其平宗马直七千"。《流沙坠简》有"一马直九千"②者。是知，每匹马在4000—9000。而内地马价，在战乱或灾荒年间，乃暴涨至一匹数万到数十万钱，甚至"马一匹值百金"，"马一匹至二百万"，事见《史记·平准书》《汉书·武帝记》《后汉书·灵帝记》等文献记载。牛的价格，一般比马价较低。《居延汉简甲乙编》记有"用牛二，直五千"，"服牛二，六千"（24·IB，37·35）。每头2500—3000钱。而《九章算术》记的牛价，乃分别为1200、1800、3700钱。羊价，据《居延新简》记，"出二百五十买羊一"（E.P.T.51：223）。《九章算术》记，"羊价一百五十"，每头羊分别为250、150钱。从马、牛、羊的价格观之，各地相差悬殊较大。

为便于衡量畜牧专业户的经济效益，现依中等价格计算，假若马一匹为7000钱，牛一头为3000钱，羊一头250钱。那么，有"马千匹，牛倍之，羊万头"的桥姚，共计收入可达1650余万钱。其资产多到惊人！至于有"马牛羊数千群"的班壹和"畜至用谷量马牛"的乌氏倮，其畜牧出售后，获利当更为可观。此外，司马迁在《史记·货殖列传》中，做了另一种测估方法。他说，拥有"陆地牧马二百蹄""牛蹄角千""千足羊"者，"与千户侯等"，即经营马、牛、羊的牧场主拥有成本百万，年利收入20万钱。在其中的价格测算上，虽然和我们上面列举的例证略有不同，但这同样说明畜牧专业户的马牛羊，通

---

① 甘肃省文物考古研究所编：《居延新简》，文物出版社1990年版，第191页。
② 《流沙坠简》卷二《屯戍丛残考释·簿书类》简五十六考释。中华书局1993年版，第124页。

过市场经销扣除畜牧税后，仍有很大的经济效益，即投资100万能获利润20万钱。

渔业在古代农业经济中的地位

渔业是古代农业的重要组成部分。秦汉时期，在我国的东南沿海、江南、巴蜀和黄河流域的中原地区，有丰富的渔业资源。《汉书·地理志》载，"上谷至辽东……有渔盐枣栗之饶"，"齐地……通渔盐之利"。《盐铁论·通有》载，江汉地区有"三江五湖之利"和"云梦之饶"。不仅自然水域中有大量的鱼类，而且人工养鱼也比较发达，当时利用蓄水陂塘养鱼的情况日益增多。据《水经注·沔水注》载，汉襄阳侯习郁，"依范蠡养鱼法作大陂"，陂中"常出名鱼"。《后汉书·邓晨传》载，东汉邓晨任汝南太守时，复兴鸿隙陂，"起塘四百余里，数年而立"，使"鱼稻之饶，流衍他郡"。《水经注·赣水注》和帝永元中，豫章太守张躬筑塘以通南路，兼遏赣江洪水，结果"鱼甚肥美"。此外，利用稻田养鱼的情况，在四川画像砖石中也有充分的反映。随着渔业生产的发展，汉代除官营之外，民间养殖、捕捞，及贩卖鱼类的专业户渐为常见。例如，《史记·货殖列传》记载，"水居千石鱼陂"。注引《正义》曰："言陂泽养鱼，一岁收得千石鱼卖也。""楚越之地……通鱼盐之货，其民多贾。"

汉时，不仅南方，有以"陂泽养鱼"的专业户，在西北地区也有卖鱼的事例。

> （建武三年）甲渠令史华商，尉史周育当为候粟君载鱼之觻得卖。①

---

① 《"建武三年候粟君所责寇恩事"释文》，《文物》1978年第1期。

汉代渔户的生产有突破性进展。当时渔业产地主要集中在东南沿海、江汉、巴蜀、中原等地区，而边郡屯田区随着水利的兴修也有一定发展，说明渔业分布地区较广。其时，渔业生产技术已有进步，渔民逐渐积累了一些渔业生产的知识。汉代文献中有不少关于鱼类生活习性的记载。《史记·乐书》载，"水烦则鱼鳖不大"。《史记·货殖列传》载，"渊深而鱼生之"。《论衡·龙虚篇》载，"鱼食于浊游于清"。同书《答佞篇》载，"鱼鳖匿渊，捕鱼者知其源"。《盐铁论·轻重篇》也有记载，"水有猵獭而池鱼劳"。不仅对鱼类的生活环境和活动规律有一定的了解，而且对保护鱼类的自然资源十分重视。政府也采用过相应的政策措施。如《秦律·田律》规定："春二月……毋……毒鱼鳖。"《盐铁论》说："鸟兽鱼鳖不中杀不食。"强调注意渔期和不得滥捕的重要性。同时，渔业生产工具和渔法方面也有新的进步，如《淮南子·说林训》中有"钓者静之，罛者扣之，罩者抑之，罾者举之，为之异，得鱼一也"的记载。由于善于养殖和捕捞渔法多样，故生产规模大，鱼类品种不断增多。据东汉许慎《说文解字》所记的鱼类名称多达七八十种，其中包括鲋、鲅、鲌、鲐、鲖、鲛、鲜、鲤、鳊、鲩、鲯、鳏、鳗、鳙、鲦、鳜、鳝、鳞、鲍、鲰，等等。这些鱼类，有的产自沿海的会稽、齐鲁、乐浪等地；有的产自内地的江河、湖泊及陂塘之中，来源广泛。汉代专业渔户的经营方式，有的只搞鱼类的商品生产，他们"不窥市井，不行异邑，坐而待收"[1]。有的乃实行产、销兼营，或将产品长途贩运，如前引甲渠令史华商、尉史周育当为候粟君载鱼5000枚运往觻得出卖，就是例证。候粟君的5000头鱼，在运行前的估价是"四十万钱"，折算每头80钱，而到了觻得后实际只卖了32万钱，其中还包括有一头黑牛的价钱。若除去牛钱，则鱼尚

---

[1] 《史记》卷一二九《货殖列传》，第3272页。

未卖到20万钱，大约每头40钱。这表明经营鱼产品，有时未能达到预期目的，但通常仍获利较大。

鱼类自来为人们所爱食。由于专业渔户的产品源源不断地投向市场，鱼类成为交易的重要商品，民间鱼食比较普遍，如《史记·货殖列传》记载，巴蜀、江南等地，"民食鱼稻""饭稻羹鱼"；《汉书·五行志》记载，"吴地以船为家，以鱼为食"；《盐铁论·通有篇》也有记载，"莱黄之鲐，不可胜食"，"江湖之鱼……不可胜食"。西北地区虽然江河湖泊较少，但边郡吏卒及平民也常食鱼，如据《居延汉简甲乙编》："鲍鱼百头"（236·3），"出鱼三十枚直百赢"（274·26A），"□余五千头宫得鱼千头在吴夫子含□□复之海上不能鱼"，"□□卤备几千头鱼千□食相□□"。（220·9）可见在边郡，鱼产品的消费量也很大。

汉代鱼的价格，在《居延汉简甲乙编》中有些零散记载，如"出鱼卅枚，直百□（A）""出鱼卅枚，直□（B）"（276·26）。《居延新简》也有些鱼价的相关记录，如"不责鱼廿头□□卅六，□吴豬病卧武强隧，仁使通持鱼廿头遗豬，余鱼三百六十头"（EPT52：80）。但从这些简文中，均看不出每头鱼的具体价格，我们只知道当时鱼有价，然不明每头鱼出多少钱。至资料方面，有关鱼价的记载也较疏落，难于分类一一列举，这里只能就现有资料说明大概。据《齐民要术》卷六记《陶朱公养鱼经》云："夫治生之道，水畜第一，水畜所谓鱼池也……鲤鱼长一尺者一万五千枚。三尺者四万五千枚，二尺者万枚，枚直五十，得钱一百二十五万。至明年，得长一尺者十万枚，长二尺者五万枚，长三尺者五万枚，长四尺者四万枚。留长二尺者二千枚作种。所余皆得钱，五百一十五万钱。"《养鱼经》这个计算，存在些问题。所谓"枚直五十"钱，似乎只是大小鲤鱼之平均价，其中并未说明鱼的种类、大小，其价格的差别，也未说明鱼每斤市价多少？所以还是不太精确，这只能当作参考系数。但《史记·货殖列传》说的相对具体一些，其中讲到，"通邑大都……鲐鮆千斤，鲰千石①鲍千钧"，可比"千乘之家"。即一年投资100万利润在20万以上。《正义》云："鲐鮆以斤论，鲍鲰以千钧论，乃其九倍多。故知鲐是大好者，鲍是杂者也。"名贵之鲐鮆以斤论，千斤的总值（含成本利润）是120万，一斤是1200钱，其价甚高。而"杂小鱼"，鲍鱼即咸鱼，以千钧论，千钧总值120万，每钧1200钱，每斤40钱，其价较低。依此推算，"水居千石鱼陂"，若每年千石鱼塘收贵价鱼类167斤，或贱价鱼类167钧，乃可获取纯利20万钱。② 所以，除特殊情况外，此等专业渔户的资产雄厚，其经济实力可以和封君比富。

由于渔业生产获利甚丰，故到西汉中期，汉政权为扩大财源、充实国库，曾一度将渔业税提高了3倍，结果"加海租，鱼不出"③，造成了渔业生产下降。同时汉政权"禁民二业"的政策，也使渔业的发展速度受到一定程度的限制。因此我们考察这一问题时，既要看到汉时渔业有相当的发展，也要看到其影响发展的消极因素。

林业在古代农业经济中的地位

林业也是古代重要的生产部门。秦汉之时，在西北、关中、巴蜀及江南等广大地区，有许多自然林，竹木密茂。据《汉书·地理志》《汉书·沟洫志》等记载，当时的天水、陇西，"山多林木"。巴蜀有"山林竹木蔬食果实之饶"。秦岭山脉的西端有"褒斜林木竹箭之饶"。

---

① 按："鲰千石"中"千石"二字，疑为衍文，据《汉书》无此二字。
② 参见陈连庆《〈史记·货殖列传〉所记的西汉物价》，载《中国古代史研究》，吉林出版社1991年版，第333页。
③ 《汉书》卷二四《食货志》，第1141页。

吴、楚之地有"江汉川泽山林之饶"。在此同时，人工植树造林也多，且分布的范围相当广泛，如《汉书·贾山传》载，秦代"为驰道于天下，东穷燕、齐，南极吴、楚，江湖之上，濒海之观毕至。道广五十步，三丈而树，厚筑其外，隐以金椎，树以青松"；《后汉书·百官志》："树桐梓之类列于道侧"。不仅内郡的道旁路侧种树，而且在西北边郡也营造了绿色长城，如《汉书·韩安国传》说："蒙恬为秦侵胡，辟数千里，以河为竟，累石为城，树榆为塞，匈奴不敢饮马于河。"西汉时，这条人工榆树林带又有扩展，如《汉书·伍被传》说："广长榆，开朔方，匈奴折伤。"除这些大规模的人工植树造林外，其他如田头、陵墓、苑囿、庭院等也都有零星的林木栽植。随着林木采伐与种植的日见益增，其中商品性经营也有一定程度的发展。在汉代，有些人专门从事竹木的商品生产与经销活动，如以下记载。

《史记·货殖列传》说："山居千章之材……渭川千亩竹"。

《盐铁论·本议》篇说："江南之楠樟、竹箭……待商而通"。

《潜夫论·浮侈》篇说："夫梓豫章，所出殊远，又乃生于深山穷谷，经历山岭，立千丈之高，百丈之奚谷，倾倚险阻，崎岖不便，求之连日然后见之，伐斫连日然后讫，会众然后能动担，牛烈然后能致水，油溃入海，连淮逆河，行数千里，然后到洛……东至乐浪，西至敦煌，万里之中，竞相用之。"

这些史实反映了汉代竹木的生产和销售情况，江南的楠梓，豫章的梗柟，均属于名贵木材。砍伐之后，"待商而通"，长途跋涉，行数千里，运到洛阳，将它做成棺木后，又运往乐浪、敦煌各地出卖。这种产销结合，长途贩运，要消耗巨大劳动量方可完成生产经营，此当是林木专业大户所为。

在长期的实践中，人们对林业生产积累了不少经验，政府也比较重视林业资源的保护。据《秦律·田律》载："春二月，毋敢伐木山林。""不夏月,毋敢夜草为灰。"《淮南子·主术训》云:"草木未落,斤斧不得山林。"这表明当时对森林资源的开发、利用已有一定认识。再者,有关林木采伐技术也逐步提高,《淮南子·伐山训》说:"伐大木非斧不克。"不仅采伐工具主要使用铁制斧头,有利于提高生产效率,而且在林业生产过程中,已采取了人力、畜力、车载、水运等多种运输形式。[①] 随着林业生产力较前进步,故有些地方的竹木产品丰富,如《盐铁论·通有》篇说:"隋唐之材,不可胜用。"

林业产品用途广泛。大凡建筑、造船、器物制造、燃料等不可或缺,特别是木材的社会需求量很大,因此它成为汉代市场上的大宗商品之一。当时,不仅木材缺乏的邹、鲁、梁、宋等内郡需要引进木材,就是西北边郡也有木材买卖的记载。据《居延汉简甲乙编》载:"受叩头言,子丽足下□白过客五人□不□叩头谨因言子丽□为卖材至今未得蒙恩受幸叩头,材贾三百唯子丽□□决卖之,今霍回又还去,唯子丽□□□。"(142·28A)汉代竹木市场的价格,考之史文,有些具体记载。

如《居延汉简甲乙编》云:"三楪□长三丈三尺以直钱三百五十□。"(168·10)简文中的"楪"即"楪"。《说文》木部曰:"楪,楄也。"段注曰:"方木也。"三根楪,"直钱三百五十"。也就是三根长3丈3尺的方木共值钱350钱。一根方木平均为116.67钱。

又《居延新简》云:"出钱二百买木一,长八尺五寸,大四韦,以治罢卒籍。令使护买。"(E.P.T.52:277)

该简文说明,大四韦,长八尺五寸的一根木材,价值为200钱。

关于木材价,以上两例,记载比较具体。至于竹价,据《九章算术》卷二《粟米》云:"今有出钱一万三千五百,买竹两千三百五十

---

① 林剑鸣等:《秦汉社会文明》,西北大学出版社1985年版,第73页。

个。问个几何？答曰：'一个五钱四十七分钱之三十五。'"又，"今有出钱五百七十六，买竹七十八个。欲其大小率之，问各几何？答曰：'其四十八个，个七钱；其三十个，个八钱。'"

是知每根竹价分别为5钱、7钱、8钱之间。

故司马迁对经营竹木的专业户有个总体评估，他在《史记·货殖列传》中说，"山居千章之材"，"木千章"，"竹竿万个"，可比"千乘之家"。即拥有千章木的专业户，或拥有万竿竹的专业户，一年可获利20万钱。

这说明从事竹木的商品生产，也可取得较好的经济效益，能与"千乘之家"相比。

园圃业在古代农业经济中的地位

园圃业，包括树果、种菜等，在我国古代农业经济中有着久远的历史传统。春秋战国时期，园圃生产已渐趋普遍。《论语》载樊氏"请学为圃"，孔子辞以"吾不如老圃"。足证其时已有专营园圃的农民。《史记·商君列传》载赵良劝商君"何不归十五都，灌园于鄙"。《管子·轻重甲》说齐"北郭之氓"往往"以唐（场）园为本利"。这均说明当时园圃业已为常见，且成为城郊贫民的一种谋生之道。迄至秦汉时期，随着整个农业生产力的提高，园圃业的商品生产得到了进一步的发展。据《史记·货殖列传》的记载，当时在安邑种有"千树枣"，燕、齐有"千树栗"，蜀汉、江陵有"千树橘"，还有些地方种有"千亩卮茜、千畦姜韭"，等等。除了这些概括性的记述之外，还可列举几个园圃专业户的具体例证。

> 召平者，故秦东陵侯。秦破，为布衣，贫，种瓜于长安城东，

瓜美，故世俗谓之"东陵瓜"。①

（李衡在武陵）种柑桔千树，临死敕儿曰："吾州里有千头木奴，不责汝衣食，岁上一匹绢，亦可足用矣。"吴末，甘橘成，岁得绢数千匹。②

汉代园圃生产的地域范围比先秦时期扩大，当时不仅各内郡的农业区，有"桔柚之乡"，"枣栗之饶"，"果布之凑"，"园圃之利"。就是边郡新开发的农业区，也有韭、葵、姜、芥等蔬菜的种植，园圃业同样得到某种程度的发展。司马迁在《史记·货殖列传》中，列举与"千户侯等"的产业部门，其果木生产以"千树"计，蔬菜和其他园圃生产以"千亩""千畦"计，表明专业性的生产规模较大。不仅如此，当时园圃作物的种类也多。例如，果物产品方面有枣、栗、桔、橙、杨梅、李、桃、梨等，蔬菜类有黄瓜、大蒜、姜、韭等。当然，各城郊区当是园圃业经营的集中之地。汉代城市发展很快，到西汉末，全国县级城市有1587个，城市人口有1056万人，约占当时全国总人口5960万人的17.7%，随着城邑人口增多，城市居民日常需要的瓜果蔬菜消费，很大一部分要靠园圃专业户提供。所以，召平在长安城东种瓜和李衡在武陵种柑桔，能在市场上畅销而获利。

园圃业为人们提供的食物种类很多。史游《急就》篇说："园菜瓜果助米粮。"特别是在救灾度荒中，果蔬食物能起重要作用。汉代各种果蔬的市场价格，虽然未见更多的具体记载，但就现有一些史实来看，从事园圃业生产的经济效益还是较高的。据《氾胜之书》载，种瓜的

---

① 《史记》卷五三《萧相国世家》，第2017页。
② 《齐民要术·序》，又《吴志·孙休传》永安元年注引《襄阳记》，远山出版社，第11页。

收入，可达"亩万钱"。种瓠十亩总收入，除工本之外，"余有五十五万，肥猪明烛，利在其外"，平均每亩收入在55000以上。种植其他各种果品如柑橘、枣、栗等也是有利可图的。前引李衡的"千树桔"，一年可得"绢数千匹"。若1000匹绢，每匹200钱计，便可岁得20万钱。若将"数千匹"，释为二三千匹，乃为利更多。《史记·货殖列传》说，在通邑大都"枣、栗千者三之"。《索隐》案，"三之者，三千石也"。枣、栗之价大抵相当，都是3000石可值120万，每石400钱，每斤3.3钱。若以此为准，则年收500石，可得利润20万钱。至于"千畦姜韭"，其中的"畦"有大小之别。《索隐》韦昭曰："坼中畦犹陇也，谓之五十亩也。"刘熙注《孟子》云："今俗以二十五亩为小畦，五十五亩为大畦。"韦昭说的中畦，实即刘熙言之大畦。今按50亩计算，千畦共计为5万亩。是知"千畦姜韭"，投资100万可以获利20万，一畦可得200钱。但通常就等量土地而言，从事园圃业的商品生产，其经济收入远远高于大田的粮食种植。因为汉代的粮食亩产量，一般在2—3石，而通常的粮价以百钱为一石计，只值200—300钱之间。而种瓜可以亩达万钱，种瓠亩收5万钱以上。正因园圃生产的利益，优于粮食种植，所以不少人调整经营项目，采取以副养农的经营办法，甚至一些达官显宦也从事园圃业谋利，如《晋书·江统传》说："秦汉以来，风俗转薄，公侯之尊，莫不殖园圃之田，而收市井之利。"

综上所述，汉代的林、牧、渔业及园圃业，都有较大程度的发展。它更多地体现了社会分工和农业生产结构的自发调整。这些专业户大规模的商品生产，是以通过产品出售而获利为目的。因而它们的出现，不仅从一个侧面标志着汉代农业商品生产的发展，而且也通过其产品的市场化，积极推动着商业的运动。

汉代农业生态思想的践行模式

中国的农业生态思想，渊源久远。春秋战国时期，古人就已提出了反映农业生态思想的天、地、人"三才"说，正如《周易·系辞下》曰："易之为书也，广大悉备，有天道焉，有人道焉，有地道焉，兼三材（才）而两之，故六。六者非它也，三材之道也。"①《荀子》曰："天有其时，地有其财，人有其治，夫是之谓能参。"②《吕氏春秋》谓："夫稼为之者人也，生之者地也，养之者天也。"③《管子》一书也多次讲到天地人，如所谓："天有常象，地有常刑（形），人有常礼，一设而不更，此谓三常。"④又云："春秋冬夏，天之时也。山陵川谷，地之枝也。喜怒取予，人之谋也。"⑤这些都是把天、地、人并列，称之为"三材"或"三才"。当时认为，"三才"是一切事业的基本要素，不限于农，但和农业的关系尤为紧密。

---

① 《周易·系辞下》，见阮元校刻《十三经注疏》，中华书局1980年影印，第90页。
② 《荀子》卷一一《天论》篇第十七，见王先谦撰《荀子集解》，中华书局1988年版，第308页。
③ 《吕氏春秋》卷二六《审时》，见陈奇猷撰《吕氏春秋新校释》，中华书局2002年版，第1790页。
④ 《管子》卷一〇《君臣上》，见黎翔凤撰《管子校注》，中华书局2004年版，第550页。
⑤ 《管子》卷一六《内业》，见黎翔凤撰《管子校注》，中华书局2004年版，第937页。

迄至汉代，天、地、人"三才"说，见于文献记载的频率较前更高。择举几例如下。

天生万物，以地养之，圣人成之，功德参合，而道术生焉①。

食者，民之本也……是故人君者，上因天时，下尽地财，中用人力，是以群生遂长，五谷蕃植②。

天地人，万物之本也。天生之，地养之，人成之……三者相为手足，合以成体，不可一无也③。

政治家、思想家们所说的天、地、人是一个不可分割的整体，其宇宙观构建了农业思想的哲学基础。反映到农业系统中即表现为天、地、人、物的协调统一。其中的"天、地"，是指农作物生长、发育的外界环境，如时节、气候、雨量、土壤、地形等；"人"，是指人的社会实践，包括其劳动素质与生产技能，如耕耘、粪壤、水利、农器使用等；"物"，是指农作物、物性、畜牧、家禽乃至相关的森林、野生动物等。要之，天、地、人、物包含着丰富的农业生态意蕴，是农业生态的基本构成。当时认为，在农业系统中各要素之间的协调统一、和谐发展，是农业良性循环、获得农业丰收的根本保证。

中国古代的农业生态思想，学术界此前有过一些论述。④ 但对汉代农业生态思想及其引领下的具体实践，目前论及甚少，还有待深入。

---

① 《新语》卷上《道基》，见王利器撰《新语校注》，中华书局1986年版，第1页。
② 《淮南子》卷九《主术训》，见刘文典撰《淮南鸿烈集解》，中华书局1989年版，第308页。
③ 《春秋繁露》卷六《立元神》，见四川大学古籍研究所等编《诸子集成》补编一，四川人民出版社1997年版，第1—670页。
④ 陈业新：《秦汉时期生态思想探析》，《中国史研究》2001年第1期；倪根金：《秦汉环境保护初探》，《中国史研究》1996年第2期。

故本文专就汉代人们对农业生态思想的践行模式，根据史实作些探说。其基本点分如下几个方面。

因时制宜，不夺农时

春夏秋冬"四时"，光照、气候、雨量等自然条件不一。它对农作物的生长、发育，关系极大。《孟子》说："不违农时，谷不可胜食也。"[1]《管子》说："四时事备，而民功百倍矣。故春仁，夏忠，秋急，冬闭，顺天之时，约地之宜，忠人之和。故风雨时，五谷实，草木美多，六畜蕃息，国富兵彊……不失其时然后富。"[2] 又说："不知四时，乃失国之基。"[3] 把"顺天时"提高到了"富国"与"失国"的高度，可见，因时制宜，对农业之重要。

汉代继续强调农业生产的"时宜""时序"，主张"育之以时"。[4]《淮南子》谓"春生夏长，秋收冬藏"，[5] 四时不可易也。农作物的种植，要根据季节、时令进行。这方面，西汉成帝时的议郎氾胜之及东汉后期的五原太守崔寔，都根据农民长期实践的经验作了具体的阐述和总结。这就是我们今天所能看到的《氾胜之书》及《四民月令》。

《氾胜之书》对农民依照时令耕田、播种、收获的农事活动多有记载。其中写道："凡耕之本，在于趣时和土……春冻解，地气始通，土一和解。夏至，天气始暑阴气始盛，土复解。夏至后九十日，昼夜分，天地气和。以此时耕田，一而当五，名曰膏泽，皆得时功。"又说：

---

[1] 《孟子·梁惠王上》，见朱熹撰《四书章句集注》，中华书局1983年版，第203页。
[2] 《管子》卷一七《禁藏》，见黎翔凤《管子校注》，中华书局2004年版，第1018页。
[3] 《管子》卷一四《四时》，黎翔凤《管子校注》，中华书局2004年版，第837—838页。
[4] 《汉书》卷九一《货殖传》，中华书局1962年版，第3679页。
[5] 《淮南子》卷八《本经训》，见刘文典撰《淮南鸿烈集解》，中华书局1989年版，第259页。

"凡麦田，常以五月耕，六月再耕，七月勿耕，谨摩平以待种时。五月耕，一当三。六月耕，一当再。若七月耕，五不当一……得时之和，适地之宜，田虽薄恶，收可亩十石。"① 除耕田翻土依时令之外，对各种粮食作物如禾、黍、麦、稻、大豆等的播种、收获等也要依时令而行，正如"种禾无期，因地为时。三月榆荚时雨，高地强土可种禾"，"获不可不速，常以急疾为务。芒张叶黄，捷获之无疑"，"黍者暑也，种者必得暑。先夏至二十日，此时有雨，强土可种黍"，"种麦得时无不善。夏至后七十日，可种宿麦。早种则虫而有节，晚种则穗小而少实"，"种稻，春冻解，耕反其土。种稻区不欲大，大则水深浅不适。冬至后一百一十日可种稻……三月种秔稻，四月种秫稻"，"种大豆，夏至后二十日尚可种……获豆之法，荚黑而茎苍，辄收无疑"② 等。这些农业上耕种的时令，是西汉时期关中平原地区农民长期实践的经验，或耕作范式，值得重视。

《四民月令》对农民依照时令进行农事活动的记载，更为具体，现将要者作些择录，以兹参证。

> 正月，"可种春麦、䭴豆，尽二月止"，"可种瓜、瓠、芥、葵、大小葱、蓼、苏、苜蓿、襛蒜、芋、韭"，"可作鱼酱、肉酱、清酱"，"自是月以终季夏，不可以伐竹木，必生蠹虫"。
>
> 二月，"可种植禾、大豆、苴麻、胡麻"，"自是月，尽三月，可掩树枝；可种地黄，及采桃花、茜，及栝楼、土瓜根；其滨山可采乌头、天雄、天门冬、术"。
>
> 三月，"可种秔稻、植禾、苴麻、胡豆、胡麻、别小葱"，"可种大豆、蓝"。

---

① 万国鼎：《氾胜之书辑释》，农业出版社1980年版，第21—27页。
② 万国鼎：《氾胜之书辑释》，第100—130页。

四月,"可种黍、禾、大小豆、胡麻","是月四日,可作醯、酱、枣糒"。

五月,"可种胡麻","先后日至各五日,可种禾及牡麻","先后各二日,可种黍","是月也,可别稻及蓝,尽至后二十日止","可畜麦田","麦既入,多作糒,以供入出之粮","淋雨将降,储米谷薪炭,以备道路陷淖不通"。

六月,"是月也,趣耘耡,毋失时","是月六日,可种葵,可作麴","中伏后,可种冬葵,可种芜青、冬蓝、小蒜;别大葱","中暑后,可畜瓠、藏瓜、收芥子、尽七月止"。

七月,"可种芜青及芥、苜蓿、大小葱、小蒜、胡葱","藏韭青。刈刍茭","收柏实"。

八月,"是月八日,可采车前实,乌头,天雄","刈萑、苇及刍茭","收豆藿","种大小蒜、芥、苜蓿"。

九月,"藏茈薑、蘘荷,作葵菹、乾葵","九日,可采菊花,收枳实"。

十月,"趣纳禾稼,毋或在野","可收芜青,藏瓜"。"是月也,可别大葱","农事毕"。

十一月,"可酿醯","伐竹木"。

十二月,"遂合耦田器,养耕牛,选任田者,以俟农事之起"。①

从以上逐月列举的农事来看,当时,凡粮食作物、蔬果等经济作物、农产品加工,乃至野生植物的采集(供医药之用)等,都是依照时令进行的,自很明显。这虽是反映东汉北方地主田庄的经营活动,但依时令安排农事,地主田庄和个体农户的生产是共同的。依照时令耕耘、栽培、收藏等,主要是为了"顺天时",适应气候等自然条件的

---

① 缪启愉:《四民月令辑释》,农业出版社1981年版,第1—109页。

变化，从而使生物有机体与自然条件的协调统一。

汉代农民从事农业生产，很注重"天时""时序"，不容违反。汉元帝初元三年（前46）三月，因天气失常，"风雨不时"，诏令"有司勉之，毋犯四时之禁"①。汉成帝阳朔二年（前23）春，也曾下诏："命以四时之事，令不失其序。"要求"务顺四时月令"。②氾胜之在关中平原地区督导农业，"而关中遂穰"，获得农业丰收，是该地农民遵守时序种植的结果。崔寔任五原太守期间总结农民生产经验的《四民月令》，也是"因时制宜"的一个典型例证。

因地制宜，地尽其利

全国幅员辽阔，各农耕区的地形、土质、肥力等自然条件不同，不能强求农业生产的内容同一。种植、养畜与土地各有所宜的道理，早在先秦时期已为人们所熟知。据《周礼·地官·草人》曰："草人掌土化之法，以物地，相其宜而为之种。"③ 同书《地官·司稼》曰："司稼掌巡邦野之稼，而辨穜稑之种，周知其名，与其所宜地以为法，而县于邑闾。"④ 同书《夏官·职方氏》还将当时"天下之地"，"宜六扰""宜五种""畜宜鸡狗，谷宜稻麦"等，作了具体记录。⑤《管子》也说："渎田悉徙，五种无不宜……赤垆、历彊肥，五种无不宜。"⑥ 这些都说明春秋战国之时，人们已懂得土质与种植、养畜有密切的关系。

---

① 《汉书》卷九《元帝记》，中华书局1962年版，第284页。
② 《汉书》卷一〇《成帝记》，第312页。
③ 《周礼·地官·草人》，见阮元校刻《十三经注疏》，中华书局1980年影印，第746页。
④ 《周礼·地官·司稼》，见阮元校刻《十三经注疏》，中华书局1980年影印，第750页。
⑤ 《周礼·夏官·职方氏》，见阮元校刻《十三经注疏》，中华书局1980年影印，第861—862页。
⑥ 《管子》卷一九《地员》，见黎翔凤撰《管子校注》，中华书局2004年版，第1072页。

汉代由于农民经过长期实践，对土地在农业上的性质、作用及其耕耘、利用等的认识逐步提高，许多实际经验得到进一步推广。"因其土宜"进行种植和养畜的情况，已成为常规。当时，一般皆能"辩其土地川泽丘陵衍沃野原隰之宜，教民种树畜育"①。《淮南子》《汉书·地理志》等，都对农民的实践经验有过很好的总结和概括。

《淮南子》在总结汉初的种植、养畜之宜时说，"水处者渔，山处者木，谷处者牧，陆处者农"②，"肥墽高下，各因其宜，丘陵阪险不生五谷者，以树竹木"③；又说，"东方，川谷之所注，日月之所出……其地宜麦"，"南方，阳气之所积，暑湿居之……其地宜稻"，"西方高土，川谷出焉，日月入焉……其地宜黍"，"北方，幽晦不明，天之所闭也，寒冰之所积也……其地宜菽"，"中央四达，风气之所通，雨露之所会也……其地宜禾"；该书还说到，"汾水濛浊而宜麻，泲水通和而宜麦，河水中浊而宜菽，雒水轻利而宜禾，渭水多力而宜黍，汉水重安而宜竹，江水肥仁而宜稻。平土之人，慧而宜五谷"④。这些都说明，不同地形、不同区域、甚至不同水源，对种植养畜是各有所宜的。

《汉书·地理志》对农民"因其土宜"进行种植和养畜的情况也有具体的总结。

> 扬州，"厥土涂泥（湿地）"，"畜宜鸟兽，谷宜稻"。
> 荆州，"厥土涂泥"，"畜及谷宜，与扬州同"。

---

① 《汉书》卷九一《货殖传》，第3679页。
② 《淮南子》卷一一《齐俗训》，见刘文典撰《淮南鸿烈集解》，中华书局1989年版，第351页。
③ 《淮南子》卷九《主术训》，见刘文典撰《淮南鸿烈集解》，中华书局1989年版，第308页。
④ 《淮南子》卷四《墬形训》，见刘文典撰《淮南鸿烈集解》，中华书局1989年版，第144—145页。

豫州,"厥土惟壤,下土坟垆(土壤刚黑)","畜宜六扰(马、牛、羊、豕、犬、鸡),其谷宜五种(黍、稷、菽、麦、稻)"。

青州,"厥土白坟,海滨广斥(水涯卤咸之地)","其畜宜鸡狗,谷宜稻麦"。

兖州,"厥土黑坟(黑色土壤)","其畜宜六扰,谷宜四种(黍、稷、麦、稻)"。

雍州,"厥土坟壤","畜宜牛马,谷宜黍、稷"。

幽州,"厥土惟白壤(柔土白壤)","畜宜四扰(马、羊、牛、豕),谷宜三种(黍、稷、稻)"。

冀州,"厥土惟白壤","畜宜牛羊,谷宜黍、稷"。

并州,"厥土惟白壤","畜宜五扰(马、牛、羊、犬、豕)谷宜五种"①。

由此可见,当时农民种田,很注重对土壤的鉴别。"因其土宜……以治其业"②,即根据土质进行种植和养畜,这是符合科学精神的。"适地之宜",有助于提高农业生产效益。

"因地制宜",还体现在汉代农民在耕作方法上,曾采取多种措施,以充分发挥土地潜力。主要措施包括以下三点。一是实行混种。当时"种谷必杂五种","菜茹有畦,瓜瓠果蓏,殖于疆易"③"种桑法……治肥田一亩……每亩以黍、椹子各三升合种之"④,即是其例。二是套种。当时,"区种瓜,一亩为二十四科。区方园三尺,深五寸……以三斗瓦瓮埋著科中央,令瓮口上与地平……种瓜瓮四面各一子……又种薤十根,令周迥瓮,居瓜子外,至五月瓜熟,薤可拔卖之,与瓜相避。

---

① 《汉书》卷二八《地理志》,第1539—1542页。
② 《汉书》卷九一《货殖传》,第3679页。
③ 《汉书》卷二四《食货志》,第1120页。
④ 万国鼎:《氾胜之书辑释》,第166页。

又可种小豆于瓜中,亩四五升,其藿可卖"。这是将瓜、薤、小豆套种之例。三是复种。杨孚《异物志》说:"稻,交趾冬又熟,农者一岁再种。"① 这些混种、套种、复种措施,对单位土地面积可以得到充分利用,提高土地资源的利用率,这对解决人多地少地区的耕地问题有积极意义,可使"地尽其利"。在此,还要提到一个重要的相关措施,就是大田与水面综合利用。汉代这类综合利用的水田陂池模型,考古发掘很多,如陕西汉中出土的一个方型陂池模型,中间有一堤坝将稻田和陂塘分开,坝中间有拱形出水口和提升式闸门,以备稻田灌溉之需,田中禾苗纵横成行,内有鱼、蛙、螺和菱角。贵州义兴出土一个水田陂池模型,与汉中模型相似,一边为稻田,另一边为水塘,内有大鱼、泥鳅、田螺、菱角、荷叶、莲瓣等,塘边刻有树林。四川成都天回山出土的一种陶水塘,用高堤把鱼池和水塘分开,水塘中莲花绽开,水鸭游戏,并停泊小船,塘水可通过渠道进入鱼池;鱼池中有两只大鱼,象征着渔业丰收。"上述格局不但使各类土地(包括田和水)获得合理利用,而且可以发挥植物生产和动物生产之间互相促进的作用,形成良好的农业系统,是比较科学的"②,也是"地尽其利"的一种方式。

  为改良土壤,汉代农民积前人经验,也十分重视"厚加粪壤",提高土地肥力。在《氾胜之书》中,提到的"粪"字很多。例如,"务粪泽""非粪不解""教民粪种""粪气为美""用粪""熟粪""布粪田",等等。当时称为"粪"的范围较广,凡可供肥田的废弃物,如禾草,厩肥,人的尿、粪,皆属于"粪"。汉人强调"耕田"必"务粪泽"。东汉王充说:"夫肥沃垆角,土地之本性也。肥而沃者性美,树稼丰茂。垆而埆者性恶,深耕细锄,厚加粪壤,勉致人功,以助地力,

---

① 李昉等撰:《太平御览》卷八三九《百谷部》作"交趾稻,夏、冬又熟,农者一岁再种",中华书局1960年版,第3751页。
② 李根蟠:《我国农业科技史中少数民族的伟大贡献》,《农业考古》1988年第1期。

其树稼与彼肥沃者相似类也。"① 主张通过耕作与施肥的两个环节来使耕地增加肥力，把用地与养地相结合，使地力久种不衰。为此，汉时，往往将厕所与猪圈建在一起，以利积粪。广泛使用"溷中熟粪"，即猪粪、人粪。在考古资料中，"各地出土的陶猪圈模型表现突出，厕所与畜圈连在一起，把人类的粪综合管理贮存。山东画像石中还刻有拾粪的图像。滕县龙阳店一石刻画二马相对，右边一马正在排粪，马后一人，右手执钩铲，左手执箕，弯腰把马粪拾起来"②。在陕西直米脂、绥德也多处刻有拾粪积肥的形象，可见对粪肥重视。此外，汉时也终得使用绿肥，如《氾胜之书》说："须草生，可至耕时，有雨即耕，土相亲，苗独生，草秽烂，皆成良田。"③ 同书又说："辄平摩其块以生草，草生复耕之。"④ 认为可利用平整土地的间隙间让土地生长杂草，当杂草生长到一定程度时，再耕地压青，使杂草腐烂作肥料，以改良土壤。当时已掌握施用基肥、种肥和追肥等技术。同书还说："区田以粪气为美。"要求对蔬菜和一些粮食作物施用基肥；对经济作物如大麻等，也要"布粪田、夏耕平摩之"。四川省峨眉县出土水稻水田石刻模型，左下角稻田中有两个肥堆，是当时种稻施肥的实证。⑤ 施肥对改善土质，提高土壤肥力，增加农产量有重要意义。

因物制宜，力求生态平衡

农业是一个多因子、多层次的生态系统，其各要素之间往往因个性差异而各有所宜，同时，各生物之间又有相互依存、互利共生的关

---

① 王充：《论衡》卷二《率性》，上海人民出版社1974年版，第25页。
② 蒋英炬：《略论山东汉画像石的农耕图像》，《农业考古》1991年第2期。
③ 万国鼎：《氾胜之书辑释》，第25页。
④ 万国鼎：《氾胜之书辑释》，第23页。
⑤ 陈文华：《论农业考古》，江西教育出版社1990年版，第116页。

系。因此，要秉持生态平衡和协调发展。这在先秦时期已有一定的认识。《周易·系辞上》就曾两次提到："圣人有以见天下之赜，而拟诸其形容，象其物宜。"① 指出"物"之个性各有所宜。《孟子》也说："夫物之不齐，物之情也。"② 这话带有普遍意义，农业领域中的动、植物概不例外，都会因个性差别而各有所宜，有所不宜。

汉代，人们由于经过长期实践，"物宜"问题在先农的基础上有进一步的探索和认知。陆贾说："故在天者可见，在地者可量，在物者可纪，在人者可相……不违天时，不夺物性……"③ 当时懂得农作物品种不同，栽培时的用水量、施肥等各有所宜，不可夺其"物性"。《氾胜之书》在总结农民的生产经验时指出，种"稻"，用水量较多，稻田的水面要"深浅适宜"，水位保持一致；水稻"始种"时，要"令水道相直"，以保水温；"夏至后天热"，则"令水道错"，使水降温。但栽种禾、麦、枲、麻、豆、瓜等作物，乃可在旱地种植，而且对水没有保温或降温的要求。施肥也要"因物制宜"，视各种作物的特性而异，不可千篇一律。其中有的作物如"麦"，要施"种肥"；有的作物如"大豆""芋""瓜""瓠"等，只需施"基肥"；有的作物如"麻"，则要"追肥"。所用的肥料也有不同，随作物的不同而有异，④ 使其各有所宜。这方面具体事例较多，不必赘述。

汉代人们践行"因物制宜"，还突出表现在重视对农业生态环境的改善，主张生物之间互利共生、和谐发展，而不是对自然界的过度索取和干扰。对此，《汉书·货殖传》及《淮南子》均有明确的阐述。

---

① 《周易·系辞上》，见阮元校刻《十三经注疏》之《周易正义》卷七，中华书局1980年影印，第79、83页。
② 《孟子·滕文公上》，见朱熹撰《四书章句集注》，中华书局1983年版，第261页。
③ 陆贾：《新语》卷上《道基》，见王利器撰《新语校注》，中华书局1986年版，第5—6页。
④ 万国鼎：《氾胜之书辑释》，农业出版社1980年版，第21—164页。

育之以时，而用之有节。草木未落，斧斤不入于山林；豺獭未祭，罝网不布于壄泽；鹰隼未击，矰弋不施于徯隧。既顺时而取物，然犹山不茬蘖，泽不伐夭，蟓鱼麛卵，咸有常禁。所以顺时宣气，蕃阜庶物，稸足功用，如此之备也。①

先王之法，畋不掩群，不取麛夭；不涸泽而渔，不焚山而猎；豺未祭兽，罝罦不得布于野；獭未祭鱼，网罟不得入于水；鹰隼未挚，罗网不得张于溪谷；草木未落，斤斧不得入于林；昆虫未蛰，不得以火烧田。孕育不得杀，鷇卵不得探，鱼不长尺不得取，彘不期年不得食。是故草木之发若蒸气，禽兽之归若流泉，飞鸟之归若烟云，有所以致之也。②

上述记载，主要说明两点，一是，反对"草木未落，斧斤入山林"，主张保护有助于改善农业生态的森林资源；二是，反对"涸泽而渔，焚山而猎"，主张保护与农作物相互依存、互利共生的野生动物。其中心内容是"顺时而取物"。考诸具体史实，汉代在这两方面人们都已付诸了实践。

首先，为保护有助于改善农业生态环境的森林资源，汉代采取了不少的措施。如据《张家山汉简·田律》规定："禁诸民吏徒隶，春夏毋敢伐林木山泽……燔草为灰。"③《汉律·贼律》也规定："贼伐树木禾稼……准盗论。"④ 从《居延新简》中还可看到以诏书、政令形式护林的情况，如"建武四年五月辛巳朔戊子，甲渠塞尉放行候事，敢言之。诏书曰，吏民毋得伐树木，有无，四时言。●谨案：部吏毋伐树

---

① 《汉书》卷九一《货殖传》，第3679页。
② 《淮南子》卷九《主术训》，见刘文典撰《淮南鸿烈集解》，中华书局1989年版，第308页。
③ 张家山二四七号汉墓竹简整理小组编：《张家山汉墓竹简（二四七号墓）》，文物出版社2001年版，第167页。
④ 张鹏一：《汉律类纂》，光绪三十三年铅印本。

木者敢言之"（E. P. F22：48A）。"建武六年七月戊戌朔乙卯，甲渠鄣候敢言之。府书曰：'吏民毋得伐树木，有无，四时言。'●谨案：部吏毋伐树木"（E. P. F22：53A）①。将保护林木的命令以诏书、政令形式颁布，要各基层官吏严格检查，并把结果随时上报，可见其重视程度。顺帝永建四年（129）二月，也曾"诏以民入山凿石，发洩藏气，敕有司检察所当禁绝，如建武、永平故事"②。要求各级官吏禁绝百姓入山凿石，以制止毁林。此外，汉时还实行，"自正月以终至夏，不可伐木"，"冬十一月……伐竹木"③的规定。当时采取这些政策、措施的目的，都是为了便于林木顺利生长，保证林木资源再生而无枯竭之患，以利农业生态环境的改善。由此也说明，汉人已懂得森林可以涵养水源、保持水土、抵御风沙、调节气候、平衡生态，对发展农业有重大作用。

其次，为保护与农作物互利共生的动物资源，汉代也有政策规定。例如，汉宣帝元康三年（前63）元月，诏曰："前年夏，神爵集雍。今春，五色鸟以万数飞过属县，翱翔而舞，欲集未下。其令三辅毋得以春夏摘巢探卵，弹射飞鸟。具为令。"④汉元帝初元三年（前46）六月也曾下诏："有司勉之，毋犯四时之禁。"⑤《敦煌悬泉月令诏条》还有具体规定，包括孟春月令，"毋摘巢，毋杀□虫，毋杀䐁（胎），毋矢䎩鸟，毋麛、毋卵"，仲春月令，"毋□水泽、□陂池、□□"，孟夏月令，"毋大田猎"⑥。这些法条明确规定，对野生动物不能"妄捕"，要"适时而取"。捕捉的时间或季节以十月至十二月为主，不得

---

① 甘肃文物考古研究所、文化部古文献研究室：《居延新简》，文物出版社1990年版，第479—480页。
② 《后汉书》卷六《顺帝记》，第256页。
③ 缪启愉：《四民月令辑释》，农业出版社1997年版，第3、104页。
④ 《汉书》卷八《宣帝纪》，第258页。
⑤ 《汉书》卷九《元帝纪》，第284页。
⑥ 胡平生、张德芳：《敦煌悬泉汉简释粹》，上海古籍出版社2001年版，第193—195页。

违背"时禁"。阚骃《十三册志》载:"上虞县有雁为民田,春拔草根,秋啄除其秽,是以县官禁民不得妄害此鸟,犯则有刑无赦。"这是汉代会稽地区保护益鸟之一实例。为保护野生动物,当时很注重保护其生存的环境,所谓"欲致鱼者先通水,欲致鸟者先树木。水积而鱼聚,木茂而鸟集"①。认为只有这样,才能达到"禽兽之归若流泉,飞鸟之归若烟云"②的目的。只有"顺时而取",才能"顺时宣气,蕃阜庶物,稽足功用"③。晁错说:"德上及飞鸟,下至水虫草木诸产,皆被其泽。然后阴阳调,四时节,日月光,风雨时,膏露降,五谷熟。"④董仲舒认为,"恩及毛虫,则走兽大为,麒麟至",若"四面张网,焚山而猎,咎及毛虫,则走兽不为,白虎妄搏,麒麟远出"⑤。晁、董二氏都认为,对野生动物施加"德",或"恩",予以保护,不仅有助于风调雨顺,"五谷孰",使农业有好收成;而且可使生态平衡,人与自然和谐统一。

最后,要强调的是,在农业系统中,天、地、人、物四者,人是第一要素。孟子说:"天时不如地利,地利不如人和"。在"顺天时"、"尽地利"、促"物宜"中,人处于关键性的主导地位。但人的主导作用要"因天地之自然"⑥,要"因其自然而推之"⑦。也就是说,必须按照农业生产的客观规律办事,正如"春伐枯槁,夏取瓜瓠,秋畜疏食,

---

① 《淮南子》卷一六《说山训》,见刘文典撰《淮南鸿烈集解》,中华书局1989年版,第545页。
② 《淮南子》卷九《主术训》,见刘文典撰《淮南鸿烈集解》,中华书局1989年版,第309页。
③ 《汉书》卷九一《货殖传》,第3679页。
④ 《汉书》卷四九《晁错传》,第2293页。
⑤ 《春秋繁露·五行逆顺》,见《诸子集成》补编一,四川人民出版社1997年版,第1—718页。
⑥ 《淮南子》卷一《原道训》,见刘文典撰《淮南鸿烈集解》,中华书局1989年版,第16页。
⑦ 《淮南子》卷一《原道训》,见刘文典撰《淮南鸿烈集解》,中华书局1989年版,第10页。

冬伐薪蒸"①，"禹决江疏河……而不能使水西流。稷辟土垦草……然不能使禾冬生"②，不能使春夏秋冬四时更易，不能使河水逆流，不能使禾冬生，这是自然规律不可违背的。人们只有依照"时宜""地宜""物宜"从事农业生产，使农业系统各要素之间协调统一，生态平衡发展，才能"养长化育，万物蕃昌"，使农业获得好的经济效益。汉代农业之所以能有飞速发展，并取得显著成就，究其原因是多个方面的，除了当时实行重农政策，铁器、牛耕的推广，生产关系的局部调整，商品经济刺激等外，还有一点，就是与当时人们对农业生态思想的着力践行有重大关系。

---

① 《淮南子》卷九《主术训》，见刘文典撰《淮南鸿烈集解》，中华书局1989年版，第308页。

② 《淮南子》卷九《主术训》，见刘文典撰《淮南鸿烈集解》，中华书局1989年版，第284页。

汉代农业资源开发与生态环境

自然界的阳光、水、土地、森林、植被、鸟兽、矿产等资源，是人类生存和发展所依赖的基本物质条件。实践证明，人类在不断征服与改造自然；而自然条件又始终在制约、影响着人的活动。人们在经济开发过程中，遵循自然规律，正确处理人与自然的关系，保持生态平衡，实现良性互动极为重要。不然，就会遭到自然对人类社会的恶性报复。这里，根据现有资料，仅就汉代人们对土地、森林、野生动物等自然资源之开发利用与生态环境的几个问题，作些概括性论述。

土地开发与合理利用

土地资源很重要。《管子·水地》篇说："地者，万物之本原，诸生之根菀也。"[①] 许慎《说文解字》云："土，地之吐生物者也。"[②] 这都说明，土地是农业之本，发展之源，同时也是财富的象征。汉代土地资源的分布状况，在文献中有些概括性的记载，如《史记·货殖列传》所说。

[①] 《管子》卷一四《水地》，见黎翔凤《管子校注》，中华书局2004年版，第813页。
[②] （汉）许慎撰：《说文解字》，中华书局1963年版，第286页。

"关中自汧、雍以东至河、华，膏壤沃野千里……巴蜀亦沃野"；"夫三河在天下之中，若鼎足，王者所更居也，建国各数百千岁，土地小狭，民人众"；"上谷至辽东，地踔远，人民希"；"齐带山海，膏壤千里"；"而邹、鲁……颇有桑麻之业，无林泽之饶，地小人众"；"楚、越之地，地广人希……地势饶食。"①

《汉书·地理志》也有近似的记载。司马迁和班固都曾指出，关中、巴蜀地区，"沃野千里"，"土地肥美"；关东的三河、齐鲁之地，"地狭人众"；西北部及江南地区，"地广人稀"。这说明当时全国各地已被垦辟的土地资源及土壤肥瘠在布局上极不平衡，而且人均占有的土地量也有不同。

汉代，随着政府重农政策的推行，铁器和牛耕技术的普及，大型水利灌溉工程的相继修建等，极大地促进了土地的开发利用。当时在关中、关东、西北及江南地区，都有程度不同的土地开发，且取得了明显的成就。

关中地区，自然条件优越，沃野千里。西汉定都这里成为京畿后，为充实关中，"强干弱枝"，汉高祖九年（前198），曾迁徙关东六国贵族齐诸田、楚昭、屈、景、燕、赵、魏、韩之后及豪族大家十余万口移民关中。后来又将吏二千石、高訾富人及豪杰并兼之家迁关中诸陵。② 将大量贵族、豪富迁到关中，不仅增加了关中人口，而且也使关中土地开发的幅度大为增加。汉武帝时期，在关中地区大力兴修水利，如漕渠、六辅渠、白渠、灵轵渠、成国渠等，由于解决了灌溉问题，这使大面积的荒地变成良田，使大片土地得到开发。与关中相邻的巴、蜀（主要是成都平原），由于战国末年修建了"都江堰"，土地

---

① 《史记》卷一二九《货殖列传》，中华书局1959年版，第3261—3270页。
② 《汉书》卷二八《地理志》，中华书局1959年版，第1642页。

开发较为充分。汉高祖二年（前205），曾"令民就食蜀汉"①，将灾民移居于此，也扩大了土地的开垦范围。至新莽时，"以广汉文齐为（益州）太守，造起陂池，开通灌溉，垦田二千余顷"②，这也加速了巴蜀之地的开发，一直到东汉末年，巴蜀仍是南阳等地人民避乱就食的富庶之地。

关东地区，含冀、兖、豫、青等州，位居中原，王者所居之地。农业开发较早，战国时期就成为重要农耕区。到了汉代，许多地方官都注重兴修水利，开垦农田，土地得到了进一步开发。例如，汉元帝时，召信臣任南阳太守，"好为民兴利，务在富之。躬劝耕农，出入阡陌"，兴修水利，"以广溉灌，岁岁增加，多至三万顷"③。汉光武帝时，杜诗任南阳太守，"修治陂池，广拓土田，郡内比室殷足"④；邓晨任汝南太守，"兴鸿郤陂数千顷田"⑤。章帝时，秦彭任山阳太守，"兴起稻田数千顷"⑥。汉和帝时，何敞任汝南太守，"修理鲖阳旧渠，百姓赖其利，垦田增三万余顷"⑦。关东地区，由于开发早，加之后续的开垦不断，耕地面积总体上多于其他地区。但因人口集中，土地的人均占有量还是有限的，显得"不足相供"；这正如崔寔《政论》所说，"今青、徐、兖、冀，人稠地狭，不足相供"。说明在东汉时，关东地区人口昌盛，土地开垦率很高。

西北地区，即"龙门、碣石北"，包括朔方及并州、凉州等地。这里属半农、半牧区。西汉时期，政府出自政治、军事的需要，实行移民殖边，驻军屯田，促进了该处的土地开发。据载，汉武帝元朔二年

---

① 《汉书》卷一上《高帝纪》，第38页。
② 《后汉书》卷八六《西南夷传》，中华书局1965年版，第2846页。
③ 《后汉书》卷八九《循吏传·召信臣》，第3642页。
④ 《后汉书》卷三一《杜诗传》，第1094页。
⑤ 《后汉书》卷一五《邓晨传》，第584页。
⑥ 《后汉书》卷七六《循吏传·秦彭》，第2467页。
⑦ 《后汉书》卷四三《何敞传》，第1487页。

(前127),"募民徙朔方十万口"。元狩四年(前119)冬,"有司言关东贫民徙陇西、北地、西河、上郡、会稽,凡七十二万五千口"。元狩五年(前118),"徙天下奸猾吏民于边"①。除大量移民实边开垦土地外,汉政府在这一地区还实行大规模的军屯。例如,汉武帝元狩四年(前119),"汉度河自朔方以西至令居,往往通渠置田官,吏卒五六万人",稍蚕食,地接匈奴以北②;元鼎六年(前111)秋,在"上郡、朔方、西河、河西开田官,斥塞卒六十万人戍田之"③;汉昭帝始元二年(前85)冬,"调故吏将屯田张掖郡"④。宣帝时,赵充国率士卒万余人,在金城屯田,垦田二千顷以上⑤;汉元帝永光二年(前42),击破西羌后,也在要塞处进行屯田戍守⑥。东汉时期,在北方边郡也进行了屯田。汉光武帝建武七年(31),遣杜茂领兵"屯田晋阳、广武,以备胡寇"⑦;汉建武二十一年(45),在朔方、西河、上郡三处屯田,所谓"乃建立三营,屯田殖谷,弛刑谪徒以充实之"⑧;汉顺帝阳嘉元年(132),"置玄菟郡屯田六部"⑨ 等。两汉时期,实行移民殖边,军事屯田,在西北边郡开垦了大量荒地,扩大了耕地面积。

江南地区,主要指长江流域的荆、扬二州及其以南地区。这里"地广人稀"。汉武帝时,因"山东被河灾……令饥民得流就食江淮间,欲留,留处"⑩。这些移民,使当地的土地得到了一定程度开发。时至东汉,由于北方屡遭战乱和自然灾害,更加使大批人民向江南迁移。

---

① 《汉书》卷六《武帝纪》,分见第170、178、179页。
② 《汉书》卷九四《匈奴传》,第3770页。
③ 《汉书》卷二四《食货志》,第1173页。
④ 《汉书》卷七《昭帝纪》,第221页。
⑤ 《汉书》卷六九《赵充国传》,第2986页。
⑥ 《汉书》卷七九《冯奉世传》,第3299页。
⑦ 《后汉书》卷二二《杜茂传》,第776页。
⑧ 《后汉书》志第二三《郡国志》注引应劭曰,第3533页。
⑨ 《后汉书》卷八五《东夷传》,第2815页。
⑩ 《史记》卷三〇《平准书》,第1437页。

汉章帝元和元年（84）二月，"其令郡国募人无田欲徙它界就肥饶者，恣听之"①，江南应是农民选择的重要地区之一。安帝永初年间，在连年灾荒的情况下，也将灾民"徙置荆、扬孰郡"②，大量人口迁入江南，使这一地区的大片土地得到开发。另外，当时一些在江南任职的地方官，致力于推广牛耕，兴修水利，也扩大了耕地面积。例如，东汉初，任延为九真太守时，在当地推广牛耕，使"田畴岁岁开广，百姓充给"③；李忠任丹阳太守时，在辖区内施行德政，"垦田增多，三岁间流民占著者五万余口"④；汉顺帝永和五年（140），马臻任会稽太守时，"创立镜湖，在会稽、山阴两县界筑塘蓄水，高丈余，田又高海丈余。若水少则泄胡灌田，如水多则开湖泄田中水入海，所以无凶年。堤塘周回三百一十里，溉田九千余顷"⑤。总之，东汉时期，江南地区的土地开发有重大进展。过去被视为"地广人稀""卑湿贫困"的江南，到东汉末年便成为"沃野万里，民富兵强"的"乐土"了。⑥

要指出的是，两汉时期各地区的土地开发程度并不均衡。中原地区有十亩共桑之迫，边远州郡有旷野不发之田。从土地开发的进程来说，西汉时期，土地开垦较早、成绩突出的是关中及关东地区，即黄河中下游流域。西北地区，由于实行移民垦殖和军事屯田，也有力地促进了土地开垦和农业发展。至于江南地区，仍属"地广人稀"之地。但到了东汉，由于社会政治形势的变化，关中和西北地区的土地开垦进展不大，甚至有所减退。关东地区就拥有的土地量而言，在全国仍占优势。而江南地区由于北人南迁等原因，土地开发量有大幅度增长

---

① 《后汉书》卷三《章帝纪》，第145页。
② 《后汉书》卷三二《樊宏传》，第1128页。
③ 《后汉书》卷七六《循吏传·任延》，第2462页。
④ 《后汉书》卷二一《李忠传》，第756页。
⑤ 《太平御览》卷六六引《会稽记》，中华书局1960年版影印本，第315页。
⑥ 《三国志·吴书·鲁肃传》裴松之注引《吴书》，中华书局1959年版，第1267页。

和提升。再从土地总量来说，经过两百余年的发展，到西汉平帝元始二年（2），全国垦田面积为"八百二十七万五百三十六顷"①。东汉由于土地高度集中，豪族地主隐瞒大量土地，国家控制的土地有所减少。在和帝元兴元年（105），全国的垦田数为"七百三十二万一百七十顷八十亩四十步"②，这比秦代有明显增多。

汉代垦田面积的扩大具有积极意义。其一，这对关中、关东的贫民和灾民提供了生活出路。两汉时期，由于大土地私有制发展，土地兼并日趋严重，贫民失去土地者日渐增多，仅关东就有几十、上万失地农民，又因灾害频仍，流离失所者多。这些贫民、灾民，通过到"宽乡"或"边郡"开垦土地，使得他们有重新回到土地上从事农业生产的可能。其二，大量土地被开垦，促进了西北、江南的大开发。边郡少数民族的经济文化处于相对落后状态，通过移民垦殖、实行屯田，内地汉族人民带去了先进的生产工具和生产技术，如铁犁、牛耕、代田法、打井穿渠等新技术，这些直接促进了当地社会经济的发展，拓宽了农耕区。同时，也加速了各族人民之间的相互理解和融合，对中华民族大家庭的形成、巩固起了促进作用。再就是垦田数量的增长，政府也可扩大财源，增加田税收入等。

但是，不适当的土地开垦方式，对生态环境也造成异常的后果。其突出的表现是汉代的西北地区。由于当时几十上百万移民、屯戍兵聚集在那里垦殖、毁草为田；加上军、民需要大量的薪柴、饲料（茭）、建材及烽火台所需"积薪"等消耗，使自然植被大量遭到破坏，不少原来草木密茂的地方，变成了不毛之地。植被锐减，沙漠化加剧。例如，内蒙古河套以西的乌兰布和地区，原来是黄河的冲积平原，有一望无际的大草原，水资源比较丰富，有村落和城市。西汉以

---

① 《汉书》卷二八《地理志》，第1640页。
② 《后汉书》志第二三《郡国志》注，第3534页。

前并非沙漠，但西汉后期至东汉前期，这里因大规模的移民垦殖，破坏了地表的植被，逐渐导致了流动沙丘的形成，后来成为乌兰布和沙漠。① 又譬如，河西走廊地区的沙漠，在西汉以前虽有，但范围比较小，整个自然环境还较为优越，当时水草丰茂，森林广阔。《汉书·匈奴传》说，这里的游牧民族"逐水草迁，无城郭常耕之业"，以发展畜牧经济为主。但自汉武帝以后历朝，为反击匈奴，在河西走廊进行大规模的驻军屯田，"且耕且守"，毁草为田，结果，使这里的植被减少，生态环境遭到严重破坏，导致土地沙漠化扩大。② 由于土地开垦不当，西北地区，不仅沙漠化严重，所谓"日不显目兮黑云多，月不可视兮风非（飞）沙……"③，而且还出现"沙尘暴"现象。

（汉成帝）建始元年四月辛丑夜，西北有如火光。壬寅晨，大风从西北起，云气赤黄，四塞天下，终日夜下著地者黄土尘也。④

顺帝时，灾异屡见，阳嘉二年正月……郎顗曰："太阳不光，天地溷浊，时气错逆，霾雾蔽日。"李贤注引《尔雅》曰："风而雨土为霾。"⑤

这是两次典型的沙尘暴记录。一次发生在建始元年（前32）四月，当时一日一夜间，黄土尘"四塞天下"，不断由天而降。一次发生在阳嘉二年（133）正月，当时"太阳不光"，"霾雾蔽日"，大风劲吹"雨土"而降。沙尘暴是严重的生态环境灾害，不合理开垦使地表已无

---

① 张之恒：《历史时期不合理的生产活动对生态农业影响》，《农业考古》1989年第1期；侯仁之等：《乌兰布和沙漠的考古发现和地理环境的变迁》，《考古》1973年第2期。
② 马正林：《人类活动与中国沙漠地区的扩大》，《陕西师范大学学报》1984年第3期。
③ 甘肃文物考古研究所编：《敦煌汉简释文》2253简，甘肃人民出版社1991年版，第307页。
④ 《汉书》卷二七下之上《五行志》，第1449页。
⑤ 《后汉书》卷三〇下《郎顗传》，第1071页。

植被覆盖，从而助长了强烈的风蚀，使大面积地表土破坏，出现了覆沙飞扬的现象。

诸多事实表明，西北地区不适当的耕垦活动，对自然生态破坏是严重的，导致湖泊湮没、植被锐减、沙漠化扩大，甚至出现"沙尘暴"。有学者指出，"汉代大规模开发的进行，使得大片绿洲原野渐次被辟为农田，绿洲天然水源被大量纳入人工农田垦区之中，从而大大地改变了原有绿洲水资源的自然布局和平衡状态，绿洲自然生态系统已在很大程度上被人类的活动所影响和改造"。"人工开发破坏固沙植被，流沙活动加剧，遂使下游尾闾的一些地方首先遭到沙患之害"[1]。这是值得重视的历史教训。

汉代为保护农业生态环境，针对当时的现实，人们提出过一些主张和对策。

其一，因地制宜，合理利用土地。《汉书·货殖传》说："辩其土地川泽丘陵衍沃原隰之宜，教民种树畜养。"[2]《淮南子·齐俗训》说："水处者渔，山处者木，谷处者牧，陆处者农。"[3] 同书《主术训》说："肥墝高下，各因其宜。丘陵阪险不生五谷者，以树竹木。"[4] 认为只有因地制宜，合理安排土地资源，才能做到"地有财，不忧民之贫也"。东汉王充在《论衡·量知》篇也说："地性生草，山性生木。如地种葵韭，山树枣栗，名曰美园茂林。"[5] 这些都是极力主张按照土地的属性和特点，宜农则农，宜林则林，宜牧则牧，宜渔则渔，合理利

---

[1] 李并成：《居延古绿洲沙漠化考》，载《历史环境与文明演进——2004年历史地理国际学术研讨会论文集》，商务印书馆2005年版，第139页。
[2] 《汉书》卷九一《货殖传》，第3679页。
[3] 《淮南子》卷一一《齐俗训》，见刘文典撰《淮南鸿烈集解》，中华书局1989年版，第351页。
[4] 《淮南子》卷九《主术训》，见刘文典撰《淮南鸿烈集解》，中华书局1989年版，第308页。
[5] 《论衡》卷一二《量知》，上海人民出版社1974年版，第192页。

用土地资源；反对盲目开发，毁草为田。

其二，精耕细作，充分发挥现有土地潜力。"精耕"，是战国以来的传统。当时提出耕作要"深耕疾耰""深耕易耨""深耕熟耰"；注重"任地""辨土"，① 对不同土壤，采取不同措施。汉时，不仅继承了这些传统，而且还推行了"代田法""区田法"。《氾胜之书》提出："凡耕之本，在于趣时和土，务粪泽，早锄早获。"② 当时很重视改良土壤，如《论衡·率性》篇说："夫肥沃墝埆，土地之本性也。肥而沃者性美，树稼丰茂。墝而埆者性恶，深耕细锄，厚加粪壤，勉致人功，以助地力，其树稼与彼肥沃者相似类也。"③ 主张通过耕作与施肥两个环节使耕地增加肥力，把用地与养地结合，使地力久种不衰。为使"地尽其利"，还采取了混种、套种、复种等措施，以充分发挥土地的潜力。

其三，种植与养畜结合，大田与水面综合利用。《汉书·食货志》说："种谷必杂五种……还庐树桑，菜茹有畦，瓜瓠果蓏，殖于疆易。鸡豚狗彘毋失其时，女修蚕织，则五十可以衣帛，七十可以食肉。"④ 汉代在发展种植业的同时，也发展养畜业，包括家禽、家畜及水产等。当时许多地区，不单纯依靠开垦扩展耕地，而对水边、水面也进行开发，尤其重视大田与水面的综合利用。这类综合利用的水田陂池模型，考古发掘很多，如陕西汉中出土的一个方型陂池模型，中间有堤坝将稻田和陂塘分开，坝中间有拱形出水口和提升式闸门，以备稻田灌溉之需，田中禾苗纵横成行，塘内有鱼、蛙、螺和菱角；⑤ 四川成都天

---

① 《吕氏春秋》有任地、辨土篇，见夏纬英《吕氏春秋上农等四篇校释》，农业出版社1956年版，第27、61页。
② 万国鼎：《氾胜之书辑释》，农业出版社1957年版，第21页。
③ 《论衡》卷二《率性》，上海人民出版社1974年版，第25页。
④ 《汉书》卷二四《食货志》，第1120页。
⑤ 秦中行：《记汉中出土的汉代陂池模型》，《文物》1976年第3期。

回山出土的一种陶水塘，则用高堤把鱼池和水塘分开，水塘中莲花绽开，水鸭游戏，并停泊小船，塘水可通过渠道进入鱼池，鱼池中塑有两只大鱼，象征着渔业丰收；① 贵州义兴出土一个水田陂池模型，与汉中模型相似，一边为稻田，另一边为水塘，内有大鱼、泥鳅、田螺、菱角、荷叶、莲瓣等，塘边刻有树木。② 这些事实说明，当时不少地方在农业上的布局，"不但使大田与水面获得合理利用，而且可发挥植物生产和动物之间互相促进的作用，形成良好的农业生态系统"③。

森林采伐与护林法规

森林的功用很广，不仅可涵养水源，保持水土，抵御风沙，调节气候，有助于改善生态环境；而且还可对人们提供生产、生活所需的木材及林副产品，是重要的社会财富。汉代的森林资源，较现代丰富，其分布地域，在文献中多有涉及，如《史记·货殖列传》所载，"夫山西饶竹"；"江南出柟梓"，"多竹木"；"巴蜀沃野，地饶竹木之器"。说得稍为具体的是《汉书·地理志》，其中写道，"故秦地……有鄠、杜竹林，南山檀柘"；"天水、陇西多林木，民以板为屋室"；"巴、蜀、广汉……山林竹木疏食果实之饶"；"楚有江汉川泽山林之饶"，民多以"渔猎山伐为业"。④

从这些概括性的记载来看，汉代天然森林的分布状况，主要集中在关中、巴蜀及江南地区。关中西部的陇右地区，是当时重要的林木产区之一。关中南部的巴蜀之地，森林密茂，号称"陆海"，竹木之器

---

① 刘文杰、余德章：《四川汉代陂塘水田模型考述》，《农业考古》1983年第1期。
② 贵州省博物馆考古组：《贵州兴义、兴仁汉墓》，《文物》1979年第5期。
③ 李根蟠：《我国农业科技史中少数民族的伟大贡献》，《农业考古》1988年第1期。
④ 《汉书》卷二八下《地理志》，第1642、1644、1645、1666页。

颇享盛名。而长江流域的江南地区，拥有"山林之饶"，是主要的木材产地，这里有不少城市是木材"输会"，即木材交易中心。

在长期的生产实践中，人们对不同木材的性质、作用有了一定的认识。王充在《论衡·状留》篇说："枫桐之树，生而速长，故其皮肌不能坚刚。树檀以五月生叶，后彼春荣之木，其材强劲，车以为轴。"①许慎《说文解字》对不同木材的用途进行了解释，如桂，"江南木，百药之长"；樿，"可以为栉"；樟，"可屈为杅"；楢，"梓属，大者可为棺椁，小者可为弓"；椵，"可作床"；檐，"可以为车轴"；枋，"可作车"；槭，"可作大车輮"；樗，"可为钼柄"②。由此说明，当时人们对木材性质的鉴别方面已积累了一定的经验。

林业的开发，起源很早。汉代得到了进一步发展。首先，林木砍伐和木材加工工具较前进步。《淮南子·说山训》说："至伐大木，非斧不尅。"③《释名·释用器》说："凡将制器，始用斧伐木，已乃制之也。"④看来，斧是砍伐林木的主要常用工具。从各地出土资料来看，当时还有铁锛、铁凿、铁锯、铁刀等。⑤采伐木材使用这些铁制工具，较前的石、铜工具，大大提高了生产效率。其次，当时出现了以"山伐"为业的专门队伍，砍伐林木的规模扩大。例如，东汉中山简王刘焉死后，朝廷"大为修冢茔，开神道，平夷吏人冢墓以千数，作者万余人。发常山、钜鹿、涿郡柏黄肠杂木，三郡不能备，复调余州郡工徒及送致者数千人。凡征发摇动六州十八郡"⑥。此外，木材砍伐后，

---

① 《论衡》卷一四《状留》，上海人民出版社1974年版，第218页。
② （汉）许慎撰：《说文解字》，中华书局1996年版，第114—117页。
③ 《淮南子》卷一六《说山训》，见刘文典撰《淮南鸿烈集解》，中华书局1989年版，第548页。
④ （清）王先谦：《释名疏证补》第7卷，上海古籍出版社1984年版，第321页。
⑤ 参见葛家瑾《南京栖霞山及其附近汉墓清理简报》，《考古》1959年第1期；湖南省博物馆《长沙金塘坡东汉墓发掘简报》，《考古》1979年第5期。
⑥ 《后汉书》卷四二《光武十王传》，第1450页。

运输形式多样，如据《潜夫论·浮侈》篇说："夫檽梓豫章，所出殊远，又乃生于深山穷谷，经历山岑，立千丈之高，百丈之谿，倾倚险阻，崎岖不便，求之连日然后见之，伐斫连月然后讫，会众然后能动担，牛列然后能致水，油溃入海，连淮逆河，行数千里……夫既其终用（制作棺具），重且万斤，非大众不能举，非大车不能挽。"① 这段记载，不仅反映了林木砍伐之艰难；而且也说明，当时对砍伐的木材已采取了牛力、车载、水运等多种形式的运输，或"待贾而通"的方式。

汉代木制产品种类甚多。《说文解字》就有"屋栌""筑墙长版""摩田器""收麦器""江中大船""舟櫂""书署"等木制产品的记录，大凡生产、生活用具，多为木材所制。当时，随着社会经济发展，人口增多，对木材的需求日益增长，其中尤以房屋建筑、车船制造、安排丧葬、薪炭等用材为最。

汉时的房屋建筑，多为木质结构。贵族兴建宫殿、离宫别馆及富人豪宅，需使用大量的良材巨木。西汉都城长安，建有长乐宫、未央宫、建章宫、桂宫、北宫、甘泉宫等，其中未央宫有宣室殿、温室殿、清凉殿等 20 余个殿。甘泉宫有钩弋宫、昭台宫、长定宫等 30 余个。另外，还有许多苑囿、台榭、辟雍、明堂、宗庙等，其中仅上林苑就有"离宫七十所，皆容千乘万骑"。西郊苑有"离宫别馆三百余所"。② 东汉都城洛阳也大修宫室，灵帝时为了修建宫室，"发太原、河东、狄道诸林木"，宫室连年不成，"林木遂至腐积"。③ 所以，当时就有人指出，"上求材，臣残木"④，"宫室奢侈，林木之蠹也"。贵族、官僚地

---

① 《潜夫论》卷三《浮侈》，见汪继培《潜夫论笺校正》，中华书局 1985 年版，第 134 页。
② 参见陈直《三辅黄图校正》，陕西人民出版社 1980 年版，第 33—92 页。
③ 《后汉书》卷七八《宦者列传》，第 2535 页。
④ 《淮南子·说山训》，见刘文典撰《淮南鸿烈集解》，中华书局 1989 年版，第 532 页。

主的豪宅建筑也很讲究，如梁孝王"筑东苑，方三百余里，广睢阳城七十里，大治宫室，为复道，自宫连属于平台三十余里"①；乡里著姓樊宏"所起庐舍，皆重堂高阁"②；梁冀的豪宅，"堂寝皆有阴阳奥室，连房洞户。柱壁雕镂，加以铜漆；窗牖皆有绮疏青琐，图以云气仙灵，台阁周通，更相临望；飞梁石蹬，陵跨水道……"③。仲长统说："豪人之室，连栋数百。"④ 全国各地豪富的住宅若都是如此，所需的木材可以想见。

厚葬之风盛行的汉代，为了安排丧葬，各地使用大量木材制造棺具。据出土资料证实，北京大葆台汉墓的黄肠题凑由 15880 根黄肠木堆叠而成，仅此即用木材 122 立方米。⑤ 长沙马王堆一号汉墓耗用木材 200 立方米⑥；长沙西汉曹𡟼墓除棺椁外，外椁壁板四周以 179 根粗大的黄心柏木木方垒砌而成。⑦ 长沙象鼻咀一号汉墓外椁四周有规则整齐的柏木 908 根，而且在棺椁四周和上部还填塞厚 40—50 厘米的木炭，共约一万多斤。⑧ 汉代，棺椁所用的木材不仅数量多，而且多为优质木材，如黄肠木、梓木、楠木、柏木等，这从前引大葆台及长沙马王堆汉墓中可以得到证实。1964 年南昌郊区发掘一座西汉木椁墓，墓底部以两根长 7.06 米、宽 0.39 米、厚 0.36 米的方形枕木垫底，上置木椁，椁底板用十一根长 4.65—4.69 米，宽 0.49—0.53 米，厚 0.40—0.46

---

① 《汉书》卷四七《文三王传》，第 2208 页。
② 《后汉书》卷三二《樊宏传》，第 1119 页。
③ 《后汉书》卷三四《梁冀传》，第 1182 页。
④ 《后汉书》卷四九《仲长统传》，第 1648 页。
⑤ 北京市古墓发掘办公室：《大葆台西汉木椁墓发掘报告》，《文物》1977 年第 6 期；鲁琪：《试谈大葆台汉墓的"梓宫""便房""黄肠题凑"》，《文物》1977 年第 6 期。
⑥ 中国农林科学院木材工业研究所：《长沙马王堆一号汉墓出土动植物标本的研究》，文物出版社 1978 年版。
⑦ 长沙市文化局文物组：《长沙咸家湖西汉曹𡟼墓》，《文物》1979 年第 3 期。
⑧ 湖南省博物馆：《长沙象鼻咀一号汉墓》，《考古学报》1981 年第 1 期。

米的方形大木平铺拼合。这些枕木和椁板均属楠木。① 另从安徽天长北岗汉墓、扬州邗江胡场汉墓的发掘来看,棺椁用的也是楠木、樟木,甚至用"整段楠木刳凿而成"②。王符在《潜夫论·浮侈》篇中谈到当时厚葬之风时说:"京师贵戚,必欲江南檽梓豫章梗柟,边远下土,亦竞相仿傚。"③ 这并非虚言,当时为安排丧葬耗费了大量优质木材。

车船制造、桥道建设等,亦使用大量的林木。王褒《僮约》在说到僮仆的职责时,就包括"持斧入山,断榖裁辕"④,当时车辆制造已较发达,既有官营,也有私营。车辆用得比较普遍。仅军队的用车量就很大,如汉武帝时,匈奴浑邪王归汉,"汉发三万辆迎之"⑤。东汉永元年间,窦宪领兵击匈奴,所部辎车"万有三千余乘"⑥。汉末黄巾起义时,仅张梁部下的军车即达"三万余辆"⑦。汉时,造船业也发达,江陵、会稽、庐江等地有造船基地。《史记·淮南衡山列传》说:"上取江陵木以为船,一船之载当中国数十辆车。"当时水军已普遍使用"楼船"。马援征交阯时,"将楼船大小二千余艘"⑧。东汉末,刘表治水军蒙冲,"斗舰乃以千数"。不仅制造车、船耗损的木材量多,桥道的建设方面也要大量木材。西汉赵充国进军羌地时,"其间邮亭多坏败",于是"缮乡亭,浚沟渠,治湟陿以西道桥七十所",为此,入山"伐林木大小六万余枚"⑨。至于修建其他桥道所用木材,难以为计。

---

① 陈柏泉:《江西地区历史时期的森林》,《农业考古》1985年第2期。
② 参见安徽省文物工作组《安徽天长县汉墓的发掘》,《考古》1979年第4期;唐汝明等《安徽天长县汉墓棺椁木材构造及材性的研究》,《考古》1979年第4期;扬州博物馆、邗江县文化馆《扬州邗江县胡场汉墓》,《文物》1980年第3期。
③ 《潜夫论》卷三《浮侈》,见(清)汪继培《潜夫论笺校正》,中华书局1985年版,第134页。
④ 《太平御览》卷五九八引,第2694页。
⑤ 《汉书》卷二四《食货志》,第1161页。
⑥ 《后汉书》卷二三《窦宪传》,第815页。
⑦ 《后汉书》卷七一《皇甫嵩传》,第2302页。
⑧ 《后汉书》卷二四《马援传》,第839页。
⑨ 《汉书》卷六九《赵充国传》,第2986页。

冶铸、炊事、取暖等，当时以木材为基本能源，这亦需要大量林木。河南巩县铁生沟汉代冶铁遗址、郑州古荥镇汉代冶铁遗址等，都出土了木炭，说明汉代的金属冶铁业是以木柴和木炭为燃料的。至于民间用于炊事、取暖的燃料，除各家各户自己上山砍伐柴木外，还出现了"薪樵"商品化的现象。朱买臣曾因"家贫"，"常艾薪樵，卖以给食"①。《四民月令》中有二月"收薪炭"，五月"淋雨将降，储米谷薪炭，以备道路陷淖不通"的记载，说明薪樵、木炭在生活中普遍应用。有学者曾估算传统农业时代，每人每年的耗柴量为1立方米。② 据载，西汉平帝元始二年（2），全国人口为59594978人。③ 东汉和帝元兴元年（105），全国人口为53256229人。④ 若以此计算，那么当时每年薪柴消耗量分别为59594978立方米和53256229立方米，其木柴耗损量实为惊人！

汉代对森林资源的适度开发、利用，其社会经济意义重大。事实说明，开发林木为人们提供了生产、生活所需的用材及林副产品，丰富了社会各阶层的物质生活内容，特别是对房屋建筑、车船制造、桥道建设等有重大价值。但对森林资源过度砍伐和不合理的开发，也带来了严重的恶果和影响。

首先，有些地方由于滥伐林木，使自然森林逐渐减少。如前引《史记·货殖列传》说，邹、鲁之地，"无山泽之饶"；梁、宋之地，"无山川之饶"。《盐铁论·通有》篇说，曹卫、梁宋地区，"采棺转尸"，连送死之具也难以齐备。可见，这些经济开发较早的地区，已经出现了木材困缺的情况。而原来森林资源丰富的江南地区，也由于

---

① 《汉书》卷六四《朱买臣传》，第2791页。
② 赵刚：《中国历史上生态环境变迁》，中国环境科学出版社1996年版，第70页。
③ 《汉书》卷二八《地理志》，第1640页。
④ 《后汉书》志第二三《郡国志》注，第3534页。

"伐木而树谷,燔莱而播粟"①,导致一些地方林木减少。

其次,不少地区由于过度砍伐森林,导致水土流失及黄河水患频仍。有专家指出,黄河原来不以"黄"相称,到了西汉初年才有"黄河"的名称,这和当时森林遭到破坏和大量开垦土地有关。尤为严重的是,森林大量被砍伐后,使黄河"河水重浊,号为一石水而六斗泥"②,河水泥沙含量增多,黄河下游的河床因泥沙淤积而抬高,从而造成黄河频频决溢。据文献记载,自汉文帝前元十二年至王莽始建国三年(前168—11),黄河发生大的决溢有12次,平均十五年就有1次。当时,不仅水土流失、黄河决溢,而且"干旱化"也加剧,并引发出各种自然灾害。据学者研究统计,两汉时期,西北地区所发生的各种自然灾害多达172次,其中水灾17次,雹灾9次,雪霜冻15次,风沙11次,地震11次,虫灾24次,疾疫1次,而旱灾就有84次,③占同期该地区灾害总数的49%,可见当时旱灾相当严重。面对这种情况,当时已有不少人认识到了毁林的后果,已引起社会的广泛关注与抨击。例如,《淮南子》说:"草木未落,斤斧不得入山林。"④《贡禹传》说:"斩伐林木亡有时禁,水旱之灾未必不繇此也。"⑤从这些记载来看,当时是主张"育之有时,用之有节"的,认为"斩木不时",破坏森林,影响了生态,导致水旱之灾。

汉代为保护生态环境,防止乱砍滥伐森林,当时政府出台过一些规范式条文,突出表现在如下方面。

其一,是政府制定专门的护林法。早在秦统一之前,曾有法律规

---

① 《盐铁论》卷一《通有》,见王利器《盐铁论校注》,中华书局1992年版,第42页。
② 《汉书》卷二九《沟洫志》,第1697页。
③ 参见袁林《西北灾荒史》,甘肃人民出版社1994年版。
④ 《淮南子》卷九《主术训》,见刘文典撰《淮南鸿烈集解》,中华书局1989年版,第308页。
⑤ 《汉书》卷七二《贡禹传》,第3075页。

定："春二月，毋敢发材木山林……不夏月，毋敢夜草为灰，取生荔……到七月而纵之。"① 汉代也有相关的法律，如《张家山汉简·田律》规定："禁诸民吏徒隶，春夏毋敢伐木山林……燔草为灰。"② 汉律《贼律》也规定："贼伐树木禾稼……准盗论。"③

其二，是颁布诏书、政令护林。例如，汉武帝元封元年（前110）正月，登嵩山时，诏令："禁无伐其草木。"④《居延新简》也可看到以诏书形式护林的情形。

> 建武四年五月辛巳朔戊子，甲渠塞尉放行候事，敢言之。诏书曰："吏民毋得伐树木，有无四时言。"●谨案：部吏毋伐树木者，敢言之（E.P.F22：48A）。⑤

> 建武六年七月戊戌朔乙卯，甲渠鄣候敢言之。府书曰："吏民毋得伐树木，有无四时言。"●谨案：部吏毋伐树木（E.P.F22：53A）。⑥

将保护林木的命令以皇帝诏书形式颁布，甚至下达到边塞军事组织基层，并要各基层官吏严格检查，把结果随时上报，可见其重视程度。汉顺帝永建四年（129），二月，也曾"诏以民入山凿石，发泄藏气，敕有司检察所当禁绝，如建武、永平故事"⑦。要求各级官史禁绝

---

① 秦墓竹简整理小组：《睡虎地秦墓竹简》，文物出版社1978年版，第26页。
② 张家山二四七号汉墓竹简整理小组编：《张家山汉墓竹简（二四七号墓）》，文物出版社2001年版，第167页。
③ 张鹏一：《汉律类纂》，光绪三十三年铅印本。
④ 《汉书》卷六《武帝纪》，第190页。
⑤ 甘肃文物考古研究所、文化部文献研究室等编：《居延新简》，文物出版社1990年版，第479页。
⑥ 《居延新简》，第480页。
⑦ 《后汉书》卷六《顺帝纪》，第256页。

百姓入山凿石,以制止毁林。

其三,实行"时禁",防"焚山林"。《吕氏春秋》中有"四时之禁"的记载,其中规定春天草木萌芽时,"禁止伐木"和"焚山林";夏季草木方盛时,"入山行木,无或斩伐";到了冬季,才允许"伐材木,取竹箭"。若肆意"侵夺山林薮泽"者,"罪之不赦"。汉代沿续"先王之法",同样实行"时禁",如《淮南子·时则训》说,"孟春之月……禁伐木";"仲春之月……毋焚山林";"季春之月……毋伐桑柘";"孟夏之月……毋兴土功,毋伐大树";"仲夏之月……禁民无刈蓝以染,毋烧灰";"季夏之月……树木方盛,勿敢斩伐";"季秋之月……草木黄落,乃伐薪为炭"。[①] 同书《主术训》也说,"草木未落,斤斧不得入山林"[②];"自是月(正月)以终季夏,不可伐竹木"[③],"(冬十一月)伐竹木"[④]。当时实行"时禁"之目的,就是为了便于林木的顺利生长,以其自然再生能力满足长期采伐的需要,即所谓"斧斤以时入,林木不可胜用"。东汉时期,还严禁森林火灾,如据《后汉书·王符传》说:"夫山林不能给野火……皆所宜禁。"[⑤] 目的是"草木之发若蒸气",保证森林资源再生而无枯竭之患,同时也是保护自然生态环境。

这里值得关注的是,汉时除了保护天然森林外,对人工造林也较重视。当时在道路两侧,一般都栽有树木。《汉书·贾山传》说秦时"为驰道于天下,东穷燕齐,南极吴楚,江湖之上,濒海之观毕至。道

[①]《淮南子》卷五《时则训》,见刘文典撰《淮南鸿烈集解》,中华书局1989年版,第159—177页。
[②]《淮南子》卷九《主术训》,见刘文典撰《淮南鸿烈集解》,中华书局1989年版,第308页。
[③] 石声汉校注:《四民月令校注》,中华书局2013年版,第17页。
[④] 石声汉校注:《四民月令校注》,中华书局2013年版,第72页。
[⑤]《后汉书》卷四九《王符传》,第1635页。

广五十步，三丈而树，厚筑其外，隐以金椎，树以青松"①。汉代亦有树桐梓之类列于道侧的记载。当时人工造林规模较大的是在长城附近"树榆为塞"。据载，"蒙恬为秦侵胡，辟数千里，以河为竟（境），累石为城，树榆为塞，匈奴不敢饮马于河"②。西汉时，出于军事目的，对这条人工榆树带在秦的基础上加以扩展，"广长榆"③，即将"树榆以为塞"的范围和规模进一步扩大，种植大量的榆树，使之形成一条边塞，成为绿色长城。④

上林苑中也有许多人工栽培的树木，如司马相如《上林赋》载："于是乎卢橘夏孰，黄甘橙楱，枇杷橪柿，亭柰厚朴，樗枣杨梅，樱桃蒲陶，隐夫薁棣，荅遝离支，罗乎后宫，列乎北园，贶丘陵，下平原，扬翠叶，杌紫茎，发红华，垂朱荣，煌煌扈扈，照曜钜野……"⑤据《西京杂记》卷一，"初修上林苑时，群臣远方，各献名果异树，亦有制为美名，以标奇丽"。并列举梨十种，枣七种，桃十种，李十五种，柰三种，查三种，棠四种，梅七种，杏二种，桐三种，以及林檎、枇杷、橙、安石榴等，其他异木还有白银树、黄银、扶老木、守宫槐、金明树、摇风树等。当时"上林令虞渊"处有"朝臣所上草木名二千余种"⑥。上林苑至汉武帝时，还从南方移进了不少的奇草异木，如据《三辅黄图》记载，主要有菖蒲百本，山姜十本，甘蕉十二本，留求子十本，桂百本，密香、指甲花百本，龙眼、荔枝、槟榔、橄榄、千岁子、甘橘皆百余本等，品种繁多，"名果异卉三千余种植其中"⑦。

---

① 《汉书》卷五一《贾山传》，第2328页。
② 《汉书》卷五二《韩安国传》，第2401页。
③ 《汉书》卷四五《伍被传》，第2168页。
④ 参见史念海《山河集》二集，生活·读书·新知三联书店1981年版，第253页。
⑤ 《汉书》卷五七上《司马相如传》，第2559页。
⑥ 中国历代名著全译丛书：《西京杂记全译》，贵州人民出版社1993年版，第35页。
⑦ 陈直：《三辅黄图校正》，陕西人民出版社1980年版，第83页。

另外，汉时还有民间种植林木、果树专业户。《史记·货殖列传》说："山居千章之材。安邑千树枣；燕、秦千树栗；蜀、汉、江陵千树橘；淮北、常山已南，河济之间千树萩；陈、夏千亩漆；齐、鲁千亩桑麻；渭川千亩竹……此其人皆与千户侯等。"① 这种林业专业户，经营规模大，种植的树木也相当可观。

以上是就几个主要方面而言，其他如房前屋后，田头地角的零散植树，于此不赘。人工植树造林，对改善植被及生态环境具有积极意义。

野生动物捕猎与"时禁"

野生动物与山林川泽有密切联系。史称："水积而鱼聚，木茂而鸟集。"② 有关野生动物资源，汉代文献有些零散记载，如《汉书·地理志》所说，"华阳、黑水惟梁州……熊、罴、狐、狸"；"巴、蜀、广汉本南夷……西近邛、莋马、旄牛"；"寿春、合肥受南北湖，皮革、鲍、木之输，亦一都会会也"；"粤地……处近海，多犀、象……"；"合浦、徐闻……山多麈麋"③。

又《后汉书·西南夷列传》载西南夷有"孔雀、翡翠、犀、象、猩猩、貊兽"。《华阳国志·巴志》载巴地有"灵龟、巨犀、山鸡、白雉"。从这些概括性的记载中，可以略知它的地域分布状况。实际上，当时野生动物的种类很多，据长沙马王堆汉墓出土资料记载，有华南虎、梅花鹿、雁、鸳鸯、红鸡、环颈雉、鹤、斑鸠、鹗、喜鹊、麻雀、

---

① 《史记》卷一二九《货殖列传》，第 3272 页。
② 《淮南子》卷一六《说山训》，见刘文典撰《淮南鸿烈集解》，中华书局 1989 年版，第 545 页。
③ 《汉书》卷二八《地理志》，分见第 1645、1668、1670 页。

刺鳊、鲤鱼、银固、鳜鱼等。① 司马相如《子虚赋》记有芘、鹿、骛、龟、虎、豹、鸟、鱼、野马、白鹄、鹅、蛇、旄、象、犀、橐驼、蛩蛩、飞蠝、豻狼、熊、罴、蝦蛤、封豕、昆鸡、鹭、鵁鶄、鹙鸟、鹓鶵等。② 班固《两都赋》也记有各种各样的动物。这反映了当时野生动物资源很丰富。

捕猎野生动物是人们取得物质生活资料的重要手段之一，它的渊源很早。迄至汉代，随着捕猎工具进步、骑射技术提高，捕猎现象习为常见。捕猎方法多样，有驾鹰、放犬、毕捕、弩射；有步行、有骑车；有几个人捕捉，也有大规模的围猎。猎获之物，有用车载，也有用人抬者。这在汉代画像砖、石图像资料中多有反映。例如，河南南阳市出土的"骑射田猎"图中，可见"一虎张口竖尾扑向惊马，骑士镇定自若引弓射虎"的场面。③ 河南郑州出土的画像砖，有"骑马射鹿"的画面。④ 山东藤县西户口汉墓出土的画像石，有"狩猎"场面，从中可以看到"中间一牛车，车上坐二人，车前一人持弓射虎，车后二人抬一猎物，一人跟随"⑤。在汉代画像石中，通常可以看到，"狩猎的对象有兔、鹿、鸟等，狩猎者使用猎犬、弩、毕等猎杀这些鸟兽"⑥。汉代捕猎野生动物的情况，在文献中也多有记载，如司马相如《子虚赋》说："王驾车千乘，选徒万骑，田于海滨，列卒满泽，罘罔弥山。掩菟辚鹿，射麋格麟。"⑦《扬雄传》云："张罗罔罝罦，

---

① 中国科学院动物研究所脊椎动物分类区系研究室、北京师范大学生物系：《动物骨骼鉴定报告》，载《长沙马王堆一号汉墓出土动植物标本研究》，文物出版社1978年版，第43—82页。
② 《汉书》卷五七《司马相如传》，第2534页。
③ 闪修山、王儒林等：《南阳汉画像石》，河南美术出版社1989年版，第44—45页。
④ 周到、吕品、汤文兴编：《河南汉代画像砖》，上海美术出版社1985年版，图68。
⑤ 山东博物馆、文物考古研究所：《山东画像石选集》，齐鲁书社1982年版，第29页，图217。
⑥ 信立祥：《汉代画像石综合研究》，文物出版社2000年版，第132页。
⑦ 《汉书》卷五七《司马相如传》，第2534页。

捕熊罴豪猪虎豹狖玃狐菟麋鹿，载以槛车，输长杨射熊馆。以冈为周阹，纵禽兽其中，令胡人手搏之，自取其获。"① 班固《两都赋》有"挟师豹，拖熊螭，顿犀氂，曳豪黑，超洞壑，越峻崖……禽兽殄夷"②的描述。这些大多是反映王室贵族、社会上层的捕猎情景。

至于民间捕猎野生动物的情况亦多。例如，《史记·田叔列传》褚少孙补："邑中人民俱出猎，任安常为人分麋鹿雉兔。"③ 王褒《僮约》也说："黏雀张乌，结网捕鱼，缴雁弹凫，登山射鹿。"④ 陆贾在《新语》说："夫释农桑之事，入山海，采珠玑，捕豹翠，消筋力……"⑤ 看来，民间百姓的捕猎活动，也是频繁的。

在汉代，人们捕猎野生动物有不同的价值追求，各自的出发点有别。但主要目的是用于肉食、制作皮衣及骨器饰物、禁苑畜养以供观赏和娱乐诸方面。

野生动物能够进入社会经济生活的主要原因，首先是由于它有"食用"价值。野生动物和家禽家畜一样，是汉时人民肉食的来源之一，如《盐铁论·散不足篇》引用的贤良之言。

  古者，谷物菜果，不时不食，鸟兽鱼鳖，不中杀不食。故徽罔不入于泽，杂毛不取。今富者逐驱殀罔罝，掩捕麑鷇，耽湎沈酒铺百川。鲜羔䵻，几胎肩，皮黄口。春鹅秋雏，冬葵温韭茷，苁蓼苏，丰薷耳菜，毛果虫貉。

  古者，燔黍食稗，而捭豚以相飨……今民间酒食，殽旅重迭，

---

① 《汉书》卷八七下《杨雄传》，第3557页。
② 《后汉书》卷四〇《班固传》，第1348页。
③ 《史记》卷一〇四《田权列传》，第2779页。
④ 《太平御览》卷五九八引，第2694页。
⑤ 《新语》卷下《本行》，见王利器《新语校注》，中华书局1986年版，第149页。

燔炙满案，臑鳖脍鲤，麑卵鹑鷃橙枸，鲐鳢醢醯，众物杂味。①

根据文献和考古资料，汉时人们食用的野生兽类动物有鹿、兔、狼、鼠，也偶有豹、熊、獐、狸等；野生禽类动物有雁、鹜（野鸭）、雉（野鸡）、麻雀、喜鹊、雕、鸠、鸽、鹌鹑、鹤等；其他动物还有蛇、蛙、鲂、鲤、鲫、鳜、鲍、鳖等，其中尤以食鱼较为普遍②。

野生动物捕杀后，除了肉食外，将其皮毛制作衣、帽及骨器、饰物者亦多。《礼记·玉藻》记录的皮毛，有虎、狐、麛羔、羊皮等。汉人往往用动物皮毛制作成衣御寒，如《盐铁论·散不足》篇说："古者，鹿裘皮冒，蹄足不去。及其后，士大夫狐貉缝腋，羔麛豹袪。庶人则毛绔绲彤，袛襦皮裤。今富者鼲貂，狐白凫翁。中者罽衣金缕，燕貉代黄。"③汉时用皮毛制衣服的人不少。不过，贵族、富人穿的皮衣多用鹿、狐、貉等珍好皮革制成，以体现他们的身份和地位。而居延地区戍边的吏卒，在冬天一般是穿羊皮衣服御寒。

有些野生动物，其骨骼的价值较高。传说："胁蛟犀兕，坚若金石。"《盐铁论·论勇》篇有"犀兕之甲"，"犀胄兕甲"④之谓，说明犀骨坚韧性强，用于制作兵甲，有军事防卫效力。另据广州西汉南越王墓出土的器物中，有象牙章、象牙卮、象牙筒、象牙龙首形饰，象牙雕器等。⑤说明犀、象之类骨骼用途广泛。

将野生动物圈在禁苑育养，供人们观赏娱乐者，不乏其例。据

---

① 《盐铁论》卷六《散不足》，载王利器《盐铁论校注》，中华书局1992年版，第349、351页。
② 中国科学院动物研究所脊椎动物分类区系研究室、北京师范大学生物系：《动物骨骼鉴定报告》，载《长沙马王堆一号汉墓出土动植物标本研究》，文物出版社1978年版，第43—46页。高耀亭：《马王堆一号汉墓随葬品中供食用的兽类》，《文物》1973年第9期。
③ 《盐铁论》卷六《散不足》，载王利器《盐铁论校注》，中华书局1992年版，350页。
④ 《盐铁论》卷九《论勇》，载王利器《盐铁论校注》，中华书局1992年版，第536页。
⑤ 广州市文物管理委员会编：《西汉南越王墓》上册，分见第528、139页。

《三辅黄图》卷五载,"上林苑方三百里,苑中养百兽";"养白鹦鹉、紫鸳鸯、牦牛、青兕、奇兽珍禽,委积其间"。上林苑还有"观象观""白鹿观""鱼鸟观"等①。西汉时,每年秋冬之际,"命武士搏射禽兽,天子登此(长杨馆)以观焉"。《汉书·杨雄传》说,成帝时,征发京畿周围百姓捕捉野兽,送至长杨射熊馆,"纵禽兽其中,令胡人手搏之,自取其获,上亲临观焉"②。当时的斗兽活动,最常见的有斗牛、斗虎、斗野猪等。前引《盐铁论·散不足》篇有"百兽马戏斗虎,唐锑追人"之谓。南阳画像石中,有斗牛的生动场面,从中可以看到"野牛的体格强健,犄角粗大,斗牛者赤裸上身,左手持匕首刺牛,牛惊恐奔逃"形状③。郑州画像砖中,可以看到斗野猪的场面,情况十分紧张,野猪将斗者冲倒在地,斗者则紧抓猪嘴之状。④ 此外,连云港汉墓出土的漆盒绘饰中有"斗熊图",斗熊者手持戈与熊搏斗。⑤ 诸多事例说明,西汉时期不仅林苑畜养有奇兽珍禽,而且斗兽之风很盛。

针对不同利益追求,捕猎野生动物频仍的情况,当时有不少人对此提出了批评。汉初的晁错就曾提出:"德上及飞鸟,下至水虫草木诸产,皆被其泽。然后阴阳调,四时节,日月光,风雨时。"⑥ 认为只有"德"及飞鸟、水虫、草木,万物"皆被其泽",才能"四时节",风调雨顺。这种重视生态环境的思想,董仲舒也有过表述,他说,"恩及于毛虫,则走兽大为,麒麟至"。若"四面张罔,焚林而猎,咎及毛虫,则走兽不为,白虎妄搏,麒麟远出"⑦。认为"恩及毛虫",天地

---

① 陈直:《三辅黄图校正》,第83—84页。
② 《汉书》卷八七《扬雄传》,第3557页。
③ 闪修山等:《南阳汉代画像石刻》,上海美术出版社1985年版,图11。
④ 周到等编:《河南汉代画像砖》,上海美术出版社1985年版,图68。
⑤ 南京博物馆:《江苏连云港市海州网疃庄汉木墓》,《考古》1963年第6期。
⑥ 《汉书》卷四九《晁错传》,第2293页。
⑦ 《春秋繁露》卷一三《五行顺逆》,见《诸子集成》补编一,四川人民出版社1997年版,第1—718页。

阴阳和合，于是"麒麟至"，有好的祥兆。如果"四面张罔，焚林而猎"，对自然资源索取过度，则"麒麟远出"，万物不滋。严重破坏生态环境，会带来不祥之兆。《汉书·货殖传》也写道："昔先王之制……育之以时，而用之有节。草木未落，斧斤不入于山林；豺獭未祭，罝网不布于壄泽；鹰隼未击，矰弋不施于徯隧。既顺时而取物，然犹山不茬蘖，泽不伐夭，蝝鱼麛卵，咸有常禁。所以顺时宣气，蕃阜庶物，稸足功用，如此之备也。"① 这也认为要合理保护生态，取用自然资源有所节制，反而可以"顺时宣气，蕃阜庶物，稸足功用"。

在汉代，为保护野生动物，政府曾有过一些规定，主要体现在以下两个方面。

其一，是推行"时禁"，要求适时捕猎。《张家山汉简·田律》规定："禁诸民吏徒隶，春夏毋敢伐材木山林……取产麛（麛）卵鷇（鷇）；毋杀其绳重者，毋毒鱼。"②《淮南子》说："豺未祭兽，罝罦不得布于野；獭未祭鱼，网罟不得入于水；鹰隼未挚，罗网不得张于溪谷；草木未落，斤斧不得入山林；昆虫未蛰，不得以火烧田。孕育不得杀，鷇卵不得探，鱼不长尺不得取，彘不期年不得食。"③汉宣帝元康三年六月诏："其令三辅毋得以春夏擿巢探卵，弹射飞鸟。具为令。"④汉元帝初元三年（前46）六月也曾下诏："有司勉之，毋犯四时之禁。"⑤另据敦煌悬泉置遗址发现的泥墙墨书《使者和中所督察诏书四时月令五十条》中，亦可看到当时实行"时禁"，以保护野生动物的条义。

---

① 《汉书》卷九一《货殖传》，第3679页。
② 张家山二四七号汉墓竹简整理小组编：《张家山汉墓竹简（二四七号墓）》，文物出版社2001年版，第167页。
③ 《淮南子》卷九《主术训》，见刘文典撰《淮南鸿烈集解》，中华书局1989年版，第308—309页。
④ 《汉书》卷八《宣帝纪》，第258页。
⑤ 《汉书》卷九《元帝纪》，第285页。

△孟春月令：

● 毋摘剿（巢）。● 谓剿（巢）空实皆不得摘也。空剿（巢）尽夏，实者四时常禁。(一〇行)

● 毋杀□虫。● 谓幼小之虫、不为人害者也，尽九[月]。(一一行)

● 毋杀骀。● 谓禽兽、六畜怀任（妊）有胎者也，尽十二月常禁。(一二行)

● 毋夭蜚鸟。● 谓夭蜚鸟不得使长大也，尽十二月常禁。(一三行)

● 毋麑。● 谓四足……及畜幼小未安者也，尽九月。(一四行)

● 毋卵。● 谓蜚鸟及鸡□卵之属也，尽九月。(一五行)

△仲春月令：

● 毋□水泽，□陂池、□□。四方乃得以取鱼，尽十一月常禁。(二六行)

● 毋焚山林。● 谓烧山林田猎，伤害禽兽□虫草木……[正]月尽……(二七行)

△季春月令：

● 毋弹射蜚（飞）鸟，及张罗、为它巧以捕之。● 谓□鸟也……(三二行)

△孟夏月令：

● 毋大田猎。● 尽八（？）月：(四二行)①

这些法条规定得很明确，强调对野生动物要适时而取，捕猎的时间或季节不得违背"时禁"。

---

① 胡平生、张德芳：《敦煌悬泉置汉简释粹》，上海古籍出版社2001年版，第193—195页。

其二，是禁止涸泽而渔，焚山行猎。《淮南子·主术训》说："先王之法，畋不掩群，不取麛夭，不涸泽而渔，不焚林而猎。"① 反对涸泽而渔、焚林而猎的灭绝式捕猎行为。

保护野生动物的生态环境很重要。《淮南子·说林训》说："赤肉悬则乌鹊集，鹰隼鸷则众鸟散，物之散聚，交感以然。食其食者不毁其器，食其实者不折其枝。塞其源者竭，背其本者枯。"② 同书《说山训》又说："欲致鱼者先通水，欲致鸟者先树木。水积而鱼聚，木茂而鸟集。"③

只有保护野生动物资源及其生存环境，才能使"禽兽之归若流泉，飞鸟之归若烟云"④。这种生态思想，对汉代的政令产生了一定的影响。当时有法条规定，孟春之月，"毋杀幼虫"，"毋杀骓（胎）"。仲春之月，"毋□水泽"，"毋焚山林"。仲夏之月，"毋烧灰□""毋用火南方"⑤。这些规定是以诏书形式颁布的，具有法律的效力，是要强制加以执行的。

从一些记载来看，汉时不少地方长官，确也将保护野生动物落实到了行政的实践，反对"妄捕"。阚骃《十三州志》记："上虞县有雁为民田，春拔草根，秋啄除其秽，是以县官禁民不得妄害此鸟，犯则有刑无赦。"东汉法雄任南郡太守时，他一改以前"赏募张捕"以息"虎狼之暴"的办法，移书属县曰："凡虎狼之在山林，犹人（民）之

---

① 《淮南子》卷九《主术训》，见刘文典撰《淮南鸿烈集解》，中华书局1989年版，第308页。
② 《淮南子》卷一七《说林训》，见刘文典撰《淮南鸿烈集解》，中华书局1989年版，第580页。
③ 《淮南子》卷一六《说山训》，见刘文典撰《淮南鸿烈集解》，中华书局1989年版，第545页。
④ 《淮南子》卷九《主术训》，见刘文典撰《淮南鸿烈集解》，中华书局1989年版，第309页。
⑤ 胡平生、张德芳：《敦煌悬泉置汉简释粹》，上海古籍出版社2001年版，第193—195页。

居城市。古者至化之世,猛兽不扰,皆由恩信宽泽,仁及飞走。太守虽不德,敢忘斯义。记到,其毁坏槛阱,不得妄捕山林。"[1] 宋均任九江太守时,东汉九江"郡多虎暴,数为民患,常募设槛阱而犹多伤害",认为"夫虎豹在山……各有所托……而劳勤张捕,非忧恤之本也"[2],同样主张保护野生动物,反对"妄捕"行为。

---

[1] 《后汉书》卷三八《法雄传》,第1278页。
[2] 《后汉书》卷四一《宋均传》,第1412—1413页。

汉代农业发展的突出成就

在中国传统社会中,历来对农业都很重视。战国时期将"重农"视为"富国强兵"的基础。秦统一六国后,主张"上农除末"①。汉代随着地主制生产关系的确立,将农业提到了更为重要的议事日程,经常发布重农诏令,如所谓"农,天下之本也";"道民之路,在于务本"。② 皇帝登位后,大都要宣传一番农业的重要性。汉政府在贯彻重农政策过程中,采取过一系列措施。提倡"力田",奖励耕垦,劝课农桑,取得了许多成绩。这不仅促进了当时社会经济繁荣,奠定了传统农业发展的基础,而且对中外农业产生了深远影响。本文从历史学的角度,仅就当时在兴修农田水利、推广农业科技、实行多种经营等方面的突出成就与效益做些简要的疏理和论述,以期为后世提供一些咨询和借鉴。

兴修农田水利,扩大灌溉面积

水利灌溉是促进农业生产发展的基本条件之一。先民对此早有认识。战国时期已兴建了大规模的水利工程,如"西门豹引漳水溉邺,

---

① 《史记》卷六《秦始皇本纪》,中华书局1959年版,第245页。
② 《汉书》卷四《文帝纪》,中华书局1962年版,分见第118、124页。

以富魏之河内"[1]；秦开郑国渠"用注填阏之水，溉泽卤之地四万余顷，收皆亩一钟"[2]；蜀守李冰"凿离碓，辟沫水之害，穿二江成都之中"，因以"灌万顷"。[3]

西汉立国后，特别是汉武帝当政时，对水利与农业生产的关系，有高度认识。他曾下过如下诏书。

> 农，天下之本也。泉流灌溉，所以育五谷也。左、右内史地，名山川原甚众，细民未知其利，故为通沟渎，畜陂泽，所以备旱也……令吏民勉农，尽地利，平繇行水，勿使其时。[4]

由于汉武帝重视，故当时官吏"纷纷争言水利"，在全国范围内掀起了兴修水利的高潮。此后各地大力兴修水利工程。例如，汉武帝元光年间，在大农郑当时建议下，"引渭穿渠起长安，并南山下，至河三百余里"修了一条漕渠。该渠除了可运关东之粟以给京师外，还可溉"渠下民田万余顷"[5]。其后，河东太守番系建议"发卒数万人"，"穿渠引汾溉皮氏、汾阴下，引河溉汾阴、蒲坂下"[6]之田亩。接着，庄熊罴建议"发卒万余人穿渠，自征引洛水至商颜山下。岸善崩，乃凿井，深者四十余丈。往往为井，井下相通行水……井渠之生自此始"。这就是有名的"龙首渠"[7]。至元鼎六年（前111），左内史儿宽，"奏请穿凿六辅渠，以益溉郑国旁高仰之田"[8]。元封二年（前109）以后，在

---

[1] 《史记》卷二九《河渠书》，第1408页。
[2] 《史记》卷二九《河渠书》，第1408页。
[3] 《史记》卷二九《河渠书》及注，第1407页。
[4] 《汉书》卷二九《沟洫志》，第1685页。
[5] 《史记》卷二九《河渠书》，第1409页。
[6] 《史记》卷二九《河渠书》，第1410页。
[7] 《史记》卷二九《河渠书》，第1412页。
[8] 《汉书》卷二九《沟洫志》，第1685页。

"朔方、西河、河西、酒泉皆引河及川谷以溉田"①。太始二年（前95），赵中大夫白公"复奏穿渠。引泾水，首起谷口，尾入栎阳，注渭中，袤二百里，溉田四千五百余顷，因名曰'白渠'"②。另据《汉书·地理志》载，在京城长安以西的渭水之滨，于鄠县境内开成国渠，东北行入蒙笼渠，直抵京城；在周至县境开灵轵灵和湋渠，以灌溉渭河沿岸的田亩。汉武帝时农田水利建设的重点是关中，但也延及到关东和西北边郡。可见，当时开渠引水之风极为盛行，使大片农田得以受益。

西汉后期，农田水利建设的成就虽然不及武帝之时，但有些地方水利工程的规模仍很可观，如汉元帝时南阳太守召信臣，"躬劝耕农，出入阡陌……行视郡中水泉，开通沟渎，起水门堤阏凡数十处，以广溉灌，岁岁增加，多至三万顷"；③王莽时广汉太守文齐，"造起陂池，开通灌溉，垦田二千余顷"。④

东汉前期，各地农田水利建设又现蓬勃发展的态势；如建武初年，渔阳太守张堪，"于狐奴开稻田八千余顷，劝民耕种，以致殷富"；⑤汉建武七年（31），南阳太守杜诗，"修治陂池，广拓土田"；⑥建武十三年（37），汝南太守邓晨，"兴鸿郤陂数千顷田，汝土以殷，鱼稻之饶，流衍它郡"；⑦建武中，武威太守任延，在河西"置水官吏，修理沟渠，皆蒙其利"。⑧汉明帝永平五年（62），汝南太守鲍昱，因"郡多陂池，岁岁决坏……昱乃上作方梁石洫，水常饶足，溉田倍多，人

---

① 《史记》卷二九《河渠书》，第1414页。
② 《汉书》卷二九《沟洫志》，第1685页。
③ 《汉书》卷八九《循吏传·召信臣》，第3642页。
④ 《后汉书》卷八六《西南夷传》，中华书局1965年版，第2846页。
⑤ 《后汉书》卷三一《张堪传》，第1100页。
⑥ 《后汉书》卷三一《杜诗传》，第1094页。
⑦ 《后汉书》卷一五《邓晨传》，第584页。
⑧ 《后汉书》卷七六《循吏传·任延》，第2463页。

以殷富"。① 汉章帝元和三年（86），下邳相张禹，修复蒲阳陂，"为开水门，通引灌溉，遂成熟田数百顷"。② 章和元年（87），广陵太守马棱"兴复陂湖，溉田二万余顷，吏民刻石颂之"③。光、明、章诸帝期间，各地的农田水利建设进入了快速发展时期，取得了明显成效。

东汉中期以后，政府对农田水利也较重视，皇室曾多次下诏地方官吏，要求他们注意维修旧渠，疏通水道，以利灌溉。汉和帝永元十年（98）下诏说："隄防沟渠，所以顺助地理，通利壅塞。今废慢懈弛，不以为负。刺史、二千石其随宜疏导。勿因缘妄发，以为烦扰，将显行其罚。"④ 汉安帝元初二年（115）又下诏说："三辅、河内、河东、上党、赵国、太原各修理旧渠，通利水道，以溉公私田畴。"⑤ 故在此前后，汝南太何敞，"修理鲖阳旧渠，百姓赖其利，垦田增三万余顷"⑥；会稽太守马臻，"创立镜湖……溉田九千余顷"⑦；新蔡长河南缑氏李言，"请修复青陂……灌溉五百余顷"。⑧ 其中，"创立镜湖"与"修复青陂"，分别为汉顺帝永和五年（140）、汉灵帝建宁三年（170）的事。这说明，一直至东汉后期，尽管当时政局混乱，但农田水利仍被地方官列为一件重要工作。

从以上列举的事实来看，农田水利的兴修，西汉多在北方，特别是关中；东汉多在南方，尤其是荆、扬地区。水利工程形态，北方以开渠灌溉为主；南方以陂池灌溉为主。因时、因地有异，具有明显的

---

① 《后汉书》卷二九《鲍永传附昱传》，第1022页。
② 《后汉书》卷四四《张禹传》，第1498页。
③ 《后汉书》卷二四《马援传附马棱》，第862页。
④ 《后汉书》卷四《和帝纪》，第184页。
⑤ 《后汉书》卷五《安帝纪》，第222页。
⑥ 《后汉书》卷四三《何敞传》，第1487页。
⑦ 《太平御览》卷六六引《会稽记》，中华书局1960年版影印本，第315页。
⑧ 《水经注》卷二一《汝水》，见陈桥驿《水经注校证》，中华书局2007年版，第508页。

地域特征。

至于农田水利工程建设的组织领导、劳动力及经费等问题，根据文献记载，值得关注者有四点。

其一，农田水利建设一般由所在郡县的地方长官，即太守、令长主持。当时能否兴修水利、劝课农桑是考核地方长官优劣的重要标准。故不少地方官均能勤于职守，尽力而为。前引史实说明，凡致力于水利而有业绩的太守，皆能得到朝廷的褒奖和人民歌颂。

其二，设有专门的都水官负责具体施工。《汉书·百官公卿表》载："太常、大司农、少府、水衡都尉、三辅均有都水。"[1] 不过，"都水"的隶属关系前后有些变化。至西汉后期特别是东汉时期，都水官便专门隶属于郡国了。据《尹湾汉简》载，东海郡有"都水一人请治所"的记载[2]。东汉武威太守任延，在河西"置水官吏，修理旧渠"[3]。《后汉书·百官志》载："其郡有盐官、铁官、工官、都水官者，随事广狭置令、长及丞，秩次如县、道……有水池及鱼利多者置水官，主平水收渔税。"[4] 这里将郡内的都水官，与盐官、铁官、工官并列，且"秩次皆如县、道"，说明都水官隶属于郡已无可疑。其身份职责是协助太守负责水利，相当于经管水利的技术人员，汝南郡"都水掾许杨"[5]，属此。据考古资料，安徽省寿县发现东汉时的芍陂灌溉工程水堰遗址，出土铁锤一件，上面铸着"都水官"铭文[6]。这皆证明东汉郡内的都水官为水利施工人员。故如淳说："律，都水官治渠堤

---

[1] 《汉书》卷一九《百官公卿表》，第727页。
[2] 中国社会科学院简帛研究中心、连云港市博物馆等编：《尹湾汉墓简牍》，中华书局1997年版，第101页。
[3] 《后汉书》卷七六《循吏传》，第2463页。
[4] 《后汉书》志第二八《百官志》，第3625页。
[5] 《后汉书》卷八二上《方术传·许杨》，第2710页。
[6] 殷涤非：《安徽寿县丰圹发现汉代闸壩工程遗址》，《文物》1960年第1期。

水门。"①

其三，农田水利施工调动了众多劳动力。当时动辄"发卒数万人"，其劳动力来源，当为工程附近每年一个月服役的"更卒"。为不误农时，错开农忙季节，施工的时间，通常在每年正月、二月、三月的农闲时间进行。如前面所述，东汉和帝永元十年（98），春三月下诏疏通"沟渠"。东汉安帝元初二年（115），二月下诏修三辅等地"旧渠"。元初三年（116），正月"修理太原旧渠"，等等，这都是例证。

其四，修建农田水利工程的经费筹集。文献有两处言及，一是，前引东汉明帝永平五年（62），汝南郡"多陂池，岁岁决坏，年费常三千万"；二是，东汉灵帝光和五年（182），京兆尹修渠，因财力不足，"遂取财于豪富"②。从这些记载来看，当时兴修水利的经费主要是由地方财政开支。但当地方政府财力不足时，也有由豪富出资者。③

两汉时期，由于历朝将农田水利事业摆在重要位置，加之许多地方官吏致力于农业。故随着农田水利的大量兴修，溉田面积显著增加。从前引史实中有明确记载者，溉田面积增加的数量，少为数百顷、几千顷，多至数万顷。例如，关中的漕渠，可溉"渠下民田万余顷"。白渠"溉田四千五百顷"。召信臣在南阳开沟渎，溉田"多至三万顷"。文齐在广汉"起陂池"，溉田"二千余顷"。张堪在渔阳"于狐奴开稻田八千余顷"。邓晨在汝南"兴鸿郤陂数千顷田"。马棱在广陵修陂湖，"溉田二万余顷"。马臻在会稽创立镜湖，"溉田九千余顷"。李言上书修复青陂，"溉田五百余顷"，等等。当时，全国东南西北中，兴修了许多农田水利，其灌溉面积之扩大，可以想见。

---

① 《汉书》卷一九《百官公卿表》注引，第727页。
② 邓安生：《蔡邕集编年校注》，河北教育出版社2002年版，第307页。
③ 参见［日］藤田胜久《汉代水利事业的发展》，见《日本中青年学者论中国史·上古秦汉卷》，上海古籍出版社1995年版，第456页。

还要指出的是，汉代为确保农田水利灌溉，合理利用水资源，当时有些地方还制订了用水条约。例如，左内史儿宽，"表奏开六辅渠，定水令以广溉田"①。南阳太守召信臣，"为民作均水约束，刻石立于田畔，以防分争"②。庐江太守王景，在修水利工程后，"铭石刻誓，令民知常禁"③。这些水令、均水约束、常禁是地方长官和民众的规约，具有法律效力，是必须遵守的。可见，当时对水利的重视和管控之程度。

推广农业科技，提高生产效率

科学技术是生产力水平的重要体现。春秋战国时期，随着铁器、牛耕的逐渐运用，农具方面已有耒、耜、铧、镢、铲、锄、镰等。《管子·轻重乙》说："一农之事，必有一耜、一铫、一镰、一耨、一锥、一铚，然后成为农。"说明一些必要的农具，当时已基本具备。在耕作技术上，人们已认识到深耕细作、改良土壤的重要性，如《庄子·则阳》说："深其耕而熟耰之，其禾繁以滋"。《荀子·富国》说："田肥以易，则出百倍……多粪肥田，是农夫众庶之事也。"当时劳动人民还创造了"垄作法"，即把土地开成一尺宽的垄和沟，高地干旱，就将庄稼种在沟里（"上田弃亩"）；低地潮湿，就将庄稼种在垄上（"下田弃畎"），以提高作物产量。《墨子·尚贤》还说："罢马不能治，必索良医。"表明当时对家畜疾病的防治，也出现了专门的兽医。

汉代，随着经济发展，中央集权体制加强，非常重视科学文化事业。建国之初，面对秦始皇"焚书坑儒"后的现状，政府就已注重收

---

① 《汉书》卷五八《兒宽传》，第2630页。
② 《汉书》卷八九《循吏传·召信臣》，第3642页。
③ 《后汉书》卷七六《循吏传·王景》，第2466页。

集先秦以来的文化、科技典籍。武帝之时继续搜求"遗书",悉延百端之学,并置五经博士,广开仕途,不拘一格收揽人才。故有汉一代,在科学文化技术上得到快速发展,有许多发明创造。这里,仅就农业科技方面的成就作些概述。

农业工具汉代有重大发明。当时最为重要的是发明了"耦犁"和"耧车"。前者用于耕地,后者用于播种。

《汉书·食货志》载:"其耕耘下种田器,皆有便巧。"[1]

使用新式农具,节省人力和畜力,生产效率大为提高。据文献、考古资料,当时还发明了用于碎土、起土、平整土地的"耙"和"耱"。发明了利用水流为动力的"水碓",以及利用风力扇谷的"风车"等。这些农业机械的发明,是了不起的创举,有的比西欧领先了一千多年。

耕作技术在汉代有显著进步。当时最为突出的是开创了"代田法"和"区田法"。代田法是在"垄作法"基础上总结出来的一种先进耕作技术。《汉书·食货志》说:"(赵)过能为代田,一亩三甽,岁代处,故曰代田。"

它的耕作要点是先平整土地,开沟作垄;而后把种子播在沟中,当幼苗出土后及时中耕除草,把垄上的土刨下壅到幼苗的根部;每年沟垄互换,更替耕作。这种方法不仅能恢复地力、防风、抗旱、助苗生长,而且能提高产量。[2] 区田法不同于代田法。《氾胜之书》说:"区田以粪气为美,非必须良田也。诸山陵近邑高危倾阪及丘城上,皆可为区田。区田不耕旁地,庶尽地力……天旱常溉之,一亩常

---

[1] 《汉书》卷二四《食货志》,第1139页。
[2] 《汉书》卷二四《食货志》,第1139页。

收百斛。"①

此法的优点是：可充分发挥土地潜力；采取等距离点播种子，使农作物排列成行便于通风；便于集中施肥；便于集中灌溉和中耕除草；有利于提高产量。

此外，耕作技术上，当时还采用混种、套种、复种等方法，充分体现了汉代人的智慧。

汉代的栽培技术有许多创新。当时发明了水稻育秧移栽法。《四民月令》说："五月可别稻与蓝。"② 所谓"别稻"，就是水稻育秧移栽。这种方法可促进稻株分蘖，节省农田，有利于复种，提高产量。是水稻栽培史的重大突破。在园圃方面，发明了温室栽培法。据载："太官园种冬生葱韭菜茹，覆以屋庑，昼夜燃蕴火，待温气乃生。"③ 生产这种"不时之物"，当时虽然是为了供皇帝享用，但用温室培育蔬菜，在栽培史上是一大进步，比西方早一千多年。汉时，对果树的剪接也很普遍，并用压枝的方法来繁殖果树，以提早果树的结果时间。此外，当时还发明了"穗选法"。《氾胜之书》说，"取麦种，候熟可获，择穗大强者……则收常倍"；"取禾种，择高大者……苗则不败。"④ 这种择优选种的方法，比西方早一千八百多年，居世界领先地位。

畜养技术也比之前提高。牲畜是农业的重要组成部分。汉时，对牲畜的特征能进行有效鉴别，出现了善于"相马""相牛""相猪"的专家。⑤ 为选择和推广优良畜种，当时从西域引进大宛马，并在西北地区广建牧苑，进行大规模的马匹改良选育工作。为促进家禽发展，普

---

① 万国鼎：《氾胜之书辑释》，农业出版社1980年版，第63—68页。
② 缪启愉：《四民月令辑释》，农业出版社1981年版，第53页。
③ 《汉书》卷八九《循吏传·召信臣》，第3642页。
④ 万国鼎：《氾胜之书辑释》，第40页。
⑤ 《史记》卷一二七《日者列传》，第3221页。

遍对马、牛、羊、猪、鸡等实行阉割去势技术。防治畜群疾病，设有马医、牛医等。总之，在相畜、配种、饲养及兽医等方面的技术，较战国时期都有发展和提高。①

除此之外，与农业密切相关的水利建设及天文、历法、物候等领域，也有不少建树。所有这些成就，都是科学家智慧的结晶和劳动人民长期实践的结果。

科学技术发明后，关键是要推广应用。汉政府推广先进农业科技的路径和措施，文献记载简缺不全。这里只能根据现有资料，就当时推广先进农具和耕作技术方面的情况做些窥测，其步骤方法大致有以下几点。

第一，先行试点，逐步推广。在大司农主导下，"置工巧奴与从事，为作田器"。当耦犁、耧车等新式农具制成后，率先在三辅地区试用，并同时在该地推行"代田法"。当试点取得成功后，再逐步推广到"边郡及居延城。"史称："是后边城、河东、弘农、三辅、太常民皆便代田。"②

第二，通过办学习班，对基层相关吏员进行培训。例如，在推广先进技术过程中，让"二千石遣令长、三老、力田及里父老善田者受田器，学耕种养苗状"。③ 由县令长组织乡里相关头面人物及耕作能手，首先学会新式农具及代田法的操作，然后再由他们向广大农民进行传授。

第三，鼓励农民互助、协作，解决使用犁耕中的困难。对没有耕牛的农户，则"以人挽犁"，或"教民相与庸挽犁。"④ 所谓"民相与

---

① 安岚：《中国古代畜牧业发展简史》，《农业考古》1988年第1期至1989年第2期。
② 《汉书》卷二四《食货志》，第1139页。
③ 《汉书》卷二四《食货志》，第1139页。
④ 《汉书》卷二四《食货志》，第1139页。

庸"，就是相互换工、协作，以达到能够推广使用耦犁、耧车等新式农具之目的。

第四，地方长官在辖区范围内，对农民进行广泛劝导与扶助。例如，汉宣帝时，勃海太守龚遂，见"齐俗奢侈，好末技，不田作，乃躬身以俭约，劝民务农桑……民有带持刀剑者，使卖剑买牛，卖刀买犊"①；建武初，九真地区"俗以射猎为业，不知牛耕"，太守任延"乃令铸作田器，教之垦辟。田畴岁岁开广，百姓充给"②；庐江郡"百姓不知牛耕，致地力有余而食常不足"，太守王景便"教用犁耕，由是垦辟倍多，境内丰给"。③

由于政府通过各个渠道，采用多种措施推广先进的农业科学技术，故"代田法"得到了推广；特别是牛耕、铁犁的耕作技术获得了很大的发展。据考古资料，不仅在今陕西、山西、河南、河北、内蒙古、山东、辽宁等北方出土了大量的铁犁和耧足；而且在今安徽、江苏、贵州、四川、广东、福建等南方各地，也有铁犁和牛耕图的发现，可见推广范围之大。

汉政府通过大力推广先进的农业科学技术，取得了明显的成效，大大提高了劳动生产效率。过去，没有使用新式农具时，"一人蹠耒，而耕不过十亩"④。使用耦犁后，日可耕田"五顷"⑤，田多垦辟，使大片土地得到耕垦。崔寔《政论》说，使用一人一牛的耧车，日可播种"一顷"。桓谭《新论》说，水碓"役水而舂，其利乃且百倍"⑥。这都说明，使用新式农具既节省人力，又能提高功效。就田亩产量来说，

---

① 《汉书》卷八九《循吏传·龚遂》，第3640页。
② 《后汉书》卷七六《循吏传·任延》，第2462页。
③ 《后汉书》卷七六《循吏传·王景》，第2466页。
④ 《淮南子》卷九《主术训》，见刘文典撰《淮南鸿烈集解》，中华书局1989年版，第307页。
⑤ 《汉书》卷二四《食货志》，第1139页。
⑥ 《太平御览》卷八二九引桓子《新论》，中华书局影印本，第3699页。

战国时期，"一夫挟五口，治田百亩，岁收亩一石半"①。汉代没有采用代田法的南方地区，"中田之获，卒岁之收，不过亩四石"②，平均每大亩产稻谷四石，折合小亩1.7石。③ 但汉代实行代田法的地区，"一岁之收常过缦田亩一斛以上，善者倍之……用力少而得谷多"④。若是实行区田法的地方，"一亩常收百斛"⑤。粮食作物的产量显著提高。另外，随着畜养技术的进步，也促进了家禽、畜牧的发展，当时出现了畜牧专业户。司马迁说，拥有"陆地牧马二百蹄""牛蹄角千""千足羊"者，"与千户侯等"，⑥ 其牲畜出售后，大幅提升了经济效益。

由于生产效率提高，粮食增产，家给人足，粮食储备也就较为丰富。据史料记载。

> 汉兴七十余年之间，国家无事，非遇水旱之灾，民则人给家足，都鄙廪庾皆满，而府库馀货财。京师之钱累巨万，贯朽而不可校。太仓之粟陈陈相因，充溢露积于外，至腐败不可食。众庶街巷有马，阡陌之间成群，而乘字牝者傧而不得聚会。⑦

当时，各地皆设有粮仓。中央直接管辖的粮仓除太仓之外，还有甘泉仓、京师仓、细柳仓、嘉仓等；中央部门下属的粮仓有大司农之籍田仓、詹事之詹事仓、水衡都尉在上林苑之农仓、太子之长满仓、考工之考工仓等。郡一级的粮仓有河内仓、勃海仓、酒泉仓等。县级

---

① 《汉书》卷二四《食货志》，第1125页。
② 《淮南子》卷九《主术训》，见刘文典撰《淮南鸿烈集解》，中华书局1989年版，第307页。
③ 详见拙文《汉代不同农耕区的劳动生产率问题》，《中国社会经济史研究》2006年第3期，后收入《秦汉史丛考》，经济日报出版社2008年版，第3—19页。
④ 《汉书》卷二四《食货志》，第1139页。
⑤ 万国鼎：《氾胜之书辑释》，第68页。
⑥ 《史记》卷一二九《货殖列传》，第3272页。
⑦ 《史记》卷三〇《平准书》，第1420页。

粮仓有共仓、海曲仓等。说明当时粮食储备较前增多,又马、牛等牲畜成群,人民也相对富裕。所以,除战乱和自然灾害年代外,汉代的粮价通常较低,如宣帝时"谷至石五钱"①,"金城、湟中谷斛八钱"②;东汉明帝时,"百姓殷富,粟斛三十"③,这些皆为当时生产效率与粮食产量提高的反映。

实行多种经营,丰富农产品种类

农业多种经营是与单一生产而言的。它的出现与农业生产的特点及自然地理条件密切相关。早在先秦时期,我国的农业已为多种经营,如据《诗经》记载:"六月食郁及薁,七月亨葵及菽,八月剥枣,十月获稻……七月食瓜,八月断壶,九月叔苴,采荼薪樗,食我农夫。九月筑场圃,十月纳禾稼,黍稷重穋,禾麻菽麦"④。又云:"曾孙之稼,如茨如梁……黍稷稻粱,农夫之庆。"⑤ "阪有漆、隰有栗……阪有桑,隰有杨"⑥。另外,《诗经》中还讲到"维羊维牛""潜多有鱼"等。从这些记载来看,在西周春秋时期,农民不仅种植黍、稷、禾、麻、菽、麦、稻等粮食作物;而且种植郁、薁(果名)、葵、枣、瓜、葫芦、漆、栗等经济作物。同时,有关牛、羊及各种鱼类也有一定的发展。

汉代幅员辽阔,资源丰富,农业生产活动千差万别。从宏观上看,当时在不同的农耕区,出现了不同类型的多种经营。

---

① 《汉书》卷二四《食货志》,第1141页。
② 《汉书》卷六九《赵充国传》,第2984页。
③ 《后汉书》卷二《明帝纪》,第115页。
④ 《诗经·豳风·七月》,载阮元校刻《十三经注疏》,中华书局1980年影印,第391页。
⑤ 《诗经·小雅·甫田》,载阮元校刻《十三经注疏》,中华书局1980年影印,第475页。
⑥ 《诗经·秦风·车邻》,载阮元校刻《十三经注疏》,中华书局1980年影印,第369页。

黄河中下游的中原地区，地处平原，气候温和，雨量充沛，向来以种植业为主，兼营其他副业。司马迁说，"关中自汧、雍以东至河华，膏壤沃野千里……好稼穑，殖五谷，重地，重为邪"。齐地"带山海，膏壤千里，宜桑麻，人民文采布帛鱼盐"。邹、鲁"颇有桑麻之业，无林泽之饶"。梁、宋"好稼穑……能恶衣食，致其蓄藏"。[1] 这些描述，在一定程度上反映了该地区农民种植粮食和经济作物等多种经营特色。

西部、北部地区，即"龙门、碣石"以北，纬度较高，气候寒冷，雨量稀少，农民的生产活动，乃半农半牧，以畜牧业为主。据载，"龙门、碣石北多马、牛、羊"，"天水、陇西、北地、上郡与关中同俗，然西有羌中之利，北有戎狄之畜，畜牧为天下饶"；[2] 又云，"自武威以西……地广民稀，水草宜畜牧，故凉州之畜为天下饶"[3]。这一地区的北地、上郡等与关中同俗，后又由于中原地区大量移民西部、北部屯垦，故种植业有一定程度的发展，但其地仍以畜牧业最为发达，是农、牧兼备的多种经营方式。

江、淮以南地区，多丘陵山地，水网密布，气候适宜，降水量多，农民以种植稻谷为主，兼营渔猎山伐。在这里，稻作起源较早。时至汉代，各地农业发展极不平衡。有的地方步伐走得较快。例如，吴地有"三江五湖之利"，人们利用该地自然条件的优势发展农业，"国用富饶"。江陵云梦之地，物产丰富，成为南、北经济对流的枢纽。巴蜀之地，自然条件较好，史称巴蜀"土地肥美，有江水沃野，山林竹木疏食果实之饶……民实稻鱼，亡凶年忧"[4]。人们在这片富饶的土地上

---

[1] 《史记》卷一二九《货殖列传》，第3261—3266页。
[2] 《史记》卷一二九《货殖列传》，第3262页。
[3] 《汉书》卷二八《地理志》，第1645页。
[4] 《汉书》卷二八下《地理志》，第1645页。

充分利用当地的自然资源发展多种经营。但从总体上说，江、淮以南，"地广人稀，饭稻羹鱼"①，或"民食鱼稻，以渔猎山伐为业"②。除种植水稻外，也从事捕鱼、狩猎和砍伐竹木等经营活动。

汉代各地区农业的多种经营之所以会出现不同类型，形成各自的特色，这主要是基于当时的天时、地理条件。《汉书·货殖传》说："然后四民因其土宜，各任智力，夙兴夜寐，以治其业。"③《淮南子》说："水处者渔，山处者木，谷处者牧，陆处者农。"④ 又说："上因天时，下尽地财，中用人力，是以群生遂长，五谷蕃殖。教民养育六畜，以时种树，务修田畴滋植桑麻，肥境高下，各因其宜。丘陵阪险不生五谷者，以树竹林，春伐枯槁，夏取果蓏，秋畜疏食，冬伐薪蒸，以为民资。是故生无乏用，死无转尸。"⑤

诸多记载说明，因地、因时、因物进行农业生产是汉人奉行的基本原则。

至于内郡以家庭为生产单位的农户，农业多种经营的模式，各地也不完全一样。例如，平原陆地的农户，通常以种粮为主，兼营蔬果、养畜等副业生产。《汉书·食货志》说："种谷必杂五种，以备灾害。田中不得有树，用妨五谷。力耕数耘，收获如寇盗之至。还庐树桑，菜茹有畦，瓜瓠果蓏殖于疆易。鸡豚狗彘毋失其时，女修蚕织，则五十可以衣帛，七十可以食肉。"⑥ 龚遂任勃海太守时，"劝民务农桑，令口种一树榆、百本薤、五十本葱、一畦韭，家二母彘、

---

① 《史记》卷一二九《货殖列传》，第3270页。
② 《汉书》卷二八下《地理志》，第1666页。
③ 《汉书》卷九一《货殖传》，第3679页。
④ 《淮南子》卷一一《齐俗训》，载刘文典撰《淮南鸿烈集解》，中华书局1989年版，第351页。
⑤ 《淮南子》卷九《主术训》，载刘文典撰《淮南鸿烈集解》，中华书局1989年版，第308页。
⑥ 《汉书》卷二四《食货志》，第1120页。

五鸡"①。这是以种植粮食为主，兼营蔬菜、瓜果、桑麻及饲养家禽、家畜等副业生产的经营模式。

靠近水域的农户，则发展水产业的同时，又种植稻谷。这在考古资料中多有反映，如今陕西汉中出土一件方型陂池模型，中间有一坝将稻田和陂塘分开，坝中间有拱形出水口和提升闸门，以备稻田灌溉之需，田中禾苗成行，塘内有鱼、蛙、螺和菱角等。贵州义兴出土一件水田陂池模型。一边为稻田，另一边为水塘，内有大鱼、田螺、菱角、荷叶、莲瓣等，塘边刻有树林。② 这是农民通过稻田与水面的综合利用，既发展水产业又种植稻谷的多种经营模式。

地处山区的农户，乃"靠山吃山"，农、林结合，兼营"渔猎山伐"。农民通过各种不同形式的多种经营，不仅有助于充分利用土地资源，维持农业生态平衡，均衡农业忙、闲季节，而且有助于提高农民的经济效益，增收致富。

汉代由于实行多种经营，农副产品明显增多。当时的农产品在文献中有些集中的记载。《急就篇》在言及农产品时说："稻黍秫稷粟麻秔，饼饵麦饭甘豆羹，葵韭葱薤蓼苏姜，芜荑盐豉醯酢酱，芸蒜荠芥茱萸香，老菁蘘荷冬日藏，梨柿奈桃待露霜，枣杏瓜棣馓怡饧，园菜果蓏助米粮。"又说："水虫科斗蛙蝦蟇，鲤鲋蟹鳝鲐鲍虾。"③《氾胜之书》谈农作物栽培时，记有"禾、黍、麦、稻、稗、大豆、小豆、枲、麻、瓜、瓠、芋、桑"等。④《四民月令》论及农作物的种植季节时说，"正月……可移诸树，竹、漆、桐、梓、松、柏、木……可种春麦、䅟、豆、瓜、瓠、芥、葵、睿蘖、大小葱、蓼、苏、苜蓿，及蒜、

---

① 《汉书》卷八九《循吏传》，第3640页。
② 参见刘文杰、余德章《记汉中出土的汉代陂池模型》，《文物》1976年第3期；贵州省博物馆考古组：《贵州兴义、兴仁汉墓》，《文物》1979年第5期。
③ 史游：《急就篇》，岳麓书社1989年版，第10、11、14页。
④ 万国鼎：《氾胜之书辑释》，第100—166页。

芋";"二月……可种植禾、大豆、苴麻、胡麻";"三月……可种秔稻及植禾、苴麻、胡豆、胡麻、别小葱……可种大豆、可种蓝";"四月……可种胡麻、禾、牡麻、黍、可别稻及蓝"①；等等。

此外，在《居延汉简》及其他出土资料中，也有些农产品的零散记录。

文献所记的上述各种农产品，除去重复及名异实同者外，归纳起来，大致上可分如下几类产品。主要有禾、黍、麦、豆、稻等。"禾"也称粟，俗名为小米、高粱。"黍"俗称黄米。"麦"有大麦、小麦、荞麦之分。"豆"有大豆、小豆之别。"稻"有秔稻、籼稻、粳稻、糯稻等多种。粮食品种与春秋战国之时差不多，但其名称和在生产中所占的比重有些变化。经济作物产品较前显著较多，主要有蓝、地黄（染料）、桑、枲、苴麻、胡麻，甘蔗、梨、柿、奈、桃、李、枣、栗、桔、杏、葡萄、瓜、葵、韭、葱䪥蘘、蓼、苏、姜、芸蒜、荠、芥、瓠、芋、苜蓿、芜青、菱角、莲子，等等。畜牧产品主要有马、牛、羊、猪、狗、鸡、鹅，等等。水产品主要有鲤、鲋、蟹、鳝、鲍、虾，等等。各种农副产品种类繁多，较前更为丰富。

汉代这些农副产品，有的出自广大农民；有的出自地主田庄及专业农户。农民生产的农产品主要是用于自给，是自给性的生产。但他们为了购买盐、铁等必须的生产、生活资料，往往将部分农产品投入交换，以实现互通有无，调余补缺之目的。而地主、专业农户的农产品，则主要是以营利为目的，将它作为商品出售，谋求经济效益。当时，这大批农副产品投入市场，不仅加强了农民与市场的联系，有助于提高其继续再生产能力；而且促进了商品交换发展和经济社会的繁荣，大大地丰富了城乡人民的物质生活。

---

① 缪启愉：《四民月令辑释》，农业出版社1997年版，第2—53页。

中篇
　　农民篇

汉代农民的构成及其数量变化

农民的构成，值得引起重视，这是我们研究农民问题的基础。学界在以往对"农民"这一概念，在论述中经常谈到，但对不同类型和不同身份的农民，却缺乏必要的分辨与研究。这里仅就农民的主体构成和它的数量变化情况做些概述。

农民的主体构成

"农民"的称谓，文献中有多处记载。《汉书》曰："辟土殖谷，曰农。"①《说文》谓："农，耕人也。"②《春秋谷梁传》说："古者有四民，有士民，有商民，有农民，有工民……"其中的"农民"，注曰："播殖耕稼者。"③ 在现代辞书中对农民的解释，通常也是将那些从事农业生产的劳动者，那些耕田种地的人称之为农民。秦汉时期的农民，就社会身份来说，它有不同的类型。这里主要是指自耕农、半自耕农、佃农和雇农等。换言之，自耕农、半自农、佃农、雇农是秦

---

① 《汉书》卷二四《食货志》，中华书局1962年版，第1117、1132页。
② （汉）许慎撰：《说文解字》，中华书局1963年版，第40页。
③ 《春秋谷梁传注疏》卷一三成公元年，载阮元校刻《十三经注疏》，中华书局1980年影印，第2417页。

汉社会中农民的主要构成。

(一) 自耕农

其显著特征是以一家一户为单位，拥有小块土地，有简单的生产工具，男耕女织，劳动产品归自己所有，自食其力。自耕农的模式和经济状况，通常是"五口之家"，有自己的住宅，拥有自己的耕地和家庭副业。晁错说："今农夫五口之家，其服役者不下二人，其能耕者不过百亩。"① 汉代自耕农若两个劳动力，拥有的土地通常在"百亩"或"五六十亩"左右。

《汉书·扬雄传》载扬雄"有田一廛，有宅一区，世世以农桑为业"②。居延地区西道里公秉徐宗，有"宅一区，直三千……田五十亩，直五千"③。江陵凤凰山地区的"户人胜能田三人口五人，田五十四亩"④。四川郫县的"何广周，田八十亩"⑤ 等。

这些人户当属自耕农之列。贡禹"有田百三十亩"⑥ 当是比较富裕的自耕农。自耕农的经济虽然比不上当时的地主经济，但它和佃农、雇农相比，乃显得优越一些。自耕是汉代国家财政收入和赋役征课的重要来源之一。

(二) 半自农

它与自耕农有相同之处，都是以一家一户为单位，以农为主，耕织结合。不同的是拥有的土地比自耕农少。半自农户通常只有土地二三十亩，甚至十几亩。《史记·陈丞相世家》记陈平，"有田三十

---

① 《汉书》卷二四《食货志》，第1132页。
② 《汉书》卷八七《扬雄传》，第3513页。
③ 中国社会科学院考古研究编：《居延汉简甲乙编》，中华书局1980年版，第14页。
④ 李均明、何双全编：《散见简牍合辑》，文物出版社1990年版，第71页。
⑤ 谢雁翔：《四川郫县犀浦出土的东汉残碑》，《文物》1974年第4期。
⑥ 《汉书》卷七二《贡禹传》，第7023页。

亩"①。江陵凤凰山地区的"户人越人能田三人口六人，田卅亩"，"户人□□能田四人口六人，田卅三亩"②。四川郫县的"张王，田卅□亩"③。这些记载所反映的土地拥有量，通常当为半自农户所拥有土地的情况。

半自农往往因耕地不足，需要租借一些耕地或家内有人要出卖劳力，才能维持一家的基本生活。半自农和自耕农一样，均为国家"编户齐民"，有沉重的赋役负担。

(三) 佃农

其特征是自己没有土地，靠租地耕种为生。汉代的佃农有以下两种。

一是，私家佃农。董仲舒说："或耕豪民之田，见税什五。"即属此类，他要向地主交纳地租，与地主形成租佃关系。

二是，国家佃农。在重农政策下，当时对没有或丧失土地的贫民，国家把部分"公田"（国有土地）假借给贫民耕种，实行"假民公田"。根据不同情况，假田民要缴纳地税型"假税"，或地租型"假税"，与国家形成租佃关系。

这两种佃农，也都一样要承担深重的人头税和赋役负担，与其他编户无别。

(四) 雇农、佣工

这是一种因家庭贫穷，受雇于农业经营者的农民。他们为雇主庸耕或务农劳作，靠领取报酬养家糊口。例如，匡衡"父世农夫……家

---

① 《史记》卷五六，《陈丞相世家》，第2051页。
② 《湖北江陵凤凰山10号汉墓木牍〈郑里禀簿〉》，见李均明、何双全编《散见简牍合辑》，文物出版社1990年版，第71页。
③ 谢雁翔：《四川郫县犀浦出土的东汉残碑》，《文物》1974年第4期。

贫，庸作以供资用"①；儿宽"贫无资用，尝为弟子都养。时行赁作，带经而锄……"②。他们为雇主佣作的时间，有长工，有短工。来去自由，不受人身控制，属国家的"编户齐民"。他们中有的后来出任官职，地位才发生变化。

农民群体数量的变化

自春秋战国开始，农民便逐渐形成和涌现。至文、景之世，农民已进入到了发展的高峰期。那么，汉代农民的数量有多少？其占全国总人户的比例如何？这是值得研究的一个问题。由于史文简缺，过去不少论者对此避而不谈；有的乃提出了个数据，认为汉代"农民占全国户数的80%"。③应当说，有一个数据比没有的好。但两汉400余年，是否每个时期的农民皆占全国总户数的80%，其间有没有变化？这仍有待进一步的探讨。

在未探讨汉代农民在不同时期的数量之前，首先让我们看看各个历史时段全国总人户的增减状况。考之文献记载，汉代人户的增减是有个发展变化过程的，如皇甫谧《帝王世纪》记载。

> 至汉祖定天下，民之死伤，亦数百万。是以平城之卒，不过三十万，方之六国，五损其二。自孝惠至文、景，与民休息，六十余岁，民众大增，是以太仓有不食之粟，都内有朽贯之钱。武帝乘其资畜，军征三十余岁，地广万里，天下之众亦减半矣。及霍光秉政，乃务省役，至于孝平，六世相承，虽时征行，不足大

---

① 《汉书》卷八一《匡衡传》，第3331页。
② 《汉书》卷五八《兒宽传》，第2628页。
③ 于琨奇：《秦汉小农与小农经济》，黄山书社1991年版，第205页。

害，民户又息。元始二年，郡、国百三，县、邑千五百八十七，地东西九千三百二里，南北万三千三百六十八里，定垦田八百二十七万五百三十六顷，民户千三百二十三万三千六百一十二，口五千九百一十九万四千九百七十八人，多成周王四千五百四十八五十五人，汉之极盛也。及王莽篡位，续以更始、赤眉之乱，至光武中兴，百姓虚耗，十有二存。中元二年，民户四百二十七万千六百三十四，口二千一百万七千八百二十人。永平、建初之际，天下无事，务在养民，迄于孝和，民户滋殖。及孝安永初、元初之间，兵饥之苦，民人复损。至于孝桓，颇增于前。永寿二年，户千六百七万九百六，口五千六万六千八百五十六人，垦田亦多，单师屡征。及灵帝遭黄巾，献帝即位而董卓兴乱，大焚宫庙，却御西迁，京师萧条，豪杰并争，郭汜、李傕之属，残害又甚，是以兴平、建安之际，海内凶荒，天子奔流，白骨盈野……①

这里，皇甫谧将两汉400余年的人户或人口消长变化趋势，做了简要概括。经审视《帝王世纪》的如上所说，和《史记》《汉书》《后汉书》对各个时段的相关记载，大致吻合。但遗憾的是，由于文献对当时各阶层的人户数量失载，故在他们之间要得出个精确的比率是很难的。在资料困缺的情况下，我们只能分几个主要时段，从政治经济变化入手，就汉代农民占全国人户总数的比例问题做些大致上的粗略估测。兹分述如下。

西汉前期，经过秦末农民起义和楚汉战争之后，民人散亡，生产停滞，经济残破，全国人口锐减，由秦的大约2000万人降至1500万人以下。汉初，为恢复生产，稳定统治秩序，明令军队复员，"复故爵田

---

① 《后汉书》志第一九《郡国志》注，第3388页。

宅","法以有功劳行田宅"①。又据《二年律令·户律》载,当时实行"名田制",对不同层级的人群皆予授田。到惠帝和文、景之时,土地问题不甚紧张。史称"以口量地,其于古犹有余"②,"未有兼并之害"。当时"百姓无内外之徭,得息肩于田亩"③。"民乐其业,畜积岁增,户口寖息",④ 而人口自然增长率也很快,呈不断上升趋势,"民众大增"。故到文、景之世,人口大约达2000万人以上。在这些人口中,除地主、商人等外,拥有小块土地的自耕农当占人口总数的90%以上。也就是说,当时的自耕农是占全国人户比例最多的时期,佃农、雇农群体,尚属少见。

西汉后期,自元、成以降,中原内腹之地的土地日渐走向高度集中。史称"关东富人益众,多规良田,役使贫民"⑤。张禹"家以田为业。及富贵,多买田至四百顷"⑥。在此同时,高利贷也颇为盛行,如"成都罗裒资至巨万……赊贷郡国"⑦。樊重"好货殖……假贷人间数百万"⑧。再加上吏治腐败,赋役苛繁,"吏不良,制度太奢,刑罚太深,赋敛太重"。当时有不少农民"生有终身之勤,死有暴骨之忧"。或有"七亡""七死"之忧。⑨ 因此,他们中有的"或耕豪民之田,见税什五",成为佃农;有的负债私门,沦为债务奴。但这时的人口,"六世相承,虽时征行,不足大害,民户又息"⑩。《汉书·食货志》亦说:"哀、平之际,百姓赀富虽不及文、景,然天下户口最盛矣。"据

---

① 《汉书》卷一《高帝纪》,第54页。
② 《汉书》卷四《文帝纪》,第128页。
③ 《史记》卷二五《律书》,第1242页。
④ 《汉书》卷二三《刑法志》,第1097页。
⑤ 《汉书》卷七〇《陈汤传》,第3024页。
⑥ 《汉书》卷八一《张禹传》,第3349页。
⑦ 《汉书》卷九一《货殖传》,第3690页。
⑧ 《东观汉记》,中华书局2008年版,第458—459页。
⑨ 《汉书》卷七二《鲍宣传》,第3088页。
⑩ 皇甫谧:《帝王世纪》,见《后汉书》志第十九,《郡国一》注,第3388页。

《汉书·地理志》载，西汉平帝元始二年（2），全国有户 12233612，人口 59594978。前引《帝王世纪》乃谓此时有户 13233612，人口 59194978。这两处记录，人口数虽差 40 万，但大致相合。在当时的人户中，"富人益众"，掌握大量土地和财富的地主、商人之家较前增多了；农民却有不少人家破产，乃为公认事实。在文献没有留下各阶层比率的情况下，我们若权且估计西汉后期的地主、商人等占全国总人户的 10% 左右，自耕农、半自耕农因数量下降约占全国人户总数的比例为 80%，剩下的人户中，包括佃农、雇农、贫困下户等在 8%—9%。① 这尽管是一个测估，然大概与实际不会相差太远。正因西汉后期，许多农民因丧失土地破产，有的甚至沦为奴婢。故王莽当政后，下令"更名天下田曰'王田'，奴婢曰'私属'，皆不得买卖……"并规定："其男口不盈八，而田过一井者，分余田于九族邻里乡党。故无田，今当受田者，如制度。"② 试图通过王田、私属制，以解决农民少地和奴婢问题。

东汉前期，刘汉政权为了"长治久安"，"拨乱反正"，实行"柔道"方针。在施政中，"务用安静，解王莽之繁密，还汉世之轻法"③。至建武十三年（37），"兵革既息，天下少事，文书调役，务从简寡，至乃十存一焉"④。到明帝永平年间，出现了"天下安平，人无徭役，岁比登稔，百姓殷富，粟斛三十，牛羊被野"的景象⑤。经过光、明、章三代四十余年的粗安岁月，由于精兵简政，减轻赋役，生产发展，社会经济得到复苏，故人口不断递增。据《后汉书·郡国五》注引《帝

---

① 西汉后期租佃制增多。但佃农占总人数多少，也没有明确比率。许悼云先生认为："汉代佃农占总人口的比例大约分别为 4%、12%、20%。"又云："汉代户人数很难超过总人口的 20%。"见《汉代农业》，广西师范大学出版社 2005 年版，第 61 页。
② 《汉书》卷九九中《王莽传》，第 4111 页。
③ 《后汉书》卷七六《循吏传》，第 2457 页。
④ 《后汉书》卷一《光武帝纪》，第 62 页。
⑤ 《后汉书》卷二《明帝纪》，第 115 页。

王世纪》载，东汉光武中元二年（57），全国有户 4279634，人口 21007820；东汉明帝永平十八年（75），有户 5860573，人口 34125021；东汉章帝章和二年（88），有户 7456784，人口 43356367；至和帝元兴元年（105），有户 9237112，人口达 53256229。在这过程中，一方面，地主、商人等富家大户，因遭两汉之交的战乱打击，又加光武帝刘秀的"度田"，对他们的土地拥有量有所限制，其人数当比西汉后期有所减少；另一方面，由于释放奴婢，安辑流民，天下少事，奖励农耕，农民数量当有较大回升，似无可疑。这时农民增减的趋势，假若也按比率进行测度的话，自耕农、半自耕农，大约占全国人户总数的 80% 左右不为过，佃农、雇农等贫困人户减少到 3%—4%。东汉前期，因各种政策较为"宽松"，自耕农得到了一定程度的恢复和发展，当时"百姓殷富"。故国家财政逐渐好转，成为东汉的"黄金时代"。

东汉后期，社会问题殊多，不仅外戚与宦官专权，"戎事不息"，长期战争，而且地主、豪商势力扩张，土地兼并较前又趋严重。此间的人口，据《晋书·地理志》载，在桓帝永寿年间，全国有户 10677960，有人口 56486856。但不久即由盛转衰，至质帝本初元年（146），全国仅有户 9348227，人口 47566722。[①] 从灵帝以后，特别是献帝年间，"天下户口锐减"。当时人口大量减少的原因，主要是战争和自然灾害所致，还有就是随着地主制经济发展，大量人口归附于私门，成为依附农。《后汉书·仲长统传》说，当时"豪人之室，连栋数百，膏田满野"。"馆舍布于州郡，田亩连于方国"。豪家占有大片土地后，广建田庄，因而出现"奴婢千群，徒附万计"的状况。这时佃农、依附农较前增多了，约占全国总人户的 15% 以上，而自耕农、半自耕农的数量大大下降，大概不会超过总人户的 70%，这同东汉前期相比

---

① 《后汉书》志第二三《郡国志》注引《帝王世纪》，第 3534 页。

发生了明显变化。

综上所述,随着社会经济与政治形势的变化,汉代各个历史时期的户口有增有减,农民的数量也非完全一样。上述有关农民占全国总人户的比例,只是一种粗略的测估,是一个参考系数,不可能很精确。但在文献记载没有具体数据的情况下,我们采用测估办法的目的,不是要硬性算出个百分比,而是为了反映农民增、减的发展变化走向。大致上说,在"文景之治"及"光武中兴"期间,自耕农、半自耕农占全国人户总数的比例最大,佃农、雇农相对较少;而两汉后期,由于豪强势力扩张,土地兼并,自耕农、半自耕农占全国人户总数的比例明显减少,佃农、雇农逐渐增多。这种变化状况是有史可证的,不容置疑。两汉前期,农民及农民经济之所以得到发展,这主要是由于激烈的阶级斗争冲击了原有的生产关系,使直接生产者获得了一定量的土地。同时政府实行"与民休息",采取了一系列发展经济的"宽松"政策。当时的"重农"政策虽然主要是扶植新兴地主,发展地主制经济,但对农民的成长和发展也起有促进作用。

汉代农民生产经营的基本特征

农民这一个体生产者的基本特征是什么？其经济行为和生产方式如何？对此，过去有人未做具体分析，统论农民"懒惰"，并说它"具有因循守旧，停滞不前的特征"。同时，对农民的经济行为也一概指责其"落后"，认为"它的存在是中国封建社会长期延续的根本原因"[①]。看来，这也是一个有待审慎或重新认识的问题。

实际上，笼统概论农民为懒惰、保守、落后，并不公允，也不完全符合事实。在农民阶层中尽管有些存在这方面的缺陷，但这不是它的主流及本质属性。因为就总体来说，以户为单位的农民在经济上有相对的独立性，多生产则多收入，应该说其生产主动性和积极性还是比较高的。绝大多数是具有进取精神的劳动群体，不当一概否定。在本章的几个小节中，我们就从经济行为和生产方式出发，谈几点关于农民的不可忽视的基本特征。

---

① 西汉之时，成帝在诏令中说："间者，民弥惰怠，乡本者少。"见《汉书》卷十《成帝纪》。这大概是汉代皇帝中，最早指责农民"懒惰"的一个。在近期的学术讨论中，认为小农"因循守旧""保守""落后"者，也不乏其人。可参见王存有《中国封建社会长期延续的根本原因》，《学术月刊》1981年第10期；刘昶《试论中国封建社会长期延续的原因》，《历史研究》1981年第2期。

一家一户，独立经营

战国时期，商鞅变法实行"析户"政策，父母在世时已婚兄弟必须分居，"不分异者倍其赋"。故当时的家庭模式一般由户主及其父母妻子组成的"五口之家"，所谓"一夫挟五口"，治田百亩。

汉代农民家庭的类型，与战国时代基本相同，多数也是由户主和他的"父母妻子"组成。《汉书·食货志》记晁错之言曰："今农夫五口之家……有卖田宅，鬻子孙，以偿责者矣。"《淮南子·主术训》说："一人跖耒而耕……妻子老弱，仰而食之。"从"鬻子孙""妻子老弱"的话语中，透示出农民之家，一般是"父母妻子"的家庭类型。又应劭《风俗通义》引《春秋井田记》也谓"五口之家，父母妻子也"[①]。当然，其间也有兄弟同居的联合型家庭等，但较次要。至于农民的家庭规模，汉时平均亦多为"五口之家"。这除晁错言及者外，再从《汉书·地理志》及《后汉书·郡国志》注的户口统计也可得到实证。例如，西汉平帝元始二年（2），每户平均为4.87人；光武中元二年（57），每户平均为4.91人；明帝永平十八年（75），每户平均为5.82人；章帝章和二年（88）每户平均为5.81人；和帝元兴元年（105），每户平均为5.77人；安帝延光四年（125），每户平均为5.05人；顺帝永和五年（140），每户平均为5.07人；冲帝永嘉元年（145），每户平均为5人。从这些数字中，大致上可以看出普通农民的家庭规模。所以，宋人李心传的《建炎以来朝野杂记》说："西汉户口至盛之时，率以十户为四十八口有奇，东汉率以十户为五十二口。"（《甲集》卷7）此类农民家庭由于人数不多，故居住条件比较

[①] 参见黄金山《汉代家庭的自然构成与等级构成》，《中国史研究》1987年第4期；李根蟠《从秦汉家庭论及家庭结构的动态变化》，《中国史研究》2006年第1期。

简化,据秦简《封诊式》载,当时有"一宇二内"①,汉代也有近似的"一堂二内",这里的"二内",大概是分别供户主夫妇和父母、小孩居住的卧室。

这种农民家庭的经济结构,通常以种粮为主,兼营副业,一家一户独立生产。他们在小块土地的经营中,粮食生产是最主要、最基本的项目,这是不必多说的事实。除此之外,他们还兼有各种副业生产。例如,进行家禽家畜的饲养,包括猪、狗、鸡、鸭等,这在文献、考古资料中多见;从事瓜果蔬菜的种植,所谓"菜茹有畦,瓜瓠果蓏,殖于疆易"②。"园菜果蓏助米粮"③;还有桑、麻、纺织。种植桑麻是为了纺织。在"男耕女织"的情况下,家庭纺织比较普遍。《孔雀东南飞》焦仲卿妻咏道:"十三能织素,十四学裁衣……鸡鸣入机织,夜夜不得息,三日断五匹,大人故嫌迟。"乐府诗《上山采蘼芜》曰:"新人工织缣,故人工织素,织缣日一匹,织素五丈余,将缣来比素,新人不如故。"这些古诗,虽有文学夸张,但也反映了当时农家妇女从事纺织的实际情况。此外,养鱼、植树,以及砍伐"薪樵",或从事"渔猎山伐"等,也是他们经营的副业。汉代农民,不论从事粮食生产,还是经营家庭副业,他们都是以户为单位,独立从事生产的全过程。如徐稚"家贫,常自耕稼,非其力不食"④。高凤"家以农亩为业,而专精诵读,昼夜不息。妻尝之田,曝麦于庭,令凤护鸡"⑤。这皆属家庭独立经营的例证。

农民"怀乐家室,重去乡里"⑥,有较强的家庭观念。农民终年劳

---

① 睡虎地秦墓竹简整理小组编:《睡虎地秦墓竹简》,文物出版社1978年版,第249页。
② 《汉书》卷二四《食货志》,第1120页。
③ (汉)史游:《急就篇》,岳麓书社1989年版,第11页。
④ 《后汉书》卷五三《徐稚传》,第1746页。
⑤ 《后汉书》卷八三《逸民传·高凤》,第2768页。
⑥ 《管子·立政篇》,见黎翔凤《管子校注》,中华书局2004年版,第73页。

作，但收入甚微。为满足自家的消费需求，他们有求温饱，甚至发财致富的欲望，因而并不懒惰。正如以下文献所称。

> 农夫之所以蚤出暮入，强乎耕稼树艺，多聚菽粟而不敢怠倦者，何也？曰彼以为强必富，不强必贫；强必饱，不强必饥，故不敢怠倦……妇人之所以夙兴夜寐，强乎纺绩织纴，多治麻统葛绪，捆布縿，而不敢怠倦者，何也？曰彼以为强必富，不强必贫；强必暖，不强必寒，故不敢怠倦。①

这种思温饱、求富裕的观念，从来就是农民的本能追求和生产动力。汉代也然，《汉书·食货志》说："一夫不耕，或受之饥；一女不织，或受之寒。"《淮南子·主术训》说："人之情不能无衣食，衣食之道必始于耕织，万民之所公见也。"勤于耕织，力求温饱，这是汉代社会的主流思想。司马迁在《货殖列传》中说："富者，人之情性，所不学而俱欲者也。"当时有的农民为了生计和致富，也尽力于农耕，不乏多种经营，有的从事商品性生产；有的"背本趋末"。如在汉文帝允许民间私铸钱币期间，不少农民为了获取高额利润，而参与采铜铸币活动，所谓"今农事弃捐而采铜者日蕃，释其耒耨，冶镕炊炭，奸钱日多，五谷不为多"②。陈留之人，为了致富，乃"黍稷不植"，"皆以种蓝、染绀为业"③ 即不种植粮食，而从事经济效益高的种蓝、染绀等生产。汉代农民为了挣钱、致富而"事末"的事例不少。④

---

① 《墨子·非命下》，载孙诒让《墨子间诂》，中华书局2001年版，第283页。
② 《汉书》卷二四《食货志》，第1155页。
③ （东汉）赵歧：《蓝赋序》，见严可均辑校《后汉文》卷六十二，载《全上古三代秦汉三国六朝文》，中华书局1958年版，第814页上栏。
④ 详见中篇第六部分，第228—265页。

精耕细作，集约生产

自战国开始，农民已注意在土地上投入较多的劳动，精耕细作，合理种植，以利增加收入。当时人认为对土地应该做到"深耕疾耰"，"深耕易耨"①"易其田畴"②"深其耕而熟耰之"③ 的精耕细作原则。除了深、疾、易、熟等之外，《吕氏春秋》的"任地""辨土"等篇，还提出"上（高）田弃亩，下（低）田弃甽，五耕五耨，必审以尽"的要求，即将土地开成一尺左右宽的垄和沟，高地干旱，就将庄稼种在沟里；低地潮湿，就将庄稼种在垄上。此乃通常说的所谓"垄作法"。从这些事实可见，战国之时已为传统农业的精耕细作奠定了某些基础。

汉代农业的精耕细作有进一步发展，特别是开发较早的中原地区在这方面取得了显著成就。《氾胜之书》在总结当时农民的耕作原则时说："凡耕作之本，在于趣时、和土、务粪泽、早锄、早获。"即要及时耕作，改良土壤，重视肥料，保墒灌溉，早中耕，及时收获。东汉王充在《论衡·率性》篇也说道，"深耕细锄，厚加粪壤，勉致人工，以助地力"。这些总结农民生产经验的论述，都是将农业生产过程作为一个整体，而以整地精耕为田间作业的最重要条件。人们常说的"区田法"，反映精耕细作最为典型。据《氾胜之书》记载。

> 上农区田法，区方深各六寸，间相去七寸，一亩三千七百区，丁男女种十亩，至秋收，区三升粟，亩得百斛。中农区田法，方七寸，深六寸，间相去二尺，一亩千七十二区，丁男女种十亩，秋收粟，亩得五十一石。下农区田法，方九寸，深六寸，间相去

---

① 《孟子·梁惠王上》，见朱熹《四书章句集注》，中华书局1983年版，第206页。
② 《孟子·尽心上》，见朱熹《四书章句集注》，第356页。
③ 《庄子·则阳篇》，见郭庆藩《庄子集释》，中华书局1961年版，第897页。

三尺，秋收，亩得二十八石，旱即以水沃之。

这种区田法，非常集约化，农民在小块土地上投入密集的劳动，采用深耕、密植、足肥、灌溉、勤力，便可获得比较高的产量。这对仅有小块土地又缺乏耕牛的农民来说，区田法尤为宝贵，很适合农民的经营，而对发生"牛疫、水旱"的地区，此法也有重要作用。

由于长期实践，汉代农民在一般普通的田间作业过程中，对整地、播种、中耕、施肥、收获诸方面，也积累了丰富的经验，主要体现在以下几个方面。

一是，整地时，强调"深耕细锄"，敲碎土地，疏松土质，使土壤有良好的结构，以利作物生长。山东滕县黄土岭出土的东汉耱耱画像石，是当时深耕细锄的一个真实反映。

二是，注重播种时间、播种量和播种方法。例如，总结农作经验的《氾胜之书》说："种禾无期，因地为时，""种麦得时无不善。"播种量则因作物不同而有区别。据云梦秦简的《仓律》说："种，稻、麻亩用二斗大半斗；禾、麦一斗；黍、荅亩大半斗；叔（菽）亩半斗。"① 汉代的用种量是种黍"一亩三升"；种稻"用种亩四升"；种豆"亩五升"，这在《氾胜之书》中已有记载。至于播种方法，当时已有撒播、点播、条播三种。强调规划播种。

三是，重视中耕除草。《氾胜之书》总结农民的经验时说："有草锄之，不厌数多。"只要田中有草，就得不断地把它除掉，这既可疏松土地，也可防旱保墒，使庄稼茂盛。汉代北方有专门用于除草的铁锄；南方稻田的中耕，农民用手耘禾或挟杖用脚耘田。这从四川省峨眉县出土的东汉水塘水田刻石模型及四川省新都县出土的耨秧画像砖可以得到证实。

---

① 睡虎地秦墓竹简整理小组编：《睡虎地秦墓竹简》，文物出版社1978年版，第43页。

四是，厚加施肥，提高地力。《荀子·富国篇》说："多粪肥田，是农夫众庶之事也。"汉代也然，当时农民已懂得施用基肥、种肥和追肥技术，也重视积肥。《汉书·五武子传》云，"厕中豕群出"，农民将厕所与猪圈建在一起，以利积肥。当时积人粪和猪粪肥田的情况多有。湖南省益阳市出土的东汉陶猪圈连厕所的模型，足以说明这种方法已较普遍。

五是，不误农时，适时收获。《氾胜之书》在总结农民对各种作物的收获时，强调粟"获不可不速，常以急疾为务"；"获豆之法，荚黑而茎苍，辄收无疑"。稻谷的收获，大概采用连杆一起收割法，这从江陵凤凰山汉墓出土的连杆稻穗可以得到说明。

从诸多的史实中，说明汉代农民的田间生产技术已相当成熟，农民的这些农作经验，为以后的农业生产技术打下了初步基础。

依靠市场，调余补缺

从战国开始，农民与市场的联系已逐渐增多。《孟子·滕文公》说当时的农民"纷纷然与百工交易"。他们将"余粟""余布"通过市场，互通有无，相互交换。一家一户的农民家庭，由于生产能力的局限及其使用价值的多样性，决定了他们自给程度的相对性，必须要和市场发生联系。

秦汉时期，随着农民在生产、生活上的需求增加，当时人们对市场提供的产品也相对增多了，故必然要走向相互交换的经济活动。《史记·律书》说："文帝时，会天下新去汤火，人民乐业，因其欲然，能不扰乱，故百姓遂安。自年六七十翁亦未尝至市井，游敖嬉戏如小儿状。"这是就自给程度较高的殷实农户来说的，而且属西汉前期的情况。但自汉武帝以后迄至东汉，这种景况就很少看到了。其间，对绝大多数农民来说，总有相当一部分生活、生产资料及其他的家庭消费需求，必须通过市场才能得到调剂和补充。

首先，农民为购买铁器维持再生产，离不开市场交换。《管子·海王》篇及《管子·轻重乙》讲道，"耕者"要有铁制的耒、耜、镰、耨方能"成为农"。可见，铁农具与农民的农业生产已密不可分。《盐铁论》对铁器的重要性也说得很清楚，所谓"铁器者，农夫之死士也"[1]。"铁器，民之大用也。器用便利，则用力少而得作多，农夫乐事劝功。用不具，则田畴荒，谷不殖，用力鲜，功自半。器便与不便，其功相什而倍也"[2]。这都说明，铁农具是田农之本，耕者不可缺少。但由于受铁矿资源和生产条件的限制，对铁器不可能任何地方都能生产，也不可能任何人都能生产。当时铁矿非处处皆有，而冶铁生产规模大，技术力量要求高，需要大量资金投入，并非一家一户为单位的农民所能经营。因此，农民要维持再生产必须依赖市场。这正如《汉书·食货志》所说的。

> 铁，田农之本……非编户齐民所能家作，必仰于市，虽贵数倍，不得不买。

由于制铁是关系国计民生的要务，有广阔的市场，获利丰厚。故秦至汉初，实行盐铁包商制和自由经营期间，很多企业主，如蜀的卓氏、宛的孔氏、山东的曹邴氏等，因冶铸铁器发了大财。汉武帝实行官营后，铁器由国家统一生产和经销，结果也充实了国库。《史记·平准书》说，当时"铁器苦恶，贾贵，或强令民买之"。官营铁器质量低劣，但政府通过行政命令，强迫农民高价购买。当然，这使铁器也得

---

[1]《盐铁论》卷一《禁耕》，见王利器撰《盐铁论校注》，中华书局1992年版，第68页。
[2]《盐铁论》卷六《水旱》，见王利器撰《盐铁论校注》，中华书局1992年版，第429页。

中篇　农民篇

到推广。巩县考古发掘出土的大量铁器，如犁、钁、双齿钁、锛、铲、加刃洗、锤、锲、小铧等生产工具，① 说明铁制器具使用广泛，且与农民的生产、生活关系密切。这些铁器走向市场，最基本的购买者是广大的农民。西汉平帝时，全国民户1200多万户。其中农民户口占百分之八九十。若每户都是铁器的消费者，那么其市场交换确乎很广。

其次，农民为缴纳赋敛换取货币，要走向市场进行交换。秦汉政府征收以"丁、口为本"的各种赋敛，是当时农民的沉重负担。汉代法定的常制赋目，有口钱（儿童人头税）、算赋（成年人头税）、更赋（"戍边三日"代役钱），这些赋目，不是征收实物，必须交纳货币。依照汉制，其中每人每年交口钱23钱，算赋120钱，更赋300钱。若"五口之家"，三大二小，又"其服役者不下二人"。今就低不就高，假设每户一人需交纳更赋，则全家一年的赋敛上交额为706钱。这仅仅是制度的表面规定，如果在实行中"赋敛不时，律外而取"，或"贪吏苛征，聚敛为奸"等非法征收②，则每户需要付出的货币更多。但是，农民终年的耕作所得，却只有实物。于是，为了缴纳赋敛，不得不把仅有的农副产品拿到市场上出售，以换取货币，这正如《盐铁论·本议》篇所记载的。

> 古者之赋税于民也，因其所工，不求所拙。农人纳其获，女工效其功。今释其所有，责其所无。百姓贱卖货物，以便上求。③

农民将农副产品拿到市场上出卖换取货币，是要付出代价的。因为农业生产的季节性强，一年一收。每当收获季节，农民为缴纳赋税，出售农副产品时，商人往往压低价格，使"农民贱卖货物"，农民少其

---

① 河南省博物馆：《河南文物考古工作三十年》，载《文物考古工作三十年》，第28页。
② 黄今言：《秦汉赋役制度研究》，江西教育出版社1988年版，第230—239页。
③ 《盐铁论》卷一《本议》，见王利器撰《盐铁论校注》，中华书局1992年版，第4页。

利。而春耕或青黄不接时，农民要从市场买进多少不等的种子、口粮等，商人就高物价。他们受中间剥削很厉害。但不论农民的卖出，还是买进，都必须通过市场交换乃无可疑。

再次，农民为了实现基本生活资料的余缺调剂，也需参与市场的商品交换。据《史记·货殖列传》载，当时市场上许多商品都是农民和手工业者生产出来的，其中有相当一部分是农产品。农民将其自给性的、或剩余的部分产品投向市场，因其不足又从市场上买进自己必需的物品，实现余缺调剂。事实表明，农民需要买进的除铁器外，主要是一些基本的生活资料。例如，作为"食肴之酱"的食盐，这是每家不可缺少的。《管子·海王篇》谓："十口之家，十人食盐，百口之家，百人食盐。"人们对食盐的需求量是没有什么弹性的。又《汉书·赵充国传》说："士卒万二百八十一人，用谷月二万七千三百六十三斛，盐三百八斛。"将盐和谷并列，也说明盐的重要性。但当时食盐的产地主要分布在沿海及内郡部分地区，又"煮海水为盐"，非一般个体农民所能生产，必须到市场购买。又如日常家用器物，包括陶器、漆器、木器、编织物等手工业品，也不是每户农民都能自己生产的，同样要出售农产品然后拿钱在市场买进，实现商品交换。这里就不细说了。至于缺少土地和生计的贫苦农民，则通过副业生产，实现互通有无。例如，步骘"单身穷困……种瓜自给"[1]；公孙弘，早年"家贫，牧豕海上"[2]；孙期"家贫，事母至孝，牧豕丁大泽中，以奉养焉"[3]。这些人种瓜、养猪，是为了换取生产、生活资料，维持一家人的温饱，其商品流通形式是"为买而卖"。靠种瓜、养猪来增加收入的家庭，大都要从市场上补充大部分或一部分生活资料。

---

[1] 《三国志·步骘传》，中华书局1982年版，第1236页。
[2] 《汉书》卷五八《公孙弘传》，第2613页。
[3] 《后汉书》卷七九《儒林传》，第2554页。

农民参与市场上的商品交换，不仅在文献记载中有大量的反映，而且在汉简材料中也可得到参证。在汉代西北边塞地区，农民参与市场买卖活动的事例也为殊多。

有的是通过市场买卖粮食。如《居延汉简甲乙编》的记载如下。

恩籴大麦二石，付业直六千。（22∶13）

出钱二百廿，籴粱粟二石，石百一十。出钱二百一十，籴黍粟二石，石百五。出钱百一十，籴大麦一石，石百一十。（214·4）

"籴大麦""籴粱粟"的"籴"就是买。简文所记的粮价，通常每石为百钱左右。但寇恩籴大麦2石共6000，每石达3000，这是很高的了，这大概是西北粮食紧缺时的价格，当非常例。

有的是通过买卖牲畜。《居延汉简甲乙编》记载如下。

宣十二月中，使妻细君持使偿郭敞马钱，细君未行。（145·1）

□□足下，日相见，言敢具意，因道□熹欲买羊□。（103·46A）

□事再拜白，为言多请井卿□买牛，头贵毋□□不知井卿取之，可得如意。（339·21B，146-5B，146·95B）

牲畜交换的价格，据《居延汉简甲乙编》记录，"用马五匹直二万"（37·35）"服牛二六千"（37·35），"用牛二直五千"（24·1B），如此看来，马1匹4000，牛1头2500—3000。由于西北"水草宜畜牧"，"畜多天下饶"。牛马供应充足，故市价相对便宜。

有的民户是通过市场买卖布帛等手工业品如，《居延汉简甲乙编》有如下记载。

□买白素一丈，直二百五十。（214·26）

卖缣一，直钱八百约至□□。（163·6）

这是买卖布帛的情况。此外在汉简中，还有买卖木材及长途贩运鱼出卖等方面的记载，于此从略。

综上史实说明，秦汉时期，无论是中原内地还是边郡，农民参与商品交换都是比较普遍的。究其原因或许很多，但基本点有二。一是，农民为维持家庭内部生产与消费平衡的需要。商品流通与交换是农民再生产过程的必要环节。他们维持简单生产和基本生活需要的盐铁等，离不开市场。不少生活用品只有通过市场才能实现余缺调剂，商品交换是农民经济运作的必然要求。二是，农民在国家重农政策的倡导、扶植下，家庭产业结构有调整，提高了交换能力。自战国以降，特别是汉代以后，由于政府"劝趣农桑"，又有农业工具的改进，耕作方法的改良，水利事业的兴修，生产经验的总结和推广等，使农业呈快速发展的态势。所以，农民（主要是自耕农）向市场提供的自给性产品或部分剩余产品日渐增多。

最后，在传统的农业社会，农民作为社会分工的主要生产者，占全国人口的绝大多数。他们的生产经营方式，也决定了中国传统社会经济的基本特征。汉代是传统农业发展的重要阶段，这个时期，作为生产者的农民已经形成了稳定的"五口之家"的家庭模式，小家庭是进行农业生产的基本单位，男耕女织，辛苦劳作，思温饱，求富裕。精神细作，积累了丰富的农作经验，农作技术比前代有了很大的提高。随着耕作技术的提高，农业工具和农田水利的进步，统一的国家政权对农业的扶持和对农民的榨取，农民对生活资料的互通有无，农村商品经济也发展起来，农民对市场的依赖比前代更强，因而也促进了农村市场的活跃。

汉代农民享有的权利与赋役负担

在农耕社会的汉代，农民数量多，分布也广。他们是"编户齐民"，是国家统治下的基本群体，他们的存在与发展具有极为重要的意义。因此，汉政权为巩固其统治的需要，对当时农民给予了某种政治权利和优遇；同时也要求农民向政府承担各种租赋徭役义务。

爵位与权利

汉代社会存在多种不同阶级，他们各自的地位有别。贵族和官僚地主是社会的上层。他们不仅占有大量土地和财富，而且主宰社会的走向，在治国理政中拥有许多特权。在当时，农民的身份、财富和权利分配等与贵族官僚地主迥然有异。不过，农民在政策允许的范围内也享有一定的权利和待遇。

首先，农民享有爵位。

有论者说，汉时"处于社会最下层的是广大庶民，没有任何爵位"[1]。此说有误。从史实来看，早在商鞅变法时，就曾实行过输粟拜

---

[1] 臧之非：《秦汉赋役与社会控制》，三秦出版社2012年版，第157页。

爵，有军功拜爵，鼓励民户耕战政策。秦始皇（秦王政）四年（前243）十月，曾因蝗疫令"百姓内（纳）粟千石，拜爵一级"①。秦始皇二十七年（前220）也曾"赐爵一级"②。又秦始皇三十六年（前211），"迁河北、榆中三万家，拜爵一级"③。秦代这几次赐爵的对象，文献没有记载，似非完全都是"军功爵"，其中当有"民爵"。西汉之初，汉高帝二年（前205）二月，"令民除秦社稷，立汉社稷，施恩德，赐民爵"④。这是赐民爵字样的正式出现，"赐民爵"的"民"主要是编户中的农民百姓，它有别于"吏爵"或"官爵"。自西汉高帝二年至东汉献帝建安二十年（前205—115）的四百年中，"赐民爵"一直在推行，成为一项经常性制度。据《汉书》《后汉书》各本纪的记载，每位皇帝在位期间，大都颁发过有关"赐民爵"的诏令或条文，出现的次数甚多。主要有以下几点。

西汉"赐民爵"的次数，高帝时1次，惠帝3次，高后2次，文帝1次，景帝8次，武帝4次，昭帝2次，宣帝2次，元帝7次，成帝6次，哀帝1次，平帝1次，包括王莽时1次，共计有39次。

东汉"赐民爵"的次数，光武帝4次，明帝6次，章帝4次，和帝4次，殇帝1次，安帝7次，顺帝7次，冲帝1次，质帝1次，桓帝1次，灵帝1次，献帝1次，共计有38次。

两汉赐民爵的缘由，出自多种情况。大凡立社稷，建汉庙，皇帝即位，帝加元服，立皇太子，皇太子冠，立皇后，改元，恤民，祥瑞（凤凰、甘露集降），或自然灾害等，都是当时赐爵的原因。

这里要强调指出的是，汉代赐民爵，不是赐给农民百姓的职位或

---

① 《史记》卷六《秦始皇本纪》，中华书局1959年版，第324页。
② 《史记》卷六《秦始皇本纪》，第241页。
③ 《史记》卷六《秦始皇本纪》，第259页。
④ 《汉书》卷一《高帝纪》上，中华书局1962年版，第33页。

官衔,当时民爵的秩级高低与担任官职没有必然的联系。① 但享有爵位是荣誉,也是一种政治待遇。它既体现社会地位,也可获得一定的好处或泽润,这在西汉时期尤为明显,具体表现在如下几点。

其一,享有爵位者,可以缩短或免除服役年限,有罪可以从轻处理。例如,《汉旧仪》说:"男子赐爵一级以上,有罪以减,年五十六免。无爵为士伍,年六十免者,有罪各尽其刑。"② 又例如,《刑法志》载:"凡有爵者,与七十者,与未齿者,皆不为奴。"③ 有爵者,可以不贬为奴仆。

其二,享有爵位者,有时可以不交纳"租赋"。例如,汉宣帝本始元年(前73),"赐天下人爵各一级……租税勿收"。甘露三年(前51),"赐民爵二级。毋出今年租"④。汉元帝初元四年(前45),永光元年(前43),"赐民爵一级……行所过无出租赋"⑤。这些皆为例证。

其三,享有爵位可优先耕种"公田"。据载,汉武帝时,"受爵命一爵为公士以上,令得田公田,优之也"⑥。当时因三辅地区人口稠密,土地紧缺,又推行"代田法",故让有爵位的农民优先耕作。

其四,男子赐爵,其女子可享有"牛酒"的奖励。汉文帝初即位时,"赐民爵一级,女子百户牛酒"。注引苏林曰:"男赐爵,女子赐牛酒。"师古曰:"赐爵者,谓一家之长得之也。女子谓赐爵者之妻也。率百户共得牛若干头,酒若干石,无定数也。"⑦ 汉武帝元鼎四年(前

---

① 据《居延汉简》载,民爵八级的"公乘",有任职戍卒或田卒、服役当士兵者,而爵位二级的"上造",也是担任燧长、侯长、尉史之类的职位者,说明当时的官职,不完全取决于爵位之高低,而主要是看任职者的才干和能力。
② 《汉官六种》,中华书局1990年版,第85页。
③ 《汉书》卷二三《刑法志》,第1091页。
④ 《汉书》卷八《宣帝记》,第242、272页。
⑤ 《汉书》卷九《元帝纪》,第285、287页。
⑥ 《汉书》卷二四《食货志》,"三辅公田"条韦昭注,1140页。
⑦ 《汉书》卷四《文帝纪》及注,第108、110页。

113)、元封元年（前110），也曾"赐民爵一级，女子百户牛酒"，或"赐天下民爵一级，女子百户牛酒"①。在西汉中后期，特别是汉宣帝时期，这方面的记载较多，男子赐爵，其妻赐牛酒的情况，曾有多次记录。

以上是西汉民爵享有的一些优遇。东汉情况有些变化，此时赐爵的对象，除了特指"天下男子"或"民"之外，还多见"三老""孝悌、力田""无名数""流民欲自占者"等。赐爵的级数多为二级，甚至三级。由于爵制逐渐走向轻滥，故其待遇不如西汉。不过，有爵者仍可享有"人三斛""人五斛"或一定数量"布帛"的物质奖励。据载，汉安帝永初七年（113），八月，"京师大风，蝗虫飞过洛阳。诏赐民爵，郡国被蝗伤稼十五以上，勿收今年田租；不满者，以实除之"②。这说明东汉民爵，在有灾之年仍可不收田租。

其次，农民可以上书、议政，共商国是。

"上书"言事，始自战国时期，"逮于两汉，风流弥广"③。臣民向君主或皇帝上书的事，汉代史文多见。这里择举两例。

西汉之初，萧何因贪腐，以权谋私，导致"民道遮行，上书言相国强贱买民田宅数千人"④。许多农民百姓，在道路上挡住皇帝行走，向皇帝（汉高祖）上书，反映民意，告发相国萧何强行贱买民众田宅的行为。当汉高祖了解情况后，责令萧何自己向民众谢罪。

汉武帝时，为反击匈奴，牧民卜式"上书"，愿输家财半助边……式曰："天子诛匈奴，愚以为贤者宜死节，有财者宜输之，如此而匈奴可灭也。"⑤后来，"会吕嘉反"，卜式又上书曰："臣闻主愧臣死。群

---

① 《汉书》卷六《武帝纪》及注，第183页。
② 《后汉书》卷五《安帝纪》，第220页。
③ 王利器集解：《颜氏家训集解·省事》，上海古籍出版社1980年版，第303页。
④ 《汉书》卷三九《萧何传》，第2011页。
⑤ 《汉书》卷五八《卜式传》，第2625页。

臣宜尽死节，其驽下者宜出财以佐军，如是则强国不犯之道也。臣愿与子男及临菑习弩博昌习船者请行死之，以尽臣节。"①

以上是民众上书的两个典型事例。汉民"上书"的内容和范围很广，他们的上书，不仅反映民意，申述诉求，而且有助于官府了解下情，收集信息。同时对官府决策，公正执法，缓解社会矛盾等均有积极意义，所以，自来得到政府的关注和重视。

"议政"，涉及的范围较广。这里主要是指农民百姓与政府吏员商讨政务或国事，有鲜明的政治内涵、政治导向。在汉代社会中，农民百姓及他们中有声望的父老，围绕着当时一些政治问题，对皇帝或官员表达意向，献计献策，建言议政的事，也有过一些记载。

汉高祖十二年（前195）十月，路过沛地，"悉召故人父老子弟佐酒……谓沛父兄曰：'游子悲故乡。吾虽都关中，万岁之后吾魂魄犹思沛。且朕自沛公以诛暴逆，遂有天下，其以沛为朕汤沐邑，復其民，世世无有所与。'……沛父兄皆顿首曰：'沛幸得復，丰未得，唯陛下哀矜。'上曰：'丰者，吾所生长，极不忘耳。吾特以其为雍齿故反我为魏。'沛父兄因请之，乃并復丰，比沛"②。

昭帝时，颍州多豪强，社会混乱，"民多怨雠"。韩延寿任该郡太守后，欲改变这种状况，"乃历召郡中长老为乡里所信向者数千人，设酒具食，亲与相对，接以礼意，人人问以谣俗，民所疾苦，为陈和睦亲爱销除怨咎之路。长老皆以为便，可施行，因与议定嫁娶丧祭仪品，略依古礼，不得过法"。结果，颍川的社会乱局得到"大治"。③

上述两个事例说明，汉代农民、父老曾与皇帝面议过丰、沛地区的赋役復免问题；也与太守商议过如何维护地方上的社会治安、礼俗

---

① 《汉书》卷五八《卜式传》，第2626—2627页。
② 《汉书》卷一《高帝纪》，第74页。
③ 《汉书》卷七六《韩延寿传》，第3210页。

等事项，且皆取得了一定的成效。

最后，汉代农民中，有的还可进入仕途，被选为官。

汉时，选拔官吏设有"四科"。"第一科曰德行高妙，志节清白。二科曰学通行修，经中博士。三科曰明晓法令，足以决疑，能案章覆问，文中御史。四科曰刚毅多略，遭事不惑，明足以昭奸，勇足以决断，才任三辅令。皆试以能，信然后官之"①。按照汉代的选官标准，出身"家贫"之农民而进入仕途当官的人不少。

公孙弘，"家贫，牧豕海上"。于汉武帝元光五年（前130），征为"贤良文学"，后来，由国人推举，官至"太常"。②

朱买臣，"家贫，好读书，不治产业，常艾薪樵，卖以给食"。后来拜官为"中大夫"。③

主父偃，"家贫，假贷无所得……乃上书阙下。朝奏，暮召入见。所言九事，其八事为律令"。先后任"谒者""郎中""中郎""中大夫"等。④

匡衡，"父世农夫，至衡好学，家贫，庸作以供资用"。元帝时，他拜官为"郎中""迁博士，给事中"。⑤

贡禹，"年老贫弱，家赀不满万钱，妻子穅豆不赡，裋褐不完"。元帝时拜他为"谏大夫"，后又拜为"光禄大夫"。⑥

翟方进，"家世微贱""年十二三，失父孤学……母怜其幼，随之长安，织屦以给方进读……河平中，方进转为博士。数年，迁朔方刺史"。⑦

---

① 卫宏：《汉官旧仪》卷上。见《汉官六种》，中华书局1990年版，第37页。
② 《汉书》卷五八《公孙弘传》，第2613页。
③ 《汉书》卷六四《朱买臣传》，第2791页。
④ 《汉书》卷六四《主父偃传》，第2798页。
⑤ 《汉书》卷八一《匡衡传》，第3331—3332页。
⑥ 《汉书》卷七二《贡禹传》，第3073页。
⑦ 《汉书》卷八四《翟方进传》，第3411—3412页。

儿宽，"贫无资用，尝为弟子都养。时行赁作，带经而锄，休息辄读诵，其精如此。以射策为掌故，功次，补廷尉文学卒史"，后来，被"擢为中大夫，迁左内史"。①

大量史实证明，在汉代政权中，上至中央的丞相，下到乡里亭长，有不少官员是农民家庭出身的，这在传统社会中，自古已然。

要之，汉代农民在社会上，不仅享有爵位，可以上书、议政，而且还可入选为官，具有一定的政治地位。在以往的研究中，有人只讲农民被剥削、受压迫的一面；而不讲其享有的权利和地位，似有偏见之嫌。

租赋徭役负担

汉代农民虽然享有一些政治优遇和权利，但他们也要承担各种赋役义务，如田租、刍稿、赀算、口算、更赋和劳役、兵役等。这方面，我在拙著《秦汉赋役制度研究》中曾有过详述，这里只是做些概要论列。

（一）田租、刍稿

田租，这是国家对土地所有者征收的地税或田税。战国时期，各国政府的田税征收多为什一之制。《汉书·食货志》记李悝之言曰："今一夫挟五口，治田百亩，岁收亩一石半，为粟百五十石，除十一之税十五石……"②

秦代的田租率沿袭"什一之税"③。西汉建立之初，鉴于经济凋

---

① 《汉书》卷五八《儿宽传》，第2628页。
② 《汉书》卷二四《食货志》，第1125页。
③ 黄今言：《秦汉赋役制度研究》，江西教育出版社1988年版，第56页。

蔽，民不聊生，汉高祖调整经济政策，其中重要一项是减轻田租，行什五税。《汉书·食货志》说："天下既定，民无盖藏……上于是约法省禁，轻田租，什五而税一。"①

但"什五税一"的田租率，行之不久，一度又提高到"什一之税"。至汉十二年（前195）年四月，汉高崩，汉惠帝即位，又宣布"减田租，复什五税一"②。汉文帝在位期间，曾有过几次减免田租的诏令。例如，汉文帝前元二年（前178），"赐天下民今年田租之半"③，即由此前惠帝时的"什五税一"，降为"三十税一"。后来，汉文帝也有过田租的减免，如据《汉书·食货志》载："上复从其言，乃下诏赐民十二年租税之半。明年，遂除民田之租税。后十三岁，孝景二年，令民半出田租，三十而税一也。"④

这就是说，汉文帝十二年（前168），将"什五税一"减为"三十税一"。第二年（前167），遂全部免除田租。"后十三岁"，即此后的十三年期间仍存"什五税一"的田租，孝景二年（前155），便由"什五税一"减为半出田租，即"三十税一"。⑤ 此后，至西汉末年，"三十税一"成为定制。

东汉之初，由于国用不足，将田租率改为"什五税一"。但到建武六年（30），因军事屯田，经济好转，又恢复了"三十税一"之制，而且终东汉一代，除了汉桓帝、汉灵帝之时，因特殊情况，有过短暂的"亩敛税钱"之外，"三十税一"之制，未有变化。

田租的征收办法有个变化过程。考之史实，秦代的田租是以一户

---

① 《汉书》卷二四《食货志》，第1127页。
② 《汉书》卷二《惠帝记》，第85页。
③ 《汉书》卷四《文帝记》，第118页。
④ 《汉书》卷二四《食货志》，第1135页。
⑤ 过去，有学者对"后十三岁"理解为此后十三年中均不征收田租，非是。其实，"孝景二年，令民半出田租"，这足以证明文帝时还是有田租的。文帝时并没有十三年不收田租的事实。详见黄今言《秦汉赋役制度研究》，江西教育出版社1988年版，第61—72页。

有"田百亩"为标准,按"人户"征收的。当时主要是基于田亩,但与人户有关。有田百亩之人,固然要按田亩依照"什五税一"的租率交纳田租,而不满百亩或未"授足"百亩土地的农户,同样要交纳百亩之田的田租。迄至西汉,由"授田制",改为"名田制"后,田租征课方法便有了变化。当时的田租,是根据田亩与产量计征的,产量的计算,"较数岁之中以为常",即按几年中丰、欠的平均产量,依租率征收。东汉时期,将土地分为上、中、下三等,着眼于土地的肥瘠、好坏。根据田亩多少,结合产量。并依田租率进行征收。

刍稿,是田租的附加税。《说文》曰:"刍,刈草也,象包束草之形。""稿,秆也。""秆,禾茎也。"说明刍就是牧草,稿即禾秆。国家征收刍稿主要是为供饲养马匹、牲畜等军需之用。据秦汉简牍记载,"以其受(授)田之数,无垦不垦,顷入刍三石,稿二石"①。"入顷刍稿,顷入刍三石,上郡地恶,顷入二石,稿皆二石……"②。另在文献材料中,也有不少刍稿的记载,如《汉书·贡禹传》说:"农夫父子……已奉租谷,又出稿税。"③《续汉书·百官志》刘昭注引《汉官仪》曰:"田租、刍稿以给经用。"④可见刍稿与田租一样是常征税目。

刍稿征收办法,因史文简缺,难得其详。不过从一些零星记载来看,我们可以得知,秦时以"顷亩"计征,不论耕垦与否,顷入刍二石,稿二石。汉时注意到了田好、地恶之差别,地质差的地方,刍可少收;刍稿税通常征收实物(牧草、禾秆),以石计算,但也有收钱或折成货币的情况;若遭自然灾害破坏严重的地区,可以减少刍稿的征

---

① 睡虎地秦墓竹简整理小组编:《睡虎地秦墓竹简》,文物出版社1978年版,第27页。
② 张家山二四七号汉墓竹简整理小组编:《张家山汉墓竹简(二四七号墓)》,文物出版社2001年版,第165页。
③ 《汉书》卷七二《贡禹传》,第3075页。
④ 《后汉书》志第二六《百官三》,第3592页。

收量，如东汉和帝永元十四年（102）诏曰："兖、豫、荆州今年水雨淫过，多伤农功。其令被害什四以上皆半入田租、刍稿。"① 这说明，刍稿的征收办法和田租的征收有些近似之处。

（二）赀算

"赀"又作"訾"，与"资"通用。这是以户为单位，依据家资征课的资产税或财产税。赀算的起源不详。迄至汉代，文献多见记载。

> 今訾算十以上乃得宦。注引服虔曰："赀万钱，算百二十七也。"②

> 往者，军阵数起，用度不足，以资征赋，常取给见民。③

因政府实行赀算的需要，在汉代，对民户的家资要进行详细登记，如据居延汉简记载。

> 候长觻得广昌里公乘礼忠年卅，小奴二人直三万；大婢一人二万；轺车一乘直万；用马五匹直二万；牛车二两直四千；服牛二六千；宅一区万；田五顷五万。凡赀直十五万（37.35）。④

汉政府对民产登记家赀的情况，文献也多有记载。大量史实说明，当时计赀的范围很广。既包括货币财富，也含实物财富，包括奴婢、车辆、马牛、房屋、田亩等。动产、不动产皆含其中。

赀产税征收的办法，首先是由民户"自占""登记自己的家赀"。

---

① 《后汉书》卷四《和帝纪》，第190页。
② 《汉书》卷五《景帝纪》，第152页。其中的"算百二十七"当为"算百二十"之误。
③ 《盐铁论》卷三《未通》，载王利器撰《盐铁论校注》，中华书局1992年版，第191—192页。
④ 中国社会科学院考古研究所编：《居延汉简甲乙编》，中华书局1980年版，第25页。

《汉书·昭帝记》始元六年（前81），"令民得以律占租"注引如淳曰："律，诸当占租者，家长身各以其物占，占不以实，家长不身自占，皆罚金二斤，没入所不自占物及贾钱县官也。"家赀"自占"，即向官府注册、进行登记。自占之后，通过地方官吏，对民户进行"评赀"，确定户等，即大家、中家、小家。继而再依户等之差品征税，户等不同，赀税有别，这大概就是后来"九品混通"的最早起源。至于赀产税的税率，从记载来看，汉代在较长时期内是实行"赀万钱，算百二十"钱。① 包括实物折合成货币，计算有赀万钱，纳税120钱，税率为1.2%。至新莽时期，实行过"三十税一"。东汉是否沿袭了西汉的税率，记载不明。

在汉代社会中，征收赀产税有它的合理性，赀多税多，无赀不税。但它在实行过程中存在很多弊端。有的地方征税时，往往扩大赀算范围，把农家的衣服、饭锅也计算为赀产，如《后汉书·和帝纪》曰："往者郡国上贫民，以衣履釜鬻为赀，而豪右得其饶利。"②

（三）算赋、口钱、更赋

算赋是汉政府对成年人征收的人口税。就其渊源来说，秦代已有"口赋"，如秦谣说："渭水不洗，口赋起。"③ 董仲舒说："至秦……田租、口赋……二十倍于古。"④ 秦时，征收"口赋"的办法是"头会箕敛"，按人头征收，成人、儿童皆为征课对象，人民负担很重。西汉建立后，调整政策，只对成年人征收"算赋"。故《汉书·高帝记》称："四年……八月，初为算赋。"

---

① 《汉书》卷五《景帝纪》，第15页。
② 《后汉书》卷四《和帝纪》，第175页。
③ 董悦：《七国考·秦食货》引《咸阳大事记》，载《四库全书》史部《七国考》卷二，第7页。
④ 《汉书》卷二四上《食货志》，第1127页。

算赋起征的年龄，据卫宏《汉旧仪》载："令民男女，年十五以上至五十六，出赋钱。"另有《汉书·高帝纪》注引如淳曰与《后汉书》注引《汉旧仪》，都说是"民年十五以上至五十六出赋钱"。这说明算赋是向成人丁口征收的赋目。

算赋的赋额，《汉书·高帝纪》注引如淳曰，"《汉仪注》民年十五以上至五十六出赋钱，人百二十为一算，为治库兵车马"，《汉书·惠帝纪》注引应劭也称"汉律，人出一算，算百二十钱"。可见，成人丁口，人出一算，算百二十钱是当时的常规赋额，或通例。

口钱是对儿童征收的人口税。据《汉书·贡禹传》载："禹以为古民亡赋算口钱，起武帝征伐四夷，重赋于民，民产子三岁则出口钱，故民重困，至于生子辄杀，甚可悲痛。宜令儿七岁去齿乃出口钱，年二十乃算。"① 这是贡禹对元帝的上书。又据《汉仪注》载："民年七岁至十四出口赋钱，人二十三。二十钱以食天子，有三钱者，武帝加口钱以补车骑马。"②

以上两处记载说明，口钱是从汉武帝时起征的。至于口钱起征的年龄和口钱数额，前后有些变化。口钱起征年龄，武帝时为三岁，而元帝时是七岁。口钱额原似二十钱，后改为二十三钱。《论衡·谢短》篇载："七岁头钱二十三。"看来，从昭帝至东汉，口钱二十三是常制。但有时也有减免或增加的情况，如宣帝五凤三年（前55），"减天下口钱"。而东汉末年，"产子一岁，便要交纳口钱"，如据《零陵先贤传》载："郑产为里啬夫，汉末产子一岁，即出口钱，民多不举，产乃令民勿得杀子，口钱自当代出，因名其乡曰更生乡。"当然，这是一个特例。

更赋是"戍边三日"的代役钱，实际上这也是按丁征收的一种固

---

① 《汉书》卷四二《贡禹传》，第3075页。
② 《汉书》卷七《昭帝纪》注引如淳曰，第230页。

定赋目。所谓"更赋"即"过更"。《汉书·宣帝纪》注引如淳曰:"更有三品,有卒更,有践更,有过更。古者正卒无常人,皆当迭为之,一月一更,是为卒更也。贫者欲得雇更钱者,次直者出钱雇之,月二千,是为践更也。天下人皆直戍边三日,亦名为更,律所谓繇戍也。虽丞相子亦在戍边之调。不可人人自行三日戍,又行者当自戍三日,不可往便还,因便住一岁一更。诸不行者,出钱三百入官,官以给戍者,是为过更也。"①

更赋的始征年龄,当即"始傅"应役之年龄。更赋的赋额是"诸不行者,出钱三百入官,官以给戍者"。实际上,后来它成为固定赋目,每人每年要交纳三百钱成为常制。虽然有时出现减免,但属于特例。

综上算赋、口钱、更赋,都是按丁、口征收的赋敛。西汉平帝元始二年(2),全国人口数为59951787人。李心传说:"西汉户口率以十户为四十八口,东汉户口率以十户为五十二口。"若以"五口之家"计算,二大三小。又"其服役者不下二人",假设每户一丁需要交纳更赋,则岁收这三项赋敛额如下。

算赋:$2/5 \times 59591978 \times 120 = 2868944$ 钱。

口钱:$3/5 \times 59591978 \times 23 = 822410696$ 钱。

更赋:$1/5 \times 59591978 \times 300 = 3575698680$ 钱。

这三项常制赋目总计为 7258668320 钱。② 这 72 亿余的算赋、口钱、更赋钱,虽然包括地主、官僚、豪商交纳的在内,但主要是由全国占绝大多数的农民负担的。

这里还要指出的是汉代政府在征收算赋、口钱和更赋时,弊端很

---

① 《汉书》卷七《昭帝纪》注引如淳曰,第230页。
② 这里需要说明的是,当时三岁以下、五十六岁以上者免赋。但商人、奴婢倍算,达龄未婚女子五算,免赋与罚赋,可视作相互抵消,故均略不计。

多，一些地方官吏不择手段对农民进行勒索。他们或赋敛不时，律外而取；或释其所有，责其所无；或贪吏苛征，聚敛为奸；或豪强擅恣，弱民兼赋等。所以，广大农民的各种赋敛负担很重。又由于当时不以"田亩为宗"，唯以"丁、口为本"，"有身便有赋"，因而，统治者非常重视"民数"，重视对人口、户籍的控制。

（四）徭役

秦汉时期的徭役包括劳役和兵役。

1. 劳役

劳役又称"更卒"。据载，劳役的起征年龄，汉景帝时二十岁"始傅"，汉昭帝时二十三岁"始傅"，也就是起征。老免年龄，有爵者五十六岁"老免"，无爵则六十岁"老免"，终止服役。这在《汉书·景帝纪》《盐铁论·未通》及《汉旧仪》等文献中有明确记录。

劳役的服役期限，农民在适龄期，每人每年服役一个月。如据《汉书·昭帝纪》注引如淳曰："一月一更，是为卒更。"《汉书·食货志》师古注曰："更卒，谓给郡县一月而更者也。"钱文子《补汉兵制》曰："汉法……自始傅为更卒，岁一月。"

史实说明，适龄期内，每人每年服一个月的劳役，是法律的具文规定。但在实行执行中，也有一年"多更"者，这在出土资料中可以得证实（详后）。

劳役的范围很广，徭目甚多，如造宫室、建陵墓、筑长城、缮城池、建营垒、起亭障、作烽燧、开驰道、修堤、治河、漕运、转输等，接连不断，且规模之大，历时之长，动用民力之多，皆为罕见。

考之当时劳役安排的日程表，除了文、景、昭、宣和光武时期稍有节制之外，两汉的其他各朝无不滥用民力。记载如下。

汉惠帝三年（192），"发长安六百里内男女十四万六千人城长安……五年，复发长安六百里内男女十四万五千人城长安"①。

汉武帝时，通西南夷道，作者数万人"凿山通道千余里，以广巴蜀，巴蜀之民罢（疲）焉"②。

汉成帝时筑昌陵，卒徒工庸以钜万数，至然脂火夜作，取土东山，且与谷同价。动用数万民工修造十年之久，昌陵仍未完成，结果"天下虚耗，百姓罢（疲）劳"③。

东汉和帝时，中山王刘焉死，"大为修冢茔，开神道，平夷吏人冢墓以千数，作者万余人。发常山、钜鹿、涿郡柏黄肠杂木，三郡不能备，复调徐州郡工徒及送致者数千人。凡征发摇动六州十八郡"④。

另外，汉代建造宫室，岁月不息，征调了大量民役。《汉书·高帝纪》载，汉初，萧何造未央宫，"周回二十八里，前殿东西五十丈，深十五丈，高三十五丈"。《三辅黄图》载，武帝造桂宫，"周回十余里"，造建章宫，"周二十余里，千门万户，其东凤阙，高七丈五尺"。又在京兆建"内外宫馆一百四十五所"。至于上林苑、甘泉苑的工程也极为惊人，如甘泉苑"缘山谷行，至云阳三百八十一里，西入扶风，凡周回五百四十里。苑中起宫殿、台阁百余所"。据粗略统计，西汉统治者动用民力修建宫殿七十四所，离宫别馆三百余所，台观楼阁三十二所，苑囿池籞二十余所。这些工程很大，其所征调的劳役是难以统计的。

汉代劳役的种类，有按役龄和役期规定的"正役"；有以漕转为务的"运役"；有根据需要临时摊调的"杂役"。驱役百端，名称繁多。农民服劳役的负担很重。

---

① 《汉书》卷二《惠帝纪》，第89—90页。
② 《汉书》卷二四下《食货志》，第1157页。
③ 《汉书》卷一〇《成帝纪》，第320页。
④ 《后汉书》卷四二《光武十王传》，第1450页。

2. 兵役包括正卒和戍卒

兵役的起、止役年龄，大致上与劳役相一致。兵役的服役内容和期限，在适龄期内，"为正一岁，屯戍一岁"，汉民一生共计为二年。

正卒，历来解释不一。颜师古对《汉书·食货志》作注时说："正卒，谓给中都官也。"陈傅良的《历代兵制》、马端临的《文献通考》称："给中都一岁，谓正卒。"钱文子的《补汉兵制》则云："正卒，为卫士一岁，为材官、骑士一岁。"在这里，不难看出各说的差异。现在看来，所谓"正卒"，当是材官、骑士和楼船等不同兵种。

正卒在一年的役期内，其主要任务是，平时在本郡维护社会治安，接受各种军事训练，如《汉官仪》说："为材官骑士，习射御骑驰战阵……水家为楼船，亦习战射行船。"[1] 战时，则听候国家统一调发，奉命出征打仗。例如，如下所述。

汉高祖十一年（前196），发上郡、北地、陇西骑士，巴蜀材官及中尉卒三万人，军霸上。

汉文帝三年（前177），命丞相灌婴发车骑八万五千人迎击匈奴右贤王。

汉武帝元鼎五年（前112），因南方楼船卒二十余万人击南越，数万人三河以西骑击西羌。

汉代针对军事需要，国家调发和动用正卒中的不同兵种，如据《汉官仪》说："平地用车骑，山阻用材官，水泉用楼船，三者之兵种，各随其地势所宜。"

史实表明，当时对匈奴作战，主要调发关中，西北诸郡的轻车、骑士，对南越作战，便调发江、淮以南的楼船士；对西南夷及西羌作战，乃调发巴蜀、三河以西的材官、骑士。在战事频繁时

---

[1] （清）孙星衍等辑，周天游点校：《汉官六种》，中华书局1990年版，第152页。

期，正卒随时皆有被征调前往战场的可能。东汉光武帝时，虽然罢除了更役制下的轻车、材官、骑士和楼船士，但后来，各地的"郡兵"仍存。

戍卒，是戍卫兵的统称。指屯卫京城的"卫士"及屯戍边郡的"边兵"。他们征自郡国，役期一年，不兼二役。

屯卫京城的"卫士"有期门、羽林、南军、北军等。其职责范围和任务，主要是保卫京城的皇宫，保卫京城各官署的治安，防盗防乱，稳定京城的社会秩序，所谓"掌循京师"，"禁备盗贼"，"按考疑事"，惩治不法，每当有警奉命出征讨伐。[①]

屯戍边郡的"边兵"，有隧卒、鄣卒、田卒等戍卒。其职责范围主要是谨候望、通烽火、建亭障、广屯田、反击入侵的来犯[②]，及守卫边境。这方面，在文献与汉简中有大量记载，这里可以从略。

卫士和戍卒，是中央军，它对稳定政局，维护政治统治，特别是在平定内乱、反击侵略中占有举足轻重的地位，曾发挥了重大作用。但戍卒长期在外，给他们带来的痛苦也相当沉重。据《盐铁论·备胡》说："山东之戎马甲士戍边郡者，绝殊辽远，身在胡、越，心怀老母。老母垂泣，室妇悲恨，推其饥渴，念其寒苦。"

东汉役法有变，自光武帝"罢诸边郡亭候吏卒"后，导致边郡战略后备力量薄弱，官无警备，没有巩固的边防，酿成长期边患。

大量史实表明，汉代农民的兵徭很重。他们20岁始傅，60岁老更，一生服役40年。其中的"月为更卒"之役，在适龄期内，40年中每年一个月劳役，役期为 $40 \times 30 = 1200$ 天。又"为正一岁"360天。

---

① 见黄今言《汉代期门、羽林考释》，《历史研究》1996年第2期；《两汉京师戍卫军制中若干问题探微》，《文史》2002年第1期。
② 见黄今言《汉朝边防军的规模及其养兵费用之探讨》，《中国经济史研究》1997年第1期。

屯戍一岁，360天。两年的兵役期为 $2 \times 360 = 720$ 天。劳役和兵役共计为 $1200 + 720 = 1920$ 天。这都是封建义务性的苛派，属无偿劳动。

汉代的工价，通常按月计价，文献记载不一。《史记·吴王刘濞列传》注《集解》引《汉书音义》曰："以当为更卒，出钱三百文。"①《汉书·昭帝记》注引如淳曰："贫者欲得顾更钱者，次直者出钱雇之，月二千。"②《汉书·沟洫志》成帝河平三年条注引如淳曰："律说，平贾一月，得钱二千。"③《居延汉简》有"月直四百"，或"月直七百"的记载。④ 又崔寔《政论》曰："假令无奴，当复取客，佣一月千钱。"⑤ 农民受雇的性质和劳动强度不同，工价有别，不同的时空，工作也有不同，不可统论。假设更卒劳役一个月的工价为一千钱，戍卒的工价一个月为二千钱。劳役、兵役投入的时间若按当时的工价计算折合成货币，其数额量如下所示。

劳役，每人一生40年，即40个月，一月千钱，$40 \times 1000 = 40000$ 钱。

兵役，每人一生2年，即24个月，一月二千钱，$24 \times 2000 = 48000$ 钱。

一个农民一生的劳役、兵役，折成货币共计为 $40000 + 48000 = 88000$ 钱。由此可见，这种义务性的兵徭苛派给农民带来的负担是极为沉重。若一个农户"五口之家"，有二个或三个人要服役，其负担之重可想而知。

---

① 《史记》卷一〇六《吴王刘濞列传》，第2824页。
② 《汉书》卷七《昭帝纪》，第229—230页。
③ 《汉书》卷二九《沟洫志》，第1689页。
④ 《居延汉简考释·释文》，中华书局1980年版，第41页。
⑤ 严可均辑校：《全上古三代秦汉六朝文》，载（东汉）崔寔《政论》，中华书局1958年版，第726页。

中篇 农民篇

赋役繁苛引发的社会矛盾

汉代政府的赋役征课，法律具文规定与实际贯彻执行往往存在距离。事实上在具体执行时，当时广大农民除了承担具文规定的赋敛数额及兵徭服役期限外，还要负担许多额外的征调和苛派。一些官吏妄征赋敛、擅徭逾役的情况相当严重。

就赋敛来说，在实际征课中，"赋敛无度"，"律外而取"非常普遍。《汉书·食货志》说，当时"急征暴赋，赋敛不时"，如成帝时，"邛成太后崩，丧事仓卒，吏赋敛以趋办"①。安帝时翟酺上疏曰："今自初政以来，日月未久，费用赏赐已不可算……复当重赋百姓。"② 东汉末，"时黄巾新破，兵凶之后，郡县重敛"③。这些事实证明，当时太后死了为之送葬要再赋敛；皇帝赏赐费用不足时要另征赋敛；镇压农民起义也要重敛百姓。种种额外的赋敛征课名目甚多。据记载，当时的实际情况如下。

> 公赋既重，私敛又深，牧守长吏，多非德选，贪聚无厌，遇人为虏，或绝命于箠楚之下，或自贼于迫切之求。又掠夺百姓，皆托之尊府。遂令将军结怨天下，吏人酸毒，道路叹嗟。④

> 乡官部吏，职斯禄薄，车马衣服，一出于民，廉者取足，贪者充家，特选横调，纷纷不绝。⑤

---

① 《汉书》卷八三《薛宣传》，第3393页。
② 《后汉书》卷四八《翟酺传》，第1604页。
③ 《后汉书》卷三一《贾琮传》，第1112页。
④ 《后汉书》卷四三《朱穆传》，第1468页。
⑤ 《后汉书》卷六一《左雄传》，第2017页。

由于征收赋敛的官吏，不奉法令，律外而取，妄征赋敛，聚敛为奸，侵渔百姓，导致农民的负担大为增重。

在兵徭的征调中，"法外之徭""擅徭逾役"的情况，也屡见不鲜。擅兴徭役、徭役过律方面，一些功臣、诸侯王表现得尤为突出。据记载，信武肃侯靳歙之子亭嗣，汉文帝后三年（前177），"事国人过律"。师古曰："事，谓役使也。"① 江阳侯仁，汉宣帝元康元年（前65），非法"役使附落"②。祚阳侯仁，汉元帝初元五年（前44），"擅兴徭赋"③。此类事例甚多，不备列举。"擅徭"必然"过役"。本来全国性的兵徭征发就少有间断，加之郡国又经常科派"法外之徭"，因而广大农民的服役期限，大大超过法律规定。就连兵役的服役期限也往往超过制度或法律规定，如《盐铁论·徭役》篇说："今中国为一统，而方内不安，徭役远而内外烦也。古者无过年之徭，无逾时之役。今近者数千里，远者过万里，历二期。"

当时不仅"远赴万里，无有还期"。有过年之徭，逾时之役，而且统治者还延长服役对象的年龄。如汉昭帝时的法律规定是民年二十三岁始傅，六十岁老免。但从《居延汉简》记载来看，自汉武帝之后，在居延服役的农民，有年仅十三岁者，也有年龄高达六十九岁者，役期延长了十七、八年之久。按《乐府诗》说："十五从军征，八十始得归。"这虽然有些夸张，然它也反映了从军时间之长。

汉代赋敛无度，戍徭无已，在当时给农民带来了严重的恶果，这在文献中多见记载。

《汉书·成帝纪》曰："多赋敛徭役，兴卒暴之作。卒徒蒙辜，死

---

① 《汉书》卷一六《高惠高后文功臣表》，第533页。
② 《汉书》卷一五下《王子侯表》，第485页。
③ 《汉书》卷一五下《王子侯表》，第496页。

者连属,百姓罢极,天下匮竭。"①

《汉书·谷永传》曰:"今陛下轻夺民财,不爱民力……大兴徭役,重征赋敛,征发如雨……百姓财竭力尽,愁恨感天。"②

《汉书·食货志》亦说:"外事四夷,内兴功作,役费并兴,而民去本。"③

由于大批劳动力调离生产第一线,所以,广大农村地广而不耕,多种而不耨。导致"农桑失时"。至王莽时,藜藿不充,田荒不耕,"庐落丘墟,田畴荒秽"④。这种情况,东汉后期尤为严重。

由于赋役征课繁苛,农民生活痛苦,引起了广大农民的强烈反抗。他们在当时的反抗形式多样,主要表现在以下几个方面。

其一,是逋租赋。关于"逋"的解释,《说文解字》曰:"逋,亡也。"颜师古对《汉书》武帝元朔元年条作注时亦说,"逋,亡也。久负官物亡匿不还者,皆谓之逋"⑤。所谓"逋租赋",即拖欠田租、赋敛,如成帝建始三年(前30),有"逋租赋"者。河平四年(前25),有"逋租赋"者。⑥ 东汉安帝永初四年(110),也有逋租、过更、口算、刍稿者。⑦

其二,是脱籍流亡,即隐匿户口或外出逃亡异乡。汉武帝元封四年(前107),"关东流民二百万口,无名数者四十万"。汉元帝初年二年(前47),"关东……民众久困,连年流离,离其城郭,相枕席于道路"。汉成帝鸿嘉四年(前17),"关东流冗者众,青、幽、冀部尤剧"。王莽时期,自地皇元年至地皇三年(20—22),仅"流民入关

---

① 《汉书》卷一〇《成帝纪》,第322页。
② 《汉书》卷八五《谷永传》,第3462页。
③ 《汉书》卷二四上《食货志》,第1137页。
④ 《后汉书》卷二八《冯衍传》,第966页。
⑤ 《汉书》卷六《武帝纪》,第169页。
⑥ 《汉书》卷一〇《成帝纪》,第306、310页。
⑦ 《后汉书》卷四《安帝纪》,第214页。

者"，就有"数十万人"。至东汉之时，有关"凶馑流亡""万民饥流""人庶流冗""流亡万数""流亡不绝"的记载，更为常有。农民流亡的原因，虽然比较复杂，但与赋役苛重有很大关系。尽管当时政府严禁编户"脱籍"，但农民为了生存照样脱籍流亡。

其三，武装斗争。这也多见记载，如汉平帝时，由于"赋敛重数，苛吏夺其时，贪吏侵其财，百姓困乏，疾疫夭命。盗贼群辈，且以万数"[1]。王莽始建国三年（11），"诸将在边，须大众集，吏士放纵，而内郡愁于征发，民弃城郭流亡为盗贼，并州、平州尤甚"[2]。东汉中期以后，农民的反抗赋役斗争的更是此伏彼起。粗略统计，汉安帝统治的十九年中，农民起义发生了四次；汉顺帝统治的十九年中，农民起义有十三次；冲、质二帝共计在位不满二年，农民起义有四次；汉桓帝统治二十一年，农民起义十四次；汉灵帝在位于公元168年至公元180年，农民起义有六次。这些农民起义，地区逐渐扩大，人数不断增多，最后，终于爆发了全国大规模的黄巾起义。上述不同的农民反抗形式，有个共同之点，几乎都是反赋役，求生存的斗争。

---

[1] 《后汉书》卷二九《申屠刚传》，第1013页。
[2] 《汉书》卷九九《王莽传》，第4125页。

· 193 ·

汉代自耕农经济的初步探析

在汉代社会中,除地主经济外,还普遍存在着自耕农经济。这里拟主要对当时自耕农的产生发展、耕作能力及其经济状况做些初步探讨。

自耕农的产生与发展

经典作家在论述封建生产方式时,曾多次谈到自耕农问题。恩格斯说:"即在中世纪,到处存在以生产者的生产资料的私有为基础的小生产,在农村中占支配地位的是自由的或农奴的小农经营。"[①] 斯大林也说,在封建制度下,"除了封建所有制以外,还存在农民和手工业者以本身劳动为基础的个体所有制,他们占有生产工具和自己的私有经济"[②]。这就告诉我们,在古代社会中,除地主的大土地所有制外,还存在着以个体劳动为基础的自耕农小土地所有制。自耕农这个阶层,一般地说,它自己拥有小块土地,从事个体生产,劳动所得归自己支配。它只承担国家的租赋徭役,而不向地主交纳地租,因此处于相对独立的地位。

---

① 恩格斯:《反杜林论》,人民出版社 1956 年版,第 280—281 页。
② 《斯大林选集》,人民出版社 1979 年版,第 447 页。

在中国秦汉时期的自耕农,与西欧有别。它是一个具有典型性的群体,是"编户齐民"的主体,是国家赋役的主要来源。这种自耕农的显著特征是以一家一户为生产单位,男耕女织,以农为主,耕织结合,自食其力。就汉代自耕农的模式和经济状况来说,通常是"五口之家","一堂二内",两个劳动力,拥有一定数量的耕地和家庭副业。其经济结构,虽然比不上当时的地主经济,且较脆弱,但和佃农、雇农等贫困下户相比,则显得优越一些。汉代自耕农经济的大量存在,不仅是当时维持中央集权制国家生存的经济支柱,而且也是地主制生产关系和再生产的必要前提之一。

自耕农的产生,是从井田农民份地的私有化开始的。自春秋中后期起,随着生产力发展,私有土地的出现,逐渐冲破领主贵族对土地所有权的垄断。其时拥有私有份地的农民,有的发展成为地主;有的便成为自耕农、半自耕农。而自耕农的形成和大量涌现是在战国以后,或者说是从战国开始才普遍跨入历史行列。它是伴随着土地私有制的发展而发展的。

史实表明,于战国初期,在魏国力主变法的李悝,就曾以"一夫挟五口,治田百亩"[1]作为典型事例,具体描述了自耕农的生产、生活状况。秦国在商鞅变法的过程中,"废井田,开阡陌",实行"爰田制",招诱三晋之民,"给以田宅,复之三世",奖励耕织,增加了不少的自耕农。秦始皇统一八国后,于公元前216年颁布"使黔首自实田"[2],在全国范围内确立土地私有制,使地主阶级也包括自耕农在内的土地私有制得以合法化和法典化。

西汉立国之后,由于秦末农民战争对地主阶级的打击,部分调整、改变了原有的土地占有关系,使大批奴婢、庶子、贫苦农民获得土地,

---

[1] 《汉书》卷二四上《食货志》,第1125页。
[2] 《史记》卷六《秦始皇本纪》,见《集解》引徐广曰,第251页。

上升为自耕农。同时，西汉推行"名田制"。这种以名占田，实属肯定"私田"，进一步承认了地主、自耕农的土地私有制。再者，统治者为稳定统治秩序，长治久安，还采取了其他一些政策措施，扶植自耕农经济的发展。例如，放免奴婢、劝趣农桑、轻免田租、减省徭役、与民休息等。故《史记·律书》载，文帝时，"百姓无内外之徭，得息肩于田亩，天下殷富，粟至十余钱，鸣鸡吠狗，烟火万里，所谓和乐者乎……自年六十翁亦未尝至市井，游敖嬉戏如小儿状"。自耕农在文、景之时发展到了高峰。自西汉中期以后至东汉，自耕农的处境虽然逐渐恶化，自耕农经济不甚稳定。但在"农本"思想的指导下，统治者为保证赋役来源，十分强调"地著"，为使农民固着在土地上，当时对失去生产资料的农民，或"赋民公田""赐民公田"，或"假贷种、食"等，因而自耕农仍然为数甚多，自耕农经济在整个社会经济中仍然占有相当重要的比重。

由此可见，战国秦汉时期，自耕农的形成和发展不是偶然的。一是，由于当时铁农具的使用与推广，使农民有可能用剩余劳动来开垦荒地，而获取小块土地。二是，和剧烈的社会变革有关。当时在社会的转型或更替过程中，从所有制到阶级关系都经历着重大的变化。大规模的政治、阶级斗争，无不冲击着原有的生产关系，冲击着原有的土地所有制，使部分土地转化到农民手中，使无地农民变成自耕农。三是，和重农政策有关。当时的重农政策，主要是培植新兴地主阶级、发展地主经济，但对自耕农的形成和发展，也起有促进作用。

那么，汉代自耕农的数量究竟有多少？它在全国总人口中所占的比例及其发展变化如何？这个问题，古籍缺乏具体记载，很难准确地掌握其详细数据。但也不是毫无蛛丝马迹可寻。

据载汉初，讫高帝十二年，"侯者百四十有三人。时大城名都民人散亡，户口可得而数裁什二三，是以大侯不过万家，小者五六百户……逮文、景四五世间,流民既归,户口亦息,列侯大者至三四万户,小国自倍,富厚如之"①。汉武帝元光年间,由于"征伐四夷,师出三十余年,天下户口减半"②。汉昭帝之世,与民休息。汉宣帝以后,数世不见烟火之警,人民炽盛。到了哀、平之际,"百姓赀富虽不及文景,然天下户口最盛矣"③。从这些史实中,可以看出西汉的人口有个消长过程,其变化大体上经历了这样几个阶段,即汉初至武帝初年为一阶段,这是人口由少到多,人口自然增长速度比较快的时期;武帝中后期为另一阶段,这是人口由多到少的转变时期;昭、宣以后至哀、平之际为第三阶段,全国人口又开始了由少到多的发展。在平帝元始二年(2),是西汉人口最盛的时期。这说明,汉代全国人口的总数及其增长率,在前期和后期是不同的。这里,仅就西汉二百余年中自耕农的数量变化做些粗略测度。

据估计,西汉前期,秦统一六国后的人口为2000万左右。④ 经过秦末农民起义和楚汉战争之后,汉初剩下的人口约为800万左右。⑤ 若按照当时十八个侯国人口增长的统计,汉初全国人口的自然增长率。约为每年增长20‰。西汉前期到武帝时的人口总数,当接近或超过秦统一全国后的人口数,即在1500万以上到2000万左右,若包括既归流民,数字可能还要略大。我们知道,在关于汉初社会阶级构成的史料中,为人"佣耕"者不多,佃农也属少见;而官僚、豪商地主,由于开始受到秦末农民军的惩处,随后又受到汉政权经济政策的某些限制,故其数量也不会大多。因此,在西汉前期约计的2000万人口中,有相当大的数量应是属于自耕农、半自耕农。换言之。西汉前期的自耕农

---

① 《汉书》卷一六《高惠高后文功臣表》,第527—528页。
② 《汉书》卷二七中之下《五行志》,第1427页
③ 《汉书》卷二四上《食货志》,第1143页。
④ 梁启超:《饮冰室合集》卷二十,中华书局1989年版,第957页。
⑤ 《后汉书》志第十九《郡国志》注引《帝王世纪》,第3388页。

中篇　农民篇

应是当时社会的重要组成部分。

西汉后期,据《汉书·地理志》载:"讫于孝平,凡郡国一百三,县邑千三百一十四,道三十二,侯国二百四十一……民户千二百二十三万三千六十三,口五千九百五十九万四千九百七十八,汉极盛矣。""我们根据当时一百零三个郡国的具体统计,发现在平帝时,平均每户五口左右者,三十九个郡国,占38%;平均每户四口左右者,四十个郡国,占38.8%;平均每户六口左右者,十一个郡国,占10.6%;平均每户三口左右者,八个郡国,占7.6%;平均每户七至八口左右者,五个郡国,占4.7%"[①]。这个情况多少说明即使是在西汉后期,五口上下的农户在当时仍然为数不少。如果晁错等人以五口之家作为自耕农的标准可以成立的话,那么它在全国人口中占有相当的比例。

至于东汉时期,随着大土地私有制发展,豪商地主势力恶性膨胀,他们大量兼并土地,兴建田庄,控制依附人口。史称:"豪人之室,连栋数百,膏田满野,奴婢千群,徒附万计。"[②] 因依附农民增多,自耕农数量在全国人口中所占的比例,比西汉时期有所减少。

通过以上的粗略分析,我们似可得出一个大体上的结论。随着汉代全国人口的演变,自耕农的数量也有个变化过程。西汉前期,自耕农数量多、比例大。当时土地问题不甚紧张,全国有不少耕地当为自耕农所拥有。西汉后期至东汉,由于土地兼并和赋役剥削加重,自耕农数量相对减少,在全国人口中所占比例渐趋下降,而豪富大姓和中小地主拥有的土地急速增长。

---

① 关于各郡国每户平均人口数,在小数点以后的数。采用四舍五入的计算法。"五口之家"与自耕农有关,但其他阶级也当有"五口之家"者,在史料简缺的情况下,暂且权用之说明大概。

② 《后汉书》卷四九《仲长统传》,第1648页。

自耕农的土地拥有量和耕作能力测估

汉代的自耕农,在法律地位上,高于有市籍的商贾、巫、百工。他们是小块土地所有者。然自耕农拥有的耕地面积是多少呢?这往往因时间、地区不同以及耕作方法之差而有别。

战国时代,自耕农的土地通常以"一夫百亩"为标准。例如,当时的李悝、孟子、荀子等人都曾提到农民是"一夫五口",有"五亩之宅、百亩之田"问题。当然,这是在"授田制"推行期间的情况。因为当时农民的份地是由国家授给的,授田数额划一,故大体上能够做到一家百亩。至西汉前期,文帝诏曰:"夫度田非益寡,而计民未加益,以口量地,其于古犹有余。"① 自耕农的耕地面积也还有一户百亩的情况。例如,《汉书·食货志》记晁错之言曰:"今农夫五口之家,其服役者不下二人,其能耕者不过百亩。"但是,有汉一代在授田制废止的条件下,各个农户拥有的土地量很难整齐划一。史云:"汉无授田之法,富者贵美且多,贫者贱薄且少。美薄之收不通,相倍蓰而上中下也。"② 土地所有权是动态的,由于各种各样的原因,所谓一户百亩的标准。汉时在实践上很难得到保证,必然会出现参差不均的情况。让我们先看文献记载。

> 陈平,"少时家贫,好读书,有田三十亩,独与兄伯居。伯常耕田,纵平使游学"③。

> 扬雄,"有田一廛,有宅一区,世世以农桑为业"④。

---

① 《汉书》卷四《文帝纪》,第 128 页。
② 《丛书集成初编》,见郑玄《驳五经正义》,第 1—2 页。
③ 《史记》卷五六《陈丞相世家》,第 2051 页。
④ 《汉书》卷八七《扬雄传》,第 3513 页。

贡禹，（向元帝上书曰）"臣禹年老贫穷，家资不满万钱，妻子糠豆不赡，短褐不完。有田百三十亩"①。

再从出土的简牍材料来看，有些地区的农户，土地不满百亩的情况更为殊多。如据江陵凤凰山十号墓简牍《郑里禀簿》的记载。②

户人圣能田一人口一人	田八亩	812
户人㝯能田一人口三人	田十亩	813
户人击牛能田二人口四人	田十二亩	814
户人野能田四人口八人	田十五亩	815
户人厌冶能田二人口二人	田十八亩	816
户人□能田二人口三人	田廿亩	817
户人立能田二人口六人	田廿三亩	818
户人越人能田三人口六人	田卅亩	819
户人不章能田四人口七人	田卅亩	820
户人胜能田三人口五人	田五十四亩	821
户人虏能田二人口四人	田廿亩	822
户人稷能田二人口六人	田廿亩	823
户人小奴能田二人口三人	田卅亩	824
户人□能田三人口四人	田廿亩	825
户人定□能田四人口四人	田卅亩	826
户人青肩能田三人口六人	廿七亩	827
户人□奴能田四人口七人	田廿三亩	828
户人□奴能田三人口□人	田卅亩	829

---

① 《汉书》卷七二《贡禹传》，第3073页。
② 李均明、何双全编：《散见简牍合辑》，文物出版社1990年版，第70—72页。

户人□□能田四人口六人	田卅三亩	830 —
户人公士田能田三人口六人	田廿一亩	831
户人骈能田四人口五人	田卅亩	832
户人朱市人能田三人口四人	田卅亩	833
户人口四奴能田三人口三人	田□亩☐	834
户人□□能田二人口三人	田廿亩十☐	835
[户人] 公士市人能田三人口四人	田卅二亩☐	836

又据李均明等《居延汉简释文合校》记载。

> 三礁燧长，居延西道里公乘徐宗，年五十。……宅一区，直三千，田五十亩，直五千。(24·1B)

以上文献记载中论及的陈平、贡禹等人，虽然后来通过政治途径当上了大官，变为官僚地主，但他们在政治经济地位变化之前，拥有的土地或三十亩，或百余亩，应当都是属于自耕农阶层。居延汉简记载的徐宗，有宅一区，有田五十亩，也是自耕农之列，似属无疑。至于江陵凤凰山简牍廪簿所记的 25 个农户，能田者 69 人，人口 105 上下。土地 617 亩，最多的农户 54 亩，最少的 8 亩，平均每户 24.68 亩。他们所拥有的土地甚少，低于一般自耕农对土地的占有量。这局部地区大概是人多地少的狭乡或与土地兼并有关。在人口集中的地区，土地占有的情况，每户不会很高；但在地广人稀的"远州旷野"之处，则每户拥有的土地当会更多。这说明虽然都是自耕农，然其拥有的土地量是不均衡的。一般言之，一户拥有土地百亩者，是比较富裕的自耕农；一户拥有土地五、六十亩者，属于中等水平的自耕农；而仅有二三十亩土地者，乃属较为贫困的自耕农或半自耕农。江陵地区的郑里农民，可谓多属此类，因而出现政府贷给粮食的情况。

汉代自耕农中比较富裕的只占少数，中等自耕农居多。这可从当时垦田面积和实有人口比例得到初步验证。汉初的垦田数字不详。但《汉书·地理志》对平帝元始二年（2）的户口，垦田数已有明确记载。这就是："定垦田八百二十七万五百三十六顷。民户千二百二十三万三千六十二，口五千九百五十九万四千九百七十八。"于此可以看出，若以平均拥有土地量来计算，全国每个农户远远达不到有田百亩的标准，一户仅有67.61亩。如果除去国家直接经营的土地和地主兼并多占的私有土地，则自耕农户平均拥有的土地量，当只在五十亩至六十亩左右，甚至更少。

汉代自耕农的耕作能力如何？能负担多大的耕地面积？这个问题，因情况不同也需做些具体分析。

自耕农中的富裕人户，一般地居中原，又由于使用铁制农具和牛耕，在生产条件较好的情况下，每丁一般约可耕种五十亩土地。《汉书·食货志》曰，一个五口之家的农户，"其服役者不下二人，其能耕者不过百亩"。据晁错的这个说法，一个自耕农户两个丁男，每丁所能耕种的面积是不得超过五十亩，只能少于五十亩。一户二丁，合计最高只能"治田百亩"。但《汉书·食货志》又云："率十夫为田一井、一屋，故亩五顷。"邓展注曰："九夫为井，三夫为屋。夫百亩，于古为十二顷。古百步为亩，汉时二百四十步为亩，古千二百亩，则得今五顷。"这是根据赵过"代田法"计算的。是知一夫（户）耕田仅四十亩，一丁只耕二十亩。这与汉初晁错的估算存在明显差异，是因为西汉中期后推行了代田法，精耕细作，耕作方法上要求更高，加之亩制扩大的缘故。

自耕农中地居偏远落后地区的贫困人户，由于受到种种条件的限制，生产工具落后，亦有每丁只能耕种十亩土地者。据《淮南子·主术训》载："夫民之为生也，一人蹠耒而耕，不过十亩。"这说明无力养牛而实现犁耕的农户，只能使用耒耕，其生产力水平低下，一户二丁才能耕种 20 亩，三丁耕种 30 亩。于此，当是半自耕农或贫困自耕农耕作能力的最低值了。

由此可见，汉代自耕农耕种面积的多少，往往因时间、地区以及耕作方法之不同而有别，不可统论。然就通常来说，一个中等水平的自耕农户，拥有 50 亩至 60 亩的耕地，从劳动力而言，一户二丁是完全可以负担得了的。他们可以做到不雇工也不被雇于人。这五六十亩土地也就是自耕农的私有土地。应当指出，战国秦汉时期的田制中，关于"一夫百亩"的规定，不完全是根据自耕农的实际生产能力提出的，[①] 而是先秦旧制的一种模式或遗风。

自耕农的经济收入与家庭消费支出

自耕农经济是以生产资料和产品属于生产者本人所有为特点的。汉代自耕农的收支状况如何？下面让我们就中等自耕农户的有关情况做一具体考察。

（一）经济收入

汉代自耕农的经济收入，主要靠粮食种植，副业生产包括家庭纺织。自耕农的岁收粮食量，是根据其所拥有的耕地面积之多寡来决定的。且不同时期不同地区有别。这里以西汉中原地区一户拥有六十亩耕地的中等自耕农为基准来计算其收入。但粮食收入又涉及当时田亩产量之高低问题。西汉时期中原地区的亩产量，文献多有记载。

《汉书·食货志》记晁错之言曰："今农夫五口之家。其服役者不

[①] 参见谷霁光《中国古代经济史论文集》，江西人民出版社 1980 年版，第 121 页。

下二人,其能耕者不过百亩,百亩之收,不过百石。"即亩收一石。

《汉纪》引晁错的话时,将原文变动为:"百亩之收,不过三百石。"即亩收三石。

《史记·河渠书》曰:"五千顷故尽河壖弃地,民茭牧其中耳,今溉田之,度可得穀二百万石以上。"即亩收四石多。

上述亩产量的记载,学界有不同的解释。有学者认为,晁错的话是要力陈农民之苦,应当属于偏低的数字。[①] 有人认为,晁错说的"亩收一石"没有代表性,荀悦说"亩收三石"代表性更强[②]。但我们看来,晁错所说的"亩",乃系周制100步为亩的小亩,而"石"则为汉之大石。晁错与荀悦所说的单位面积产量大致上相同,二人所说的平均产量基本相近。因为汉代量制有大石小石之分,《食货志》晁错说的是大石,而荀悦《汉纪》说的是指小石。当时大小石之比为5:3,即一小石等于大石六斗,三小石为大石一石八斗,四小石为大石二石四斗。因此,判断西汉时期中原地区的平均亩产量应当是一石八斗至二石。这样,西汉一个中等自耕农,若有两个劳动力,耕种六十亩土地,一年便有120石左右的粮食收入。

农副业收入。这要根据自耕农各个家庭的具体经营情况而定。但农副业生产如园圃蔬菜种植、家禽家畜饲养等,通常是自耕农户经济来源的重要补充之一。这一情况文献中多有记载。

《汉书·食货志》曰:"种谷必杂五种,以备灾害……还庐树桑,菜茹有畦,瓜瓠果蓏,殖于疆易。鸡豚狗彘勿失其时,女修蚕织,则五十可以衣帛,七十可以食肉。"

《汉书·龚遂传》曰:(宣帝时,龚遂为勃海太守)"躬率以

---

① 宁可:《汉代农业生产漫谈》,《光明日报》1989年4月10日。
② 周国林:《汉亩租额稽核》,《中国社会经济史研究》1989年第2期。

俭约,劝民务农桑,令口种一树榆,百本薤,五十本葱,一畦韭,家二母彘,五鸡。"

《后汉书·卫飒传》曰:(建武中,茨充迁桂阳太守)"亦善其政,教民种桑柘麻纻之属,劝令养蚕织屦,民得利益焉。"

《后汉书·安帝纪》载,永初三年,"诏长吏案行所在,皆令种宿麦、蔬食,务尽地力。"

在"重农"政策下,由于政府劝课农桑,大力提倡农副业生产,农民普遍注意了多种经营。除粮食生产外,一般都能利用房前屋后的宅地种植蔬果,圈养家禽家畜等。自耕农的这些农副业生产,对其维持生活起了不可忽视的作用,如《管子·禁藏篇》曰:"糠秕六畜当十石粮。"史游《急就篇》云:"园菜果瓜助米粮。"《盐铁论·散不足》亦曰:"夫一豕之肉,得中年之收十五石粟,当丁男半月之食。"汉代各农户对园圃及家畜的养殖情况不一,我们虽然难以具体考证其占自耕农总收入的比例,但它在一定程度上可以弥补家庭的某些短缺,是一笔不可忽视的收入。

另外,自耕农经济的一个重要特点,就是男耕女织。汉朝人在谈到他们的经济生活时,通常耕织并提。例如,《淮南子·主术训》曰:"衣食之道,必始于耕织。"《盐铁论·园池》云:"夫男耕女织,天下之大业也。"《汉书·食货志》亦曰:"一夫不耕,或受之饥;一女不织,或受之寒。"

农桑为衣食之本,自来非常重视。从事家庭纺织的主要力量是妇女。汉代妇女的纺织速度或生产率,因其熟练程度之差,有快有慢。据乐府《上山采蘼芜》曰:"新人工织缣,故人工织素,织缣日一匹,织素五丈余,将缣来比素,新人不如故。"《孔雀东南飞》:"鸡鸣入机织,夜夜不得息,三日断五匹,大人故嫌迟。"一日织一匹或一匹以上，这当是文学作品的夸张之词，固不可信。今据《九章算术》所记，一个学习纺织的女工，第一日织寸余，第二日织三寸余，第三日织六寸余，第四日织一尺二寸，第五日织二尺五寸余。以最后一日的纺织水平计算，约十六日方成一匹。当时一匹布的规格为长四丈，宽二尺二寸。十六日织成一匹，这或许是指专职女工的情况。然一般农家妇女可能达不到这个速度。因为她们平时需要承担炊事、缝补、洗浆等家务劳动。一年的纺织量不可能很多，假若终年纺织三四匹布，这也是农家的重要收入。

要之，汉代自耕农的经济收入，主要有粮食，纺织品和农副产品包括家禽、蔬果等。

(二) 家庭支出

汉代自耕农的家庭支出主要有这样几项，一是，解决吃、穿的生活消费；二是，交纳"田租""口赋"的费用；三是，种子、饲料、农具等生产方面的支出；此外还有"祭祀"和人际交往方面的费用等。

1. 口粮、衣服

《汉书·食货志》引晁错的话说："人情一日不食则饥，终岁不制衣则寒。"吃和穿是人们维持生存最基本的消费。汉代人们的口粮标准，文献中多有记载。

如《盐铁论·散不足》曰："十五斗粟，当丁男半月之食。"《氾胜之书》说丁男、长女"岁食三十六石"粟。《论衡·祀义》曰："中人之体七八尺，身大四五围，食斗食，饮斗羹，乃足。多者三四斗。"汉崔寔《政论》云长吏及其奴二人，每月"食粟六斛"。即一人月食粟三斛（石）。

以上所说，大致上都是丁男、长女每日食粟一斗，一月食粮三石

（小石），合大石一石八斗左右。

再从《汉简》来看，当时不同年龄、不同性别，每月的用粮有别，如《居延汉简甲乙编》载，大男（15岁以上）月食小石三石，即大石一石八斗（203·27，286·6）。大女（15岁以上）、使男（7—14岁），月食小石二石一斗六升大，即大石一石三斗。（55·25，27·3）。未使女（6岁以下），月食一石一斗六升大（小石），即大石七斗。（203·7，203·13）。这虽是西北地区戍边人员家庭的用粮标准，但中原内郡农民家庭成员的用粮情况，也当大致相近。

汉代"五口之家"的自耕农户，如果有大男二人，大女或使男一人，使女或未使男一人，未使女一人计，那么，全家一个月的口粮为六石六斗，全年的口粮共计为八十石左右。

食盐是生活之必需，不可或缺。文献中经常提到盐之重要，及不同年龄、性别用盐的情况。例如，《管子·海王》曰："十口之家，十人之盐，百口之家，百人食盐。终月，大男食盐五升少半，大女食盐三升少半，吾子食盐二升少半。"《管子·地数》亦说："十口之家，十人咶盐，百口之家，百人咶盐。凡食盐之数，一月丈夫五升少半，妇人三升少半，婴儿二升少半。"《汉书·赵充国传》云："愿罢骑兵，留弛刑应募及淮阳、汝南步兵与吏私从者，合凡万二百八十一人，用谷月二万七千三百六十三斛，盐三百八斛，分屯要害处。"即士兵、吏士平均一人一月用盐二升。

关于用盐量问题，在汉简中的记载，通常也是大人月食三升。据《居延汉简甲乙编》载："右省卒四人，盐一斗二升。"（176·18）"鄣卒张竟，盐三升，十二月食三石三斗三升少，十一月庚申自取。"（203·14）"鄣卒李就，盐三升，十二月食三石三斗三升少，十一月庚申自取。"（254·24）又《居延新简》载："官卒十一人，盐三斗三升。"（E.F.T53：136）

值得注意的是，汉人的食盐月用量，也和口粮一样，根据年龄、性别之不同而有异。今参照前引《管子》中的海王、地数篇，大男一人一年食盐三斗六升；大女一人一年食盐约为二斗二升；小男小女一人一年食盐约为一斗五升。五口之家的自耕农户，若按大男二人，大女一人，小男小女二人计算，则一年共需食盐约为一石二斗左右。

《汉书·食货志》说盐"非编户齐民所能家作，虽贵数倍，不得不买。"汉代的盐价，不同时、空存在波动。据《张家山汉简·算术书》记："今有盐一石四斗五升少半升，贾取钱百五十欲石衡（率）之，为钱几何？曰百三钱四百卅［六］分钱九十五二。"① 这道算题提供的盐价是每石一百多钱。《盐铁论·水旱》篇曰："故民得占租鼓铸、煮盐之时，盐与五谷同贾。"② 汉简中的《劳边使者过界中费》云："盐鼓各一斗，直三十。"③ 是知，王莽时的盐价为一石三百钱。《后汉书·虞诩传》注引《续汉书》载，东汉虞诩为武都太守时，"诩始到，谷石千，盐石八千，见户万三千，视事三岁，米石八十，盐石四百，流人还归，郡户数万，人足家给，一郡无事"④。

从这些记载来看，汉代的盐价时有变动。西汉前期，由于允许私人煮盐，盐价较低，仅百余钱一石。有的年份盐与谷同价。武帝时实行盐铁专卖后，盐价上涨。新莽时期，盐价一石三百钱。东汉武都地区，曾出现过"盐石八千"。但在政局稳定后，"盐石四百"。西北武都或许缺盐，故盐价一般高于内郡。西汉中原内地的平均盐价，通常当在一石三百钱上下波动。这样，西汉"五口之家"的自耕农户，一年需要用盐一石二斗，便要用去三百六十钱买盐。假若粮价百钱一石，

---

① 张家山二四七号汉墓竹简整理小组编：《张家山汉墓竹简（二四七号墓）》，文物出版社 2001 年版，第 142 页。
② 王利器：《盐铁论校注》，中华书局 1992 年版，第 430 页。
③ 《居延新出土的汉简》图版捌，《文物》1978 年第 1 期。
④ 《后汉书·虞诩传》注引，第 1870 页。

则要拿出粮谷三石六斗去换取全年必需的食盐。①

农副食品（蔬菜、肉类等）主要是自耕农户自己生产，自给自足。有些副食品，只是调余补缺问题，无须另外支出。

衣服基本上也是靠自耕农户家庭纺织解决。不过各种衣服的耐用程度不同，需要量不同，有农家纺织能力毕竟有限，恐怕很难做到所有家庭成员的衣服都能自己解决，仍需要通过市场购买来得到补充。

汉代农民一般是穿布衣，如七稷布、八稷布、九稷布等，这种粗布的价格，据《居延汉简甲乙编》有二百钱、三百钱、四百钱一匹者，也有五百钱、六百钱一匹者，而多数是在三百至四百钱一匹的布价。②若中原内郡的布价以四百钱一匹的平均价计算，则自耕农户一年买布一匹就得支出四百钱的费用，或用粮食四石来补充衣服。

2. 赋税

汉代自耕农每年必须依法按规定数量向国家缴纳赋税，即"田租"（地税）和"口赋"（人头税）。

地税的征课率是按田亩产量征收。地税通常为"三十税一"。中等自耕农户有地六十亩，按亩产二石计算，需向国家交地税四石。

人头税较地税更重，依人口计征。当时，成年人要交"算赋"，赋额每人120钱，儿童每人要交纳"口钱"，赋额每人23钱，另外，戍边的代役钱叫更赋，赋额为300钱。"五口之家"的自耕农户，若三人交纳算赋，二人交纳口钱，其中又有一人需交纳更赋。这样，全家人头税共计七百零六钱，需用去粮谷七石多。

---

① 据《史记·平准书》载，西汉初"米至石万钱"。《史记·律书》载，文帝即位，"粟至十余钱一石"。《汉书·食货志》载，宣帝时，"谷至石五钱"。元帝即立，"谷石三百余"钱。王莽末年，"关东大饥蝗，洛阳以东，米石二千"。当时粮价波动很大。这里以粮价百钱一石，是指西汉正常年代粮谷的平均价格而言。

② 陈直：《两汉经济史料论丛》，陕西人民出版社1980年版，第63页。

3. 留种、饲料、农具

这是农户维持简单再生产必备的投入。汉代粮食作物的种类，北方以麦、禾为主，南方以种稻为主。据秦墓《睡虎地秦墓竹简》的《仓律》规定，"种稻、麻亩用二斗大半斗，禾、麦一斗，黍苔亩大半斗，叔（菽）亩半斗"。就是说，每亩的播种量，稻、麻大约为二斗，禾、麦大约为一斗。如果以禾、麦的种子每亩需要量为一斗计算，则中等自耕农户拥有的 60 亩土地，需要留种 6 石，若播稻、麻，乃需留种 12 石。

饲养家禽、家畜的饲料。据成都土桥出土的画像石刻《家禽家畜图》可见，有鸡、鸭、鹅、猪、狗成群，品种多样。时至东汉，随着牛耕的推广，农家养牛也逐渐增多。所有这些均表明汉代农民对饲养家禽、家畜是比较重视的。假设中等水平的自耕农户，养牛一头、猪二头、鸡若干只计算，我们综合其他有关又献记载，大概全年用去的粮食需要 10 石上下。

至于农具，有数量和质量之别，一年需费多少钱难以估算。为便于量化，我们暂以七石粮谷为限。

此外，还有祭祀、医药、人际往来等费用，这些也都没有具体标准和数据记录，权且估为需用粮食六石。

综上所述，一户中等自耕农户，五口之家，有田六十亩，男耕女织，一年的粮食收入为 120 石。而家庭的支出情况是，口粮、食盐、衣服等生活消费 88 石；向国家交纳土地税、人头税 11 石；种子、饲料、农具等生产费用 29 石；祭祀、医药、人情往来等费用 6 石。合计支出 134 石。全年收支抵，短缺 14 石，需靠农副业收入弥补不足。这正如《急就篇》所说："园菜果蓏助米粮。"当然，这因涉及物价的估算等因素，有一定弹性，难于精确，这只能说明一个大概。但总的来说，中等自耕农户，拥有 60 亩耕地和家庭副业的收入，在没有天灾人祸，年景正常，社会相对安定，赋役征课较轻的情况下，其生产、生活大体上可以维持下去，或者说是有所保障。而拥有百亩土地，比较富裕的自耕农，他们的生活好一些，有扩大再生产的能力，有的甚至可逐渐上升为地主。然半自耕农或自耕农中的贫困户，则往往缺吃少穿，生计难以维系。

自耕农经济的脆弱性和不稳定性

汉代的自耕农，虽然有相对的独立性，在正常年景下，能自食其力，进行简单的再生产。但是，自耕农毕竟是小块土地所有者。马克思说："高利贷和税收制度必然会到处促使这种所有制衰败。把资本投在土地价格上面，一定会夺去耕作的资本。生产资料的无穷的分裂和生产者自己的个别分立，人力的可惊的浪费，生产条件的日趋恶化和生产资料的昂贵化，是小块土地所有制的必然法则。对这个生产方式，好的年成也是不幸。"① 马克思的这段话，主要是针对封建社会解体以后的小农经济来讲的，然而他所指出的一些特点，如高利贷和税收的征课，生产资料的分裂，生产者的分离，生产条件的日趋恶化等，似乎同样适用于我们分析汉代的自耕农经济。如前所述，汉代的自耕农经济虽然比佃农、雇农略胜一筹，但自耕农这个阶层，往往站在十字路口，很容易两极分化，有着极大的不稳定性，在超经济强制严重的汉代尤其如此。

史实表明，在汉代的自耕农当中，尽管一部分人有可能上升为地主。但这种情况为数较少。当时自耕农中的许多人，由于赋役征课、高利贷及自然灾害、战乱等原因而趋于贫困和破产。

---

① 《资本论》第3卷，人民出版社1954年版，第1054页。

自耕农的沉重负担,首先是来自国家的赋税和徭役。汉代有按丁、口征敛的口钱、算赋和更赋;有计亩而征的田租;还有各种名目的徭役等,这些负担是十分沉重的。正如《盐铁论·未通》篇说,当时,"田虽三十而以顷亩出税,乐岁粒米狼戾而寡取之,凶年饥馑而必求足;加之以口赋更徭之役,率一人之作,中分其功。农民悉其所得,或假贷而益之,是以百姓疾耕力作而饥寒遂及己也"。由于统治者"急征暴赋,赋敛不时",征剥无度,故于西汉前期便有些自耕农开始了于是有"卖田宅、鬻子孙,以偿责者矣"[①]。

昭、宣当政期间,"知时务之要",采取了"轻徭薄赋,与民休息"政策,自耕农经济得到了一个暂短的恢复与发展之机。然而到了西汉后期的元、成、哀、平之时,因政治腐败,社会矛盾加深,赋役征课不断加重,故自耕农经济重新面临危机。这方面的记载甚多。《汉书·贡禹传》说:"农夫父子,暴露中野,不避寒暑,捽草杷土,手足胼胝,已奉租谷,又出稿税,乡部私求,不可胜供。故民弃本逐末,耕者不能半。"

《汉书·匡衡传》说:"今关东连年饥馑,百姓困乏,或至相食,此皆生于赋敛多,民所供者大,而吏安集不称之故也。"

《汉书·两龚传》说:"百姓贫,盗贼多,吏不良,风俗薄,制度太奢,刑罚太深,赋敛太重。"

所以就总体来说,自耕农经济表现出了极不稳定、极其脆弱的特点。

首先,表现在自耕农小块土地的转移和丧失十分严重。

土地是传统社会最基本、最主要的生产资料,是农民赖以生存的基础。但汉代自耕农的小块土地,却往往成为贵族、官僚和豪民地主兼并的主要对象。我们从《史记》《汉书》中看到,自西汉中后期

[①] 《汉书》卷二十四上《食货志》,第1132页。

起，随着土地兼并的进行，当时贵族、官僚和豪富"买田宅""侵夺民田"者，史不绝书。例如，《史记·魏其武安侯列传》说灌夫"家累数千万……陂池田园，宗族、宾客为权利，横于颍川"。《史记·淮南衡山王传》载淮南王刘安的妻子儿女"擅国权，侵夺民田"；衡山王刘赐"数侵夺民田宅，坏人冢以为田"。《汉书·公孙贺传》载公孙贺"倚旧故，乘高势而为邪，兴美田以利子弟宾客，不顾元元"。《汉书·霍光传》载霍去病为父霍中孺"买田宅、奴婢"。西汉后期至东汉，土地兼并更为激烈。例如，《后汉书·阴识传》记阴子方"暴至巨富，田有七百余顷"。《后汉书·张禹传》载张禹"内殖货财，家以田为业。及富贵，多买田至四百顷，皆泾渭灌溉，极膏腴上价"。

随着土地兼并的逐渐升级，贵族、官僚和富商豪民吞并农民土地的形式也就多种多样。他们对土地的吞并越疯狂、越激烈，广大自耕农土地的丧失就越快、越严重。从西汉后期开始，地主侵吞农民土地的情况，无论在广度和深度上，均大大地超过了前期。因此，哀帝时，师丹等人的限田之议，尽管是改良方案，最终也未能实现。

广大自耕农丧失了土地之后，其出路是悲惨的。他们中有的耕种"豪民"之田，成为豪民的私家佃农；有的"为人庸耕"，成为"庸客"，即雇农；有的脱离版籍，成为"无名数"的流民；还有的甚至沦为债务奴婢等。但其中大多数是耕种地主的土地，同地主发生租佃制下的依附关系。所谓"或耕豪民之田，见税什五"。

其次，自耕农经济力量薄弱，农具和耕牛一类的生产资料往往不足。

自耕农经济和地主经济不同。地主经济生产资料多、经营范围广、经济力量雄厚。自耕农则不然，其经济状况极度脆弱。前面说到，一个五口之家的中等自耕农户，即使是有田五六十亩，通常也只能维持基本生活。因此，汉政权为了保证赋役来源，对失去土地后的贫困农民往往被迫采取一些赈救、扶贫的政策。例如，汉武帝元狩六年（前

117），对农民"无以自振业者贷与之"①；汉宣帝地节三年（前67），前下诏"假公田，贷种、食"②；汉元帝永光元年（前43），"令厉精自新，各务农亩，无田者皆假之，贷种、食如贫民"③；汉平帝元始二年（2），"赐田宅什器，假与犁、牛、种、食"④。应该看到，所有这些，恰从反面证明了自耕农经济的力量日趋走向薄弱和生产资料的不足。

最后，还要指出的是，自耕农经济缺乏抵御自然灾害袭击的能力。

汉代的农业经济基本上是"靠天吃饭"，自然条件对于农民的生产和生活至关重大。据记载，当时的自然灾害甚多。

《淮南子·天文训》说："三岁而一饥，六岁而一衰，十二岁而一康。"（"康"即"荒"）

《盐铁论·水旱》也说："六岁一饥，十二岁一荒。"

在两汉的四百多年当中，各种灾害频仍。如据《汉书》《后汉书》诸帝纪、五行志等有关材料的记载，几乎无年不灾。详见表1。

表1　　　　　　　　西汉自然灾害详情

朝代＼灾名＼次数	水灾	旱灾	蝗灾	地震	疫灾	风灾	淫雨霖雨	冰雹	霜冻	饥荒	总计
西汉	21	21	12	14	1	4	4	3	8	5	93
东汉	45	27	26	57	17	14	9	14		14	223
总计	66	48	38	71	18	18	13	17	8	19	316

这个事实表明，两汉四百余年中，发生各种自然灾害达316次，平均每年发灾率为77%，东汉一朝仅195年，而各种灾害多达223次，

---

① 《汉书》卷六《武帝纪》，第180页。
② 《汉书》卷八《宣帝纪》，第248页。
③ 《汉书》卷九《元帝纪》，第287页。
④ 《汉书》卷一二《平帝纪》，第353页。

平均每年发灾率为114%，高于西汉的70个百分点。发灾频率高得惊人。自然灾害对社会的破坏是严重的。例如，汉文帝元年（前179）四月，"齐、楚地震，二十九山同日崩，大水溃出"①。汉宣帝本始四年（前70）四月，"郡国四十九地震，或山崩水出"，乃者地震"北海、琅邪，坏祖宗庙"②，"杀六千余人"。当时的水灾、旱灾、地震、虫灾、风灾等自然灾害频繁并十分严重。灾害带来的损失也很大。详见本书《两汉自然灾害与政府赈灾行迹年表》，于此不赘。

自耕农是一家一户分散的个体生产者，经济力量单薄，对于这样一种脆弱的社会经济结构，任何内在的或外来的破坏力量，都有可能把它摧毁。马克思说："对于小农民，只要一头母牛死亡，就会使他不能依照旧的规模来重新开始他的再生产。"③ 如果有比死亡"一头母牛"更大的破坏力量，如饥荒、旱灾、蝗灾、地震等，自耕农的经济更是不堪一击了。所以，从西汉中后期开始，常常可以看到这样的记载，由于"水旱频仍""连年灾害"，而造成"比年丧稼"，"元元大困"，"父子分散，流离道路"。这方面的材料，在元帝以后的各本纪以及《于定国传》《谷永传》《孔光传》《王莽传》中，均有详叙，这里无需赘引。总之，自耕农经济的不稳定性在自然灾害面前表现得尤为突出。从西汉后期开始，自耕农数量的不断减少，自然灾害之频繁是一个重要原因。

余 论

自耕农、半自耕农，其数量在汉代有个发展变化过程，这种自耕农经济的繁荣或者衰落，对于整个封建经济的发展和政治统治的稳定，

---

① 《汉书》卷四《文帝纪》，第114页。
② 《汉书》卷八《宣帝纪》，第245页。
③ 《资本论》第3卷，人民出版社1954年版，第778页。

都有着一定的影响。

西汉前期,由于自耕农经济得到发展,社会相对安定,农副产品比较丰富,经济也较活跃。农民提供的农产品,为城乡工商业的发展提供了原料。比如,当时的巴蜀、关中和关东地区的一些城市,由于农副产品供应较为充足,城市的手工业、商业也较发达。在当时的市场上,出现了多种多样的商品。不仅市场上产品数量多,而且谷、粟的价格也比较低廉。国家财政有保障,兵源充足,征兵制度能顺利推行。与此相反,自西汉中后期开始,随着自耕农的贫困破产,生产萎缩,副业不昌,这就使城市工商业的原料来源及产品市场受到严重的影响。不仅如此,而且对当时的国家财政收入和兵徭来源也有着重大影响。马克思说:"赋税是官僚、军队、教士和宫廷的生活源泉。强有力的政府和繁重的赋税是同一个概念。"[①] 而在汉代,田租、口算、更徭的主要承担者是自耕农和半自耕农。大批自耕农的破产、流亡,势必减少国家的财政收入,也势必减少国家的兵徭来源。还有一点就是必将增加社会的"不安定因素",导致阶级矛盾的激化。

[①] 《马克思恩格斯选集》第 1 卷,人民出版社 1972 年版,第 697 页。

汉代农民土地所有权的发展与其地权丧失后之流向

秦汉时期的土地制度，自来为学界所重视，研究成果丰硕。[①] 但与农民地权相关的一些问题，如农民私有土地的形成、发展和土地拥有状况及其地权丧失后的流向等，以往缺乏专文集中讨论，有些方面认识也不尽一致，确乎仍有探讨的必要。本章拟在此前研究的基础上，专就汉代农民土地所有权发展的简要历程、地权转移的路径和方式，以及农民丧失地权后的流向与劳动力商品化诸问题，做些初步论列。

土地所有权的发展历程

早在春秋中晚期，自晋国"作爰田"、鲁国"初税亩"等之后，

[①] 这方面成果很多，主要有朱绍侯《秦汉土地制度与阶段关系》，中州古籍出版社1985年版；林甘泉主编《中国封建土地制度史》第一卷，中国社会科学出版社1990年版；张传玺《秦汉问题研究》，北京大学出版社1985年版，第17—140页；高敏《秦汉魏晋南北朝土地制度研究》，中州古籍出版社1986年版；于琨奇《秦汉小农与小农经济》，黄山书社1991年版；赵丽生《试论两汉的土地制度和社会经济结构》，《文史哲》1985年第5期；李根蟠《春秋战国时期农民份地的私有化与地主经济的形成》，《中国经济史研究》1999年增刊；杨生民《汉代土地所有制两重性诸问题试探》，《中国史研究》1990年第4期；张金光《试论商鞅变法后的土地制度》，《中国史研究》1983年第2期；《普遍授田制的终结与私有土地权形式》，《历史研究》2007年第5期等。

便出现了农民的私有土地。① 战国时期，随着铁器使用、生产力提高、农村公社解体、农民的私有土地快速发展，当时有大量"公田"变为"私田"。一户占有"五亩之宅"，"百亩之田"的个体农民不断涌现。② 在此期间，实行的授田制，其份地是有授无还的，历经长期使用，久而久之，份地便逐渐转化为私有。秦统一六国后，秦始皇三十一年（前216），颁布了一个具有划时代意义的令文，即"使黔首自实田"。③ 要求庶民（包括农民和地主）向政府如实呈报自己占有土地的亩数，以定其土地税。这意味着国家承认并"赋予实际占有以法律的规定"，标志着在全国范围内土地私有权得以合法化和法典化。云梦秦简《法律问答》有"盗徙封"与"匿田"的记载，④ 表明当时法律是保护土地私有制的。

西汉立国之初，政府为恢复生产，重申土地私有，如汉高祖五年（前202）有如下记载。

> 诸侯子在关中者，复之十二岁，其归者半之。民前或相聚保山泽，不书名数，今天下已定，令各归其县，复故爵田宅，吏以文法教训辨告，勿笞辱。⑤

依诏令恢复"故爵田宅"的人，固然有一部分地主，但大多数应是占有小块土地的农民。张家山汉简《二年律令·户律》中有关"授田宅"⑥

---

① 据载楚庄王因陈灵公之乱灭陈而县之，申叔时进谏曰："鄙语有之，牵牛径人田，田主夺之牛。径则罪矣，夺之牛，不亦甚乎！"出自《史记》卷三六《陈杞世家》，中华书局1959年版，第1580页。这里说到的"田主"，应是庶人或农民。
② 《汉书》卷二四《食货志》，中华书局1962年版，第1125页。
③ 《史记》卷六《秦始皇本纪》注引《集解》徐广曰，第251页。
④ 《睡虎地秦墓竹简》，文物出版社1978年版，第178、218页。
⑤ 《汉书》卷一下《高祖本纪》，第54页。
⑥ 张家山二〇七号汉墓竹简整理小组编著：《张家山汉墓竹简（二四七号墓）》，文物出版社2001年版，第175—176页。

的条款，以是否立户为条件，根据爵位划分占有田宅的标准，主要是优惠军功地主。但庶人、农民也可获得"一顷"的土地，且可以继承、转让和买卖。最终授田宅的制度因难以实现而废止，使土地私有制以不可遏制之势得到发展。

自文、景以后至有汉一代，政府对农户（农民、地主）的土地私有权继续给予承认。只要在法律允许的范围之内，并向官府如实登记、呈报，便可成为私有土地，拥有土地所有权，包括占有权、使用权和处置权。土地私有化程度较前更为深化了。突出体现在当时土地不仅可以买卖，而且"卖买由己"；[①] 投入买卖土地的类型有水田、旱地，也有宅地、墓地等，参与土地买卖的人有贵族、官僚、地主、商人、贫民等各个阶层；土地买卖不仅出现在经济比较发达的关中、关东、巴蜀等地，而且出现在经济相对落后的边郡；由于土地成为商品，在买卖中已形成了地价，不同丰度的土地有不同价格，长安、洛阳地区的良田"贾亩一金"，边郡的"恶田"则多在亩价百钱以下；土地买卖成交后，要订立"契约"（地券），注明买卖时间、土地方位、亩数、地价、双方姓名及中间人签字等，形成了一定的程序[②]。此外，私有土地还可以出租、继承或转赠他人，充分体现出土地所有者的个人意志。可见，农户的土地私有制及所有权，发展到汉代，已基本完备。

随着土地私有制发展和社会上的豪强"武断乡曲"。在汉代特别是武帝时期，国家曾采取过"抑强扶弱"，调均土地的政策。一方面，对那些"强宗豪右田宅逾制，以强凌弱，以众暴寡"进行督察

[①] 荀悦：《申鉴》卷二《时事》，诸子集成第八册，中华书局1954年版，第11页。

[②] 参见张传玺《西汉土地所有制的发展》，《北京大学学报》1961年第3期；又张氏《中国历代契约会编考释》，北京大学出版社1995年版，第50页；李根蟠《官田民田并立，公权私权叠压——简论秦汉以后封建土地制度的形成及特点》，《中国经济史研究》2014年第2期。

与打击①。严延年为河南太守时,"其治务在摧折豪强,扶助贫弱"②,就是一例。当时还采取强制措施迁徙豪强,禁止商人"名田",限制他们"田宅逾制"。另一方面,为保证国家赋役来源,国家对农民乃实行扶助政策。倡导"力田",奖励"耕垦"。对人多田少的"狭乡",允许农民到"宽乡"或边郡开发;对无地或少地的农民,或"赋民公田",将国有土地赋予农民耕种,或"假民公田",将国有土地借给农民耕种;对缺少生产、生活资料的农民,乃"假贷农具、种、食"等,帮助农民维持简单的再生产。由于汉政权"重农",强调农民"地著",关注农民利益,故西汉文、景时期,占有小块土地的农民数量发展到高峰。西汉后期至东汉,虽然农村高利贷盘剥,特别是天灾人祸等影响,农民处境不断恶化,但占有一定土地的农民,在全国人口总数中仍占有相当的比重③。

先秦两汉时期,农民土地私有制与所有权之所以能够得到发展,主要是由于铁器、牛耕的使用与推广,生产力提高和允许私田的垦辟;再是由领主制向地主制经济转型、剧烈的社会变革和阶级斗争冲击了原有的生产关系,冲击了原有的土地所有制度,使部分土地从领主那里转化到农民手中,使农民获得了部分土地所有权;还有就是国家推行重农政策,当时在培育新兴地主,发展地主制经济的同时,对农民土地所有权的发展也起有促进作用。

土地兼并与地权转移的路径

地权是土地私有的重要标志。在汉代的政治生态和经济环境下,

---

① 《汉书》卷一九《百官公卿表》上注引《汉官典职仪》,中华书局1962年版,第742页。
② 《汉书》卷九〇《酷吏传》,第3669页。
③ 详见黄今言《汉代小农的数量、特征与地位问题再探讨》,《农业考古》2007年第4期。收入作者《秦汉史丛考》,经济日报出版社2008年版,第20—44页。

土地兼并与农民地权的转移，呈现出明显的时代特色。

西汉前期，社会上虽有土地兼并，但是"未有并兼之害"①。当时新兴地主、封君、列侯的"俸养"优厚，对土地还没有提出过高的要求。而且当时"以口量地，其于古犹有余"②，土地问题不甚紧张。在重农政策下，占有小块土地的农民，生活、生产相对安定。史称"百姓无内外之繇，得息肩于田亩，天下殷富"③；"民乐其业，蓄积岁增"④。农民的土地占有情况及其拥有的地权比较稳定。

但从汉武帝时开始，贵族、官僚、地主、商人"买田宅""夺民田"的现象时有发生。如卓文君与司马相如"归成都，买田宅"⑤。"故丞相贺倚旧故乘高势而为邪，兴美田以利子弟宾客，不顾元元"⑥。霍去病"以皇后姊子贵幸……为（父）中孺而买田宅、奴婢而去"⑦。针对当时权贵的土地兼并情况，董仲舒有过一个概述。

> 身宠而载高位，家温而食厚禄，因乘富贵之资力，以与民争利于下……广其田宅，博其产业，蓄其积委。⑧

不仅贵族、官僚"广其田宅，博其产业"。一些富商大贾，也"以末致财，用本守之"，通过兼并农民、购买土地来保值其财富。故董仲舒提出："古井田法虽难卒行，宜少近古，限民名田，以澹不足，塞并兼之路。"⑨ 然此时正值汉武帝广事四夷，董氏的"限田"建议未能实

---

① 《汉书》卷二四上《食货志》，中华书局1962年版，第1142页。
② 《汉书》卷四《文帝纪》，第128页。
③ 《史记》卷二五《律书》，第1242页。
④ 《汉书》卷二三《刑法志》，第1097页。
⑤ 《史记》卷一一七《司马相如传》，第3001页。
⑥ 《汉书》卷六六《公孙刘田王杨蔡陈郑传》，第2879页。
⑦ 《汉书》卷六八《霍光传》，第2931页。
⑧ 《汉书》卷五六《董仲舒传》，第2520页。
⑨ 《汉书》卷二四上《食货志》，第1137页。

现。当时虽也打击商人,没收了商人的大批土地和奴婢,但土地兼并之风没有得到遏制。

西汉后期,土地兼并成为严重的社会问题。陈汤在上封事时说:"关东富人益众,多规良田,役使贫民。"① 红阳侯王立,使客因南郡太守李尚"占垦草田数百顷"②。至哀帝时,针对权贵、富民疯狂兼并土地,他曾下诏说明该问题。

> 诸侯王、列侯、公主、吏二千石及豪富民多畜奴婢,田宅亡限,与民争利,百姓失职,重困不足。③

为挽救社会危机,稳定统治秩序,师丹提出了限田、限奴婢的建议。他说:"古之圣王莫不设井田,然后治乃可平。孝文皇帝……未有并兼之害,故不为民田及奴婢为限。今累世承平,豪富吏民訾数钜万,而贫弱俞困。盖君子为政,贵因循而重改作,然所以有改者,将以救急也,亦未可详,宜略为限。"④ 师丹这一建议经哀帝同意后,由丞相孔光、大司空何武制定了一个方案。但在贵族、官僚、豪民,特别是外戚丁、傅和宠臣董贤的反对下而废止,未能实行。此后,王莽的"王田""私属"令,同样以失败而告终。

东汉自光武帝刘秀的"度田"政策破产后,土地兼并进一步加剧。据载,济南王刘康"多殖财货,大修宫室,奴婢至千四百人,厩马千二百匹,私田八百顷"⑤。梁冀占有的土地,"西至弘农,东界荥阳,南极鲁阳,北达河、淇,包含山薮,远带丘荒,周旋封域,殆将千里"⑥。

---

① 《汉书》卷七十《傅常郑甘陈段传》,第3024页。
② 《汉书》卷七十七《盖诸葛刘郑孙毋将何传》,第3258页。
③ 《汉书》卷十一《哀帝纪》,第336页。
④ 《汉书》卷二十四上《食货志》,第1142页。
⑤ 《后汉书》卷四十二《光武帝十王列传》,第1431页。
⑥ 《后汉书》卷三十四《梁统列传》,第1182页。

郑太"家富于财,有田四百顷"①。"小黄门段珪家在济阴,与览并立田业,近济北界,仆从宾客侵犯百姓"②。"时中常侍苏康、管霸用事于内,遂固天下良田美业,山林湖泽,民庶穷困"③。在权贵、豪富霸占大量土地,兴建田庄的同时,拥有雄厚资本的商人地主也大肆兼并,掌有大批地产。仲长统说:"井田之变,豪人货殖,馆舍布于州郡,田亩连于方国。"还说:"豪人之室,连栋数百,膏田满野,奴婢千群,羊徒附万计。"④

依靠豪族势力起家的东汉政权,再没有人提出"限田"的主张了,故土地兼并的态势呈现恶性膨胀。

两汉时期,随着土地兼并的不断发展,农民的地权也就不断转移,土地的主人不断更换。1974年7月,洛阳东汉王当墓内出土一件买地铅券。券文记有:"光和二年十月辛未朔三日癸酉……王当、弟伎偷及父元兴等,从河南□□□□□子孙等买谷郏亭部三陌西袁田十亩以为宅,贾钱万钱,即日毕……田本曹奉祖田,卖与左仲敬等,仲敬转卖与王当弟伎偷、父元兴。"⑤ 这件券文说明,"袁田十亩"在短期内曾更换了三个主人。可见田主更换、变动之频繁。事实上,由于土地兼并不断进行,田地不断易主是当时的常态。可以说,地权转移频繁,田亩经常易主是汉代土地制度的一个重要特点。

汉代农民地权转移的路径和方式如何?这是值得探讨的一个问题。因为该问题,既有经济的手段,也有超经济的强制,并非单一的模式。

土地买卖是实现地权转移的普遍方式。由于土地私有制的发展,

---

① 《后汉书》卷七十《郑孔荀列传》,第2257页。
② 《后汉书》卷七十八《宦者列传》,第2522页。
③ 《后汉书》卷六十七《党锢传》,第2199页。
④ 《后汉书》卷四十九《王充王符仲长统列传》,第1648—1651页。
⑤ 洛阳博物馆:《洛阳东汉光和二年王当墓发掘简报》,《文物》1980年第6期。

汉代土地所有者，"可以像每个商品所有者处理自己的商品一样去处理土地"①。土地可以自由买卖，贫者卖田，富者买田是经常的事。当时，许多农民往往因赋役负担沉重，加之遭受各种自然灾害的袭击而贫困破产。他们在无法维系生计时，便"卖田宅，鬻子孙"②。有的农民甚至官府"虽赐之田，犹贱卖以贾"③。当时因家境贫困而卖田者有不少的人，贡禹"年老贫穷，家訾不满万钱……卖田百亩以供车马"④。崔寔"父卒，剽卖田宅"⑤。这都是例证。但有权有钱的地主、官僚则大肆购买土地。这除前面列举者外，文献还有不少记载。

(宁成)乃贳贷陂田千余顷，假贫民，役使数千家。⑥

(张禹)为相六岁……内殖贷财，家以田为业。及富贵，多买田至四百顷，皆泾、渭溉灌，极膏腴上贾。⑦

(马防)兄弟贵盛，奴婢各千人已上，资产巨亿，皆买京师膏腴美田。⑧

从西汉中期至东汉后期，出土大量"买地券"，⑨也反映了当时的土地买卖情况。事实说明，土地买卖双方，只要完成买卖程序，并上报了官府，地权转移手续完备，便可得到法律及社会的承认。土地商

---

① [德]马克思：《资本论》第3卷，人民出版社1975年版，第211页。
② 《汉书》卷二十四《食货志》，第1132页。
③ 《汉书》卷七十二《王贡两龚鲍传》，第3075页。
④ 《汉书》卷七十二《王贡两龚鲍传》，第3073页。
⑤ 《后汉书》卷五十二《崔骃列传》，第1731页。
⑥ 《汉书》卷九十《酷吏传》，第3650页。
⑦ 《汉书》卷八十一《匡张孔马传》，第3349页。
⑧ 《后汉书》卷二十四《马援列传》，第857页。
⑨ 张传玺：《中国历代契约会编考释》，北京大学出版社1995年版，第45—67页。

品化，体现了当时商品经济发展的水平和程度。

利用政治手段侵占民田、夺取地权的方式汉时也为多见。史称："汉承战国余烈，多豪猾之民。其并兼者则陵横邦邑，桀健者则雄张闾里。"①贵族、官僚和"豪猾之民"一样，大肆兼并土地。他们除了接受国家"赏赐"的土地外，还依仗政治特权，参与"贱买""强买"民田。例如，丞相萧何"贱强买民田宅数千万"②；侯侈"坐买田宅不法"③；灵帝时，"阳翟黄纲恃程夫人权力，不仅侵夺民田，而且求占山泽以自营植"④。当时，权贵们"仗势贪放""侵夺民田""夺人田宅"的记载常有。

> 衡山王入朝……又数侵夺人田，坏人冢以为田。⑤

> 淮南王后、太子迁及女陵擅国权，夺民田宅。⑥

> （侯览）以佞猾进，倚势贪放，受纳货遗以巨万计……前后请夺人宅三百八十一所，田百八十一顷。⑦

这些事实说明，贵族、官僚，不仅依仗其政治特权"贱买""强买"民田，进行不等价、不公平的交易；而且直接"侵夺民田"，掠夺农民土地。对地权的转移呈现强烈的暴力和非经济手段。明显反映了权力、特权与土地的结合。这种情况的出现与传统社会初期的政治生

---

① 《后汉书》卷七十七《酷吏传》，第2487页。
② 《史记》卷五十三《萧相国世家》，第2018页。
③ 《汉书》卷十六《高惠高后文功臣表》，第622页。
④ 《后汉书》卷八十一《独行列传》，第2695页。
⑤ 《汉书》卷四十四《淮南衡山济北王传》，第2153页。
⑥ 《汉书》卷四十四《淮南衡山济北王传》，第2146页。
⑦ 《后汉书》卷七十八《宦者列传》，第2522—2523页。

态密切相关。

此外,国家干预土地,将"民田"转化为"公田"的情况也经常出现。史称"六合之内,皇帝之土"①,汉代是以皇帝为代表的国家,拥有全国土地的最高所有权。当时,无论是地主的土地,还是农民的土地,国家都有权进行干预。有功者"赏赐"土地,犯法禁者没收其土地。同时,汉代政治移民、灾荒移民的情况较多,如汉初,曾把"齐诸田,楚昭、屈、景、燕、赵、韩、魏后,及豪杰名家"迁徙关中②;武帝元狩四年(前119),将"关东贫民徙陇西、北地、西河、上郡、会稽,凡七十二万五千口"③。这些人被迁徙之后,留下的土地如何处理,文献虽未记载,但其中至少有一部分曾归国家掌控当无疑问。再是因建设需要,国家可以占用民田。例如,武帝为扩建上林苑,将"丰镐之间号为土膏,其贾亩一金"④的大片民田,进行占用,变为国有。当时,"县官开园池,总山海……立诸农,广田收,盛苑囿"⑤,占用了不少民田。特别是东汉末年,经过长期战乱、灾荒之后,"庐落丘墟,田畴芜秽"。人口死亡,耕地荒芜,这些被荒废的土地,政府也收归国有。正如司马朗所说:"今承大乱之后,民人分散,土业无主,皆为公田。"⑥这便是例证。不过要指出的是,这种将"民田"转化为"公田"的情况,和前面两种地权转移方式的性质不同,它不是土地买卖关系,也非权贵利用特权占有土地,而是国家行使政府职能,通过行政干预手段使地权转移,是国家拥有最高土地所有权的反映。

---

① 《史记》卷六《秦始皇本纪》,第245页。
② 《汉书》卷四十三《郦陆朱刘叔孙传》,第2123页。
③ 《汉书》卷六《武帝纪》,第178页。
④ 《汉书》卷六十五《东方朔传》,第2849页。
⑤ 《盐铁论》卷第三《园池》,见王利器撰《盐铁论校注》,中华书局1992年版,第171页。
⑥ 《三国志》卷十五《魏书·刘司马梁张温贾传》,第467—468页。

总之，汉代随着土地兼并不断进行，农民的地权转移是极度频繁的。当时，地权转移的路径和方式问题，过去学术界有过争论。20世纪八九十年代，在讨论土地制度时，有论者说，在封建地主制下，"地主占地的多少，主要取决于其经济力量的大小"，"购买土地是地主获得土地的基本手段"和"主要"办法；[1] 有论者强调政治手段和暴力在地主获得土地中的作用，认为在汉代，"土地买卖受到限制，决非主要途径"，"土地转让、买卖过程中存在着超经济强制"。"汉代土地所有权的运动主要是通过政治权力、政治手段进行的"[2]。现在看来，经济、政治两种方式兼有。当做具体分析。综观大量史实考之，庶民地主尤其是商人地主取得土地的方式主要是通过买卖。所谓"豪人货殖"、商人"兼并农人"，大多是以货币为媒介购买田宅的。就是官僚地主一般也要通过买卖获得土地，尽管其中渗透着超经济强制，有强买贱买等不公平的情况出现，但其仍要通过买卖这种形式并履行相关手续。汉代土地买卖现象，确实比较普遍，且形成了一套土地买卖的规则和程序。当时土地买卖通常是合法的，能得到法律与社会的认可。但身份性地主尤其是权门、贵族获得土地的方式，更多的是凭借政治特权、暴力手段。他们侵占横夺所得的土地，既有公田，也有民田；既有荒地，也有熟地。依仗政治权势获取土地，有的并非皆为"合法"，如前引的侯侪，就因"买田宅不法"而受"坐"。然也成为常态，不时出现。这种情况，在秦至西汉时期为多。因此，可以说土地买卖、政治权势促使地权转移是地主土地所有制下的必然结果，也是地主制生产方式赖以进行的一些重要条件。

---

[1] 胡如雷：《中国封建社会形态研究》，生活·读书·新知三联书店1979年版，第51、46页。

[2] 杨生民：《关于中国封建土地所有制的一些问题》，《历史研究》1981年第3期；《汉代土地所有制两重性诸问题试探》，《中国史研究》1990年第4期。

农民丧失地权后的流向与劳动力商品化

土地是农民重要的生产资料与财富源泉。汉代由于土地兼并与地权转移频发,导致"富者田连仟伯,贫者亡立锥之地"①。农村贫富悬殊,阶级分化严重。广大丧失地权后的贫困农民其流向很广,有的"或耕豪民之田",成为私家佃农;有的假借"公田",成为国家佃农;有的沦为"奴婢",役属于公、私之门。这些方面,过去学界多有论述,②于此不拟重复。这里要强调的是,在失地农民的流向中,还有许多人是在比较利益的驱使下,背井离乡,成为"流庸"或"客佣",走向社会各个领域为"庸"。下面,让我们专就农民为"庸"这方面的流向做些简要归纳和陈列。

农民流向之一是在地主、豪家从事"庸耕"或"庸作"。农业生产中使用雇佣劳动,即"卖庸而播耕者",③战国时期就已出现。汉时更为普遍,据文献有以下记载。

> 陈涉少时,尝与人佣耕,辍耕之垄上,怅恨久之,曰:"苟富贵,无相忘。"庸者笑而应曰:"若为庸耕,何富贵也?"陈涉太息曰:"嗟乎,燕雀安知鸿鹄之志哉!"④

---

① 《汉书》卷二十四上《食货志》,第1137页。
② 参见戚其章《汉代租佃关系是个别的例外吗?》,《学术月刊》1957年第10期;驷铁《秦汉时期租佃关系的发生和发展》,《历史研究》1958年第12期;祝瑞开《汉代公田和假税》,《西北大学学报》1980年第5期;余也非《战国秦汉租佃制度》,《重庆师院学报》1988年第3—4期;杨生民《汉代地主在农业上使用佃农与奴婢经济效益的比较》,《北京师院学报》1992年第5期;柳春藩《汉代公田的假税》,《中国史研究》1983年第2期。
③ 《韩非子》卷一一《外储说左上》,见陈奇猷《韩非子新校注》,上海古籍出版社2000年版,第683页。
④ 《史记》卷四十八《陈涉世家》,第1949页。

匡衡字稚圭，东海承人也。父世农夫，至衡好学，家贫，庸作以供资用。①

(第五访) 少孤贫，常佣耕以养兄嫂。②

引文中的"庸"与"佣"相通，"庸耕"与"佣耕"同义。当时贫困之民从事"庸耕""佣作"或"客佣"者不在少数。例如，桓荣"贫窭无资，常客佣以自给"。公沙穆游学，"无资粮，乃变服客佣，为祐赁舂。"③姜诗"广汉雒人，以佣作养母"④。所谓"庸""佣"，就是靠出卖劳动力受雇为人役作的意思。"客佣"多为流落异乡的贫穷农民，他们丧失土地后，只好投奔地主、豪家从事各种农事或服务性劳动。开初，其身份比较自由，对主人没有形成固定的依附关系，和以后的情况有别，但仍属被役使的范畴。

农民的再一流向是在矿冶、工商部门从事"庸工"或"酒保"。在煮盐、冶铁非官控、专营期间，私营煮盐、冶铁业多用"庸工"。先秦时的齐国，已有"聚庸而煮盐"⑤的记载。汉时，煮盐、冶铁乃多收纳离乡的流亡农民为"庸工"。对此，文献多有记载。

往者，豪强大家，得管山海之利，采铁石鼓铸，煮海为盐，一家聚众，或至千余人，大抵尽收放流人民也。⑥

(桂阳郡) 耒阳县出铁石，佗郡民庶常依因聚会，私为冶铸，

---

① 《汉书》卷八十一《匡张孔马传》，第3331页。
② 《后汉书》卷七十六《循吏列传》，第2475页。
③ 分见《后汉书》卷三十七《桓荣丁鸿列传》，第1249页；《后汉书》卷六十四《吴延史卢赵列传》，第2100页。
④ 《太平御览》卷三八九《人事部》引《东观汉记》，中华书局1960年版，1797页。
⑤ 《管子》卷二十三《轻重甲》，见黎翔凤《管子校注》，中华书局2004年版，第1423页。
⑥ 《盐铁论》卷第一《复古》，见王利器撰《盐铁论校注》，中华书局1992年版，第78页。

遂招来亡命，多致奸盗。①

私营矿业主"一家聚众或至千人"，用工人数众多！这些被招集来的"流民"或"亡命"，成分比较复杂，但其中绝大部分当是被雇佣而来的贫困农民、失地后的流庸。至于在手工业、商业部门为"庸""保"者，很多也是来自贫困农民。例如，西汉景帝后三年，曾有人"取庸采黄金珠玉者"②；申屠蟠"家贫，佣为漆工"③；卫飒"家贫好学问，随师无粮，常佣以自给"④；栾布因"穷困，卖庸于齐，为酒家保"。孟康注曰："酒家作保。保，庸也。可保信，故谓之保。"师古曰："谓庸作受顾也。为保，谓保可任使。"⑤ 汉时，有饮酒之风，开设的酒店较多，在酒店充任酒保的人员复杂，涉及不同阶层的人群，但主要是贫困农民受雇为"酒保"。

农民的另一流向是在交通运输部门充任"僦"或"僦人"。汉代交通运输较为发展，形成了独立的运输部门。当时，大批官、商货物，通常雇用"僦"或"僦人"运输，如据以下文献记载。

> 初，大司农取民牛车三万两为僦，载沙便桥下，送至方上，车直千钱。延年上簿诈增僦直车二千，凡六千万，盗取其半。⑥

> 故盐冶之处，大傲皆依山川，近铁炭，其势咸远而作剧。郡中卒践更者，多不勘，责取庸代，县邑或以户口赋铁，而贱平其准。良家以道次发僦运盐、铁，烦费，百姓病苦之。⑦

---

① 《后汉书》卷七十六《循吏列传》，第2459页。
② 《汉书》卷五《景帝纪》，第153页。
③ 《后汉书》卷五十三《周黄·徐姜·申屠列传》，第1751页。
④ 《后汉书》卷七十六《循吏列传》，第2458页。
⑤ 《汉书》卷三十七《季布栾布田叔传》及注，第1980页。
⑥ 《汉书》卷九十《酷吏传》，第3665—3666页。
⑦ 《盐铁论》卷第一《禁耕》，王利器撰《盐铁论校注》，中华书局1992年版，第68—69页。

除上述文献记载之外，《居延汉简》也多见"就人"的记录，如"□吏訾家延寿里上官霸，就人安固里潭昌"（214·125）①；"出钱千三百卅七，赋就人会水宜禄里兰子房一两"（506·27）②；"方子真一两，就人周谭，侯君实为取"（502·11）③；"□□佐叔受就人井客"（586·5）④；"居延平明里王放，就人昌里漕阳，车一两，粟大石廿五石，居延平明里王放，就人昌"（E.P.T49∶53A）⑤；"□□平明里□褒就人赵永"（E.P.T65∶376）⑥等。简文中的"就人"，即文献说的"僦人"。有关"僦"的原义，据服虔说："雇载云僦"。"僦"，即受顾赁而载运也。⑦它主要是指私人的运输活动，反映运输生产中的雇庸关系。运输雇"僦"，要付"雇值"。"大司农取民牛车三万两为僦"，而田延年诈增僦值"凡六千万"，说明其贪污僦载费用之多！还要指出的是，贫困农民受雇为"僦人"者。汉时在内郡，边地皆有，比较普遍。

农民还有一个流向，这就是为庸"代戍"，或"应募"为兵。汉代实行义务兵役制，按规定凡是适龄男子，皆有戍边的义务。所谓"天下人皆直戍边三日"，"虽丞相子亦在戍边之调"。但实际上，即使一般的"编户齐民"，也可用钱雇人代戍。当时受雇为庸代戍者，在《居延汉简》中多有记载，这里略举几例。

田卒大河郡平富西里公士昭遂年卅九，庸举里严德年卅九（303·13）。⑧

---

① 中国社会科学院考古研究所编：《居延汉简甲乙编》，中华书局1980年版，第146页。
② 《居延汉简甲乙编》，第260页。
③ 《居延汉简甲乙编》，第256页。
④ 《居延汉简甲乙编》，第286页。
⑤ 甘肃考古研究所等编：《居延新简》，文物出版社1990年版，第147页。
⑥ 《居延新简》，第444页。
⑦ 《史记》卷三十《平准书》，见司马贞《索隐》，第1441页。
⑧ 《居延汉简甲乙编》，第211页。

戍卒河东郡北屈里公乘郭赏年廿六，庸同县横原里公乘闻彭祖年廿五（E. P. T51：86）。①

戍卒南阳郡堵阳北舒里公乘李国，庸☑（E. P. T51：305）。②

戍卒东郡清□成里宿□□庸同县☑（E. P. T52：227）。③

又敦煌酥油出土的汉简也有此类记载，"戍卒济阴定陶堂里张昌　庸定陶东阿里靳奉"（1405）。"戍卒济阴郡定陶定便里朱宽　庸定陶□☑"（1406）④。援引的这些简文，多属断简残篇，但基本意思清楚，简文中的"庸"和前面说的"庸工""雇庸"，性质相同。但其内容则非为一般的雇庸劳动，而是以庸代戍，即受雇者代雇主到边郡戍边，充任戍卒或田卒等，受雇者与雇主为同县人，而且有一定的年龄限制，也通常是"一岁一更"。农民"应募"为兵的情况，东汉时期较为常见。农民受雇应募为兵后，往往成为职业兵，领取"赐钱"或雇值。⑤它虽然也有雇庸性质，但在内容上和"取庸代戍"有些区别。

诸多史实表明，汉代丧失土地后的贫困农民，其流向较为广泛。无论在农业、工矿业，还是商业、运输部门，都有他们的活动。当时为"庸"者虽涉及各个阶层，但主要是无地或少地的农民。这些农民工，既有为私人雇庸者，也有为官府所雇庸的，庸工的时间有长有短，可以自由选择。不论从事何种内容或形式雇庸活动，均可获取一定的"雇值"或劳酬，明显地体现出劳动力的商品化。

---

① 《居延新简》，第178页。
② 《居延新简》，第198页。
③ 《居延新简》，第245页。
④ 吴礽骧、李永良等：《敦煌汉简释文》，甘肃人民出版社1991年版，第146页。
⑤ 详见黄今言《汉代型募兵试说》，《中国史研究》1989年第3期。

汉代的"庸价",似乎通常按月计算。但不同工种每月的"庸价"是多少?汉人缺乏全面、系统的交待,查考文献,只留下一些零散的片断,如《九章算术·衰分》载:"今有取保一岁,价钱二千五百。今先取一千二百,问当作日几何?答曰:'一百六十九日二十五分之二十三'。"此为一月价格208钱。又据《史记》《汉书》等相关记载。

孝文时,吴王濞"然其居国以铜盐鼓,百姓无赋。卒践更辄与平贾"。《集解》引《汉书音义》曰:"以当为更卒,出钱三百文,谓之过更。自行为卒,谓之'践更'。"①

昭帝元凤四年春,"帝加元服……三年以前逋更赋未入者,皆勿收"。注引如淳曰:"更有三品,有卒更,有践更,有过更。古者正卒无常人,皆当迭为之,一月一更,是谓卒更也。贫者欲得顾更钱者,次直者出钱顾之,月二千,是谓践更也。"②

成帝河平三年,"治河卒非受平贾者,为著外繇六月"。注引苏林曰:"平贾,以钱取人作卒,顾其时庸之平贾也。"如淳曰:"律说,平贾一月,得钱二千。"③

平帝元始元年,"天下女徒已论,归家,顾山钱月三百"注引如淳曰:"已论者,罪已定也。令甲,女子犯罪,作如徒六月,顾山遣归。说以为当于山伐木,听使入钱顾功直,故谓之顾山。"师古曰:"如说近之,谓女徒论罪已定,并放归家,不亲役之,但令一月出钱三百,以顾人也。"④

---

① 《史记》卷一百六《吴王濞列传》,第2824页。
② 《汉书》卷七《昭帝纪》,第229—230页。
③ 《汉书》卷二十九《沟洫志》,第1689—1690页。
④ 《汉书》卷十二《平帝纪》,第351—352页。

东汉崔寔说,"夫百里长……假令无奴,当复取客,客佣一月千"钱。①

从上面列举的一些记载来看。虽不全面,但大致上可以得知庸作的工种或部门不同,庸价有别。例如,在商业服务部门为庸的"酒保",一月的庸价为208钱;在矿区代为"更卒"者,庸价是一月300钱;女徒定罪后,放之归家,不亲自服役的顾山钱,也是一月300钱;在有钱的富家做"客佣",一月为1000钱;而受雇代为"更卒"或"治河卒"者,庸价较高,一月为2000钱。可见,庸作的性质及劳动强度不同,庸价有别。为庸的时间、地点不同,庸价也有差别。应该说,农民受雇为庸,在社会上做出了重大贡献。他们虽然能获得一定的劳酬和雇值,但仍然"形佚乐而心县愆……用不足而蓄积少"②。

综观史实察之,汉代失地农民除成为地主或国家的"佃农",沦为"奴婢"外,许多外出为"庸"者流向的范围很广,涉及农业、矿冶、工商、运输等各个领域,有的甚至为庸"代戍"。失地农民离乡背井外出为"庸"的原因或许出自多种因素,但对大多数人来说,其中最主要、最基本的原因是丧失了地权,没有了土地,缺乏生产资料所致。尽管汉代政府有时颁布过"赐民公田"或"赋民公田"的诏令,也有过"贷给农具、耕牛、种、食"等振济措施,但杯水车薪,未能从根本上解决广大分民维持简单再生产的需求,加之土地兼并和天灾人祸的袭击,仍然迫使农民频频破产,四处流亡,难以为生。昭帝始元四年诏曰:"民匮于食,流庸未尽还。"③ 就说明了这一点。另外,汉代商品经济发展,城市经济勃兴,职业类型的多样化,就业机会增多,

---

① 严可均辑校:《全上古三代秦汉三国六朝文》,载崔寔《政论》,中华书局1958年版,第726页。
② (西汉)贾谊:《新书·瑰玮篇》,见阎振益、钟夏《新书校注》,中华书局2000年版,第103页。
③ 《汉书》卷七《昭帝纪》,第221页。

市场为农民提供了新的活动载体和生存空间。故外出为庸，成为失地农民解决困境的一条求生之路。农民选择这一走向，有它的必然性和正当性。过去，有论者在讨论"重农"政策时，往往未能正视农民外出为"庸"的缘由，也未加具体分析，将农民"外出为庸"与"弃本事末"画上等号，一概否定，这是不公允的，也不符合事实。其实，农民外出为庸，是由于无"本"可事，无田可耕，而非"弃本"。他们更非自主投资经商、列市开店、长途贩运、贩贱卖贵等牟取利润致富；而是生活所迫，出卖劳动力，靠受雇为庸，获取"雇值"维持生计，二者不可混同。还要指出的是，农民外出为庸对当时社会经济的发展是起有积极作用的。它不仅可解决农民因耕地短缺而失业问题；而且一定程度上有助于满足城市工商等部门人力资源的要求，使农村富余劳动力得到较好利用；还可加速城乡的人流、物流，促进经济发展；农民外出为庸，能获得一定的劳酬，解决部分的经济收入，维持基本生活。

汉代农民"背本趋末"的
历史考察

关于"本""末"的原义,据《说文解字》云,"本,木下曰本,从木,一在其下";"末,木上曰末,从木,一在其上";"本""末"二字,分别指树木的根部和末梢。后予引伸,乃以农桑为"本",工商为"末"。① 所谓"背本趋末",意为背离农业生产而趋向工商业的经营。其与"重本抑末"的内涵相悖,它反映着古人对农、工、商业经济地位与作用认识的两种不同定位和取向。

深入研究汉代农民"背本趋末"这一社会现象,对揭示当时的社会经济结构,了解农业发展状况,加深认识农民生计与国家政策及商品经济的关系,总结历史经验等,均有一定的价值和借鉴意义。我们检索以往的研究,学界对汉代的"重本抑末"政策探讨得较多,

---

① 查考史籍,以"本、末"引伸为农业、工商业者,多见于战国时的《商君书》《荀子》《韩非子》《吕氏春秋》等书的有关内容。唐人颜师古等在对《汉书·食货志》作注时,也将"本"释为农业,"末"释为工商业。罗根泽先生在20世纪30年代曾撰文《古代经济学中之本农末商学说》,后收录其《诸子考索》一书,人民出版社1958年版,第106—114页,可具参考。

发表了不少有益见解。① 但是，过去对汉代农民"背本趋末"问题，却关注不够，似乎还缺乏必要的研究。这里，根据现有的文献和简牍资料，拟就汉代农民"背本趋末"的规模与表征，引发原因及其社会经济效益诸问题，做些初步考察和分析，不一定成熟，期备同人赐教。

农民"背本趋末"的规模与表征

在中国古代社会中，"背本趋末"现象出现较早，战国时期就有"民舍本而事末"② 或"舍农游食"③ 的情况。故当时的诸子中，有不少人提出"重本抑末"的主张。例如，商鞅指出，"治国能抟民力而壹务者强，能事本禁末者富"④；其在变法时规定："僇力本业，耕织致粟帛多者复其身。事末利及怠而贫者，举以为收孥。"⑤ 韩非指出，"夫明

---

① 这方面的成果主要有林甘泉《秦汉封建国家的农业政策——关于政治权利与经济发展关系的考察》，见《第 16 届国际历史科学大会中国学者论文集》，中华书局 1985 年版；宋超《战国秦汉时期抑工商思想变化初探》，见《秦汉史论丛》第 3 辑，陕西人民出版社 1983 年版；张守军《秦汉王朝的商业政策》，《商业研究》1993 年第 10 期；孙忠家《西汉商业政策探讨》，《中国史研究》1995 年第 4 期；黄今言《两汉工商政策与商品经济述略》，《江西师范大学学报》1987 年第 2 期。至于近 10 多年中总论中国古代"重本抑末"涉及汉代内容的文章不下 20 余篇。例如，古凤鸣：《重农抑商辨析》，《丹东师专学报》1989 年第 1 期；关玉惠：《古代重农抑商思想对当前经济改革的借鉴意义》，《南开经济研究》1989 年第 4 期；黄世瑞：《中国古代重本抑末与西方重农主义的考察》，《农业考古》1990 年第 2 期；陈佳荣：《重本抑末评析》，《农业考古》1991 年第 3 期；张家炎：《试论重本抑末的双重悖反特性》，《农业考古》1993 年第 1 期；胡鸣焕：《重农抑商政策的必定性和进步性》，《中国农史》1997 年第 2 期，等等。大家对重本抑末的范围、原因、性质及其评价诸方面进行了探讨。
② 《吕氏春秋·上农篇》。按《上农篇》，非战国后期作品。当是吕不韦的门人采自战国早期的《后稷农书》。参见夏纬英《吕氏春秋上农等四篇校释》，农业出版社 1956 年版，"序言"第 2 页。
③ 《商君书·农战篇》，见蒋礼鸿撰《商君书锥指》，中华书局 1986 年版，第 26 页。
④ 《商君书·壹言篇》，见蒋礼鸿撰《商君书锥指》，中华书局 1986 年版，第 60 页。
⑤ 《史记》卷六十八《商君列传》，中华书局 1959 年版，第 2230 页。

王治国之政,使其商工游食之民少而名卑,以寡趣本务而趋末作"①,他认为应该"困末作而利本事"②。秦始皇时,又将末业由"抑"改为"除",提出"上农除末"③,认为"上农"就必须"除末"。

迄至汉代,许多帝王同样推行"重本抑末"政策。他们信奉"非力本农,无以兴邦"。恪守"王者务本不末作……百姓务本而不营于末"的原则。自西汉开始,特别是文、景二帝即位后,皇帝反复强调"务本"重农的必要性。所谓"农,天下之本,务莫大焉"④。"雕文刻镂,伤农事者也"⑤。但是,农民"背本趋末"现象较战国时期更为普遍,社会上的"背本趋末"风潮不断兴起。这里,不妨让我们回顾一下几个主要时段的有关记录。

文帝即位,躬修俭节,思安百姓,时民近战国,皆背本趋末。⑥

(武帝)时,天下侈靡趋末,百姓多离农亩。⑦

(宣帝时魏相曰)臣相幸得备位,不能奉明法,广教化,理四方,以宣圣德,民多背本趋末,或有饥寒之色……⑧

(元帝时贡禹言)铸铁采铜,一岁十万人不耕,民坐盗铸陷刑者多。富人藏钱满室,犹无厌足。民心动摇,弃本逐末,耕者不

---

① 《韩非子·五蠹篇》,见陈奇猷《韩非子新校注》,上海古籍出版社2000年版,第1120页。
② 《韩非子·奸劫弑臣篇》,见陈奇猷《韩非子新校注》,上海古籍出版社2000年版,第283页。
③ 《史记》卷六《秦始皇本纪》,第245页。
④ 《汉书》卷四《文帝纪》,第125页。
⑤ 《汉书》卷五《景帝纪》,第151页。
⑥ 《汉书》卷二十四上《食货志》,第1127页。
⑦ 《汉书》卷六十五《东方朔传》,第2858页。又《汉书·食货志》云,当时"而民不齐出南亩,商贾滋众";《汉书·武帝纪》载,元狩六年诏曰:"日者有司以币轻多奸,农伤而末众。"
⑧ 《汉书》卷七十四《魏相丙吉传》,第3137页。

能半。奸邪不可禁，原起于钱。①

(成帝阳朔四年诏曰)间者，民弥惰怠，乡本者少，趋末者众。②

(东汉王符曰)今举俗舍本农，趋商贾，牛马车舆，填塞道路，游手为巧，充盈都邑，务本者少，浮食者众。"商邑翼翼，四方是极"。今察洛阳，资末业者什于农夫，虚伪游手什于末业……天下百郡千县，市邑万数，类皆如此。③

这些记载至少说明三点。第一点，两汉农民"背本趋末"几乎未曾间断，从西汉开始至东汉时期一直存在。第二点，当时农民"背本趋末"的规模很大。如所谓民"皆背本趋末"，"百姓多离农亩"，"弃本逐末，耕者不能半"等描述。虽有夸张之嫌，我们不能完全依此进行量化，然它反映了一定的事实，即参与"事末"的农民很多，是两汉重要的社会现象。第三点，汉时农民"背本趋末"的发展态势，愈演愈烈。至东汉时乃出现"举世舍本农，趋商贾"的走向。面对这种现象，因此，王符对"本""末"的概念，提出了新的不同划分标准。他在《潜夫论·务本篇》说："夫富民者以农桑为本，以游业为末；百工者以致用为本，以巧饰为末；商贾者以通货为本，以鬻奇为末。"认为农、工、商三者各自都有它的本、末，三者都应该"守本离末"，当"宽假本农"，"明督工商"。显然这是对本、末观的一个重大变化和发展。

至于汉代农民"背本趋末"的表征，或其"事末"的内容和范围，当具体分析，不可统论。这往往因时、因地有别，贫困农民与富裕农民有别，交换型农民与求富欲强的农民也有不同。然而综观史实

---

① 《汉书》卷二十四下《食货志》，第1176页。
② 《汉书》卷十《成帝纪》，第314页。
③ 《后汉书》卷四十九《王充王符仲长统列传》，第1633页。

考之,确乎主要表现在以下几个方面。

首先,我们不能忽略者,有的农民参与私铸、盗铸货币。汉代货币多变,铸币权一度更动无常,民间私铸和盗铸货币的情况常有。农民"私铸"钱币,主要出现于文帝时。因当时"使民放铸",允许民间私铸钱币,故有不少农民参与采铜铸币活动。《汉书·食货志》说:"今农事弃捐而采铜者日蕃,释其耒耨,冶镕炊炭,奸钱日多,五谷不为多。"又《汉书补注》引贾子《铜布篇》云:"采铜者弃其田畴,家铸者捐其农事,谷不为则邻于饥。"由于农民,"释其耒耨"、"弃其田畴",私铸钱币者日多,结果钱的轻重不一,"市肆异用,钱文大乱",造成货币混乱,影响流通。故当时贾谊痛斥私铸的弊害,力主官铸。贾山也上疏,认为私铸钱币,"变先帝法,非是"①。民间"盗铸"钱币之风,波及于汉代的始终。早在官府控制铸币的高后之时,盗铸货币者不仅拥有铸钱工具,有铸币的铜、炭等材料,而且还有人为其推行盗铸的"新钱"。事见张家山汉简《二年律令·钱律》。自景帝革除文帝"私铸"令以后的历朝,尽管官府对铸币权严加控制,但仍然"民多盗铸"。据《史记·平准书》说:"建元以来,用少,县官往往即多铜山而铸钱,民亦间盗铸钱,不可胜数。"《史记·汲郑列传》说:"会更五铢钱,民多盗铸,楚地尤甚。"《史记·酷吏列传》说:"会五铢钱、白金起,民为奸,京师尤甚。"面对社会上盗铸货币猖獗,武帝时曾采取过一些打击、防范措施,取得了一定成效。然自元帝以后,盗铸之风又复抬头,特别是在王莽期间,由于更铸错刀、契刀、大钱与五铢钱并行,又"民多盗铸""民犯铸钱"者,"以十万数"②。

---

① 《汉书》卷五十一《贾邹枚路传》,第2337页。
② 《汉书》卷一一九《王莽传》。有关汉代盗铸钱币问题,详见黄今言《秦汉商品经济研究》,人民出版社2005年版,第307—318页。

需要指出的是，上述文献中提到盗铸钱币的"民"，当然主要是社会上的"不轨逐利之民"；但从参加人数如此之多来看，其中也包括一部分致富欲强的农民在内。《汉书·食货志》谓"铸钱采铜，一岁十万人不耕"，这些因铸钱采铜而不耕作的十几万人，指的应是农民，此乃无疑。当时，他们盗铸活动的范围，主要是铜钱、白金三品和莽币。盗铸地点遍及全国各地，而以楚地和京师尤甚。盗铸方法和手段多样，有的对盗铸材料掺假，在盗铸钱币时，杂入"铅、铁"，或"多杂铅、锡，以博厚利"；有的"盗磨钱里取熔"，将重钱磨成铜屑改铸，利用新、旧钱币更替之时，把重的旧钱改铸成新钱。所以，盗铸货币，构成汉代官府"抑末"的重点打击对象。

其次，有不少农民从事小型的工商业经营。自战国以降，工商业成为不可或缺的经济部门。随着私人工商业的发展，汉代社会上参与工商业的人群相当广泛，涉及大工商主、地主官僚和农民等各个阶层。

农民从事手工业，因资金不足，条件有限，大多数都是"一家一户"的小本经营。他们往往靠自身某方面的一技之长，或以农业为主，兼营手工业；或由原来"务农"，发展为"务工"、从事农业以外的生产活动。时日长久之后，便由农民身份逐渐变为城里乡间的个体手工业者。《史记·货殖列传》说的郅氏从事"洒削"（磨刀），浊氏生产"胃脯"（食品加工）等，当属此类。[①]《盐铁论·水旱》篇说："家人相一，父子戮力，各务为善器，器不善者不集。农事急，挽运行阡陌之间，民相与市买……"这种家人相一的小铁匠，也当是过去时农民，即由过去的农民后来变为手工业者的。

农民经商，主要是从事小商小贩和直销商业。贩运商业，马克思

[①] 据载周勃在仕宦之前，曾"以织薄曲为生"；樊哙开初"以屠狗为事"；翟方进"家世微贱"，其母以"织屦"供之读书。分见《汉书·周勃传》《汉书·樊哙传》《汉书·翟方进传》。这些人不一定都是农民出身，但可说明，汉时有不少人曾经从事过类似的手工业生产。

称之为"转运贸易"。在汉代文献中,有"行贾""商贩""贾贩""贩贾"等用语,一般都是指从事买货出卖的贩运商业。农民参与这种商业行为的情况,我们从江陵凤凰山十号汉墓木牍中可以得到参证。据其中的"中舨共侍约"记载。

> □□三月辛卯,中舨舨长张伯、□兄、秦仲、陈伯等七人相与为舨约,入舨钱二百,约二,会钱备,不备勿与同舨,即舨直行共侍,非前谒,病不行者罚日卅,毋人者以庸贾,器物不具,物责十钱∠共事已,器物毁伤之及亡,舨共负之,非其器物擅取之,罚百钱……①

简文中的"舨",即"贩"。从简文的内容来看,当是一种合伙贩卖货物的约文。其大致意思是,参加入贩者每人要交齐200钱,否则不得入贩。当贩要出入时,入贩者都要"共侍"。除非事先请假,因病不行者按出行天数每天罚卅钱。家中无人可去的要出钱雇人代替。运输器不齐备者,一件罚10钱。器物如有损坏和丢失,由入贩人共同赔偿。擅自拿走他人器物者,罚钱100。出现在文、景时期的这份合伙经商的约文,规定每个入贩者只200钱,7人才1400钱,资金如此薄弱,当属小商小贩。参加者的多数应该主要是农民。② 汉代贩运商业比较发达,③ 故类似江陵地区这种农民参与小商小贩的情况,全国各地也当会有不少。《后汉书·吴汉传》说南阳的吴汉,早年"家贫",因"资用乏,以贩马为业"。《后汉书·孟尝传》说合浦"郡不产谷实,而海出珠宝,与交阯比境,常通商贩,贸籴粮食"。这些当是例证。

---

① 李均明等:《散见简牍合辑》,文物出版社1990年版,第67—68页。
② 参见林甘泉《秦帝国的民间社区和民间组织》,《燕京学报》2000年新8期。
③ 当时涌现出了职业贩运商人,如曹邴氏、师史、罗裒、杨恽等。分见《史记·货殖列传》《汉书·货殖传》《汉书·杨恽传》。

直销商业，是指"在没有商人作媒介的情况下"①的商业买卖活动，是生产者将自己生产的产品向市场直接推销的商业形态。它起源很早。汉代农民或贫民为了调余补缺，换取货币，他们将自己的部分产品如薪樵、家禽家畜、蔬果、粮食、布匹等，拿到市场上出售者，习为常见。②另外，少数农民也有因地制宜，利用地域资源，发展当地的特色产品投入市场者，如《史记·货殖列传》说山西的竹木，山东的鱼盐漆，江南的枬梓姜桂等。其中的许多特产，当与农民直接生产、销售有关。又《后汉书·王符传》说："今人奢衣服，侈饮食，事口舌而习调欺……丁夫不扶犁锄，而怀挟弹，携手上山遨游，或好取土作丸卖之，外不足御寇盗，内不足禁鼠雀。或作泥车瓦狗诸戏弄之具，以巧诈小儿……"不扶犁锄的丁夫，其所制造的"泥车瓦狗"，或许也有参与直销的商业行为。

农民从事小商小贩或直销活动，是一般的商业行为。虽属"末业"范畴，但和大工商主及富商大贾的商业活动，在性质及经营项目上不完全相同。

最后，更有许多农民外出从事雇佣劳动。汉代的雇佣劳动在战国基础上有进一步发展。当时许多贫困农民缺乏生产、生活资料，衣食无着。故他们除了在农业领域为庸外，还纷纷走向工矿、运输及其他工商等部门充当庸、僦人、庸保等，靠出卖劳动力为生。

农民到工矿区受雇为庸者众多。在煮盐、矿冶业非官控、专营期间，私营煮盐、开矿的规模很大。例如，《盐铁论·复古篇》说："往

---

① 《马克思恩格斯全集》第25卷，人民出版社1974年版，第1017页。
② 《汉书·朱买臣传》说朱买臣早年"家贫，常艾薪樵卖以给食，担束薪，其妻亦负载相随"。《汉书·武五子传》说戾太子外出逃亡时，"藏匿泉鸠里。主人家贫，尝卖屦以给太子"。《三国志·魏志·王昶传》，裴松之注引《别传》云，东汉末的任嘏，"家贫卖鱼"。等等。都是"家贫"者的商业活动。并见黄今言《秦汉商品经济研究》，人民出版社2005年版，第120—122页。

者,豪强大家,得管山海之利,采铁石鼓铸煮盐,一家聚众或至千人,大抵尽收放流人民也。"《后汉书·卫飒传》说,东汉初,"耒阳出铁石,佗郡民庶常依因聚会,私为冶铸,遂招来亡命,多致奸盗"。私营矿业主,"一家聚众或至千人",大量"招来亡命",其中绝大多数当是雇庸来的都是指贫苦农民。发展矿冶、盐业生产,需要大批劳动力。特别是矿冶业,从开采铁石,到冶炼成铁,再造作成器,工序复杂,需要吸纳、安排众多的雇庸劳动者,自不待言。农民远离家乡到矿区为庸,虽然收入比种田好些,但生活是很艰苦的,"形佚乐而心县愍"[①] 者多。

农民到交通运输领域为"僦"或"僦人"者,亦屡见记载。汉时私人运输业比较发达,大批官、私货物往往雇庸民力运输。其主要形式之一,就是雇佣"僦"或"僦人",如《后汉书·田延年传》说:"初,大司农取民牛车三万两为僦,载车便桥下,送致方上,车直千钱。延年上薄,诈增僦直车二千,凡六千万,盗取其半。"何谓"僦"?服虔曰:"雇载云僦"。雇"僦",当付雇值。当时"大司农取民牛车三万两为僦",而且田延年诈增僦值共六千万,为数不少,说明僦载的规模很大。汉时,被受雇出任运输之人,或以"僦载"为生者,乃称"僦人"。这方面在《居延汉简甲乙编》中常见。例如,"使訾家延寿里上官霸就人安固里谭易"(214·125),"佐叔受就人井客"(856·5),"訾家家国里王严,车一两,九月戊辰就人同里时衷已到未言叩"(267·16)。简文中的"就"当即"僦"。可见,西北边郡地区以车辆出雇于人或代人运输的情况也比较普遍。

农民或贫民往其他工商等部门为"庸""保"者,也非少见。例如,《汉书·栾布传》载栾布因"穷困,卖庸于齐,为酒家保"。注引

[①] (西汉)贾谊:《新书·瑰玮篇》,见阎振益、钟夏《新书校注》,中华书局2000年版,第103页。

孟康曰："酒家作保，保，庸也，可保信故谓之保。"《后汉书·申屠蟠传》说申屠蟠"家贫，佣为漆工"等①。这是在服务及手工行业的雇庸劳动之例。另在《居延汉简甲乙编》中，还有不少取庸代役的记录。例如，"☐年☐八，庸同县千乘里公士高祁年卅一"（71·4），"☐☐二庸同县利里公乘张长☐☐"（8·7），"☐年廿☐庸☐阳里公士王贺廿四"（513·33），"☐年廿七庸同县和☐☐"（212·71），"☐沈广年庸廿五南关里☐"（515·25），等等。

汉时，无论在工矿业、交通运输，还是在手工制造、商业服务部门等，都有雇佣劳动，为庸者的成分比较复杂，除农民以外，也有其他阶层。其中既有被私人雇庸，也有为官府所雇庸者。受雇时间，有长期，有短期。依其从事的劳动种类或生产部门不同，受雇者一般可以从中获取相应的雇值，这在后面将会说到。

综上史实说明，两汉400多年中，农民"背本趋末"现象，涉及的地区广，人数多，形成了一定的规模。当时不同类型的农民，"事末"范围或侧重点有别。其中有的是私铸、盗铸货币，多数乃从事小商小贩，而大批农民则外出为庸、打工。这些"事末"的农民，就其存在形态来看，不外乎两种，一种是，出生在农村，后来逐渐走进城市成为"过去时农民"；另一种是，往工矿等部门为庸，居家在农村的"农民工"。他们各自的出发点不同，过去时农民从事工商末业，绝大多数人是为了求利致富；而外出为庸的农民工，主要是为了"以末补农"或"以副养农"。汉代官府"抑末"的重点，主要是禁止盗铸货币、"雕文刻镂"及奢侈品的经营。

---

① 栾布和申屠蟠是否农民出身，待考。但他们早年都是"穷困""家贫"的贫民，当无疑问。这里姑且以之为贫民的例证。要说明者，汉时，因"家贫"为庸者多有。涉及不同阶层，如儿宽、匡衡、桓荣等，都曾经有过为"庸"的经历，于此可略。实际上，农民在手工业及服务行业为庸、保者，当有不少，只是文献记录简缺而已。

引发农民"背本趋末"的原因

汉政权对农业是很重视的。曾采取过一系列的政策和措施,包括劝课农桑、兴修水利、推广先进生产工具和耕作技术、救灾备荒与安置流民等。这些举措对农业生产发展,起过重要的积极作用。

汉代既然"重农",为何农民要"背本趋末"?对此,汉人曾从不同角度有过一些说法。

贤良文学曰:"今郡国有盐、铁、酒榷、均输,与民争利。散敦厚之朴,成贪鄙之化。是以百姓就本者寡,趋末者众。"[1]

元帝时的贡禹说:"农夫父子,暴露中野,不避寒暑,挣草杷土,手足胼胝,已奉谷租,又出稾税,乡部私求,不可胜供。故民弃本逐末,耕者不能半。"[2]

东汉桓谭说:"今富商大贾,多放钱货,中家子弟,为之保役,趋走与臣仆等勤,收税与封君比入,是以众人慕效,不耕而食,乃至多通侈靡,以淫耳目。"[3]

看来,导致汉代农民"背本趋末"的因素很多。然综合大量史实论之,这似乎主要是由于当时商品经济发展对农村的冲击和影响。再就是国家的重农政策没有真正落实到位,在实践贯彻中,对本、末关系没有处理好,对农民的赋税征课过于繁重,农民的基本生产资料不能得到应有保障等。具体言之,表现在以下几个方面。

其一,"用贫求富,农不如工,工不如商"。丰厚的工商业利润对

---

[1] 《盐铁论·本议篇》,见王利器《盐铁论校注》,中华书局1992年版,第1页。
[2] 《汉书》卷七十二《王贡两龚鲍传》,第3075页。
[3] 《后汉书》卷二十八上《桓谭冯衍列传》,第958页。

农民有很大的引诱力。自战国以降，迄至汉代，随着商品经济发展，求富趋利已成为当时人们追求的目标。所谓"天下熙熙，皆为利来；天下攘攘，皆为利往"；"富者，人之情性"。为了利，为了求富，当时全国各地兴起了从商风潮。

司马迁在《史记·货殖列传》中说长安诸陵，"其民益玩巧而事末"。邹、鲁"好贾趋末，甚于周人"。"陈在楚夏之交，通鱼盐之货，其民多贾"。宛"俗杂好事，业多贾"。

班固在《汉书·地理志》中谈到各地风俗时也说，"（长安）五方杂错，风俗不纯……富人则商贾为利"；"又郡国辐凑，浮食者多，民去本就末"；"周人之失，巧伪趋利，贵财贱义，高富下贫，喜为商贾"；"南阳，故其俗夸奢，上力气，好商贾、渔猎"；"（上谷至辽东）有鱼盐枣粟之饶，北隙乌丸、夫余、东贾真番之利"；"齐地负海舄卤，少五谷而人民寡，乃劝以女工之业，通鱼盐之利"；"（鲁地）俗俭啬爱财，趋商贾"。

这些记载说明，当时自关中到关东，从中原到边郡的商风贾俗很盛。大量事实证明，其间参与工商末业的人，既有富商大贾、地主官僚，也有一般农民和城市平民，涉及各个阶层。

在汉代的这种商业大潮下，从事工商业的高额利润对农民有很大的催导和诱惑作用。这首先是因为当时的农业劳动生产率很低，农民除必要的劳动外，几乎很难有什么剩余劳动。

先就中原地区的劳动生产率而言，虽然少数地方由于土质、灌溉条件，或采用特殊的耕作技术等，出现了高产的"亩钟之田"[①]。但一般的中等土地，即普通旱田或某些水浇地的粮食亩产量及耕作效率并

[①] 《史记·河渠书》说秦在关中修郑国渠，"渠就，用注填阏之水，溉泽卤之地四万余顷，皆收亩一钟"。《史记·货殖列传》说："及名国万家之城，带郭千亩亩钟之田。"《汉书·食货志》载赵过行代田法时，"试以离宫卒田其宫地，课得谷皆多其旁田亩一斛以上"。

不高。当时一个普通农民的耕作能力，一般为 30 小亩左右。[①] 这里要顺便说明者，西汉前期，大、小亩制并行。当时关东的许多地方，实行"百步为亩"的小亩制[②]；而秦故地及南方的原楚地，实行"二百四十步为畛"的大亩制[③]。自汉武帝后期开始，才在全国统一亩制，不论南、北皆实行"二百四十步为亩"的大亩制[④]。当时，每一大亩等于 2.4 小亩。关于中原地区的田亩产量，据《汉书·食货志》记晁错之言曰："百亩之收，不过百石"。《史记·河渠书》说："穿渠引汾溉皮氏、汾阴下，引河溉汾阴蒲坂下，度可得五千顷……今溉田之，度可得谷二百万石以上。"汾水在秦故地，实行大亩制，一大亩得谷 4 石多，折合小亩 1.7 石。《管子·治国篇》曰："常山之东，河汝之间，蚤生而晚杀，五谷之所蕃熟也，四种而五熟，中年亩二石，一夫为粟二百石。"[⑤] 常山即恒山，地处黄河下游冲积平原，可"四种五熟"，故每小亩产粟二石。又《后汉书·仲长统传》说："今通肥饶之率，计稼穑之入，令亩收三斛。"东汉时期，一大亩平均 3 石，合小亩 1.25 石。从这些记载来看，中原地区的亩产量为每小亩 1 石以上至 2 石，平均 1.5 石[⑥]。如

[①] 《史记》卷五六《陈丞相世家》说陈平"阳武户牖乡人也。少时家贫，好读书，有田三十亩，独与兄伯居。伯常耕田，纵平使游学"。《集解》徐广曰："阳武属魏地，户牖，今东昏县，属陈留。"这说明，阳武这个地方，属地处实行小亩制的"关东"无疑。陈平不事农业，全由其兄耕种，是知，一人能耕地 30 小亩。又据《汉书·地理志》平帝元始二年的垦田面积推算，一个中等自耕农户拥有的土地量，当在 50—60 亩以下。一户二丁，每个劳动力也在 25 亩至 30 亩，这虽是大亩，但与《陈平传》所说不会差距太大。因此为全国范围的估算。尽管不很精确，但可资参证。

[②] 《汉书》卷二四《食货志》，第 1119 页。

[③] 张家山汉墓整理小组：《江陵张家山汉简概述》，《文物》1985 年第 1 期。

[④] 《盐铁论·未通篇》载："古者制田百步为亩，民井田而耕，什而籍……先帝哀怜百姓之愁苦，衣食不足，制亩二百四十步为亩，率三十而税。"

[⑤] 关于《管子》一书的成文年代，虽然学术界众说不一，但多数学者认为，《管子》中的《治国篇》《轻重甲》等，反映了西汉前期关东地区的田亩产量。

[⑥] 参见宁可《汉代农业生产的几个数字问题》，《北京师院学报》1980 年第 3 期；吴慧《中国历代粮食亩产研究》，农业出版社 1985 年版，第 112 页；周国林《关于汉代亩产量的估计》，《中国农史》1987 年第 3 期等。作者认为，宁可先生的平均 1.5 石之说，可以成立。

此，一个普通农民耕种 30 小亩地，平均亩产量 1.5 石，则岁均总产量 45 石。根据当时的口粮标准，一个"五口之家"的农户，需要两个劳动力，耕作 60 亩土地，岁产 90 石粮，方能大致上解决口粮问题①。至于其他生活、生产资料及赋税支付等，尚无着落，需要通过副业生产及其他途径，才可得到满足。

南方水田区的农业劳动生产率，比中原地区还低。这里一个普通农民的耕作能力，一般为 23 小亩左右②。南方的亩产量，据《淮南子·主术训》说："一人蹠耒而耕，不过十亩。中田之获，卒岁之收，不过四石。"年均每大亩产谷 4 石，合小亩 1.7 石。又《东观汉记·张禹传》说："元和三年，张禹迁下邳（今江苏睢宁）相，修蒲阳陂，垦田四千余顷，得谷百万余斛。"每大亩产谷约 2.5 石，约合小亩 1.04 石。这两处记载，平均为 1.37 石。如此，一个普通农民耕种 23 小亩土地，亩产 1.37 石，则年平均总产量为 32 石。一个"五口之家"，2 个劳动力，耕种 46 小亩地，才 64 石粮，按照当时的口粮标准，如果不靠"渔猎山伐"的农副业生产，一般很难解决吃饭和发展再生产等方面的支付问题。

汉代不同农耕区的劳动生产率有别，总的来说，当时以上各农耕区的劳动生产率都很低。如此低下的农业劳动生产率，农民种田用力

---

① 关于汉代家庭成员的口粮标准，文献记载比较疏落、简缺。据《居延汉简》载，大男（15 岁以上）月食小石三石，即大石一石八斗（203·27，285·6）。大女（15 岁以上）、使男（7—14 岁），月食小石二石一斗六升大，即大石一石三升（55·25，27·3）。使女（7—14 岁）、未使男（6 岁以下），月食小石一石六斗六升大，而大石一石（27·1，231·25）。未使女（6 岁以下），月食小石一石六升大，而大石七斗（203·7，203·13）。由此可见，因年龄、性别之差，用粮量不一。汉代农户以五口之家计算。如果有大男二人，大女或使男一人，使女或未使男一人，未使女一人，则五口之家的农户，一个月的口粮为六石六斗，全年共需口粮为八十石左右。当然，这是反映西北边郡的情况，内郡的口粮标准或许略高。若包括留种及家禽家畜饲料等，全家岁产 90 石粮，乃所剩无几。

② 据《江陵凤凰山十号汉墓木牍》载，每个能田者仅耕 9 大亩，约含 22 小亩。又《淮南子·术训》说："一人跖耒而耕，不过十亩。"这是反映西汉前期江淮以南一个耕田的记录。这里当时还实行大亩制。10 大亩，合 24 小亩。两处记载，平均 23 小亩。

中篇　农民篇

多，获利少，若单靠粮食种植，而无副业生产或其它方面的经营，那是相当难以维系生计的。

汉代不仅农业劳动生产率低，而且农、工产品的比价也相差很大。在同一市场，同一时间内，农产品与手工业产品的价格之间相距十分悬殊。农产品远不如工业产品。例如，粮食与布帛的比价方面。汉武帝以后西北边郡市场的物价，据《居延汉简甲乙编》记载，当时粮食通常是100钱1石。而布400钱1匹（308·7），帛价1000钱1匹（90·56），皁练价1200钱1匹（35·6）。则粮食与布匹的比价为1∶4，与帛、皁练的比价为1∶10，这就是说，在当时当地市场上农工产品交换时，需要4石粮才能换取1匹布。10石粮才能换取1匹帛或皁练。同样，粮食与其他手工业品的比价差距也大。我们仍以武帝后西北边郡市场为例。据《居延汉简甲乙编》记载，当时粮食100钱1石。但邯郸铁铫120钱1把（26·29），铜铫50钱1把（100·32），剑700钱1把（271·1），刺马刀7000钱1把（262·28B），牛车2000钱1辆（37·35），轺车10000钱1辆（37·35）。粮食与这些手工业品的比价分别为1∶2，1∶5，1∶7，1∶70，1∶20，1∶100。即在市场交换时，1把铁铫可换2石多粮，2把铜铫可换1石粮，1把剑可换7石粮，1把刺马刀可换70石粮，1辆牛车换20石粮，1辆轺车可换100石粮。众知，粮食产于地，生于时，聚于力，非短期可就也，且一日弗得，便挨饥饿，其价格却远不如一些简单的手工业品。这种情况说明，当时并未完全体现劳动价值的等价交换。"谷贱伤农"。农工产品比价的不合理，严重影响到农民的实际经济利益和生产积极性，必将导致务本者少，趋末者多。

尤当指出者，汉代"务农"，不仅比不上"务工"，更不如"经商"。当时商业利润丰厚，如《史记·苏秦列传》说："周人之俗，治产业，力工商，逐利什二以为务。"《汉书·贡禹传》也说："商贾求利,东西南北,各用巧智,好衣美食,岁有十二之利。"这两处记载在言及商业利润时都说是十分之二,即拥有 1 万钱的资本经商,一年可获利 2000 钱。可见,20% 的商业利润是此时的通行标准。若从事奢侈品或奇珍异宝的经营,利润更高,如《盐铁论·力耕篇》引文学之言:"美玉、珊瑚出于昆山,珠玑、犀象出于桂林,此距汉百万有里。计耕桑之功,资财之费,是一物而售百倍其价,一揖而中万钟之粟也。"富商大贾长途贩卖美玉、珊瑚等奢侈品"百倍其价",其利润是相当的大了,远远超出了"什二之利"的通常界线。因为从商容易致富,商人有钱,他们可"衣必文采,食必粱肉";"乘坚策肥,履丝曳缟";"无农夫之苦,有阡陌之得";甚至"因其富厚,交通王侯,力过吏势"。故"众人慕效"从商,其为世俗所尊崇和仿效。所以《汉书·食货志》说:"今法律贱商人,商人已富贵矣;尊农夫,农夫已贫贱矣。故俗之所贵,主之所贱也;吏之所卑,法之所尊也。"

从经济比较利益来说,农、工、商三者的利润差距很大。这在文献中也有不少概括性的描述,如《商君书·内外》篇说:"农之用力最苦,而赢利少,不如商贾、技巧之人。"《史记·货殖列传》说:"用贫求富,农不如工,工不如商。"崔寔《政论》亦说:"农桑勤而利薄,工商逸而入厚。"由于务农最苦、利薄,而工商业容易获利,故不少农民参与到了工商业这个行列。

其二,农民太苦,加之繁重的赋税征课实行货币化,故不少人以"事末"为挣钱的捷径。汉政权虽然"重农",对农民不时采取过一些"扶植"政策。但总体而论,乃对农业投入少,向农民索取多。尤其是赋税的货币化,使农民负担越来越重。加上商人、高利贷的盘剥及自然灾害等交织在一起,农民不断走向贫困。

汉代农民贫困、负担很重,这为当时人们所注目。文献留下的记载殊多。如《汉书·食货志》曰:"今农夫五口之家,其服役者不下二人……春耕夏耘，秋获冬藏，伐薪樵，治官府，给徭役；春不得避风尘，夏不得避暑热，秋不得避阴雨，冬不得避寒冻，四时之间亡日休息；又私自送往迎来，吊死问疾，养孤长幼在其中。勤苦如此，尚复被水旱之灾，急政暴赋，赋敛不时，朝令而暮改。当具有者半贾而卖，亡者取倍称之息，于是有卖田宅鬻子孙以偿责者矣。"《汉书·王莽传》说："汉代减轻田租，三十而税一，常有更赋，罢癃咸出，而豪民侵陵，分田劫假。厥名三十税一，实什税五也。父子夫妇终年耕耘，所得不足以自存。故富者犬马余菽粟，骄而为邪。贫者不厌糟糠，穷而为奸。"在《史记》《汉书》《后汉书》等文献中，类似记载还有不少。农民"不避寒暑，挼草耙土，手足胼胝"，终年耕耘，勤苦如此。但他们"常衣牛马之衣，而食犬彘之食"①；或"菜食不厌，衣又穿空，父子夫妇，不能相保"，而有"七亡""七死"之忧。②

农民贫困的原因很多，除了不堪忍受的徭役、天灾人祸等外，其中还有一个很重要的因素，这就是算赋、口钱、更赋及訾赋等各种名目的赋税征课很重。据《汉仪注》载，算赋——15岁至56岁，不论男女，每人每年向国家交纳120钱。口钱——7岁至14岁，不分男女，每人每年交23钱。更赋——"戍边三日"的代役钱，实际上是按丁征课的一种固定赋目，丁男每人每年交300钱。③訾赋——家庭财产税，通常有訾1万，纳税127钱，税率为1.27%。④ 这种以征收货币为主的赋税制度，给农民带来了很大的经济压力。这个问题只要通过算一笔账，便可了解赋税对农民的经济压力程度。我们若以中原地区一

---

① 《汉书》卷二十四上《食货志》，第1137页。
② 《汉书》卷七十二《王贡两龚鲍传》，第3088页。
③ 《汉书》卷七《昭帝纪》注引如淳说，第230页。
④ 见《汉书·景帝纪》注引服虔曰、《盐铁论·未通篇》、《后汉书·刘平传》。汉代人计訾的范围，既包括货币财富，也包括马牛、车辆、田亩、六畜、奴婢以及房屋等实物财产。动产不动产皆含其中。征收訾赋以家庭财产多少为标准。见黄今言《汉代的訾算》，《中国社会经济史研究》1984年第1期。

个拥有 60 亩耕地的中等自耕农户来计算：两个劳动力耕作，粮食平均每小亩产 1.5 石，岁收总产量 90 石，内地粮价为 30—120 钱之间浮动，我们折中权以 60 钱 1 石计，折合成货币是 5400 钱。但一个五口之家的自耕农户（按 2 个大男，1 个大女，2 个小孩计），除田租按规定交付谷物外，尚需交纳的货币有算赋 360 钱、口钱 46 钱，又有两个成丁之大男的更赋 600 钱，共计按丁口征收的赋敛为 1006 钱。至于訾赋，各农户有别。《史记·文帝纪》说："百金，中民十家之产也。"若"一金"万钱，"十金"10 万钱。如果文帝时的"中民"即中等自耕农家庭的财产标准，① 则拥有 10 万钱的家訾，需交訾赋 1270 钱。这样，一个中等自耕农家庭要交纳的人头税和訾赋便共计为 1006 钱 + 1276 钱 = 2276 钱，约占全年粮食收入 5400 钱的 2/5 左右。当然，农民一般有家庭纺织和农副业生产等会使其家庭收入提升。然而，货币化的各种赋敛，却仍占他全家收入总数的较大比重。

但农民终年耕耘所得主要是实物，而当时的赋税则相当大一部分需要缴纳货币。官府"释其所有，责其所无"②；又"乡部私求，不可胜供"③；"赋敛不时"④，律外而取。这就必然更为加大农民的货币支付量。需要说明的是，西汉初有关算赋、口钱的征收时间，往往是一年征收多次。据《江陵凤凰山十号汉墓木牍》记载，市阳里的算赋，二月收了 3 次，三月收了 3 次，四月收了 4 次，五月收了 3 次，六月收了 1 次。从二月至六月，共收算赋达 14 次之多。算赋额也非法定的

---

① 汉时，也有民訾不满 2 万、3 万钱的贫民或小家、下户，如《汉书·成帝纪》载，鸿嘉四年，大灾，令关东"民訾不满三万者，勿出租税"；《汉书·平帝纪》曰："元始二年，天下訾不满二万及被灾之郡不满十万，勿出租税。"这些不满 2 万、3 万的贫民、下户，当时不交租赋是因受了自然灾害损失的缘故。在正常的年景下，訾赋还是要按有訾 1 万纳税 127 钱标准交纳的。
② 《盐铁论》卷一《本议》，见王利器撰《盐铁论校注》，中华书局 1992 年版，第 4 页。
③ 《汉书》卷七十二《王贡两龚鲍传》，第 3057 页。
④ 《汉书》卷二十四上《食货志》，第 1132 页。

120 钱,而是 227 钱。西汉中期以后至东汉,虽然"八月算民",按年计征。法定算赋额为 120 钱,口钱 23 钱,但在实际执行中也未必如此。当时无论"啬夫""乡佐",或是郡县守、令,在征收赋税的过程中,律外而取的征课很多。《后汉书·朱穆传》说:"公赋既重,私敛又深,牧守长吏,多非德选,贪聚无厌,遇人为虏。"《后汉书·左雄传》亦说:"乡官吏部,职斯禄薄,车马衣服,一出于民,廉者取足,贪者充家。特选横调,纷纷不绝。"而且在计訾论价、征收訾赋中,地方官吏往往优容富人,剥削农民。一些高訾巨富,虽有大量訾财,但可特许不"占"。而对一般农民,则将其"庐屋里落"也当作訾产,甚至"以衣履釜䰛为訾"①,任意扩大其计訾范围,多征他们的訾赋。事实说明,法律的具文规定与具体贯彻情况有很大距离。还要指出的,当时不仅作为赋敛意义的"调",有征收货币的情况,而且桓帝、灵帝之时,在"三十税一"的田租之外,还曾经"亩敛税钱"②。这些皆使农民的货币负担进一步加重。

农民为了缴纳上述这些"法定"与法外的赋税,于是,一方面,不得不把有限的农产品拿到市场直销,以换取货币。也不得不"贱卖货物,以便上求","当具有者半贾而卖,无者取倍称之息"③。另一方面,为了挣钱谋生、缴纳赋税,农民也只好离开农村,从事工商末业,或作小商小贩,或去矿山、工商部门为"庸"打工。农民不论参与市

---

① 《后汉书》卷四《孝和帝殇帝纪》,第 175 页。
② "调"是算赋、口钱、更赋以外的新增赋税项目。它产生于东汉前期的光武、明帝之时,当时"调"的征收内容与方式,有时调取谷帛、绵绢、马匹等实物。事见《后汉书·庞参传》《后汉书·朱穆传》《后汉书·灵帝纪》等。但有时也调取货币,如《后汉书·刘虞传》说:"幽部接应荒外,资费甚广、岁常割青、冀赋调二亿有余,以足给之。""亩敛税钱"出于桓、灵时期,如据《后汉书·桓帝记》载:"延熹八年八月戊辰,初令郡国有田者,亩敛税钱。"注曰:"亩十钱也。"又《后汉书·灵帝记》载:"中平二年二月己酉,南宫火灾,火半月乃灭。已[癸]亥,广阳门外屋自坏。税天下田,亩十钱。"请详见黄今言《秦汉赋役制度研究》,江西教育出版社 1988 年版,第 93、239—242 页。
③ 《汉书》卷二十四上《食货志》,第 1132 页。

场交换，还是自己实际从事工商末业，核心问题都是为了钱。所以，当时有人在谈到这种情况时说："末利深而惑于钱也。"① 这确乎并非虚言。

其三，农民的土地得不到保障，这也是促使他们走向"事末"的一个重要因素。在中国古代社会中，土地是重要的生产手段和财产保障，是农民赖以生存的基础。西汉前期，"以口量地，其于古犹有余"②。当时"地有遗利，民有余力，生谷之土未尽垦"③，自耕农数量较多。但随着土地私有制发展，自西汉中期以后至东汉，土地的商品化与兼并之风日趋明显。当时农民的小块土地，往往成为贵族官僚、地主豪商所兼并的对象。汉代土地兼并的方式，主要有二。

一是，凭借政治特权，霸占、侵夺农民的土地。例如，淮南王"王后荼、太子迁及女陵得爱幸王，擅国权，侵夺民田宅"④；"衡山王又数侵夺人田，坏人冢以为田"⑤；东汉"多由黄门常侍张让等侮慢天常，操擅王命，父子兄弟并据州郡，一书出门，便获千金，京畿诸郡数百万膏腴美田皆属让等"⑥。这些都是权贵们凭借政治特权，侵夺民田的有力例证。

二是，通过等价或不等价的买卖获取农民的土地。这种情况多有。例如，霍去病为其父"（霍）中孺买田宅、奴婢而去"⑦；张禹"内殖货财，家以田为业。及富贵，多买田至四百顷，皆泾、渭溉灌，极膏腴上贾，它财物称是"⑧；马防"兄弟贵盛，奴婢各千人已上，资产巨

---

① 《汉书》卷七十二《王贡两龚鲍传》，第3075页。
② 《汉书》卷四《文帝纪》，第128页。
③ 《汉书》卷二十四上《食货志》，第1130—1131页。
④ 《史记》卷一一八《淮南衡山列传》，第3083页。
⑤ 《史记》卷一一八《淮南衡山列传》，第3095页。
⑥ 《三国志》卷六《董卓传》注引《典略》，中华书局1959年版，第172—173页。
⑦ 《汉书》卷六十八《霍光金日磾传》，第2931页。
⑧ 《汉书》卷八十一《匡张孔马传》，第3349页。

亿，皆买京师膏腴美田"①。除达官贵人购买土地外，商人也"以末致财，用本守之"，大量兼并农民。例如，"卓王孙不得已，分予文君僮百人，钱百万，及其嫁时衣被财物。文君乃与相如归成都，买田宅，为富人"②。陈汤曰："关东富人益众，多规良田，役使贫民。"③ 东汉仲长统亦说："井田之变，豪人货殖，馆舍布于州郡，田亩连于方国"④，等等。这里讲到的"富人""豪人"，主要是指商人或商人地主。说明商人在兼并农民的土地问题上也不落后。尽管当时董仲舒、师丹等人提出"限田"，王莽实行"王田"，刘秀也有过"度田"，但都以失败而告终，而且土地兼并愈演愈烈，使大批农民失去土地。

农民由于最基本的生产资料得不到保障，不断丧失土地而濒于破产。故他们之中，除了有一部分沦为"奴婢"，或沦为"依附农民"，或"逃亡山林，转为盗贼"外，其余失去土地的农民，便流向外地"背本趋末"。例如，《汉书·昭帝纪》载始元四年诏曰："比岁不登，民匮于食，流庸未尽还。"师古注曰："流庸，谓去其本乡而行为人庸作。"又《后汉书·和帝纪》载永元六年诏："流民所过郡国皆实禀之，其有贩卖者，勿出租税。"这些为人庸作，或从事"贩卖"的流民，当是皆因失去土地而从事"末业"的例证。

总之，在汉代社会中，导致农民"背本趋末"的因素有多个方面。其中，商品经济发展，城乡贫富悬殊，求富趋利的社会风气，以及工商业利润的丰厚等对农民有很大引诱力。同时，国家的"重农"政策没有真正贯彻到位，不仅繁多的赋税货币化加重了农民负担；而且西汉中期以后，农民最基本的生产资料也纷纷丧失。尽管官府有过"赐

---

① 《后汉书》卷二十四《马援列传》，第857页。
② 《史记》卷一百一十七《司马相如列传》，第3001页。
③ 《汉书》卷七十《傅常郑甘陈段传》，第3024页。
④ 《后汉书》卷四十九《王充王符仲长统传》，第1651页。

民公田""假民公田",但杯水车薪,没有解决根本问题。在这种情况下,农民脱离农业生产,而趋向工商末业也是必然的。

农民"背本趋末"评说

班固《汉书·食货志》谓《管子》云:"古之四民不得杂处。士相与言仁谊于闲宴,工相与议技巧于官府,商相与语财利于市井,农相与谋稼穑于田野。朝夕相从,不见异物而迁焉。"认为士、农、工、商"四民",应该"各安其居而乐其业"。但汉代的情况,却没有完全遵循这个"古制",没有"各安其业"。而是大批农民离开"田野",趋向于"技巧""市井"之利。

汉代农民"背本趋末"这一社会现象,究竟应做何等评估?其所产生的社会经济效益如何?这是值得研究的一个问题。由于这里涉及农民从事工商末业的规模、范围,以及衡量效益的标准诸方面,因此,汉时对之有着不同的评说。

大凡汉代的帝王及一些政治家们,在"农本"思想的指导下,他们莫不强调"重农",反对"事末"。认为农民应该以"地著"为本,当"相与谋稼穑于田野",不然,就会对社会经济带来严重危害。归纳其主要理由有两点。第一,农民不"务本"而"事末",将会荒废农业,使百姓失去衣食之源。例如,文帝二年诏曰:"农,天下之大本也,民所恃以生也,而民或不务本而事末,故生不遂……"[①] 景帝后元二年诏曰:"雕文刻镂,伤农事者也;锦绣纂组,害女红者也。农事伤则饥之本也,女红害则寒之原也。"[②] 除皇帝诏令外,一些政治家及儒家知识分子,对此也作了阐述和发挥。例如,贾谊说:"今背本而趋末,食者甚

[①] 《汉书》卷四《文帝纪》,第118页。
[②] 《汉书》卷五《景帝纪》,第151页。

众，是天下之大残也；淫侈之俗，日日以长，是天下之大贼也。残贼公行，莫之或止，大命将泛，莫之振救……"① 文学说："百姓就本者寡，趋末者众。夫文繁则质衰，末盛则本亏。末修则民淫，本修则民悫。民悫则财用足，民侈则饥寒生。"又云："国有沃野之饶，而民不足于食者，工商盛而本业荒也。"② 可见，当时的主流思想，都认为"末盛则本亏"，"工商盛而本业荒"。民不务本而事末，会导致百姓失去衣食之源，而饥寒并至。卷第二，农民"背本趋末"，末技游食之民不归农，影响社会秩序，危及国家治安。例如，景帝在诏令中说，农事伤则饥，女红害则寒。"夫饥寒并至，而能亡为非者寡矣"③。贾谊说："饥寒切于民之饥肤，欲其亡为奸邪，不可得也。"④ 认为民不足而可治者，自古及今，未之尝闻。晁错说："民贫，则奸邪生。贫生于不足，不足生于不农，不农则不地著，不地著则离乡轻家，民如鸟兽，虽有高城深池，严法重刑，犹不能禁也。"⑤ 文学还认为"非力本农，无以富邦"⑥，难于实现"富国强兵"。工商末业"非治国之本务也"⑦，东汉的桓谭也认为"举本业而抑末利"，"禁人二业"，乃为"理国之道。"⑧

但在汉代的上层社会中，也有部分人与当时的主流思想，在认识上不完全相同。他们强调农、工、商、虞都很重要，主张广开财源。如司马迁说："农不出则乏其食，工不出则乏其事，商不出则三宝绝，

---

① 《汉书》卷二四上《食货志》，第1128页。
② 《盐铁论》卷第一《本议》，见王利器《盐铁论校注》，中华书局1992年版，第4页。
③ 《汉书》卷五《景帝纪》，第151页。
④ 《汉书》卷四十八《贾谊传》，第2243页。
⑤ 《汉书》卷二十四上《食货志》，第1131页。
⑥ 《盐铁论》卷第三《轻重》，见王利器《盐铁论校注》，中华书局1992年版，第179页。
⑦ 《盐铁论》卷第一《本议》，见王利器《盐铁论校注》，中华书局1992年版，第3页。
⑧ 《后汉书》卷二十八上《桓谭冯衍列传》，第958页。

虞不出则财匮少，财匮少而山泽不辟矣。此四者，民所衣食之原也。"①认为"农末俱利，平籴齐物，关市不乏，治国之道也"②。他用大量史实说明乡里之民，从事末业而致富者，"不可胜数"。桑弘羊亦说："古之立国家者，开本末之途，通有无之用。市朝以一其求，致士民，聚万货，农商工师各得其所欲，交易而退。《易》曰：'通其变，使民不倦。'故工不出，则农用乏；商不出，则宝货绝；农用乏，则谷不殖；宝货绝，则财用匮。"③ 他们主张"开本末之途"，"农末俱利"，才是"治国之道也"。

以上两种经济思想，都认为"本业"重要，皆将发展农业列为要务，这是一致的。强调"重本"力农，有它的必要性，有利于农业发展。这对巩固当时的国家政权也确有积极的意义和作用。但是，由于他们对"末业"的地位及当时的社会经济现状认识不同，因而对农民"背本趋末"的态度及价值评判也就有别。前者将末、本对立，认为"末盛则本亏"，故主张"重本抑末"；后者认为农、工、商、虞四者，皆为衣食之源，故主张"开本末之途"。

考诸历史事实，我们认为汉代农民"背本趋末"，虽然对农村的劳动力或许有所减弱，同时，末技游食之民众多，"游手为巧，充盈都邑"，有时会影响市场秩序，增加城市管理的某些难度。但是，确乎不能像历代帝王为代表的传统思想那样对之一概予以否定，而不看农、工、商之间的相互联系。其实，农民在有条件和可能的情况下，扩大经营范围，广开财源，从事一些正常的工商末业，应该说有其合理性和进步性，这对当时整个社会经济发展具有一定的促进作用。

首先，在一些人多田少地区，可使农村的富余劳动力得到较好的

---

① 《史记》卷一百二十九《货殖列传》，第3255页。
② 《史记》卷一百二十九《货殖列传》，第3256页。
③ 《盐铁论》卷第一《本议》，见王利器撰《盐铁论校注》，中华书局1992年版，第3页。

利用。汉时,关中、三河等中原内郡,人口集中,一般农民的土地占有量极度有限。据《汉书·地理志》载,西汉平帝元始二年(公元2年),全国"定垦田八百二十七万五百三十六顷,民户千二百二十三万三千六十二,口五千九百五十九万四千九百七十八"。若以平均拥有土地量来计算,全国每一农户仅有田67.61亩。如果除去国有土地和地主官僚、豪商们兼并多占的私有土地,则农民每户平均拥有的土地量,当只有50—60亩,甚至更少。至于人多田少的狭乡,农民占有的土地量,比全国平均数少得多。据《江陵凤凰山十号汉墓木牍》的记载,江陵郑里有25个农户,能田者(能从事农业生产劳动者)69人,人口105人,全里共计有田617亩,农户有田最多的是54亩,最少的仅8亩,平均每个农户仅有田24.6亩。这里的"五口之家",若2个丁男,一个劳动力只有12.3亩。[1] 前面讲到,汉代南方一个普通农民的水田耕作能力,通常为23亩左右,但事实上该地区并未达到这个标准。由于江陵这个地方人多田少,有大量多余的劳动力,所以他们合伙经商。通过经商以缓解对土地的压力。这种情况,中原内郡的其他地方当也存在。如在关中之地,由于"地小人众,故其民益玩巧而事末也"[2]。这同样说明农民从事工商业,与人多田少有关。这里要指出的是,关中、三河等地区,并未出现"末盛则本亏"现象,虽然工商业盛行,但没有使农业荒废。相反,这里到处"膏壤沃野","殖五谷",且形成了"精耕细作"的耕作模式,农业收成通常比其他地区好。可见,农业与工商业的发展有互动作用。

其次,提高了部分农民的经济收入和消费水平。农民向城市或工矿区进军从事工商末业,其经济收入一般比种田要好。农民若是外出为"庸"打工,可以获得一定的"雇值"。当时农民受雇于私家的雇

---

[1] 李均明、何双全:《散见简牍合辑》,文物出版社1990年版,第70—71页。
[2] 《史记》卷一百二十九《货殖列传》,第3261页。

值不一。据《九章算术·衰分》载："今有取保一岁，价钱二千五百。今先取一千二百，问当作日几何？答曰：'一百六十九日二十五分之二十三。'"即一个月208钱。崔寔《政论》云："（长吏）假令无奴，当复取客，客庸一月千（钱）。"如果受雇于官府，雇值通常较高，如《汉律》载："贫者欲得雇更钱，次直者出钱雇之，月二千，是践更也。"又《汉书·沟洫志》说："治河卒非受平贾者，为著外徭六月。"苏林注曰："平贾，以钱取人作卒，顾其时庸之平贾也。"如淳注曰："律说，平贾一月，得钱二千。"从《汉律》《沟洫志》这两处记载说明，受雇者代行服役，而"践更"的雇值是每月2000钱。这种为"庸"即雇庸劳动的雇值，我们权且按中等价格即"一月千钱"计算，则一人为"庸"6个月，便6000钱收入。若粮价100钱1石，可买粮60石。如果为"庸"一年，其收入便12000钱，可买粮120石。若60钱1石，可买粮200石，依此类推。但种田则不然，前面讲到，中原地区一个普通农民一年四季耕种30亩地，亩产1.5石，年均总产粮食才45石，将其折合成货币，远远比不上一人外出为"庸"打工的钱。故从这个意义上说，农民"背本趋末"，外出为"庸"，实际上是"以末补农"，弥补种田的不足。

司马迁在《史记·货殖列传》说："末业，贫者之资也。"若是从事工商业的经营，便可致富。他列举了不少小工商业者致富的例证。如所谓："行贾，丈夫贱行也，而雍乐成以饶。贩脂，辱处也，而雍伯千金。卖浆，小业也，而张氏千万。洒削，薄技也，而郅氏鼎食。胃脯，简微耳，浊氏连骑。"司马迁列举的雍伯、张氏、郅氏、浊氏等，当然不一定都是农民，但至少可以说明，农民从事此类小卖小买或薄技的经营，可以致富的事实。

农民由于通过工商末业增加了经济收入。因此，他们之中有的人消费结构得到改善，消费水平也相对提升。例如，《盐铁论·散不足》

说农民的饮食,过去是"粝食黎藿,非乡饮酒滕腊祭祀无见酒肉",而今者"阡陌屠沽,无故烹杀,相聚野外,负粟而往,挈肉而归"。农民的衣着,过去"衣不足以蔽体","衣又穿空";今者,一般可以穿上"麻枲",甚至"细布"。居住条件,过去往往是"采椽茅茨,陶桴复穴,足以御寒暑、蔽风雨而已"。而今者,乃多数是木质结构,有的且"家有一堂二内"①。这种生活水平的前后变化,虽然与整个社会经济的不断向前发展有关,但也不能否认部分农民通过工商末业的经营,增加收入后提高了消费水平。

最后,加速了城乡商品交换与市场繁荣。交换的深度和广度是由生产发展和经济结构决定的。而市场繁荣也取决于多种因素,除生产力提高外,与赋税、消费的拉动密切相关。这方面,对农民来说,值得注目的,首先是他们在"事末"过程中,由于商品意识的提高,经营项目和产业结构的调整,使其为城乡市场提供了丰富多样的商品。《史记·货殖列传》说,当时"通邑大都",有酒、醯酱、浆、马、牛、羊、彘、谷、薪槁、船、木、竹、轺车、牛车、漆器、铜器、素木铁器、筋角、丹沙、帛絮、细布、文采、榻布、皮革、漆、蘗、盐豉、枣、粟、鲐、鲍、佗果,等等。《居延汉简》中反映市场上的商品种类也有不少,于此,不必一一列举。市场上的这各种生活、生产资料,有很多是由农民、小手工业者或过去时农民提供的。农民经营这些产业,使商品经济整合于农村经济之中,一定程度上体现了汉代农业向商品经济发展的迹象,为农业发展开创了新的途径,这应该说是一个历史的进步。

与此同时,农民在从事工商业的过程中,进一步加强了与市场的联系。他们进军城市,充当庸、保、僦人等,不仅为城市提供了大批

---

① 《汉书》卷四十九《爰盎晁错传》,第 2288 页。

劳动力，使劳动力商品化得以发展；而且参与城乡市场的商品交流也较以前更为普遍。这方面，我曾经说过，于此不赘。[①] 农民与市场交换普遍的原因，质言之，主要是他们调余补缺和经营的商品要推销出去，离不开市场；同时经营项目的调整，经济收入增加，提高了交换能力，有这个可能。

还要指出的是，由于商业形态多样，流通渠道拓展。因此，郡县以上的商品市场，人流、物流空间扩大，肆店林立，商品种类繁多，商贾济济，商品流通量大，市场呈现比较繁荣的景况。这从班固的《两都赋》，张衡《西京赋》，以及四川成都市郊彭县、广汉县等地出土的《市井》画像砖等，皆可得到一定的证实。

从总体上看，汉代农业生产与工商业发展是一种互动关系，而非"工商盛而本业荒也"。"农本"主义者强调重农必须抑商，搞单一的粮食生产，割裂农、工、商业之间的有机联系，诚然不符合当时经济发展的规律。农民"开本末之途"，广开财源，扩大经营范围，从事一些正常的工商末业，不仅有助于缓解人口集中地区对土地的压力，而且对提高农民收入，加速城乡商品交流与市场繁荣等，也有积极的社会经济效益。

---

① 黄今言：《秦汉商品经济研究》，人民出版社 2005 年版，第 109—117 页。

下篇　农村篇

汉代聚落形态试说

聚落是乡里组织的基础，它与社会经济发展状况直接相关。对此，学界自来较为重视，近几年，日本及国内学者多有论述，并取得了一定进展。[1] 这里拟根据文献、考古资料，专就有关研究得比较薄弱且有歧议的几个问题，再行做些考察，以期引起同人在这方面的进一步研究。

聚的名号与内涵

聚的渊源很早，从考古资料看，随着农耕文明的出现，聚便开始兴起。史称："舜无咫尺之地，以有天下；禹无百人之聚，以王诸侯。"[2] "（卫）献公犇齐，齐置卫献公于聚邑"[3]。作为人类居住形态之一的聚，先秦时期就已得到形成和发展。

---

[1] 代表性论著有［日］宫崎市定：《关于中国聚落形态的演变》，见《日本学者研究中国史论著选译》第3卷，中华书局1993年版；［日］五井直弘：《汉代的聚落》，见《中国古代史论稿》，北京大学出版社2009年版；朱桂昌：《古"聚"考说》，见《秦汉史考订文集》，云南大学出版社2001年版；马新、齐涛：《汉唐村落形态略论》，见《中国史研究》2006年第2期；邢义田：《从出土资料看秦汉聚落形态和乡里行政》，见《治国安邦——法制、行政与军事》，中华书局2011年版，第249—340页；孙家洲：《从内黄三杨庄聚落遗址看汉代农村民居形式的多样性》，《中国人民大学学报》2011年第1期。

[2] 《史记》卷六九《苏秦列传》，中华书局1959年版，第2247页。

[3] 《史记》卷三七《卫康叔世家》，第1596页。

下篇　农村篇

迄至汉代，随着社会经济的演进，人口增长，聚落迅速发展，而且聚和乡、里一样，各有名号。《论衡·书虚》曰："天下郡国且百余，县邑出万。乡、亭、聚、里，皆有号名。"[①] 关于聚的名号，史文多见。

西汉的聚名，《汉书·地理志》记有22处。其中对县以下的聚列举了8处，即河南郡缑氏县刘聚，梁县的惮狐聚、阳人聚，南阳郡育阳县南筮聚，冠军县临駣聚，丹阳郡宛陵县彭泽聚，天水郡冀县梧中聚，上党郡铜鞮县下虒聚。另有14处乃王莽改制时，将县（侯国）改名为聚。

东汉的聚名，较西汉为多。《后汉书·郡国志》记有56处。见表1。

表1

所在郡县	聚名	所在郡县	聚名	所在郡县	聚名
河南尹洛阳县	唐聚	梁国睢阳县	阳梁聚	南阳郡宛县	南就聚
	上程聚	沛国鄼县	鄢聚		夕阳聚
	士乡聚	洨县	垓下聚	新野县	黄邮聚
	褚氏聚	杼秋县	澶渊聚	平氏县	宜秋聚
梁县	阳人聚	陈国阳夏县	固陵聚	复阳侯国	杏聚
中牟县	曲遇聚	魏郡内黄县	萧阳聚	棘阳县	黄淳聚
缑氏县	邬聚	钜鹿郡下曲阳	鼓聚	育阳邑	东阳聚
巩县	东訾聚	陈留郡外黄县	葵丘聚	邓县	鄾聚
	坎坫聚	圉县	万人聚	武当县	和成聚

① （汉）王充：《论衡》，上海人民出版社1974年版，第58页。

续表

所在郡县	聚名	所在郡县	聚名	所在郡县	聚名
成睾县	瓶丘聚	东郡聊城县	夷仪聚	顺阳侯国	须聚
新成县	广成聚	谷城县	隽下聚	南郡编县	蓝口聚
	鄢聚	东平国寿张县	堂聚	枝江侯国	丹阳聚
河内郡野王县	射犬聚	任城国任城县	桃聚	九江郡当涂县	马丘聚
修武县	小修武聚	泰山郡梁甫侯国	苑裘聚	犍为郡武阳县	彭亡聚
弘农郡弘农县	桃丘聚	济南国历城县	巨里聚	陇西郡襄武县	五鸡聚
京兆尹长安县	细柳聚	乐安国博昌县	贝中聚	汉阳郡冀县	雒门聚
上雒侯国	苍野聚			陇县	獂坻聚
颍川郡阳城县	负黍聚			上党郡涅县	阏与聚
汝南郡山桑侯国	下城父聚			太原郡界休县	緜上聚
	垂惠聚				千亩聚

两汉的聚名，在《史记·吴太伯世家》《史记·留侯世家》《汉书·高帝纪》《汉书·武帝纪》《汉书·五武子传》《汉书·史丹传》《汉书·外戚传》《后汉书·光武帝纪》《后汉书·祭遵传》《后汉书·刘玄传》《后汉书·章帝八王传》以及《水经注》等史籍中也有些记载，除去重复，大约专称的聚名近百处左右。实际情况，凝当远远超过此数。

聚的命名，据《后汉书·郡国志》注、《水经注》，以及其他有关资料的不完整记载，大别之有如下几种情况。

有以姓为名者，刘聚、唐聚、褚氏聚、邬聚、杨氏聚等；有以江湖山水为名者，圣聚、霍阳聚、彭泽聚等；有以特色物产为名者，桃丘聚、桃聚、杏聚等；有以故邑、故国为名者，上程聚、鼓聚、阳人聚、惮孤聚、鄢聚、东訾聚、固陵聚、苍野聚等；有以历史人物及重大事件为名者，秦聚、垓下聚、细柳聚、小修武聚、澶渊聚、黄淳聚、射犬聚、菟裘聚、夕阳聚、彭亡聚等。

看来，各处聚的命名，都出之有因。这和汉代的乡、里名称如所谓耿乡、芮乡、赖乡、白水乡、涂水乡、密阳乡、新中乡以及北昌里、春成里、宜秋里、平安里等一样，当时聚与乡、里的命名，都有其特定的意义。

何谓"聚"，它的内涵是什么？许慎《说文解字》曰："聚，会也，从㐺，取声，邑落云聚。"段玉裁注曰："邑落，谓邑中村落。"①

《字源》这样解释"邑"的本义："会意字，初文从囗从卪，其中'囗'表示城市（按，当为城墙，围城），'卪'表示跪坐臣服的人，有城有人，这就是邑。"② 可见，邑的造字本义就是有围墙保护的聚居点。《说文》云："邑，国也。"段玉裁注："《左传》凡称人曰大国，凡自称曰敝邑。古国邑通称。"③ "邑"亦可指城邑或国都，如《尔雅》曰："邑外谓之郊……。"郭璞注："邑，国都也。"④ 有时"邑"还可泛指一般的居民点，如所谓"十室之邑"⑤，"百室之邑"⑥。由此可见，古人对"邑"字用得甚广。"落"与"聚"同义，而且汉人往往将聚、落二字连用，如"或久无害，稍筑室宅，遂成聚落"⑦，即可为证。所以，"邑落"，文献中也称"邑聚"。而前引段注所言的"村"字，乃与"邑"不尽相同。所谓"村落"，实际上也就是汉代"里聚"或"里落"的发展，它出现于东汉晚期⑧。这些不同类型或称谓的聚，就

---

① （清）段玉裁：《说文解字注》，上海古籍出版社1981年版，第387页。
② 李学勤主编：《字源》，天津古籍出版社2012年版，第582页。
③ （清）段玉裁：《说文解字注》，上海古籍出版社1981年版，第283页。
④ 《尔雅》，见《汉魏古注十三经·尔雅》，中华书局1998年版，第63页。
⑤ 《论语·公冶长》，见《四书五经》上册，岳麓书社1991年版，第26页。
⑥ 《左传·成公十七年》，见《四书五经》下册，第932页。
⑦ 《汉书》卷二九《沟洫志》，中华书局1962年版，第1692页。
⑧ "村"字一词，正史中最早见于《三国志·魏书·任苏杜郑仓传》，郑浑为魏郡太守，"入魏郡界，村落齐整如一，民得财足用饶"。中华书局1959年版，第511—512页。

其本义而言，均指汉代基层社会中分散的聚居实体。

这里要指出者，汉代县以下的基层聚落和乡、里组织，从其性质及内涵来说，二者是有区别的。乡、里是按地区划分的基层行政组织，是汉廷实行政治统治的起点，也是汉王朝控制乡里"编户"的职能单位；而聚乃一般不具备行政组织的意义，只是一个居民点或社会细胞。但是，在当时郡、县、乡、里的体制下，由于有许多的聚与里有密切的地缘关系，政府为了便于实行有效统治，乃通常因地制宜，把"聚"与"里"的建置进行组合，在自然村的基础上设"里"建"聚"，将"聚"纳入乡、里的组织系统。正因如此，所以汉人书写户籍，不言某某"聚"，只记郡、县、乡、里；① 征收赋税，也不言"聚"，唯以乡、里为单位进行摊派。② 这并非聚民无户籍、不交税，而是由于这些"聚""里"业已重合为一的缘故。这涉及聚与里的关系问题，故需首先作一说明。

聚的不同类型与人户规模

县以下的基层聚落，先秦时期已有"乡聚"与"邑聚"的记载。

---

① 据《居延汉简甲乙编》记载："魏郡繁阳北乡佐左里，公乘，张世□（334·35）。""问南郡雒阳北乡北昌里，公乘，□忠，年□（334·45）。"汉简中，有时省去"乡"，只记郡、县、里，如"成卒河东皮氏成都里，卜浩，傅咸，年二十（533·2）；""田卒济阴郡定陶西阳里，胡定，年廿五（520·3）。"这只是书写习惯问题，仍可反映乡、里是行政组织，"聚"乃纳入其中。(《居延汉简甲乙编》，中华书局1980年版，分见第223、272、276页。)

② 据《江陵凤凰山10号汉墓简牍》记载："郑里二月七十二算，算卅五钱，二千五百廿，正偃付西乡偃佐缠，吏奉卩。""郑里二月七十二算，算八钱，五百七十六，正偃付西乡佐、佐缠，传送卩。""郑里二月七十二算，算十钱，七百廿，正偃付西乡佐赐，口钱卩。""平里户刍廿七石，田刍四石三斗七升，凡卅一石三斗七升……""市阳租五十三石三斗六升……"(李均明：《何双全编》，见《散见简牍合辑》，文物出版社1990年版，第68—70页。) 这些简文说明，当时的算赋、口钱、户刍、田刍、田租等的征收，不是根据某某聚，它都是通过郑里、平里等里正征收，然后上交乡佐，用于吏奉、转输、军事等开支的，自很明显。

如"(秦孝公)十二年,并诸小乡聚,集为大县"①;又如"而集小(都)乡邑聚为县,置令、丞,凡三十一县"②。从文献记载来看,到了汉代,县以下的基层聚落形态,则有"邑聚"与"里聚"等类型。

"邑聚"即《说文》讲的"邑落"。"邑",是一种古老的聚落名。秦在商鞅变法时,虽然对小邑、邑聚并入了县,但全国统一后的汉代,由于领域扩大,各地政治、经济发展不平衡,在一些边地初设的郡县及内郡的原东方各国,有些地方仍有"邑聚"的称谓,如据以下文献记载。

> 西南夷君长以什数,夜郎最大……此皆魋结,耕田,有邑聚。③

> 邑聚相率,以致殷富。④

这种"邑聚",大多数是原为历史悠久的聚居地,到了汉代便成为具有专称的聚落。例如,河南郡的"缑氏,刘聚,周大夫刘子邑"⑤。河南郡"雒阳有上程聚",是"古程国","重黎之后,伯休甫之国也"⑥。钜鹿郡下曲阳的"鼓聚",乃"故翟鼓子国"⑦等。这些由故邑、故国演变而来的聚,多数有城邑,曾为王者所居之地,是政治权力和经济交流中心,有一定的历史文化基础,规模也较大。汉时,在未改变其原有的聚落形态下,依郡县建置,将其纳入了新的行政编组。

---

① 《史记》卷五《秦本纪》,第203页。
② 《史记》卷六八《商君列传》,第2232页。
③ 《史记》卷一一六《西南夷列传》,第2991页。
④ 《后汉书》卷二七《王丹传》,中华书局1965年版,第930页。
⑤ 《汉书》卷二八上《地理志》,第1555页。
⑥ 《后汉书》志第十九《郡国志》及注,第3389—3390页。
⑦ 《后汉书》志第二〇《郡国志》及注,第3433页。

有的便成为县、乡所在，或皇上对功臣的封侯食邑之地。如据《汉书·史丹传》：成帝鸿嘉元年，诏曰："夫褒有德，赏元功，古今通义也。左将军丹往时导朕以忠正，秉义醇壹，旧德茂焉。其封（史）丹为武阳侯，国东海郯之武强聚，户千一百。"① 又《汉书·王莽传》说哀帝时，"太皇太后诏莽就第，朕甚闵焉。其以黄邮聚户三百五十益封（王莽）"②。汉廷对功臣封侯食邑的聚，或1100户，或350户，规模可谓不小。尤其是封给史丹的东海郡郯县之武强聚，非同一般，它属侯国所在地，有城邑，人户规模达1100户，几乎接近一个中等乡的人户数量。③ 这已超出了"里"的管辖范围，当包含了附近若干个里的户口在内，其中不排除有政治或人为编制的因素在内，故统辖范围较广。这类聚和一般的"里聚"确乎不同。

"里聚"，又称"里落"，是汉代基层社会中的基本形态。《说文》释"里"曰："从田从土。"段玉裁注："有田有土，而可居矣。"④ 这个"里"，非城郭之里，而是具有耕地的民居里落。案诸文献，"里聚"的记载多有。

> 太伯冢在吴县北梅里聚，去城十里。⑤

> 帝初即位，诏曰'故皇太子在湖，未有号谥，岁时祠，其议谥，置园邑'……以湖阌乡邪里聚为戾园。⑥

① 《汉书》卷八二《史丹传》，第3378—3379页。
② 《汉书》卷九九上《王莽传》，第4042页。
③ 据《尹湾汉简·集簿》载，西汉后期，东海郡共有266290户，170个乡，平均每乡为1566户。又《后汉书·职官》曰："凡县户五百以上置乡，三千以上置二乡，五千以上置三乡，万以上置四乡。"这也说明乡的规模平均在1500户左右。当然，其间会有大小之差。
④ （汉）许慎撰，（清）段玉裁：《说文解字注》，第694页。
⑤ 《史记》卷三一《吴太伯世家》注引《皇览》曰，第1447页。
⑥ 《汉书》卷六三《武五子传》，第2748页。

（济南国）历城有铁，有巨里聚。注引《皇览》曰：太甲有冢，在历山上。①

又《水经注》"清水"注曰："建武三年，世祖自堵阳西入，破虏将军邓奉怨汉掠新野，拒瓜里，上亲搏战，降之夕阳下，遂斩奉。《郡国志》所谓宛有瓜里津，夕阳聚者也。"② 是知，夕阳聚也是里聚之证。

汉时，由于受地理条件、经济状况和人口密度等因素的制约，许多聚与里的建置往往一致。故有不少的聚名直接称为某里聚，如上述的"梅里聚""邪里聚""巨里聚"等。有的聚名虽然没有直接称为里聚，但也是在自然村基础上设里建聚的，如瓜里的夕阳聚，以及平阳聚、苑裘聚、圣聚、负黍聚等，都可视为实例。

另据记载，汉政府实行移民时，对"新区"的建设，皆依"制里割宅"的规划进行建聚。如晁错说："臣闻古之徙远方以实广虚也，相其阴阳之和，尝其水泉之味，审其土地之宜，观其草木之饶，然后营邑立城，制里割宅，通田作之道，正阡陌之界，先为筑室，家有一堂二内，门户之闭，置器物焉，民至有所居，作有所用，此民所以轻去故乡而劝之新邑也。为置医巫，以救疾病，以脩祭祀，男女有昏，生死相恤，坟墓相从，种树畜长，室屋完安，此所以使民乐其处而有长居之心也。"③ 这说明当时政府对新区移民的安置，不仅要选择地理环境，提供生产、生活条件，举凡养生送死之具不用外求，而且要"制里割宅"，通过制民于乡、里什伍的办法，组织"新里"，建筑家室，"使民乐其处而有长居之心"。晁错所规划的这一政府行为，同样反映了当时乡村社会生活中按里建聚的常制。

---

① 《后汉书》志第二二《郡国志》，第3472页。
② 郦道元：《水经注》卷三十一《清水》，见陈桥驿《水经注校证》，中华书局2007年版，第727页。
③ 《汉书》卷四九《晁错传》，第2288页。

再者，汉代曾有大批流亡民众，离开城郭、家室之后的新建聚落，一般也得纳入乡、里的建置。众所周知，西汉中期以后，由于豪族地主势力扩张，疯狂兼并土地，使大批农民因失去生产资料而离开家室，流移他乡成为"离乡"民，加之频繁的自然灾害及战乱，也迫使大批农民百姓离开城郭。这方面的记载多有，如豪族地主"刻急细民，细民不堪，流亡远去"①；"民众久困……离其城郭"②；"岁比不登，仓廪空虚，百姓饥馑，流离道路"③；"民流亡，去城郭"④；"时三辅大饥，人相食，城郭皆空"⑤；"诸将在边……内郡愁于征发，民弃城郭"⑥。这些离开城郭的民众，去向不一。有的沦为"奴婢""徒附"，有的沦为"佣耕"。很多人是为了谋求生计，异地重建家园。他们离开城廓、家室后的新建聚落，分布情况不一，或在城邑附近；或在具有物产资源的地方；或在交通方便的地方；或在具有山水优势，甚至偏僻山区等处聚居。不论在何处聚居，都得按规定在当地再行登记户籍，实行重新编组，加上某某里名，使新建的"聚"与"里"进行整合，纳入乡、里的组织管理。这是由当时的政治体制所决定的，在集权政治下，对"民数"的控制、管理极严。此为史界公认，无需赘述。

以上诸多史实表明，汉代的"里聚"是大量存在的普遍形态。

汉代基层社会的"里聚"，与城市之"里"的建筑不同。里聚的主要特征包括下面几点。其一，布局分散，坐落不规整。例如，辽阳三道壕西汉村落遗址，那里的"农民宅院，都很分散孤立"，零乱、没

---

① 《盐铁论》卷第三《未通篇》，见王利器撰《盐铁论校注》，中华书局1992年版，第192页。
② 《汉书》卷六四下《贾捐之传》，第2833页。
③ 《汉书》卷八十三《孔光传》，第3385页。
④ 《汉书》卷七二《鲍宣传》，第3087页。
⑤ 《后汉书》卷十一《刘盆子传》，第484页。
⑥ 《汉书》卷九十九中《王莽传》，第4125页。

有规律，居处散落，并不集中。① 长沙马王堆汉墓出土帛书《驻军图》中，明确注明有"里"的达几十处，其位置也是各自分散的。② 又据河南内黄、三杨庄聚落遗址发现，农人居址的分布，"前后左右的距离有远有近，最近的相距 25 米，远的超过 500 米，互相之间均被农田相隔"。各自分散，并不相连③。这都是例证。其二，聚的居址，具有一定的地理优势，依山傍水者多。据《史记·留侯世家》注引应劭《十三州记》曰："弘农有桃丘聚，故桃林也。"《后汉书·郡国三》曰任城国"任城有桃聚"；《后汉书·郡国四》曰南阳郡"复阳侯国有杏聚"；《水经注》卷十七曰："渭水又东，有落门、西山、东流三谷水注之，三川统一，东北流，注渭水，有落门聚。"又云："（渭水）南有长堑谷水，次东有安蒲水，次东有衣谷水，并南出朱圉山，山在梧中聚。"《水经注》卷二十一曰："汝水之右，有霍阳聚。汝水经其北，东合霍阳水，水出南山。杜预曰：'河南梁县有霍山者也。其水东北流，经霍阳聚东'。"这些聚，一般都具有地理优势。桃丘聚、桃聚、杏聚等，大概是因盛产桃、杏闻名，而形成聚。落门聚、梧中聚，则因河水纵横，利于灌溉；交通方便，有助于运输而形成聚。霍阳聚乃在县城附近，依山傍水，适宜人居，而成为聚。汉时，在河水沿岸，依山傍水而居的情况相当普遍，如河南尹，在寻谷水、湟水沿岸有东訾聚、坎埳聚；栯然水岸有瓶丘聚；圃田泽、清口水岸有曲遇聚；百伾山、瀍水域区有邬聚。④ 南阳郡的淯水沿岸有夕阳聚、南就聚、鄝聚。⑤ 农民百姓，为了农业生产及日常生活，"随水土之宜"，选择江

---

① 东北博物馆：《辽阳三道壕西汉村落遗址》，《考古学报》1957 年第 1 期。
② 马王堆汉墓帛书整理小组：《马王堆三号汉墓出土驻军图整理简牍》，《文物》1976 年第 1 期。
③ 河南省文物考古研究所等：《河南内黄县三杨庄汉代庭院遗址》，《考古》2004 年第 7 期。
④ 《后汉书》志第十九《郡国志》及注，第 3389—3390 页。
⑤ 谭其骧主编：《中国历史地图集》第二册，地图出版社 1982 年版，第 49 页。

湖山水、资源丰富，交通便利，有助于农田水利灌溉等地理条件而聚居的情况，习为常见，这可以说是当时建聚的通例。

关于里聚的人户规模问题，需要做些具体的审辨和考察。因在文献中，有关涉及"里"的人户数量存在着不同的记载。现择举数例如下。

五家为邻，五邻为里。①

五十家而为一里。②［使五家为伍，伍有长；十长一里］

一里八十户，八家共一巷。③

里有里魁，民有什伍，善恶以告。本注曰："里魁掌一里百家，什主十家，伍主五家，以相检察。"④

这些对"里"之人户的记载，有25户说，有50户说，有80户说，也有100户之说，差距很大！这种情况的出现，确乎与地域和时段有关。在经济发达的中原地区，人口密度高，"里"的人户便多；而经济发展水平低的地区，地广人稀，"里"的人户则少。再者，也有时序先后的不同。在西汉至东汉的历史长河中，前后相距四百余年，"里"的人户规模，不可能固定不变，其间有个发展过程，从其走向来说，存在着逐渐扩大的趋势。让我们回顾下列史实，以资参证。

西汉前期，"里"的人户规模问题，据江陵凤凰山十号汉墓出土《郑里禀簿》，简文所记郑里仅25户。⑤长沙马王堆三号汉墓出土的

---

① 《周礼注疏》卷一五，见阮元校刻《十三经注疏》，中华书局1980年影印，第740页。
② 《汉书》卷四九《晁错传》，第2289页。
③ 《公羊传》，见《汉魏古注十三经·公羊传》，中华书局1998年版，第117页。
④ 《后汉书》志第二八《百官志》，第3625页。
⑤ 李均明、何双全：《散见简牍合辑》，文物出版社1990年版，第70—71页。

《驻军图》中，有准确数字的 16 个里，人户数量参差不齐：上蛇里 25 户，絅里 53 户，淄里 13 户，虑里 35 户，波里 17 户，沙里 43 户，智里 68 户，乘阳里 17 户，垣里 81 户，路里 43 户，资里 12 户，龙里 108 户，蛇下里 47 户，口里 30 户，口里 35 户，口里 57 户，这 16 个里的户数，若按平均计算，"每里约四十二户"①。这说明当时南部地区里的规模并不算大。中原地区里的户数或许稍多，可能也在时人晁错所说"五十家而为一里"的范围之内。

西汉中期以后，随着社会经济形势的发展，"里"的人户规模较前乃有变化。当时由于地区发展的不平衡性，有的规模较大。据《汉书·五武子传》载，宣帝即位，于本始元年（前 73 年），追谥祖父戾太子，并"以湖阌乡邪里聚为戾园"。邪里聚有多少人户，史文未行说明，但作为追谥先祖的"戾园"，"似乎不应太小"，②规模应当比较大。参照相关记录，或许人户数量在 200 户以上。至于当时绝大多数的"里聚"，其总体规模，在文献中多有解说，如《汉书·平帝纪》注引师古曰："聚，小于乡。"《后汉书·光武帝纪》注引《前书音义》曰："小于乡，曰聚。"《后汉书·刘玄传》本注云："大曰乡，小曰聚。"这些解说，均表明聚是"乡"级之下的"里"，其人户规模比乡更小。另在简牍中也有所反映，并提供了具体实证，如《居延新简》记载如下。

□□□郡县乡聚移徙吏员户□（E. P. T40：46）。（第 83 页）

亭长廿一人，受乐成侯国三人，凡廿四人。

凡亭以下五十人，受乐成侯国四人，定长吏以下五十四人。

---

① 马新：《两汉乡村社会史》，齐鲁书社 1997 年版，第 206 页。
② 朱桂昌：《古"聚"考说》，见《秦汉史考订文集》，云南大学出版社 2009 年版，第 177 页。

乡八，聚卌四，户七千九百八十四，口万五千七百卅五（E. P. T50∶13）。①

这两处简文，前者意思明确，说明"聚"小于"乡"，聚等同于乡级以下的里。后一简文有些费解，窃认为第一、第二行似是记录官府对各个亭、侯国送派兵员的数量分配情况；第三行是记述八乡四十四聚的户数及可征兵员的储备量，即预备役人数。"乡八、聚卌四，户七千九百八十四，口万五千七百卅五"。按简文八乡有44个聚，每乡平均5.5个聚。又44个聚共七千九百八十四户，一万五千七百卅五人，则平均每个聚181.45户，平均每户可摊派兵员1.97人。则每户五口，平均近二人服役，这与汉代役法，基本上吻合。

根据本文主题，尤当关注的是平均每个聚181.45户。这个数据非常珍贵。或许反映了西汉中期以后"里聚"人户的平均规模。

迄至东汉后期，聚的人户规模又有扩大之势。如董卓之乱，"韩融时将宗亲千余家，避乱密云山中"；"或谓父老曰：'颍川，四战之地也。天下有变，常为兵冲。密虽小固，不足以扞大难，宜亟避之'"②。田畴也曾"率举宗族他附从数百人，遂入徐无山中，营深险平敞地而居，躬耕以养父母。百姓归之，数年间至五千余家"③。在政局动乱的形势下，韩融、田畴等人，率领宗亲、宗族"千余家""数百家"，选择在密云山中、徐无山中避乱聚居，形成新的聚落，这虽是比较典型的事例，但它反映了聚之人户规模此时比前进一步扩大的事实。

综上所述，汉代县以下的基层聚落，文献中记有"邑聚""里聚"等类型。当时的聚布局分散，依山傍水者多。这些聚的人户规模大小

---

① 甘肃文物考古研究所等编：《居延新简》，文物出版社1990年版，第88、151页。
② 《后汉书》卷七〇《荀彧传》，第2281页。
③ 《三国志》卷十一《魏书·田畴传》，中华书局1959年版，第341页。

不一。"邑聚"多为聚居的核心地,规模稍大。"里聚"的规模小于乡,且因地因时有异。西汉前期,里聚的人户数量平均约在40—50户左右;西汉中期以后,规模有所扩大,除少数外,每聚平均在180户左右;至东汉末年,聚的人户,有的多达数百家、上千家,甚至发展到"五千余家"。由此说明,聚的规模不是固定不变的,而是动态的,有逐渐扩展的趋势。

聚内居民住宅与相关设施

聚落居民住宅条件的好坏,因时因人而异。先秦时期,贫民"粝食藜藿",住宅简单,"采椽茅茨,陶桴复穴,足御寒暑,蔽风雨而已"。普通吏民也只能"斧成木构而已"。而权贵富人则"井干增梁,雕文槛楯"[1],住房有棱角雕饰。

汉代,随着地主制经济的形成与确立,地权转移加速,借贷业发展等,乡里社会发生重大变化,聚民中的贫富差距进一步拉大。据载,当时"富者田连阡陌,贫者无立锥之地"[2];"富人积钱满室,犹无厌足……贫民虽赐之田,犹贱卖以贾"[3]。农民中的贫民下户,自西汉中期以后,占地甚少,通常在二三十亩以下,经济收入低微,家赀极度有限。成帝时,有的"民赀不满三万"[4],平帝时,"天下民赀不满二万"[5]。而豪族地主却占有大量土地。例如,灌夫"家累数千万,食客日数十百人。陂池田园。宗族宾客为权利,横于颍川"[6];宁成"贳贷

---

[1]《盐铁论》卷六《散不足》,见王利器《盐铁论校注》,中华书局1992年版,第349页。
[2]《汉书》卷二四《食货志》,第1137页。
[3]《汉书》卷七二《贡禹传》,第3075页。
[4]《汉书》卷一〇《成帝纪》,第318页。
[5]《汉书》卷十二《平帝纪》,第353页。
[6]《史记》卷一一七《魏其武安侯列传》,第2847页。

买陂田千余顷，假贫民，役使数千家"①；时至东汉，"豪人之室，膏田满野，奴婢千群，徒附万计"②。他们占有土地后，采用租佃制或自营田庄的方式经营，以获取丰厚的经济收入，家赀拥有量达"千金""巨万""千万"，乃至数以"亿计"的人很多。③由于农民与豪族之间贫富悬殊，存在严重的贫富不均。所以，在聚落中，他们的住宅也有明显差别。实际上，住宅成为主人财产和地位的象征。

贫民住宅简陋。据《东观汉记》曰，当时有的因"无田宅财产，居山泽，结草为庐"；有的"由穷巷，起白屋"，即"以白茅复屋也"④；有的甚至"凿穴为居"，"因穴为屋"⑤。他们的住宅条件很差。

农民的住宅，一般为小户型居室。据《睡虎地秦墓竹简·封诊式》所记，普通民居为"一宇二内"⑥。即一间厅堂二间卧室。汉代也然，如前引《汉书·晁错传》曰："先为筑室，家有一堂二内。"可见，此为一般农民居室的基本形式。另据辽阳三道壕⑦及洛阳郊外⑧发现的汉代村落遗址，农民住宅也都是由一间或两间房组成。面积较小，住宅与住宅之间相距零散，道路相隔。只有少数农民的住宅较好，如河南内黄三杨庄汉代村落遗址，⑨其中的第二处住宅，坐北朝南，由南大门、西门房、东厢房、主房组成，住房附近有厕所、水井、池塘、农田等。这或许是富裕农民的居室，当属特例。

---

① 《史记》卷一二二《酷吏列传》，第3135页。
② 《后汉书》卷四九《仲长统传》，第1648页。
③ 《史记·酷吏列传》记王温舒"家直累千金"，《汉书·杨恽传》记杨恽"受财五百万……再受赇千余万"，《后汉书·折象传》记折国"有赀财二亿"。
④ 刘珍等撰：《东观汉记校注》，吴树平校注，中华书局2008年版，第730页。
⑤ 《汉书》卷六四上《吾丘寿传》及注，2797页。
⑥ 睡虎地秦墓竹简整理小组编：《睡虎地秦墓竹简》，文物出版社1978年版，第249页。
⑦ 东北博物馆：《辽阳三道壕西汉村落遗址》，《考古学报》1957年第1期。
⑧ 郭宝钧等：《1954年春洛阳西郊发掘报告》，《考古学报》1956年第2期。
⑨ 河南省文物考古研究所：《河南内黄三杨庄汉代聚落遗址第二处庭院发掘简报》，《华夏考古》2010年第3期。

豪族富人乃居庭院式大住宅。史称"今富者积土成山，列树成林，台榭连阁，集观增楼。中者祠堂屏阁，垣阙罘罳"①。这方面的事例很多。

> （乡里著姓樊家），至乃开广田土三百余顷，所起庐舍，皆有重堂高阁，陂渠灌注。②

> （梁冀），堂寝皆有阴阳奥室，连房洞户。柱壁雕镂，加以铜漆；窗牖皆有绮疏青琐，图以云气仙灵，台阁周通，更相临望；飞梁石蹬，陵跨水道。金玉珠玑，异方珍怪，充积藏室。③

梁冀不仅兴建豪华住宅，而且他还"广开园囿，采土筑山，十里九坂，以像二崤，深林绝涧，有若自然，奇禽驯兽，飞走其间"④。当时陈郡的豪族彭氏也是"起造大舍，高楼临道"⑤。此类事例甚多。故仲长统说："豪人之室，连栋数百。"⑥ 这并非虚言。

聚落中豪族、富人的住宅，在考古资料中也可得到印证。例如，甘肃武威汉墓出土的住宅模型，⑦ 四周有高墙，正面上有门楼，四隔有二层的角楼，除正面外，其他三处设重墙，重墙各开一小门，大门只设在正面，院中建有五层高楼，楼的正面开门窗，门楼与角楼和各楼之间有栏杆和天桥连通。这种大型住宅，在河南郑州出土的汉墓画像砖中也可看见。住宅四周围着高墙，庭院宽广，雕梁画栋，由门楼、

---

① 《盐铁论》卷六《散不足》，见王利器《盐铁论校注》，中华书局1992年版，第353页。
② 《后汉书》卷三二《樊宏传》，第1119页。
③ 《后汉书》卷三四《梁冀传》，第1181—1182页。
④ 《后汉书》卷三四《梁冀传》，第1182页。
⑤ 《后汉书》卷七七《黄昌传》，第2497页。
⑥ 《后汉书》卷四九《仲长统传》，第1648页。
⑦ 甘肃省博物馆：《武威雷台汉墓》，《考古学报》1974年第2期。

仓库、住房、厨房、厕所、家畜栏等构成，庭院内外，树木茂盛，环境优美。① 大量史实证明，在聚落中，豪族地主的住宅，和贫苦农民的居住条件大为不同，彼此形成了鲜明对比。

汉代的聚落，以一家一户为单位，住宅、土地、马牛、粮食、六畜等财物，均为私有。当时各地聚落，为满足物质文化生活需要，保卫自己的生命财产安全，通常都建有一些公共性设置，这主要表现在如下几个方面。

第一，聚中设市。乡、里间的聚市出现较早。《管子·乘马篇》云："方六里命之曰暴，五暴命之曰部，五部命之曰聚，聚者有市，无市则民乏。"② 可见，最迟在战国时期乡里社会便有了聚市。

至汉代，随着社会生产力提高，交换领域扩大，商品经济发展，除了城区市场有突破性的进展外，乡、里之间的聚市也逐渐得到兴起和发展。如据《盐铁论》记载如下。

今闾巷县陌，阡陌屠沽，无故烹杀，相聚野外，负粟而往，挈肉而归。③

这说明当时乡、里居民，"相聚野外"，旷地而聚，露天为市。交换的商品也只是粮食和肉类等。这种简单的初级市场，当时有"乡市""里市"或"聚市"之分。例如，长沙马王堆和江陵凤凰山出土的漆器铭文中，有"南乡之市""中乡之市"等以戳记。在传世的陶文中也有"南乡之市"的记录。④ 陈直先生在《关中秦汉陶录》中，收有

---

① 河南文物工作队：《郑州南关一五九号汉墓发掘》，《文物》1960年第8、9期。
② 黎翔凤撰：《管子校注》，中华书局2004年版，第89页。
③ 《盐铁论》卷六《散不足》，见王利器《盐铁论校注》，中华书局1992年版，第351页。
④ 汉代乡的名称有两类，一类为专名，如安乐乡、龙乡、雍乡等；另一类以方位为名，或以东、南、西、北乡称者，或以左、右乡称者，情况不一。

"槐里市久"的陶壶。据考,"久"为酒之省文,"槐"是里名。所谓槐里之酒,即槐里聚市上所卖的酒,这是"里市"存在的一件物证。前面说到,"聚"与"里"往往重合,故"里市"有时直称"聚市"。又长安西郊的"细柳聚"有市,称为"柳市",这也是"里"有"聚市"之实例。不过,西汉时期的聚市规模较少,交换量有限。

时至东汉,伴随着地区经济的开发,乡、里聚市有所拓展。据《后汉书·张禹传》说张禹迁下邳相后,重修蒲阳陂,"遂成孰田数百顷……邻郡贫者归之千余户,室庐相属,其下成市"①;又《后汉书·张楷传》载:"楷字公超……家贫无以为业,常乘驴车至县卖药,足给食者,辄还乡里。司隶举茂才,除长陵令,不至官,隐居弘农山中,学者随之,所居成市。后华阴山南遂有公超市。"② 这些记载说明,当时一些地方由于人口增加,经济发展,不仅乡、里聚市自发涌现,而且规模也较前扩大,"室庐相属",有"千余户"居住人口所形成的聚市。

两汉时期,散见各地的乡、里聚市,大小不一,为数不少。③ 在聚市上,交换的商品主要是一些日常必需的生产、生活资料,如粮食、肉类及手工业品,特别是铁器、食盐成为聚市的必备商品。这正如《汉书·食货志》所说,"夫盐,食肴之将";"铁,田农之本";"非编户齐民所能家作,必印于市,虽贵数倍,不得不买"④。由于受地理、矿产资源和技术的限制,农民不可能每家每户都能生产铁器、食盐等物品,有仰于市,势在必然。同时,由于农民生产能力的局限及其使用价值的多样性,决定了他们自给程度的相对性。当时有相当一部分

---

① 《后汉书》卷四四《张禹列传》,第1498页。
② 《后汉书》卷三六《张楷列传》,第1242—1243页。
③ 详见黄今言《论两汉时期的农村集市贸易》,《中国经济史研究》1999年第4期。
④ 《汉书》卷二四下《食货志》,第1183页。

生活、生产资料及其家庭消费需求，必须通过市场才能得到调剂和补充。聚市上的商品来源，有来自大田庄主、大畜牧主提供的商品，有来自贩运商提供的异地商品，但主要是来自当地广大农民和手工业者提供的交换品，直接生产者是乡、里聚市贸易的主体。聚市交换的方式，大致有两种。一是，以货易货，如前引《盐铁论·散不足》所说："负粟而往，挈肉而归。"以粟易肉；又《盐铁论·水旱》说："得以财货五谷新弊易货。"即个体手工业者，将自己生产的农具换取农民的"五谷"。二是，以货币为中介，将货币作为等价物进行交易。这是占主导的、大量的。当时的乡里聚市，凡米谷、农副产品、牲畜、器用等商品，通常皆以货币为基本的价值尺度进行买卖活动，似无可疑。

这里要指出的是两汉的乡、里聚市，当属初级市场，它具有鲜明的时代特征，主要表现在以下特点。一是，聚市多为自发形成，交换场所，一般"相聚野外"，旷地而聚，露天为市，设施简陋，不像城邑市场那样整齐、规范。二是，聚市的交易对象，主要是小生产者之间进行，交换双方既是生产者，又是消费者。是农民之间，农民与个体手工业者之间互通有无的一种贸易形式。但是，乡里豪右及富商插手其间也不乏其例。他们或"武断于乡曲"[①]，欺压、兼并农民；或"蓄积余业，以稽市物"[②]，囤积居奇，牟取暴利，操控聚市。三是，聚市有明显的地域性。由于各地经济发展不平衡，因而不仅聚市的布局、疏密不一；而且各聚市所交换的商品也有差异。尽管如此，但是，乡、里间的聚市仍有它的历史功能。聚落中的居民可以将其所有，易其所无，无需远市，不误农时。它对促进生产、刺激消费起有一定的作用。

[①] 《史记》卷三〇《平准书》，第1420页。
[②] 《史记》卷三〇《平准书》，第1417页。

第二，兴建庠、序。乡里聚落办学的渊源久远。据《汉书·儒林传》记太常、博士等议，曰："闻三代之道，乡里有教，夏曰校，殷曰庠，周曰序。"但西汉之初，由于"尚有干戈，平定四海，亦未皇庠、序之事也"①。至汉武帝时，为"奖励贤才"，不仅设有太学，而且"天下郡国皆立学校官"②在郡国设立学校。平帝元始三年（3），朝廷进一步颁布了郡、县、乡、聚皆设学校的制度。据《汉书·平帝记》记载如下。

> 安汉公奏车服制度，吏民养生、送终、嫁娶、奴婢、田宅、器械之品。立官稷及学官。郡国曰学，县、道、邑、侯国曰校，校、学置经师一人。乡曰庠，聚曰序。序、庠置孝经师一人。③

这是汉廷对地方乃至乡里聚落设立庠、序，即学校的一道通令，要求全国各地推行，应该带有它的普遍性。

东汉时期，各地兴办庠、序的情况，有了较大的发展。这方面的实例，史文多见。具体记载如下。

> （建武二年），卫飒迁桂阳太守，郡与交州接境，颇染其俗，不知礼则，飒下车，修庠序之教……邦俗从化。④

> （建武三年），寇恂拜汝南太守，恂素好学，乃修乡校，教生徒，聘能为《左氏春秋》者，亲授学焉。⑤

---

① 《汉书》卷八八《儒林传》，第3592页。
② 《汉书》卷八九《循吏传》，第3626页。
③ 《汉书》卷一二《平帝纪》，第355页。
④ 《后汉书》卷七六《循吏传》，第2459页。
⑤ 《后汉书》卷十六《寇恂传》，第624页。

(建初元年),秦彭迁山阳太守,以礼训人,不任刑罚,崇好儒雅,敦明庠序。①

此外,桓帝时,尹珍也曾"自以生于荒裔,不知礼义,乃从汝南许慎、应奉受经书图纬,学成,还乡里教授"②。当时,由于汉廷对教育比较重视,加之涌现出了一批热心办学的地方官,因而地方学校发展很快,庠、序分布面也很广。正如班固在《东都赋》所说:"四海之内,学校如林,庠序盈门。"③ 其中尤以邹鲁、齐燕、三晋、巴蜀等地较为突出。

两汉的庠、序教育,主要任务是讲礼乐,推教化。教学内容通常为儒家经术、文艺、仪节等,也没有统一课程。但庠、序的兴办,便于聚落居民的子弟就近入学,有利于启蒙、益智、教化,提高文化素质及地方文明程度。同时也为后世学校制度的形成发展,奠定了初步基础。

第三,防卫建筑。乡、里聚落的安全防卫建筑,西汉前期,古人留下的记载很少。《春秋繁露·求雨》谓:"诸闾社通于闾外之沟。"这当是城邑"闾里"聚区外围挖有"壕沟"的记录,并非说明乡里聚落也是如此。有学者说:"汉代的里实际上是因自然聚落而设,并大致与之合而为一。正因如此,每个里也都有自成一体的防卫与监控体系。一般来说,每个里都由壕沟、土墙坏绕。"④ 不过,从西汉前期的文献记载及乡里聚落的考古发掘来看,很难说当时"每个里都由壕沟、土墙环境"构成。目前尚未发现具体实例。

但自西汉后期至东汉一代,随着社会形势的发展变化,安全防卫

---

① 《后汉书》卷七六《循吏传》,第2467页。
② 《后汉书》卷八六《南蛮西南夷传》,第2845页。
③ 《后汉书》卷四〇下《班彪传》,第1368页。
④ 马新:《两汉乡村社会史》,齐鲁书社1997年版,第206—207页。

乃成为聚落建筑的一个重要组成部分。当时一些大的聚落或豪族地主田庄，为加强防卫，一般在住宅周围都筑有"垣墙"、挖有"沟渎"等设施。据崔寔《四民月令》有如下记载。

　　三月，农事尚闲，可利沟渎，耸治墙屋……缮修门户，警设守备，以御春饥草窃之寇。
　　十月，培筑垣墙，塞向、谨户。①

此时，在住宅四周筑"围墙"，建"门楼""望楼"的情况，从考古资料中也可以得到反映。如在河南郑州出土的汉墓画像砖中，可以清楚看到，住宅四周绕着"高墙"，楼的正面有"门楼"。② 成都市郊出土的《庭院》画像砖，有方形的宅院，四周建有"墙垣围绕"，后面还矗立一座很高的"望楼"。③ 广州市郊出土的东汉陶屋住宅模型，平面呈方形，四周也建筑有高耸的"围墙"，前后大门上面分别建有"望楼"，门外还有击鼓者，执械拱卫者等。④ 当然，这些应是豪族地主的住宅建筑或有豪族居住的大型聚落，比较典型。至于一般的聚落，此时对安全防卫建筑或许也已提到了重要位置。不过由于夯筑土墙，历经长期的风蚀雨浸、大水冲刷等自然因素破坏，未能留下遗址。

尤当指出的是，两汉之交至东汉末季，在战乱时期，于中原、河北，及北方等广大地区，有的豪族大姓还在聚落外围，建起了高大坚实的营垒、营壁、坞堡等。其文献记载如下。

---

① 缪启愉：《四民月令辑释》，农业出版社1997年版，第37、38、98页。
② 河南文物工作队：《郑州南关一五九号汉墓发掘》，《文物》1960年第8、9期。
③ 参见刘志远等《四川汉代画像砖与汉代社会》，文物出版社1983年版，第83页。
④ 参见广州文物管理委员会《广州动物园东汉建初元年墓清理简报》，《文物》1959年第11期。

（樊宏）与宗家亲属作营堑自守，老弱归之者千余家。①

（第五伦少年义行），宗族闾里争往附之。伦乃依险固，筑营壁，有贼，辄奋厉其众，引强持满以拒之。②

王莽末，四方溃畔，鲂乃聚宾客，招豪杰，作营堑，以待所归。③

（东）汉末，聚少年及宗族数千家，共坚壁以御寇。④

聚落的安全防卫建筑，自西汉后期至东汉一代比较普遍。聚落自保，加强防卫，在一定范围内有助于防盗及抵御来犯的侵害，能保障聚落居民的生命、财产安全。战乱期间，豪族大姓兴建营堑、营壁等，虽有其维护地主制经济持续发展的功能，但其割据性也很明显。

要之，汉代聚落居民，贫富悬殊很大。贫者住"草庐""棚屋"；农民通常只能住一二间房的小型居室；而豪族富人则"连栋数百"，住宅豪华。当时为了满足物质文化的需要，保障人生安全，大的聚落一般都有聚市、庠序和防卫建筑等公共设置。

---

① 《后汉书》卷三二《樊宏传》，第1120页。
② 《后汉书》卷四一《第五伦传》，第1396页。
③ 《后汉书》卷三三《冯鲂传》，第1147页。
④ 《三国志》卷一八《魏书·许褚传》，第542页。

汉代农村集市贸易的发展

农村集市贸易是研究商品经济不可忽视的一个内容，也是研究中国古代经济运行的重要课题。但两汉时期的农村集市，由于史文简缺、零散，长期以来学术界很少做过专门系统的论述。这里拟就平日读史所及，谈几点初步看法，不当之处有望同人赐教。

集市的类型及其数量测度

早期的"市"与"城"有别。所谓的"市""市井"，即"集市"或"市场"。这里说的"农村集市"，是指县以下的乡村、里聚所形成的相对稳定的交易场所，如同后世的"草市""墟市"之谓。

考诸史册，我国农村集市出现较早。《公羊传·宣公十五年》何休《解诂》曰："井田之义，一曰无泄地气，二曰无费一家，三曰同风俗，四曰合巧拙，五曰通财货，因井田以为市，古俗语曰市井。"[1]《管子·乘马》云："方六里命之曰暴，五暴命之曰部，五部命之曰聚，

---

[1] "市井"一词，自汉代以后史文多见。如《白虎通义》载，原始之市，"因井为市，故曰市井"。唐人张守节《正义》在对《史记·刺客列传》作注时说："古人朝聚汲水，有物便卖，因成市，故曰市井。"

聚者有市，无市则民乏。"又《战国策·齐策五》云："通都小县，置社有市之邑，莫不止事而奉王。"这些记载，如果说何休《解诂》有望文生义之嫌而不足为据的话，那么，成书于战国时代的《管子》和《战国策》当反映了历史轨迹，有助于证明农村集市存在的大致情况。《管子》说的"聚者有市"和《战国策》说的"有市之邑"，意思类同，都说明当时在乡间或村落这一级基层单位的管辖范围内必须设市，"无市则民乏"。因此，我们断定中国农村集市最迟开始于战国时期，似无可疑。

迄至汉代，随着社会生产力提高，交换领域扩大，除城区市场有突破性的进展之外，农村集市也在战国、秦代的基础上继续得到兴起和发展。这里让我们首先回顾如下史实。

《盐铁论·散不足》曰："今闾巷县伯，阡陌屠沽，无故烹杀，相聚野外；负粟而往，挈肉而归。"

《后汉书·张禹传》载，禹迁下邳相后，重修蒲阳陂。"遂成熟田数百顷……邻郡贫者归之千余户，室庐相属，其下成市"。

《后汉书·张楷传》曰："楷字公超……家贫无以为业，常乘驴车至县卖药，足给食者，辄还乡里。司隶举茂才，除长陵令，不至官，隐居弘农山中，学者随之，所居成市。后华阴山南遂有公超市。"

这些记载，反映了汉代随着人口增加和经济发展，农村集市自发涌现和兴起的情况。除此之外，记录两汉农村集市业已存在的材料也较为多见。当时的农村集市，有乡市、里市（聚市）和亭市等多种类型。

第一，乡市。乡是县以下的一级行政单位。汉代乡的名称有两类，一类为专名，如博望乡、安乐乡、雍乡、龙乡、遗乡等；另一类是以方位为名，或以东、南、西、北乡称者，或以左、右乡称者，情况不一。乡中设市，这在考古资料中多见。在长沙马王堆和江陵凤凰山出土的漆器铭文中，有"南乡之市""中乡之市"等戳记。在传世的陶文中也有"南乡之市"的记录。又《居延汉简甲乙编》第139·13简云："五月甲戌，居延都尉德库丞登兼行丞事，下库城仓□用者书到令、长、丞侯尉，明白大扁书乡市、里门、亭显见处。"这简文中的"乡市"，同样是指乡之集市。

第二，里市。里是乡村社会的基本组织单位，统属于乡。里也各有名号，如《居延汉简甲乙编》在列举戍卒的籍贯和住地时记有利里（8·7）、平陵里（10·37）、盛昌里（11·2）、成汉里（13·7）、市阳里（14·13）、南安里（19·39）、业阳里（19·40）、本固里（19·41），等等，全国各地里的名称繁多。当时里中有市，叫"里市"。例如，陈直先生在《关中秦汉陶录》中，收有"槐里市久"的陶壶。据考，"久"为酒之省文，"槐"是里名。所谓槐里市酒，即槐里集市上所卖的酒。这是"里市"存在的一件珍贵物证。再者，与"里"相关的还有"聚"。《说文》曰："聚，会也，邑落曰聚。"张守节《正义》曰："聚，谓村落也。"汉代有"聚"不少。据《汉书·地理志》所记的"聚"，有刘聚、彭泽聚、秦聚、直聚、永聚等16处以上。《续汉书·郡国志》所记的"聚"，有唐聚、上程聚、士乡聚、褚氏聚、曲遇聚、阳人聚、桃江聚等55处之多，主要分布在人口密集的中原地区。"聚"多为自然村，一村一聚，往往就是一个"里"，大"聚"有时与里重合。聚不是一级行政单位，只是自然意义上的居民单位。但聚中往往有市，如王褒《僮约》有"担荷往来市聚"之谓。又长安西郊的细柳聚有市，称为"柳市"，这皆为有里市存在的例证。

第三，亭市。这里是专指"乡亭"所形成的市。"乡亭"与"都亭""市亭"有别。"乡亭"一词，汉籍常见。例如，《汉书·循吏传》谓南阳太守召信臣，"好为民兴利，躬耕劝农，出入阡陌，止舍乡亭"；《汉书·鲍宣传》谓鲍宣"迁豫州牧岁余，丞相司直郭钦奏宣……行部乘传去法驾，驾一马，舍宿乡亭"；又《后汉书·循吏传》谓王景为庐江太守，"驱率吏民修起芜废，教用犁耕，由是垦田倍多……又训令蚕织，为作法制，皆著于乡亭"。在汉代，乡亭有市，这也有史可征。例如，《隶释》卷二《郙阮君神祠碑》云："漂没田畴，寝败亭市。"又《金石萃编》卷十三《史晨飨孔庙碑》云："史君念孔渎，颜母井去市辽远，百姓酤买，不能得香酒美肉，于昌平亭下会市，因彼左右，咸所愿乐。"

大量史实表明，汉代县以下的农村集市，确已有了相当大的发展。这与唐代御敕"诸非州县之所，不得置市"①的制度迥然各异。

两汉时期，全国各类农村集市的数量有多少？其规模如何？对此，文献没有留下直接的记载。这里需要做些必要的考辨。

关于"乡市"的数量与规模，以往我们重视不够。《汉书·百官公卿表》曰："县大率方百里，其民稠则减，稀则旷。乡、亭也如之。""凡县、道、国、邑千五百八十七，乡六千六百二十二。"又《续汉书·郡国五》曰："至于孝顺，凡郡国百五，县、道、邑、侯国千一百八十。"注引《东观书》曰："（桓帝）永兴元年，乡三千六百八十二。"这说明西汉末年，有县、道、邑、侯国1587个，有乡6622个。东汉建国后，光武帝刘秀裁并郡县，至顺帝时，县、道、邑、侯国为1180个，有乡3682个。因乡的范围宽，又地域分散，为便于交易，每乡一个市，则西汉末有6622个乡市；东汉桓帝永兴时期，有3682个乡市，自很明白。乡市贸易的规模，当与乡的大小有关。《续汉书·百官五》注引《汉宫》曰："乡户五千，则置有秩。"上了五千户的乡，应是大乡了，故特"置有秩"。但大多数的乡，当在千户上下以为常，如《续汉书·职官》云："凡县户五百以上置乡，三千以上置二乡，五千

---

① 《唐会要》卷八六"市"条，上海古籍出版社1991年版。

以上置三乡，万户以上置四乡。"事实也是如此，由于受自然条件及经济发展等诸因素的制约，两汉之时，各乡的户数是不均衡的。据《汉书·何武传》载，博望乡2000户，氾乡1000户；《匡衡传》载，乐安乡600户；《田广明传》载，遗乡600户；《后汉书·度尚传》载，东乡500户；《刘宽传》载，逯乡600户；《张禹传》载，安乡1200户；《徐防传》载，龙乡1100户；《郑众传》载，剿乡1500户；《宦者列传》载，雍乡300户；《冯鲂传》载，杨邑乡350户。于此可证，乡内人户，自数百户到数千户不等。若就平均而言，大概乡市的规模通常为千户左右，也就是说，乡市贸易的人数，一般是千户上下的交易范围。

至于"里市"的数量与规模，长期以来，颇为疑窦。据《续汉书·百官五》注引《风俗通》曰："国家制度，大率十里一乡。"值得注意的是，这个"十里一乡"的"里"，非步里之"里"，亦非城邑之"里"，而当是乡村之里，里居之里，是指散居乡村地域或居住在乡村地域而定的行政单位。如此，若按"十里一乡"之制，西汉有6622个乡，便有66220个里；东汉3682个乡，则有36820个里。假设一里一市，则西汉的里市有66220个；东汉的里市有36820个。里市分别超过了乡市的10倍。当然，"十里一乡"，不等于每乡都有10个里。也不等于每里有一市。实际情况可能存在一定的距离。因为有大乡、小乡之别，小乡里少，里市也少。同时边远地区人口稀少，经济落后，不一定每个里都设市。故《风俗通》说这是一个"大率"。农村里市的规模，同样与所在里域的人户密切相关。里的规模，即人户，其说差异很大。见《汉书·晁错传》曰："五十家为一里。"《风俗通》曰："里有司，司五十家共居止。"又《续汉书·百官五》曰："一里百家。"其实，乡村之里，其户数不等是很自然的。这既与时序有关，也与地域有关。它有别于城邑之里，不可能似城邑里那样规划严整，不可能有整齐的人户编制。江陵凤凰山十号汉墓木牍载，郑里廪贷种食者共计为25户。长沙马王堆三号汉墓出土的《驻军图》中，所标出的里名有几十处，但各里的户数参差不等。今可考者，最多的龙里，有108户，垣里81户；次等的是柯里有53户，智里68户；再次等者是路里43户，沙里43户，蛇下里47户；最少者是波里17户，资里仅12户。从这些数字表明，该地每里的平均户数是40—50户，与《晁错传》所说大致相合。这是西汉前期的情况，此时若一里一市，其规模是很小的了。到了东汉，随着人口增多、经济发展，便出现《百官五》所云"一里百家"。与此相应的里市，也就开始上升到"百家"左右的规模。若按一家五口计算，此时里市贸易点将承担着农户500人左右的商品供求。

乡村亭市的数量，比较复杂，这也是论者避而不谈或持疑议的一个问题。据《汉书·百官公卿表》载，西汉有"亭二万九千六百三十五"。《续汉书·百官五》注引《东观书》载，东汉永兴元年（153）有"亭一万二千四百四十二"。于此观之，两汉亭的数量皆远远超过了乡的数量，这与乡、亭、里制相矛盾，也与"十亭一乡"的比例不相符。因而引起论者歧议纷云，迷惑难解。然在我们看来，这两条材料所记之亭数，似非单一的"乡亭"数，而当包括城邑中的"都亭""街亭""市亭"乃至"邮亭"等各种亭的总数。不然，或许是指"十里一亭"之亭。《续汉书·百官五》注引《风俗通》曰："汉家因秦，大率十里一亭。亭，留也，盖行旅宿会之所馆。"同书注引《汉宫仪》曰："设十里一亭，亭长、亭侯；五里一邮，邮间相去二里半，司奸盗。"这"十里一亭"的"里"，疑非乡里之里，当为里程之里，或步里之里。故亭的数量比乡更多。有论者认为，亭与乡、里属不同性质不同行政系统，乡、里是主要的地方行政组织，而亭乃主要是"司奸盗"的机关。① 甚确,其说可从。但乡亭不含全国所有的亭,其亭市也不包括城邑之市亭、旗亭。乡村亭市一般为往来行旅之间进行交易,多有偶发性。真正属于乡亭所形成的市,不会很多,且往往会与乡市、里市相重合者,此种"亭市"不如"乡市"普遍,似可首肯。又因这种亭是"行旅宿会之所馆",故乡村亭市多为夜市。例如,《初学记》卷二十四引桓谭《新论》曰:"扶邻亭部,本大王之所,其人相聚为夜市。"又《说文解字·邑部》郯字注曰:"美阳亭即郯亭,民俗以夜市。"由于受条件的限制,汉时夜市的规模不会很大,这是可想而知的。

综上所述,两汉的农村集市,除乡村亭市数量因困于材料目前尚难确论之外,乡市、里市的数量,基本上可以有个"大率"或概略的测度。这就是西汉乡市6622个,里市(聚市)66220个,不论规模大小的集市,共计为72842个。东汉因政区调整,乡里范围有所扩大,乡市3682个,里市(聚市)36820个,共计为40502个。当然这只是依据制度推测的概数。因中原与边郡存在差异,各地人口、经济发展水平不同,特别是中原以外的边远之地,人口稀少,经济落后等因素,实际情况或许远远达不到这个概数。但这个数据多少仍能提供个思路和参考系数。事实上,从当时南北各地"乡市""里市"的普遍涌现来看,我们对幅员辽阔的汉代的农村集市数量,诚然不当低估。东汉王符《潜夫论·浮侈》说:"天下百郡千县,市邑万数。"并非戏言,是有一定根据的。

这里需要指出的是,两汉农村集市的兴起和发展,不是偶然的。究其要者,一是,随着农业生产力发展,使农民的生产条件对社会依赖程度增加。他们为提高生产率,购置铁农具和大牲畜等,不得

---

① 王毓铨:《汉代"亭"与"乡"里不同性质不同系统说》,《历史研究》1954年第2期。

不仰求于市场，要对产品调余补缺。二是，农民当时虽属自给性生产，但在农副业及家庭纺织等方面，仍有部分剩余劳动产品的增长，使他们交换能力扩大。特别是"山泽之民""园圃之民"，为发展交换提供了可能。三是，农村涌现出了一批工商业者，如当时有专门的铁匠、"贩缯"者、"贩盐"者、"屠狗"者、卖"薪樵"者、开"酒家"者，以及"以贩马为业"者，等等，这各色人物的经营范围，有助于丰富农村市场的商品内容。还有一点，就是农民追求富裕的思想，也具有为价值而生产的支配意识，在"农不如工，工不如商"的情况下更是如此。所以，两汉农村集市的发展，应该说这与当时社会生产力水平、地主经济发展、统一中央集权帝国的巩固和商品经济日趋活跃等相关。一句话，就是社会经济发展的必然产物。

集市的商品来源与交换方式

广大的农村集市是地主制经济的重要构成之一。农民与市场的联系，实际上主要是与农村集市的联系。农民的需求与产品交换首先是走向农村集市。可以说，农村集市贸易是广大农民及乡村工商业者交易的主要场所。

两汉时期，一家一户的农民家庭，由于生产能力的局限及其使用价值的多样性，决定了他们自给性程度的相对性。《史记·律书》说："文帝时，会天下新去汤火，人民乐业，因其欲然，能不扰乱，故百姓遂安。自年六七十翁亦未尝至市井，游敖嬉戏如小儿状。"这是就自给程度较高的殷实农户来说的，而且属西汉前期的情况。但自汉武帝以后迄至东汉，这种景况就很少看到了。其间，对绝大多数农民来说，总有相当一部分生活、生产资料及其他家庭消费需求，必须通过市场才能得到调剂和补充。

汉代农村集市上的商品,参见文献记载及居延边境集市贸易的情况,主要是一些日常必需的生活、生产资料。例如,粮食类有粟、麦、谷、米等;肉食类有牛肉、猪肉、油脂、鱼、虾和鸡、鸭等;疏食类有瓜果、芥菜、姜、藕、成介等;牲畜类有马、牛、羊、狗等;器用类有铁器、陶器、漆器、竹木和编织品等;此外,还有衣着用的苎麻、布匹及食盐之类。① 特别是农民之铁器、食盐等,因需要依托市场的购买,而成为农村集市的必备商品。这正如《汉书·食货志》所说,"夫盐,食肴之酱","铁,田农之本","非编户齐民所能家作,必仰于市,虽贵数倍,不得不买。"由于受到地理、矿产资源和技术条件的限制,汉代农民不可能每家每户都能生产铁器、食盐,有仰于市,势在必然。

那么,农村集市上的这些商品来源如何?这是涉及多年来论者看法很不一致的问题。如今综合汉史考之,应该说,除地主制经济下的大农场主、大畜牧主等提供商品来源外,大部分的商品是来源于广大农村的农民和工商业者。直接生产者是农村集市贸易的主体。这里必须指出,我们说"农民经济具有自给性,并不意味着农民的劳动生产物在维持简单再生产和全家生活消费之后就不可能有剩余了"②。事实上,自有汉以来,随着社会生产的发展和劳动生产率的提高,农民仍可向市场提供部分自给性的产品,如粮食、农副产品、布匹和其他用品等。

首先说粮食,这在汉代农业生产结构中占居首要位置。粮食产量,文献记载甚不一致。《汉书·食货志》记李悝之言曰,亩产 1.5 石,记

---

① 参见陈直《两汉经济史料论丛》,陕西人民出版社 1981 年版,第 270—280 页;徐乐尧《居延汉简所见的市》,刊《秦汉简牍论文集》,甘肃人民出版社 1989 年版,第 57—58 页。
② 参见林甘泉《秦汉自然经济与商品经济》,《中国经济史研究》1997 年第 2 期。

晁错语曰，亩产 1 石。《淮南子·主术训》曰："十亩之收，不过四十石。"则亩产 4 石。《汉记》曰："百亩之收，不过三百石。"这是亩产 3 石。《昌言·损益篇》曰："今通肥饶之率，计稼穑之入，令亩收三斛。"也是亩产量为 3 石。而另据《史记·河渠书》《货殖列传》及《氾胜之书》等，又有记亩产 10 石以上者。文献记载如此悬殊，主要是由于各地的土地质量、灌溉条件、耕作方法不同，加之当时亩制和量制有大、小之别的关系。但两汉时期，粮食的平均亩产量，大致为每小亩 2 石左右，每大亩 3 石左右。① 于此，汉代农家耕种"百亩之田"（小亩），一年可产粮食 200 石左右。这个收入，用于支出的项目，一是口粮，当时的用粮标准，根据文献及居延汉简的记载，通常是成年男子月食粮谷 3 石左右，大女 2 石左右，小孩 1.5 石左右。如一个五口之家的农户（2 大男、2 大女、1 小孩），每月用粮为 11.5 石，一年用粮则 138 石左右。② 除口粮之外，支出方面还有留种、饲料、交纳田租等项，看来只靠粮食收入，所剩无几。但要看到，农民家庭的生产与消费是综合型的，除粮食收入外，还有其他的副业收入。《管子·禁藏》说："糠秕六畜当十石粮。"史游《急就篇》说："园菜果蓏助米粮。"《盐铁论·散不足》说："夫一豕之肉，得中年之收十五石粟，当丁男半月之食。"因此，一个农户若能合理筹策，精打细算，在"治田百亩"的情况下，仍然有可能挤出一部分自给性粮食提供市场。《居延汉简释文合校》云："出钱四千二百卅五，得粟五十石，石八十五。"（276·6）"出钱十二百，余四石，糴黍十五，多余□□□"（286·4）这正是边塞戍卒从当地农村集市采购粮食的记录。边塞农村市场出卖的这些粮食，不可能都出之于大农场主的，也

---

① 参见林甘泉《中国封建土地制度史》第 1 卷，中国社会科学出版社 1990 年版。
② 这里的用粮标准，在计算上采用就高不就低的办法，且包括了农村中的富裕农户用粮在内。

当包括了部分农民出售的余粮。文献中所说的"谷石五钱,农人少利","谷贱伤农,谷贵民流",这在一定程度上同样反映了农民提供粮食投放集市出卖的情况。

除粮食外,农副业生产是汉代农民的重要收入之一。据载,宣帝时龚遂为渤海太守,"劝民务农桑,令口种一树榆,百本薤,五十本葱,一畦韭,家二母彘,五鸡"。结果"郡中皆有畜积"。[①] 建武中茨充代(卫)飒为桂阳太守,"教民种植桑柘麻纻之属,劝令养蚕织屦,民得利益焉"[②]。安帝永初三年(109年),"诏长吏案行在所,皆令种宿麦蔬食,务尽地力,其贫者给种饷"[③]。由于政府大力提倡,汉代农民并非单一的搞粮食生产,而是注意了多种经营,以弥补全家生计的不足。这些育养鸡彘,种植蔬菜等,虽是自给性生产,但也不排除其有送到集市出卖的情况。史实表明,各地农民由于受自然地理条件的影响,他们往往因地制宜,从事副业生产。例如,《汉书·地理志》说江南地区"民食鱼稻,以渔猎山伐为业";"荆、扬之民,依阻山泽,以渔采为业";"齐地负海泻卤,少五谷而人民寡,乃劝女工之业,通鱼盐之利"。[④] 东汉画像砖也反映了当时农民从事农副业生产的情况。例如,四川德阳县、兴都县出土的《采莲》画像砖,池塘内有莲斗垂露、鱼、螃蟹、水鸟等;成都土桥出土的画像石刻《家禽家畜》图中,鸡、鸭、鹅、猪、狗成群,品种多样;成都天回山出土的陶水塘内,有游鱼、野鸭、莲花、小船等。[⑤] 农民利用稻田、陂塘养鱼、种藕、栽莲,在房前屋后栽桑等比较普遍。这些"靠山吃山,靠水吃水"的农民,虽然带有自然经济的色彩,但也含有商品性生产的因素。不少地

---

① 《汉书》卷八九《循吏传》,第3640页。
② 《后汉书》卷七六《循吏列传》,第2460页。
③ 《后汉书》卷五《孝安帝纪》,第213页。
④ 《汉书》卷二八下《地理志》,第1660、1666页。
⑤ 参见刘志远《四川汉代画像砖与汉代社会》,文物出版社1988年版。

方的农、林、牧、副、渔等生产物，往往都是先通过农村集市而后运销全国各地的。所以，农民生产能力提高，农副产品增多后，必然会投放于集市上销售。

农家从事纺织业，这是另一项重要的生产项目。农桑耕织为衣食之本，汉人在谈到农民的生计时，通常耕织并提，如《淮南子·主术训》说"衣食之道必始于耕织"，《盐铁论·园池》篇说"夫男耕女织，天下之大业也"。农家妇女是家庭纺织业的主要力量。家庭纺织的生产率，乐府《上山采蘼芜》曰："新人工织缣，故人工织素，织缣日一匹，织素五丈余。"这当是文学夸张之词。今据《九章算术》推算，大致上一个熟练妇女每天可织布2尺5寸左右。五口之家若一女从事纺织，除去家务杂事，每日织布2尺，年织200天，可产布400尺，4丈为匹，则10匹。汉代农民的衣着，通常是单衣、襦、袴，服式比较宽大且长，妇女尤甚。而汉布幅狭，参照李悝说的衣着标准推算，缝制一套成人男子的春秋衣裳大致上需用布半匹，冬衣理当加倍。全家五口，若不论大人小孩，每人每年做衣2套计算，平均一年约需用布5匹上下，尚可节余5匹。当时的布价，因质量不同而高低不一。布约四百钱一匹。则节余的5匹，折钱2000钱。通过这一粗略的测算表明，农家的纺织品除了供自己家庭的衣着消费之外，还有一部分余布拿到市场上出售，以解决当时赋税及其他费用的支付。过去我们在论及农民的经济水平时，往往只注重当时粮食产量的评估，但对农民副业生产和多种经营的收入则有所忽略，这不免带有一定的片面性。

这里还当说明的是除农民外，农村个体手工业者，也是农村集市贸易主体对象的一部分。他们从事与编户齐民日常生活密切相关的手工业，如酿造、制陶、生产简单农具等，其生产目的基本上是出售。在西汉国家尚未实行盐铁专营之前，有些生产铁农具的个体手工业者，"家人相一，父子戮力，各务为善器，器不善者不集，农事急，挽运衍之阡陌之间。民相与市买，得以财货五谷新币易货，或时货民，不弃作业。置田器，各得所欲……"[①]。个体手工业者的生产规模小，产品单一，所以通常是在乡间出卖，参与农村集市的交易活动，为农民提供一些简单而必要的生活、生产资料。

马、恩经典作家认为："交换的深度、广度和方式都是由生产的发展和结构决定的。"[②] 两汉时期，农村集市的交换方式，大致上存在两种。一是，以货易货，如《盐铁论·散不足》载，"负粟而往，挈肉而归"，以粟易肉；又《盐铁论·水旱》载，"得以财货五谷新弊易货"，即个体手工业者，将自己生产的农具换取农民的"五谷"，这带有自然经济的痕迹。二是，以货币为中介，将货币作为等价物进行交易。这是占主导的、大量的。当时的农村集市，凡米谷、农副产品、牲畜、布帛、器用等商品，通常皆以货币为基本的价值尺度进行买卖活动。这方面，前人做了许多工作，无须深论。具体事实，可参见陈直先生《两汉经济史料论丛》中所列举的物价情况得到反映。两汉时期，国家征收赋税，除田租、刍稿为实物税外，凡按丁、口征收的赋敛，如口算、更赋等，均需要用货币支付。这样，农民就不得不将自己劳动的产品拿到集市上出售，以换取货币。农村集市上货币因素的显著增长，在某种程度上反映了当时商品经济发展的水平。这和以物易物相比，当是一个进步。

要之，农民是封建生产方式的广阔基础，作为全国绝大多数人口的农民，为了在家庭内部实现生产和消费的平衡，为了维系一家最低限度的基本生活，一方面他们要进行自给性生产，以直接取得生产、生活资料；另一方面他们要将剩余产品，甚至进行某些商品性生产，

[①]《盐铁论》卷六《水旱》，见王利器撰《盐铁论校注》，中华书局1992年版，第430页。

[②]《马克思恩格斯选集》第2卷，人民出版社2012年版，第699页。

与手工业者和其他农民进行交换,以取得自己不能生产的生产、生活资料。农民不论购进商品,或是将自己的剩余产品出售。在通常情况下,都不能离开交换、离开市场。农村集市是农民经济再生产过程的必要环节。两汉时期,随着生产力水平提高,农家对市场消费的需求、依赖程度有了增加,剩余劳动力的增多使交换能力扩大。这是当时农村集市兴起和发展的基本原因所在。尽管那时汉政权也采取过一些扶植、稳定市场的措施,如调整农商政策、货币政策、财政税收政策等,但关键是社会需求和农村经济规律的本身在起主导作用,是农民家庭的经济活动培养、推动了农村集市的发展。换句话说,两汉农村集市兴起与发展的基础是小农家庭。至于农村集市的交换方式,虽然存在两种,但主要是以货币为中介进行买卖活动的。

集市的特点与历史功能

农村集市的发育水平,各个历史时期有别。恩格斯曾经指出:"人们在生产和交换所处的条件,各个国家各不相同,而在每一个国家里,各个世代又各有不同。因此,政治经济学不可能对一切国家和一切历史时代都是一样的。"[1] 两汉时期,人们有关生产和交换所处的条件有其特定的历史内容。具体到农村集市来说,它不仅与同期的城市市场迥异,而且和唐、宋以后的农村集市也存在一定的差别。两汉的农村集市具有其鲜明的时代特征。

其一,农村集市多属自发形成,没有专门的"市官"管理。汉代的乡市、里市,通常非政府所建,如前面所说,下邳"蒲阳陂"附近的集市及华阴山南的"公超市"等,都是自发兴起的,而且农村集市

---

[1] [德]恩格斯:《反杜林论》,人民出版社1956年版,第150页。

一般旷地而聚，霹天为市，人们日中而来，交易而散，集市点的设置没有城市市场严整规范，甚至无建筑设施可寻。又由于农民经济细小脆弱，专业化程度不高，加之受自然条件的制约等，农业生产的丰歉年份产量相差悬殊。因此，农民所提供的粮食和各种农副产品，往往时多时少，时有时无，集市上交换的商品不甚稳定，更不如同期城区市场商品种类多。这些都反映了汉代农村集市处于低级阶段。

再者，前文提到，两汉农村集市未见有乡、里"市官"的设置。东汉顺帝建康元年（144）《文叔阳食堂画像题字》所记的"亭市掾"，窃疑或非是农村"亭市"之职官，当属城市市区"旗亭"，即市楼的吏员。二者不可混同。当时农村集市的管理如征收赋税等，很可能是由乡里基层行政组织吏员兼管。《续汉书·百官五》说："乡置有秩、三老、游徼。本注曰：'有秩，郡所置，秩百石，掌一乡人；其乡小者，县置啬夫一人。皆主知民善恶，为役先后，知民贫富，为赋多少，平其差品。三老掌教化。'""游徼掌徼循，禁司奸盗。又有乡佐，属乡，主民收赋税。"里，有"里魁"，"掌一里百家以相检察"。这条材料，重点是讲基层的赋役征课和社会治安诸问题，但或许也包括了农村集市上的征税和治安管理在内。农村集市设有专门官吏管辖的说法，有待商榷。"市官"的设置，仅见于城市市场。

其二，农村集市的主体是直接生产者，而豪右插入其间也不乏其例。两汉乡市、里市的交易，主要是在小生产者之间进行，交换双方既是生产者，又是消费者。这种农村集市，是农民之间、农民与个体手工业之间互通有无的重要贸易形式。尽管有个别流通商人参与，从中采购农产品转运到城市中去推销，但这不是商品交换的主体，未能改变农村集市的性质。事实上，自战国以降，农民以独立的商品交换主体的角色参与集市活动后，他们既是集市上的商品供应者，又是必要物质资料的采购者，这是与城市市场不同的一个显著特点。对农村集市的控制，与其说是一般的流通商，倒不如说是地方上的豪右势力。

汉代社会中的乡、里，往往多为乡耆、豪右所控制。地方豪右既是地主，又兼商人，不仅兼并土地，而且操纵农村集市。他们"武断于乡曲"，① 欺压兼并农民；或"蓄积余业，以稽市场"，囤积居奇，牟取暴利；或"决市闾巷，高下在口吻，贵贱无常"；或"行奸卖平"，"恣意留难与之为市"，与农民交易时多方进行刁难，使"农民重苦"。随着豪商势力的发展，到东汉时，豪右控制集市操纵物价的现象更为常有。例如，灵帝光和四年（181），"初置骐骥厩丞，领受郡国调马，豪右辜榷，马一匹至二百万"②。当时粮食和其他物价的波动剧烈，固然情况比较复杂，但与豪商的行商不轨行为有密切的关系。仅以粮价为例，每当收获季节，农民为了交纳赋敛、还债，出卖粮食之时，豪商就压低价格，谷贱而农民少利；到了青黄不接，农民缺粮，由卖方转为买方时季，豪商则哄提物价，"谷价腾跃"。不同季节的价格差异悬殊，丰歉不同年份的物价变幅更大。所以研究汉代农村集市时，对此应有充分的认识。

其三，农村集市具有明显的地域性和封闭性。两汉的乡市、里市，分散狭小，农民家庭在集市上的交易规模不大，市场容量十分有限。又全国东南西北中，各地经济发展不平衡，因而农村集市的布局，也就疏密不一。中原地区经济比较发达，具有广泛的"商流""物流"条件，商品流通活跃，农村集市相对多。但边远的楚越地区"地广人希"，风俗与中原各异，有的"不待贾而足"，③ 农村集市也就较少。同时，由于各地经济结构和发展水平不一样，集市上所交易的货物有明显的地域性。《盐铁论·本议》说："陕、蜀之丹漆旄羽，荆、

---

① 《史记》卷三〇《平准书》，第1420页。
② 《后汉书》卷八《灵帝纪》，第345页。
③ 《史记》卷一二九《货殖列传》，第3270页。

扬之皮革骨象，江南之楠梓竹箭，燕、齐之鱼盐旃裘，兖豫之漆丝缔紵……等商而通，待工而成。"又《汉书·地理志》云："山东食海盐，山西食盐卤。"这些都反映了市场商品的地域特色，不论城市市场，还是农村市场，皆不例外。在古代交通不便、运输能力有限的情况下，各地农村集市的货物得不到应有的流通，因而集市的封闭性显得尤为突出。正如《盐铁论·通有》所说："今吴、越之竹，隋、唐之材，不可胜用，而曹、卫、梁、宋采棺转尸；江湖之鱼，莱、黄之鲐，不可胜食，而邹、鲁、周、韩藜藿蔬食。天下之利无不澹，而山海之货无不富也。然百姓匮乏，财用不足，多寡不调，而天下之财不散也。"这里说的所谓多寡不调，财利不散，反映了各地物产的流通范围有限，商品得不到畅通。所以，"土宜麻枲"的五原郡，由于"俗不知织绩"，仍然"民冬月无衣，积细草而卧其中，见吏则衣草而出"[①]。可见，少数落后地区，农民与集市的联系还是处于隔绝状态之中。

纵观史实表明，两汉农村集市虽比战国时期有了较大的发展，然而它毕竟还是属于初级阶段的集市，其活动频率与周期还比较低，尚未形成真正的商品集散市场，也未成为小商品经济时代的农村市场体系，更谈不上现代意义上的市场经济。当时，由于自然经济在整个社会经济结构中占统治地位，农村集市还不可能引发农民家庭突破自给性生产，市场机制不健全，价值规律作用范围有限。但是，两汉农村集市也有它的历史功能。直接小生产者借助农村市场这个中介和舞台，可以将自己所有，易自己所无。通过自由交换调济产品余缺；在大多数情况下，能保障基本生活、生产资料的流通与购销，而且无须远市，不误农时等，这对促进社会分工，刺激生产和社会消费等，无疑将产生重要作用和影响。

---

① 《后汉书》卷五二《崔寔传》，第1730页。

汉代民间的扶贫与互助

在两汉的文献中，有关"贫民"或"贫困不能自存者"的记载常见，出现频率很高。面对汉代社会上存在的大批贫民、弱势群体，当时国家曾采取过诸多的政策措施进行"赈济"、扶贫。突出体现在对那些无地、少地或缺乏生产资料的贫民，实行"假民公田"或"赋民公田"，给予田宅、什器、假与犁、牛、种、食等，帮助他们维持简单的再生产；对那些失去生产能力、难以维系生计的贫民，乃赐给他们钱、粮、布帛等，以解决他们的果腹之食和蔽体之衣，使其维持最低水平的度日生存；在有灾之年，对那些离乡背井，饥馑于道，难以生存的贫民，则给予安辑，使他们"著籍""安慰居业"。这方面，我在《汉代"贫富失度"与"调均贫富"论略》[①] 及《两汉自然灾害与政府赈灾行迹年表》[②] 两文中，列举过一些相关史实，于此可以从略。本文根据现有资料，专就两汉时期民间的"救恤""赈施"与互助问题做些简要的论列。

---

① 拙文见《安作璋先生史学研究六十周年纪念文集》，齐鲁书社 2007 年版，第 258—274 页。
② 见本书，第 373—407 页。

宗族富家对贫弱宗人的救恤

宗族是指"上凑高祖，下至玄孙"的共祖族人。即同一男子的子孙，若干世代相聚，按照一定的规范和原则，以血缘关系为纽带结合而成的宗族共同体。他们除了有共同的祭祀活动及集会议事之外，还有一个规则就是族人之间的相助，所谓"通其有无"，"生相亲爱，死相哀痛"。[1]

族人相助，在先秦文献中有明确记载，如《周礼·地官·大司徒》载"族坟墓"，郑注："族犹类也；同宗者，生相近，死相迫。"[2]《国语·齐语》曰："伍之人祭祀同福，死丧同恤，祸灾共之。人与人相畴，家与家相畴，世同居，少同游。"[3] 银雀山汉墓竹简《守法守令》等十三篇中也有"……五人为伍，十人为连，贫富相……"[4] 残文。当时的同"伍之人"，多半是沾亲带故，有宗族血缘关系的"同族"或"同宗"者。他们之间不仅"生相近，死相迫"，"祭祀同福，死丧同恤，祸灾共之"；而且"通其有无"，贫富相济，相互救恤。

汉代的宗族组织虽然较先秦时期有所松弛，但族人相助的传统仍然沿袭了下来。当时宗族内部、族人之间的相互救恤，主要以赈赡匮乏、收养孤寡、救助同宗灾民为对象。

宗族富家，十分重视对族内贫困宗人的赈赡和收养。汉代宗族富家赈赡匮乏，这是通例。例如，乡里著姓樊重，"赀至巨万，而赈赡宗族，恩加乡闾"[5]。韦彪"清俭好施，禄赐分与宗族"[6]；张奋"节俭行

---

[1] （汉）班固：《白虎通德论》卷八《宗族》，见（清）陈立《白虎通疏证》，中华书局1994年版，第394、398页。
[2] 《周礼》，见《十三经注疏》，中华书局1980年版影印本，第706页。
[3] 上海师范大学古籍整理小组：《国语》，上海古籍出版社1978年版，第232页。
[4] 银雀山汉简整理小组：《银雀山汉墓竹简》，文物出版社1985年版，第146页。
[5] 《后汉书》卷三二《樊宏传》，中华书局1965年版，第1119页。
[6] 《后汉书》卷二六《韦彪传》，第920页。

义，常分损租奉，赡恤宗亲，虽至倾匮，而施与不息"[1]；范廉"广田地，积财粟，悉以赈宗族朋友"[2]；种嵩的父亲，"有财三千万，父卒，嵩悉以赈恤宗族及邑里之贫者"[3]；当时宗族富家尤为重视对族内孤寡贫弱的收养。例如，任愧"少好黄老，清静寡欲，所得奉秩，常以赈恤宗族，收养孤寡"[4]；王莽末年，"米石万钱，人相食，（第五）伦独收养孤兄子、外孙、分粮共食，死生相守，乡里以此贤之"[5]；宣秉"所得禄奉，辄以收养亲族，其孤弱者，分与田地，自无担石之储"[6]；敦煌人侯谨，"少孤贫，依宗人居"[7]；太原广武的周党，也是"少孤，为宗人所养"[8]。在汉代，宗族赈赡匮乏，收养孤寡贫弱，是族人相互救恤的常规，极为普遍。

宗族富家，每遇有灾之年，一般都能对同宗灾民进行全力相救。例如，汝南平舆的廖扶，"扶逆知岁荒，乃聚谷数千斛，悉用给宗族姻亲，又敛葬遭疫死亡不能自收者"[9]；琅邪姑幕的童恢，"父仲玉，遭世凶荒，倾家赈恤，九族乡里赖全者以百数"[10]；司马朗"将家还温，时岁大饥，人相食，朗收恤宗族，教训诸弟，不为衰世解业"[11]；为帮助同宗灾民度荒，宗族富家不仅拿出大批财物以解决宗人的饥饿问题，而且还安葬因遭疾疫死亡不能收敛者，有的乃至"倾家赈恤"，全力相救。

---

[1]《后汉书》卷三五《张纯传》，第1198页。
[2]《后汉书》卷二一《范廉传》，第1103—1104页。
[3]《后汉书》卷五六《种嵩传》，第1826页。
[4]《后汉书》卷二一《任光传》，第753页。
[5]《后汉书》卷四一《第五伦传》注引《东观记》，第1395页。
[6]《后汉书》卷二七《宣秉传》，第927—928页。
[7]《后汉书》卷八〇下《文苑传》，第2649页。
[8]《后汉书》卷八三《逸民传》，第2761页。
[9]《后汉书》卷八二上《方术传》，第2720页。
[10]《后汉书》卷七六《循吏列传》，第2482页。
[11]《三国志》卷一五《魏书·司马朗传》，中华书局1959年版，第467页。

值得关注的是，在有些典型的宗族中，对族内贫困宗人已形成了定期的救恤活动，时间通常在三月、九月、十月间举行。据《四民月令》载，"三月……冬谷或尽，椹、麦未熟，乃顺阳布德，振赡匮乏，务先九族，自亲者始"；"九月……存问九族孤、寡、老、病不能自存者。分厚澈重，以救其寒"；"十月……五谷既登，家储蓄积，乃顺时令，敕丧纪。同宗有贫窭久丧不堪葬者，则纠合宗人，共兴举之。以亲疏贫富为差，正心平敛，毋或踰越；务先自竭，以率不随"。① 宗族内部这些定期的赈赡、救恤活动，一般是由宗族富家或族长亲自召集族人来实施的，说明宗族对此极为重视。这种定期赈赡、救恤的经济来源，大概主要是出自宗族的富家大姓、田庄主；有的或许也出自宗族的共有财产。据载，西汉的疏广退休后，日日与宗族宴饮，自称："此金者，圣主所以惠养老臣也，故乐与乡党宗族共享其赐，以尽吾余日，不亦可乎？"于是"族人说服"。② 两汉之交，"前将军邓禹西征关中，军粮乏，（王）丹率宗族上麦二千斛"③。引文中提到"圣主"遗存的"金"及"宗族上麦二千斛"，似乎反映了宗族共有财产的某些痕迹。不过，这还有待新的考古资料出土，方能得到更多的可靠实证。但定期救恤贫弱宗人的经济来源，主要出自宗族富家大姓、田庄主，乃无可疑。

汉代宗族内部的救恤，通常以"九族"为限。例如，西汉的"郇越，散其先人訾千余万，以分施九族州里"④；朱邑"居处俭节，禄赐以共九族乡党"⑤；东汉的郭伋，家财钱谷充实，"辄散与宗亲九族，无所遗余"⑥；刘般"收恤九族，行义尤著"⑦；宋弘"所得租奉分赡九

---

① 万国鼎：《四民月令辑释》，农业出版社1981年版，分见第37、94、98页。
② 《汉书》卷七一《疏广传》，中华书局1962年版，第3040页。
③ 《后汉书》卷二七《王丹传》，第931页。
④ 《汉书》卷七二《鲍宣传》，第3095页。
⑤ 《汉书》卷八九《循吏传·朱邑》，第3636页。
⑥ 《后汉书》卷三一《郭伋传》，第1093页。
⑦ 《后汉书》卷三九《刘般传》，第1306页。

族，家无资产，以清行致称"①；还有前引《四民月令》，也多处提到"存问九族"，这都是例证。若超出了"九族"，则不在宗族赈赡、救恤的范围之内。

汉代宗族内部、族人之间的相互救恤，有助于解决贫弱宗人的生活困难。有助于防止或减少宗族贫困家庭的破产。有时还能帮助一些负债族人家庭的经济重新恢复，如据《金广延母徐氏纪产碑》载，金氏家族"蓄积消灭，责负奔亡，□□□立，依附宗家，得以苏（下残）及归故主，三分屋一，才得廿一万六百"②。不仅如此，宗族相助，对增加宗族凝聚力，深化宗族的血缘认同感，稳定宗族组织也起有很大作用。诸多史实说明，由于宗族，特别是宗族富家对贫弱宗人的救恤，族人的聚合力加强了，族人依附在宗族富家门下者多，出现了所谓"乡族皆归焉"③，或"老弱归之者千余家"④的情景。当时，族人血亲复仇也较普遍，"族人之仇，不共邻"⑤，已成为宗族族人所恪守的信条。再者，在动乱年代，族人聚族自保的意识也很强烈，他们在宗族富家的主持下，组织武装，修建坞壁，共同自卫。这方面，我在《汉代西北边塞的坞》⑥一文中有所论及，于此不拟重复。

朝野官员对乡邻贫民的赈施

朝野官员是一个庞大的群体。这里主要是指在职或隐退、离任的吏员，及地方乡贤。他们有为政一方的经历，具有较高的政治地位、

---

① 《后汉书》卷二六《宋弘传》，第903—904页。
② （宋）洪适《隶释》卷十五，见《隶释隶续》，中华书局1986年版，第162页。
③ 《后汉书》卷四三《朱晖传》，第1459页。
④ 《后汉书》卷三二《樊宏传》，第1120页。
⑤ 《白虎通德论》卷五《诛伐》，见（清）陈立《白虎通疏证》，中华书局1994年版，第220页。
⑥ 《熊铁基八十华诞纪念文集》，华中师范大学出版社2012年版，第36—46页；人大复印资料《先秦、秦汉史》，全文复印2012年第5期。

雄厚的经济实力和深厚的儒学底蕴。这些人中的贤者、有识之士,针对当时社会上的贫民弱势民众,往往能从当时大局出发,勤政亲民,敦厚从善,慷解私囊,乐于赈施。

早在春秋战国时期,在领主制向地主制转变的过程中,社会经济发生了巨大变化。由于人们各自占有的生产资料数量不同,贫富分化悬殊,故当时就有人提出了"均贫富"的重要性。孔子说:"有国有家者,不患寡而患不均,不患贫而患不安。盖均无贫,和无寡,安无倾。"①《管子·治国》曰:"治国之道,必先富民,民富则易治也,民贫则难治也。"② 同书《国蓄》曰:"法令之不行,万民之不治,贫富之不齐也。"③ 因而他们强调应该"贫富有度"。

迄至汉代,随着地主制经济的形成和确立,贫富差距拉大,社会上有关"调均贫富",主张赈施贫民的思想有进一步发展。当时不少人从安定社会秩序,隐定国家政局的立场出发,对社会上出现大批贫民的危害性给予了高度关注。贾谊说:"仓廪实而知礼节,民不足而可治者,自古及今,未之尝闻。"④ 晁错说:"民贫,则奸邪生……虽有高城深池,严法重刑,犹不能禁也。"⑤ 认为农民不能太穷了,太穷社会就会乱,国家难于治理。董仲舒也认为,只有将贫富差距控制在一定的幅度之内,才能"上下相安"⑥。此后,东汉的王充、仲长统等人均提出了近似的观点。在社会舆论的推动、影响下,所以,当时不仅国家采取了一些赈济、扶贫的政策措施;而且在朝野官员及乡贤有识之士中,也有不同程度的赈施举动。

---

① 《论语集注》卷八,见(宋)朱熹《四书章句集注》,中华书局1983年版,第170页。
② 《管子》卷一五《治国》,见黎翔凤《管子校注》,中华书局2004年版,第924页。
③ 《管子》卷二二《国蓄》,见黎翔凤《管子校注》,中华书局2004年版,第1264页。
④ 《汉书》卷二四上《食货志》,第1128页。
⑤ 《汉书》卷二四上《食货志》,第1131页。
⑥ 《春秋繁露》卷八《制度》,见《诸子集成补注》,四川人民出版社1997年版,第1—683页。

汉代朝野官员及乡贤私人出资对贫民赈施的情况，就现有资料来看，似乎主要是以灾民、丧家及贫困学子等为赈施对象。

朝野官员赈施灾民，资助灾民度荒的史迹，文献多有记载。例如，家世衣冠的朱晖，在"建初中，南阳大饥，米石千余，晖尽散其家资，以分宗里故旧之贫羸者，乡族皆归焉"；① 黄香于延平元年，迁魏郡太守，"时被水年饥，乃分奉禄及所得赏赐班赡贫者，于是丰富之家各出义谷，助官禀贷，荒民获全"②；大将军梁商，"自以戚属居大位，每存谦柔，虚已进贤……每有饥馑，辄载租谷于城门，赈与贫馁，不宣已惠"③；江夏太守张成的儿子张俭，初举茂才、大将军、三公并举，"皆不就。献帝初，百姓饥荒，而俭资计差温，乃倾竭财产，与邑里共之，赖其存者以百数"④；赵温"初为京兆（郡）丞……遂弃官去。遭岁大饥，散家粮以振穷饿，所活万余人"⑤。官员对灾民的赈施方式，一般是以钱、粮为主，用以解决灾民的基本生活与生存问题。

赈施丧家、资助其殡葬后事的朝野官员，不乏其例。例如，西汉哀、平时期，曾"仕州郡"的王丹，"王莽时，连征不至。家累千金，隐居养志，好施周急……没者则赙给，亲自将护，其有遭丧忧者，辄待丹为办，乡邻以为常"⑥。曾任亭长的仇览，"躬助丧事，赈恤穷寡"。⑦ 献帝时拜为议郎，后来迁任陈留太守的刘翊，"家世丰产，常能周施而不有其惠"。他曾在"郡县饥荒"之时，"救给乏绝，资其食

---

① 《后汉书》卷四三《朱晖传》，第1459页。
② 《后汉书》卷八〇上《文苑传》，第2615页。
③ 《后汉书》卷三四《梁统传》，第1175页。
④ 《后汉书》卷六七《党锢传》，第2211页。
⑤ 《后汉书》卷二七《赵典传》，第949页。
⑥ 《后汉书》卷二七《王丹传》，第930页。
⑦ 《后汉书》卷七六《循吏传》，第2480页。

者数百人。乡族贫者,死亡则为具殡葬"①。在当时看来,丧葬是件大事,故官员对贫困丧家的赈施较为重视。

赈施贫困学子,资助他们就学读书的官员,乡贤,习为常见。据记载,承宫"少孤,年八岁为人牧豕。乡里徐子盛者,以《春秋经》授诸生数百人,宫过息庐下,乐其业,因就听经,遂请留门下",后来徐氏接受其就读。② 这是乡贤徐子盛对贫困子弟助学之一例。至于官员私人出资助学者不时可见,如时为太常的赵典,"每得赏赐,辄分与诸生之贫者"③。大鸿胪包咸,显宗以其"有师傅恩,而素清苦,常特赏赐珍玩束帛,奉禄增于诸卿,咸皆散与诸生之贫者"④。鲁郡太守鲍永迁扬州牧,"会遭母忧,去官,悉以财产与孤弟子"⑤。官员、乡贤资助贫困子弟学习,既反映了他们重视人才培养,也是当时学风较盛的一种反映。

汉代朝野官员私人出资对贫民的赈施,与宗族的救恤不尽相同。它非以血缘关系的"九族"为限,而是一种乡里间的地域性赈施行为。同时,也没有像有的宗族那样形成定期的赈施制度。但朝野官员中,对乡邻贫民赈施的频率也很高,而且慷慨解囊,乐于施舍。例如,宦门之家的戴良,因"王莽篡位,称病归乡里。家富,好给施"⑥;幽州刺史冯绲,"家富好施,赈赴穷急,为州里所归爱"⑦;名将马援说:"凡殖货财产,贵其能施赈也。"⑧ 故当时有的官员甚至"倾竭财产",或"尽散其家资"进行赈施。

---

① 《后汉书》卷八一《独行传》,第 2696 页。
② 《后汉书》卷二七《承宫传》,第 944 页。
③ 《后汉书》卷二七《赵典传》,第 948 页。
④ 《后汉书》卷七九下《儒林传》,第 2570 页。
⑤ 《后汉书》卷二九《鲍永传》,第 1019 页。
⑥ 《后汉书》卷八三《逸民传》,第 2772——2773 页。
⑦ 《后汉书》卷三八《冯绲传》,第 1281 页。
⑧ 《后汉书》卷二四《马援传》,第 828 页。

汉代朝野官员中，不少人"好施周急"，乐于对贫民的赈施，这与当时社会上提倡"孝悌"，讲"仁义"，重"名节"风气有关。赈施被视为一种"从善"的"行义"。当然，也有的是为了缓和社会矛盾，稳定社会秩序，巩固现有的政治统治，实现"长治久安"。不论出自何种原因和动机，朝野官员的赈施，对解决贫民的生活困难、提振贫民的生存能力是有帮助的。它是国家"赈济"贫民的一种补充。再者，这对传承文明、和谐社会、引导良好风尚等不无积极意义。

里落农民之间的协作与互助

学界对"农民"有不同的界说。这里是指自耕农、半自耕农，其中也含"家訾不满三万"或"家赀不满二万"的贫民、下户。他们以一家一户的家庭为单位，拥有小块土地和简单农具，农副业收入有限，经济力量薄弱，其生产、生活有相对的独立性。然而他们每当遇上困难，除被动地接受社会救助以外，也有自我努力的一面，即相互之间存在某种程度上的协作与互助关系。

里落民众之间的互助，由来已久。《孟子》曰："乡里同井，出入相友，守望相助，疾病相扶持，则百姓亲睦。"[1]《汉书·食货志》曰古民"出入相友，守望相助，疾病相救，民是以和睦，而教化齐同，力役生产可得而平也"[2]。《韩诗外传》也云："八家相保，出入更守，疾病相忧，患难相救，有无相贷，饮食相召，嫁娶相谋，渔猎分得，仁恩施行，是以其民和亲而相好。"[3] 可见，古代的乡里民众之间，彼

---

[1] 《孟子·滕文公上》。
[2] 《汉书》卷二四上《食货志》，第1119页。
[3] 转引自金少英《汉书食货志集释》，中华书局1986年版，第17页。

此是相互扶持，患难相救的，互助性很强。这反映了中国古代农村公社共同体的明显特征。

汉时，先前的农村公社共同体虽已解体，里落编制的性质和职能也发生了变化。但是，它对当时的社会仍有不可忽视的影响，其中某些互助传统仍有不同程度的延续。汉代里落农民之间的互助，主要反映在生产、生活领域的互助。

农民生产上的互助，大多体现在农忙季节的换工、协作而耕。据载，赵过推行"代田法"时，"民或苦少牛，亡以趋泽，故平都令光教过以人挽犁。过奏光以为丞，教民相与庸挽犁。率多人者田日三十亩，少者十三亩，以故田多垦辟"。师古注曰："挽，引也；庸，功也，言换工共作也。"① 所谓"民相与庸"，就是彼此相互换工、协作，以达到牵引笨重铁犁的目的。另外，赵过改革耕作技术与耕作制度，还有一点，就是多牛多人合力耕作。史云代田法"率十二夫为田一井一屋，故畮五顷，用耦犁，二牛三人，一岁之收常过缦田畮一斛以上，善者倍之"②。西汉耕田，用牛为二牛三人，即二人牵牛，一人执犁。在这种"二牛抬杠"的情况下，必然需多人协作。东汉的牛耕更是如此。崔寔在《政论》中说："今辽东耕犁，辕长四尺，迴转相妨，既用两牛，两人牵之，一人将耕，一人下种，二人挽耧。凡用二牛六人，一日才种二十五亩。"说明辽东地区的犁耕，付出的人力比西汉更多，需要六人配合，才能完成生产过程，而"五口之家"的农民，通常只有两个劳动力。因此，必须数家彼此换工、通力协作，否则便无法进行生产。农民在生产中为解决耕牛及劳动力不足，而采取换工、协作，是当时现实条件下的必然走向，较为常见。

除上述农耕互助外，农民的副业经营也有合伙集资、相约互助从

---

① 《汉书》卷二四上《食货志》，第1140页。
② 《汉书》卷二四上《食货志》，第1139页。

事货物运输或贩卖的情况。这在江陵凤凰山十号汉墓木牍中可看到实证,如据其中的"中舨共侍约"记载:"□□三月辛卯,中贩舨长张伯、□兄、秦仲、陈伯等七人相与为舨约,入舨钱二百,约二,会钱备,不备勿与同舨,即舨直行共侍,非前谒,病不行者罚日卅,毋人者以庸贾,器物不具,物责十钱,人共事已器物毁伤之及亡,舨共负之,非其器物擅取之,罚百钱……"①简文中的"舨"即"贩"。从简文内容看,当是一种合伙运输货物或贩卖的约文。其意思是说,参加入贩者每人交齐二百钱,否则不得入贩。当贩要出入时,入贩者都要"共侍"。除非事先请假,因病不行者按出行天数每天罚三十钱。家中无人可去的要出钱雇人代替。运输器不齐备者,一件罚十钱。器物如有损坏或丢失,由入贩人共同赔偿。擅自拿走他人器物者,罚钱一百。在约文中,规定每个合伙者的资金只"二百钱","七人"才一千四百钱。从资金如此微薄来看,参加合伙者当是个体农民。他们为了解决资金短缺的困难,而合伙集资从事货物运输或贩卖,是"以副养农"或"以末补农"的方式之一。类似江陵地区这种农民合伙集资、相约互助从事副业生产的情况,全国各地当有不少。

农民日常生活中的互助,表现为彼此嫁娶同贺,丧葬相助。据记载:"卢绾,丰人也,与高祖同里。绾亲与高祖太上皇相爱,及生男,高祖、绾同日生,里中持羊、酒贺两家。及高祖、绾壮,学书,又相爱也。里中嘉两家亲相爱,生子同日,壮又相爱,复贺羊酒。"②又载,陈平"家乃负郭穷巷,以席为门"。同乡的张负"为平贫,乃假贷币以聘,予酒肉之资以内妇"③。汉代,凡是有人结婚、生子等喜庆时,里落民众特别是亲朋、友人,一般都会从"礼义"友情出发,提供钱物

---

① 李均明、何双全编:《散见简牍合辑》,文物出版社1990年版,第67—68页。
② 《汉书》卷三四《卢绾传》,第1890—1991页。
③ 《汉书》卷四〇《陈平传》,第2038页。

资助，为其赠送程度不同的贺礼，表示祝贺。这正如卓茂所说："凡人所以贵于禽兽者，以有仁爱，知相敬事也。今邻里长老尚致馈遗，此乃人道所以相亲……凡人之生，群居杂处，故有经纪礼义以相交接。"①这种礼尚往来，乃人情之所系也。假若有人死亡，丧家的邻里和亲朋、友人也都会前往吊唁，赠送"赗钱"。王充在论及当时的情况时说："贫人与富人，俱赍钱百，并为赗礼死哀之家。"② 关西大侠陈遵，"其友人丧亲，遵为护丧事，赗助甚丰"③，便是一例。赠送赗钱，既是对丧家的精神慰问，也是对丧家安葬后事的经济资助。有的丧家贫困，友人往往还得为其资助棺具，如茂陵有人丧母，大侠原涉去其家吊唁，见其"家无所有"，原涉乃为其购买丧具。④ 陈留的符融，"妻亡，贫无殡敛，乡人欲为具棺服"⑤。乡邻对丧家若无钱赠送赗礼，乃以力相助，如陈平就是一例，"邑中有大丧，平家贫侍丧，以先往后罢为助"⑥。不过，当时民间的"送往迎来，吊死问疾"，通常体现为经济方面的相助。

汉代为发展农业经济，不仅国家推行重农政策，提倡农民"力田"，大力兴修水利，推广先进的农具和生产技术，采取措施对农民这一生产主体进行扶植等；在此同时，农民为了生计，也努力垦殖，采用牛耕等先进生产技术，设法提高生产效率，发展多种经营，以副养农，确保生产的正常进行。由于上下多方"合力"，因而使得当时"垦田多辟"，耕地面积扩大，粮食产量提高，农副产品数量增多，农业发展水平达到了前所未有的高度。

---

① 《后汉书》卷二五《卓茂传》，第870页。
② 《论衡》卷一二《量知》，上海人民出版社1974年版，第192页。
③ 《后汉书》卷二七《王丹传》，第931页。
④ 《汉书》卷九二《游侠传》，第3716页。
⑤ 《后汉书》卷六八《符融传》，第2233页。
⑥ 《汉书》卷四〇《陈平传》，第2038页。

综合大量史实说明，农民这一群体，尤其是他们中的贫民、下户，有很大的脆弱性和不稳定性。他们每当遇到自然灾害等袭击而使家境困难、"贫穷得不能自存"时，一方面，受到国家及民间社会各界的赈济、扶助；另一方面，他们为了生存，自身也能奋发自救，谋求生产、生活上的互助，协力生产，患难相救，从而推进了农村社会经济的向前发展。

汉代借贷盛行与农村社会

汉代经济生活中的借贷行为比较普遍，也是当时存在的一个突出问题。过去学界对此关注较少，值得引起重视。这里，仅就民间借贷的发展、借贷关系中的契约与利息，以及它对农村社会的影响等问题做些初步探讨。

借贷的兴起与发展

借贷的起源较早。马克思说："生息资本或高利贷资本（我们可以把古老形式的生息资本叫作高利贷资本）和它的孪生兄弟商人资本一样，是洪水期前的资本形式，它在资本主义生产方式以前很早已经产生，并且出现在极不相同的社会经济形态中。高利贷资本所需要的只是，至少已经有一部分产品转化为商品，同时随着商品买卖的发展，货币已经在它的各种不同的职能上得到发展。"① 战国时期，随着商品经济发展，金属货币的大量流通，借贷业即已兴起。例如，《国语·晋语八》有"假贷居贿"②之说。《孟子·滕文公上》曰："称贷而益之，

---

① 《马克思恩格斯全集》第25卷，人民出版社1974年版，第671页。
② 《国语》卷十四《晋语八》，上海古籍出版社1978年版，第480页。

使老稚转乎沟壑。"《管子·轻重下》曰:"民多称贷,负子息。"同书《治国》篇曰:"耕耨有时而泽不必足,则民倍贷而取庸矣。"《史记·苏秦列传》曰:"苏秦之燕,贷人百钱为资。"又《史记·孟尝君列传》讲得更为具体,其中有如下记载。

> 孟尝君时相齐,封万户于薛。其食客三千人,邑入不足以奉客,使人出钱于薛,岁余不入,贷钱者多不能与其息,客奉将不给。孟尝君忧之,问左右:"何人可使收债于薛者?"传舍长曰:"代舍客冯公形容状貌甚辩,长者,无他技能,宜可令收债。"……至薛,召取孟尝君钱者皆会,得息钱十万。①

战国时期,无论富民还是贵族,凡出贷的钱财或粮谷,都要收利息,而且有的收取"倍息",利息很高,因而不免使负债者破产,导致"老稚转乎沟壑"。

西汉前期,在"无为而治"思想指导下,惠帝、高后时"驰商贾之律",放宽对工商业者的限制。文帝时由"授田制"改为"名田制",允许土地私有和买卖。又"驰山泽之禁",对山林川泽实行开放经营,"纵民冶铸煮盐",放任私人对盐铁自由产、销。接着还"通关去塞",开关梁,任民周流,允许自由贸易等。由于汉政权采取了这一系列的宽松、优惠政策,故当时社会经济得到快速发展,涌现出了许多大地主、大工商主,而且借贷业也在战国的基础上有进一步的发展。当时不仅有专门以资出贷的"子钱家",还有不少经营工矿业的暴发户,也纷纷出资借贷,如据以下记载可知。

> (鲁人)曹邴氏,"以铁冶起,富至巨万,然家自父兄子孙约,

---

① 《史记》卷七五《孟尝君列传》,第2359—2360页。

俛有拾，仰有取，贳贷行贾遍郡国"。①

吴楚七国兵起时，长安中列侯封君行从军旅，赍贷子钱，子钱家以为侯邑国在关东，关东成败未决，莫肯与。唯无盐氏出捐千金贷，其息什之。三月，吴楚平，一岁之中，则无盐氏之息什倍，用此富埒关中。②

曹邴氏以冶铁起家，拥有雄厚的资本，"贳贷行贾遍郡国"。无盐民则以"什倍"之息，从事借贷业，结果"富埒关中"。说明当时的私人借贷很盛行。西汉武帝之时，由于战争连年，特大自然灾害多发，大批民众流亡，国库耗空，而富商大贾借机大发国难财。他们或滞财役贫，废居居邑，封君皆低首仰给，又"不佐国家之急"。在这种态势下，政府为解决财政困难，赈济灾民，元狩三年秋"举吏民能假贷贫民者以名闻"③，"又募豪富人相假贷"。因私人借贷得到政府提倡，故当时靠牧羊发迹的卜式，也对"邑人贫者贷之"④。实际上，当时既有私人借贷，官方对贫民的借贷也日趋增多。西汉后期，贫富差距拉大，"豪富吏民訾数巨万，而贫者愈困"。在贫富失度非常严重的情况下，私人借贷业继续发展，借贷出现新的特点，也就是官商勾结，如据《货殖传》记载如下。

成、哀间，成都罗裒訾至巨万。初，裒贾京师，随身数十百万，为平陵石氏持钱。其人强力。石氏訾次如、苴，亲信，厚资遣之，令往来巴蜀，数年间致千余万。裒举其半赂遗曲阳、定陵

---

① 《史记》卷一二九《货殖列传》，第3279页。
② 《史记》卷一二九《货殖列传》，第3280—3281页。
③ 《汉书》卷六《武帝纪》，第177页。
④ 《史记》卷三〇《平准书》，第1431页。

侯，依其权力，赊贷郡国，人莫敢负。①

富商罗裒依仗曲阳侯、定陵侯做后台，对郡国借贷，"人莫敢负"。说明当时罗裒的借贷是和贵族官僚结合在一起的。这是西汉后期借贷过程中的一个特点。故谷永在上书时说："建始、河平之际，许、班之贵，倾动前朝……至为人起责，分利受谢。"师古对此作注说："言富贾有钱，假托其名，代之为主，放与它人，以取利息而共分之，或受报谢，别取财物。"② 看来，这种事例西汉末年之后不少。

两汉之交至东汉时期，随着大土地私有制发展，商品经济逐渐被纳入封建地主制经济的轨道，私人借贷更加深入到了农村，如以下记载。

> （樊重）世善农稼，好货殖。其营理产业，物无所弃……其素所假贷人间数百万。③

> 今富商大贾，多放钱贷，中家子弟，为之保役，趋走与臣仆等勤，收税与封君比入，是以众人慕效④

大地主樊重农商兼营，他在"乡间"放债"数百万"。举债者主要是乡村的贫苦农民。又富商大贾"多放钱贷"，"与封君比入"。由于有高额利息收入，连中家子弟也得为他做掮客或中保，而受到"役使"。另外，地主商人折国，也由于"殖财日久"，有钱"二亿"。还有的家财达"数十亿"之多。每当政府经济困缺时，往往要向他们借

---

① 《汉书》卷九一《货殖传》，第 3690 页。
② 《汉书》卷八五《谷永传》及注，第 3460—3461 页。
③ 《后汉书》卷三二《樊宏传》，第 1119 页。
④ 《后汉书》卷二八上《桓谭传》，第 958 页。

贷资材，"以供国用"。可见此时放借者的资本相当雄厚，在社会经济生活中产生不小影响。

纵观史实，两汉的私人借贷普遍存在。当时借贷群体涉及面广。放债者中，有专门从事出贷的子钱家，有经营工商业的富商大贾，有庶民地主，也有政府官吏及王侯贵族等。至于举借者，涉及社会各阶层，包括列侯封君，但绝大多数是迫于生计的广大农民群众。当时借贷的类型、种类，就农民来说，主要是生活性借贷，如粮食、货币等。也有生产性借贷，如土地、耕牛、农具等。《管子·揆度》篇说："民之无本者，贷之圃强，故百事皆举，无留力失时之民。"[1] 大致上反映了农民借债的实况。

借贷关系中的契约和利息

在传统社会中，民间私人的经济交往很重视"契约"的签订。中国古代有"买卖契约""雇佣契约"，也有"债贷契约"等。作为借贷双方重要凭证的契约，文献多有记载。

> 至薛……召诸取钱者，能与息者皆来，不能与息者亦来，皆持取钱之券书合之……能与息者，与为期；贫不能与息者，取其券而烧之。[2]

> （樊重）其素所假贷人间数百万，遗令焚削文契。责家闻者皆惭，争往偿之，诸子从敕，竟不肯受。[3]

---

[1] 黎翔凤：《管子校注》卷二十三《揆度》，中华书局2004年版，第1386页。
[2] 《史记》卷七五《孟尝君列传》，第2360页。
[3] 《后汉书》卷三二《樊宏阴识传》，第1119页。

上面引文中的"券书""文契",即指契约。前者是孟尝君在薛放贷时与借债人签订的契约。后者是樊重在乡村放贷时与借债人订立的契约。这两件借贷契约的具体内容虽然史无明示,但从此相关的史实来看,借贷双方当有一定的协议或某种承诺,其中或许含有所借物的数量、利息率、归还时间及用什么做抵押等款项。西汉董永"贷钱一万",是以自己的人身作抵押,如据《太平御览》述刘向的《孝子图》记载。

> 前汉董永,千乘人,少失母,独养父。父亡,无以葬,乃从人贷钱一万。永谓钱主曰:"后若无钱还君,当以身作奴。"①

这是借钱用人身抵押、担保的一个例证。当然,也有用实物、家资抵押的情况,在汉代,后者比较普遍。对于那些无偿还能力,而又没有抵押的借债贫民,是很难得到借贷的。例如,主父偃在未出仕之前,"家贫,假贷无所得"②,便可说明这一点。

借贷的利息问题,各个历史时段高低不一,不可统论。西汉前期,商人、子钱家放贷的利息,司马迁在《货殖列传》中有如下记载。

> 子贷金钱千贯……此亦比千乘之家,其大率也。佗杂业不中什二,则非吾财也。③

引文中的"子贷金钱千贯",《索隐》按:"子谓利息也。"是知当时子钱家放贷货币的利息,大致上为"什二",即20%的利息率。但当时的借贷也有收取高额利息的情况,如《食货志》引晁错之言。

---

① 转引自张传玺《中国历代契约会编考释》,北京大学出版社1995年版,第69页。
② 《汉书》卷六四上《主父偃传》,第2798页。
③ 《史记》卷一二九《货殖列传》,第3274页。

>（农民）尚复被水旱之灾，急政暴赋，赋敛不时，当具有者半贾而卖，亡者取倍称之息……而商贾大者积贮倍息。①

考之以上史实，西汉前期的借贷利息，既有"什二"之息，也有"倍息"者。如果遇到自然灾害，急征暴赋，商人乘时射利，囤积居奇牟取暴利时，放贷人收取"倍息"或"倍称之息"，即100%利息的情况，更为突出，更为普遍。这是借债农民难以承受的高利贷盘剥，因而导致农民破产者多。

西汉中期开始，政府对高利息放贷，有过一定的限制和打击措施。例如，下列文献记载。

>武帝元鼎元年（前116），旁光侯"坐贷子钱不占租，取息过律，会赦，免"②。
>……
>成帝建始二年（前31），陵乡侯䜣"坐使人伤家丞，又贷谷息过律，免"③。

旁光侯刘殷、陵乡侯刘䜣因"贷钱""贷谷"收取利息"过律"，而受坐，受到处分，说明这时对放贷利息有一定的规定，但其利息率是多少，不得知晓。新莽时期的借贷利息，曾经有过一个规定，如《食货志》中有如下记载。

>民或乏绝，欲贷以治产业者，均授之，除其费，计所得受息，毋过岁什一。④

---

① 《汉书》卷二四上《食货志》，第1132页。
② 《汉书》卷一五上《王子侯表》，第447页。
③ 《汉书》卷一五下《王子侯表》，第503—504页。
④ 《汉书》卷二四下《食货志》，第1181页。

这一记载，从其内容看，似是指政府借贷利息的规定，当时为鼓励"治产业"，发展生产，故政府只收取"什一"的借贷利息。这并非属于民间私人借贷的利息率。

东汉时期，地主豪商势力扩大，中央集权趋向弱化。政府也未曾颁布过私人借贷的利息率。在地主豪商的操纵下，他们左右其手，借贷利息当会很高。可惜文献对此没有记录。

要之，两汉时期私人借贷的利息率，文献记载不全，或许在不同时段和地域存在较大的差异。

实际上，地主豪商等债权人的资本运作原则及放贷利息，并不完全依照人为的数字规定，其利息的高低，往往受社会经济形势所左右，受到物价、租税、借贷风险等因素的影响和制约。一般来说，借贷的风险与利息成正比。借债人的偿还能力不高或下降，借贷资本的风险成本就越大，债权人投资、放贷风险也越大，因之放贷利息便会随之攀升。在传统经济支配下的汉代社会中，借贷市场体系不完整，制度不规范、不健全，其间必然会有倚仗权势、尔虞我诈的乱象。以地主豪商为主体的债权人，为牟取利益最大化，其放贷利息一般会"过律"，超过通行的利息，收取"倍息"，即高利贷。自西汉中期以后到东汉一代，债权人收取高利贷或许成为常规。

借贷对农村社会的影响

汉代的私人借贷是债权人为了获取利息以营利为目的，它和政府的借贷在性质上有别。如何对私人借贷进行评判，这是值得探讨的一个问题。看来，在汉代的特定历史条件下，它对农村社会既有正面意义，也存在很大的负面影响。

首先，私人借贷对扶助农村贫民维持生计和简单的再生产具有一定的作用。众所周知,自西汉中期以后,土地兼并,许多农民衣食无着,需要通过借贷来维持生活和生产。当时不仅政府"假民公田",地主、权家也有出假土地的情况,如罢官后的宁成,"貰贷陂田千亿顷,假贫民,役使数千家"①。这数千家贫民,假借到了土地后,便有了继续从事农业生产的可能。又《盐铁论·园池》篇说,有的地主、权家,当农民"不能相赡"时,也"公田转假",即从国家那里假得了公有土地后,转手假给农民耕种。尽管是收取高额地租,但这也解决了部分农民缺少土地或无地可耕的问题。这两个事例是私人出贷生产资料(即土地)的情况。对农村生产不无裨益。另外,汉政府一些出贷济贫措施也能透视出私人借贷的作用。当时皇帝屡下诏"无以自振业者贷与之",如宣帝地节元年(前69),"假郡国贫民田"②;地节三年(前67),"流民还归者,假公田,贷种、食"③;王莽元凤五年(18),"假贷犁、牛、种、食"④;东汉明帝永平十一年(68),"贫无家属不能自存者粟,人三斛"⑤;和帝永元十六年(104),"贫民有田业,而以匮乏不能自农者,贷种、粮"⑥。这些虽是官方借贷,但不可否认,民间私人也具有这种类型的借贷业务,即出贷土地、犁、牛和种、粮等。当然,私人的借贷不同于政府的出贷只收假税,而是收取较高的利息。

再者,私人借贷对资助政府救济灾荒方面,也起过一些作用。两汉时期各种自然灾害频发,尤以水旱之灾、蝗虫、地震为最,各种灾害达五百余次之多。⑦导致农村社会经济严重破坏,灾民难以为生。或"民困饥饿""百姓流亡",或"父子分散""人至相食"。在这种惨景

---

① 《汉书》卷九〇《酷吏传》,第3650页。
② 《汉书》卷八《宣帝纪》,第246页。
③ 《汉书》卷八《宣帝纪》,第249页。
④ 《汉书》卷九九《王莽传》,第4152页。
⑤ 《后汉书》卷二《明帝纪》,第115页。
⑥ 《后汉书》卷四《和帝纪》,第192页。
⑦ 详见拙著《两汉自然灾害与政府赈灾行迹年表》,第373—407页(本书最后一篇)。

下，政府采取了不少赈济措施，如派遣吏员巡行灾区，存问疾苦；对罹灾死亡赐钱、给棺，用以抚恤安葬；对因灾害受伤或疾役灾民，行致医药；对广大灾民难以生存者，禀给衣食，假贷种子、农具，减免租赋徭役，"假民"或"赐民"公田等。同时，许多豪富吏民也响应政府号召，出资借贷贫民。如据记载，汉武帝元狩三年（前120），山东大水，"天子遣使虚郡国仓廪以振贫民，犹不足，又募豪富人相假贷"，"河南上富人助贫人者籍"。① 汉成帝时，关东"比岁不登"，政府鼓励"富家吏民出资赈济"，许多人"入谷物助县官振赡者"②。汉桓帝永寿元年（155）二月，司隶、冀州饥荒，"人相食"，政府下令"州郡赈给贫弱，若王侯吏民有积谷者，一切贷十分之三，以助廪贷"③。在大灾之年，当经济困难时，豪富吏民出资借贷贫民者不少，他们为共渡难关出力，起了一定的作用。

这里要强调的是在私人借贷中，凡属救灾资助贫困，又低息出贷，或收取通行的一般利息，有它的必要性、正当性，不可全盘否定。但是，如果用来牟取暴利，尔虞我诈而采取高额放贷，收取"倍称之息"，进行高利贷盘剥，则对社会、农村带来严重的弊端和后果。具体体现在以下几个方面。

其一，高利贷使农村涌现大量的债务奴和依附农。汉代，借债农民沦为赘婿的记载多见，如《贾谊传》载："故秦人家富子壮则出分，家贫子壮则出赘。"注引应劭曰："出作赘婿也。"④ 又《严助传》有如下记载。

　　岁比不登，不待卖爵赘子以接衣食。注引如淳曰："淮南俗卖

---

① 《汉书》卷二四下《食货志》，第1162页；《史记》卷三〇《平准书》，第1432页。
② 《汉书》卷一〇《成帝纪》，第321页。
③ 《后汉书》卷七《桓帝纪》，第300页。
④ 《汉书》卷四八《贾谊传》，第2244—2245页。

子与人作奴婢,名为赘子,三年不能赎,遂为奴婢。"师古曰:
"赘,质也。一说云,赘子者,谓令子出就妇家为赘婿耳"①。

上述引文中的所谓"赘子""赘婿",实质就是债务奴。秦汉之时,贫困农民难以为生,因债务缠身,将儿子出赘到妇家做赘子的情况不少。按当时规定,如果三年不能赎,遂沦为奴婢。所以当时不同来源的奴婢数量很多,如武帝时杨可告缗,得"奴婢以千万数"②;哀帝时,"豪富民多畜奴婢"③;东汉时"豪人之室……奴婢千群"④。这些奴婢中,或许有相当多一部分是来自债务奴隶。其处境可想而知。

此外,自西汉后期至东汉时期,农民沦为依附农的情况也日趋增多,如据以下记载。

> 马援……后为郡督邮,送囚至司命府,因有重罪,援哀而纵之,遂亡命北地。遇赦,因留牧畜,宾客多归附者,遂役属数百家⑤。

> 豪人之室,连栋数百,膏田满野,奴婢千群,徒附万计⑥。

这里说的所谓"宾客""徒附",即依附农。当时马援宾客有"数百家",地主豪商的徒附以"万计",可见数量之多。这些宾客、徒附对地主豪族的依附性很强,其地位极为低下。东汉末年崔寔在其《政论》中说:"上家累巨亿之资……故下户踦岖,无所跱足,乃父

---

① 《汉书》卷六四《严助传》,第 2779—2780 页。
② 《汉书》卷二四下《食货志》,第 1170 页。
③ 《汉书》卷一一《哀帝纪》,第 336 页。
④ 《后汉书》卷四九《仲长统传》,第 1648 页。
⑤ 《后汉书》卷二四《马援传》,第 828 页。
⑥ 《后汉书》卷四九《仲长统传》,第 1648 页。

子低首。奴事富人，躬帅妻孥，为之服役，故富者席余而日织，贫者蹑短而岁蹙，历代为虏，犹不赡于衣食，生有终身之勤，死有暴骨之忧，岁小不登，流离沟壑，嫁妻卖子。其所以伤心腐藏、失生人之乐者，盖不可胜陈。"①这种情况下汉代农业社会必然产生严重的阶级对立。

其二，高利贷导致乡村借债农民"卖田宅，鬻子孙"家庭破产。晁错说："今农夫五口之家，其服役者不下二人……四时之间亡日休息；又私自送往迎来，吊死问疾，养孤长幼在其中。勤苦如此，尚复被水旱之灾，急政暴虐，赋敛不时，朝令而暮改。当具有者半贾而卖，无者取倍称之息；于是有卖田宅、鬻子孙以偿债者矣。"②

汉代农民常有"卖田宅，鬻子孙"的情况，武帝时，"数年岁比不登，民待卖爵赘子，以接衣食"③；又说农民"赘妻鬻子，以给上求"④；元帝时，"（关东）民众久困，连年流离……至嫁妻卖子"⑤。至于农民出卖土地者更为普遍，贡禹就曾经因为"家贫"，"卖田百亩"⑥。当时有不少人卖田，签立了"卖田券"，如汉长乐里乐奴"卖田券"⑦，西汉南阳男子马吉庆"卖田券"⑧，东汉武邑男子高纪成"卖地券"⑨等。他们"卖田宅，鬻子孙"的原因，依照晁错的介说，主要是由于水旱之灾，急征暴赋、赋敛不时，释其所有，责其所无，政

---

① 严可均校辑：《全上古三代秦汉三国六朝文》，中华书局1958年版，第726—727页。
② 《汉书》卷二四上《食货志》，第1132页。
③ 《汉书》卷六四《严助传》，第2779页。
④ 《淮南鸿烈集解》卷八《本经训》，中华书局1989年版，第320页。
⑤ 《汉书》卷六四《贾捐之传》，第2833页。
⑥ 《汉书》卷七二《贡禹传》，第3073页。
⑦ 中国社会科学院考古研究所编：《居延汉简甲乙编》下册，中华书局1980年版，第280页。
⑧ 见《西汉黄龙元年南阳郡诸葛敬买地铅券》，转引自张传玺《中国历代契约会编考释》，北京大学出版社1995年版，第60页。
⑨ 鲁波：《汉代徐胜买地铅券简介》，《文物》1972年第5期。

府索取太多,逼得农民靠借贷为生,而举债又"倍称之息",受到高利贷盘剥所导致的结果,是农民因为偿债弄得妻离子散,家业破产。

而权贵地主和高利贷者则"买田宅,畜奴婢",大肆聚敛财富。例如,张禹"内殖货财,家以田为业,及富贵,多买田至四百顷"①;阴子方"暴至巨富,田有七百余顷"②;马防"兄弟贵盛,奴婢各千人已上,资产巨亿,皆买京师膏腴美田"③。

汉人说,当时"富者田连阡陌,贫者无立锥之地"④;"富人积钱满室,犹无厌足……贫民虽赐之田,犹贱卖以贾"⑤。这深刻说明汉代农村贫富悬殊,两极分化严重。

此外,在汉代农村中,因高利贷问题还经常出现债务纠纷及"负债逃亡"现象。据以下记载可以证实。

> 扶风人士孙奋居富而性吝,(梁)冀因以马乘遗之,从贷钱五千万,奋以三千万与之,冀大怒,乃告郡县,认奋母为其守臧婢,云盗白珠十斛、紫金千斤以叛,遂收考奋兄弟,死于狱中,悉没资财亿七千余万。⑥

权贵梁冀见孙奋富有,赠给马乘,要求他借贷五千万钱,"性吝"的孙奋大概是预料到把钱借贷给这个恶棍,肯定是有去无回,于是讨价还价,只同意贷给他三千万钱,因而激怒了梁冀,"被以他罪"⑦,不仅巨额资产全部被没收,还丢了性命,这是因借贷引发纠纷的一个

---

① 《汉书》卷八一《张禹传》,第 3349 页。
② 《后汉书》卷三二《阴兴传》,第 1133 页。
③ 《后汉书》卷二四《马援传附防传》,第 857 页。
④ 《汉书》卷二四上《食货志》,第 1137 页。
⑤ 《汉书》卷七二《贡禹传》,第 3075 页。
⑥ 《后汉书》卷三四《梁冀传》,第 1181 页。
⑦ 《后汉书》卷三四《梁冀传》,第 1181 页。

案例。由此可见放贷者还是存在相当的风险。借债不肯偿还的案例还有，如东汉时的一些王侯贵戚，依仗权势，"假举骄奢以作淫侈，高负千万，不肯偿责（债）"，还纠合酒徒无行之人"或殴击责主"[①]。又由于富民豪商放债时"重责不止"，致使债民远离家乡"负债逃亡"，甚至对抗。因债务问题引发农村社会诸多矛盾。

要之，汉代的私人借贷，对困难贫民纾困，特别是救灾方面有过一定的作用。但是高利贷出借，也导致农村涌现大量债务奴、依附农，甚至嫁妻卖子孙，使家庭破产，负面影响也很大。

[①] 王符：《潜夫论》断讼第十九，见汪继培、彭铎《潜夫论笺校正》，中华书局1985年版，第228页。

汉代乡里的三老与父老

自春秋战国到两汉时期，国家为实现其自上而下强有力的统治，除依靠行政组织，即农村政权的运作外；同时还依托地方上德高望重的三老、父老等参与和配合，使它们成为国家对基层社会统治的介体，并通过它们调控、稳定农村的社会秩序。

三老、父老的设置与选拔

三老、父老的渊源较早。"三老"之谓，战国之时已有，如《墨子·备城门》《管子·度地》及《史记·滑稽列传》等均有记载。但三老的建置，作为一种制度乃盛行于汉代。当时在乡、县、郡、国皆有三老之设，其中尤以地方上之乡三老、县三老普遍受到重视，如据以下文献记载。

《汉书·高帝纪》曰："举民年五十以上，有修行，能帅众为善，置以为三老，乡一人。择乡三老一人为县三老，与县令丞尉以事相教，复勿徭戍。"

《汉书·文帝纪》曰："孝悌，天下之大顺也。力田，生民之本也。三老，民众之师也……而以户口率置三老、孝悌、力田常员，令各率其意以道民焉。"

《汉书·武帝纪》:"遣博士大等六人,循行天下,存问鳏寡废疾,无以自振业者贷与之。谕三老、孝弟,以为民师。"

《东观汉记》载秦彭为山阳太守时,"择民能帅众者以为乡三老,选乡三老为县三老,令与长吏参职。"

"三老"的记载,除文献资料外,在汉代石刻中也有反映。《汉书补注》沈钦韩说仓颉庙碑阴有"衙县三老上官风","衙县乡三老时勤"。《金石萃编》汉十四曹全碑阴有"县三老商量","乡三老司马集"题名等,这说明乡、县三老之设,在汉代已较普遍。

父老,战国时期也不时可见,如《墨子·号令》篇中有"吏、里正、父老";《史记·滑稽列传》有"三老、官属、豪长者、里父老"之谓。至汉代,这方面的记载也有不少,如《史记·陈丞相世家》说:"里中社,(陈)平为宰,分肉甚均。父老曰:'善,陈孺子之为宰。'"《汉书·黄霸传》曰:"然后为条教、置父老、师帅、伍长,班行于民间。"

又《居延汉简甲乙编》有"东利里父老夏圣等"(45·1),河南偃师出土有东汉《侍廷里父老僤约石券》,司马彪《续汉书·循吏传》有"父老何乃自苦远来"之谓[①]。可见,"里父老"也和"乡三老"一样,两汉皆有,且为常制。

考之史籍,地方上的三老与父老不可混同,它们之间存在一些区别。例如,三老设之于乡级以上单位,而父老乃仅在闾里之间才有;乡三老在西汉时的身份属于"非吏,而得与吏比",里父老则不具备"与吏比"的资格;乡三老经常享受政府的赏赐,里父老则很少有官府赏赐的记录。但是,二者也有许多相同或近似之处。主要体现在以下几点,它们的选拔标准和条件大致相近;它们均非真正的乡村吏

---

① 周天游辑注:《八家后汉书辑注》,上海古籍出版社1986年版,第483页。

员，然皆可参与议政；它们都直接参与农村的"教化"，控制着农村的社会秩序。

汉代地方上之三老、父老的选拔，均必须具备一定的条件。根据前引史文，关于乡三老的人选，一是，年龄要在五十岁以上；二是，品德要好，"有修行，能帅众为善"，或"民众之师"；三是，要有能力，能"遵奉教化者"。里父老的人选条件，也是要从"耆老高德者"中选拔，如汉人何休对《春秋公羊传·宣公十五年》作注时说："一里十八户，八家共一巷，中里为校室，选其耆年有高德者，名曰父老。"这都说明，三老、父老是从年高、有修行、德高望重、能教化乡里、为民表率者担任。他们都必须年高、多智能、忠信老成，又符合传统的道德精神和智能标准。当时选拔的方法，汉初的文帝时，以"户口率置常员"，即按人口比例规定员额，经民间选举或推举决定，再由官方认可。

三老、父老的地位和作用

地方上的三老、父老之身份，前后或许有所变化，但西汉时期，它们均非真正的乡村吏员。乡三老"无秩"，没有俸禄。乡三老"比于吏"，并非真正的"吏"。《史记·平准书》曰："非吏比者三老、北边骑士，轺车一算；商贾人轺车二算。"《集解》引如淳曰："非吏，而得与吏比者官，谓三老、北边骑士也。"由此可知，乡三老的身份，名为"官"，但它实际上不属于"吏"。据《尹湾汉墓简牍》中的"集簿""东海郡吏员簿"，西汉后期的诸多乡吏中，三老并不属于在编的乡吏之列，[①] 这是最直接、最有力的铁证，毋庸置疑。宋人徐天麟的《西汉会要》将三老列在民政类，也说明它不是吏。元初方回《续古今

---

① 连云港市博物馆等编：《尹湾汉墓简牍》，中华书局1997年版，第77页；朱绍侯：《尹湾汉墓简牍解决了汉代官制中几个疑难问题》，《许昌师专学报》1999年第1期。

考》说:"乡有三老,三老在佐史、有秩上者,以德齿表率其乡,非吏也。"此说可以认同。今人陈直先生在《汉书新证》中说:"两汉三老,在政治上,名称是吏,实际又不纯属于吏,当时功令,称为非吏比者,最为确当。"其说亦大致近是。至于里父老的身份,乃属闾里民众利益或反映民意的代表,更加不当视为乡村吏员,此为学界大多人所公认,无须再做更多的申论。

汉代地方上的三老、父老,西汉时期虽非严格意义上的乡村吏员,然而由于它们的身份特殊,却堪称道德精神的示范式人物,因而享有较高的地位和声望。其突出一个表现,就是它们可以参与议政。关于县、乡三老的地位,当时明确规定,它可以"与县令、丞、尉以事相教"①,共商政事。还可向皇帝上书,提出自己的政见和建议。例如,楚汉战争爆发后,项羽杀死义帝,新城三老董公说汉王刘邦,为义帝发丧,使刘邦在政治上取得主动,从而击败了项羽,以收天下。汉武帝时,"壶关三老茂"上书为戾太子"受江充诬陷"之冤,终使武帝为之"感悟"②。汉成帝时,京兆尹王尊免官,"湖三老公乘兴等上书讼尊治京兆功效日著……书奏,天子复以尊为徐州刺史,迁东郡太守"。随后,"白马三老朱英等"又上书言王尊在东郡守堤,不避危殆,亲率吏民治水之"勇节",王尊因而受到嘉奖。③ 乡、县三老居然可以向皇帝上书议论官政,陈述官吏的是非功过,为良吏业绩点赞称颂,表明其社会地位较高,政治影响也大。再说里父老,有时也可参与议政,共商大事。例如,刘邦攻占咸阳后,"与父老约法三章耳,杀人者死,伤人及盗抵罪"④。汉昭帝时,颍川多豪强,难治,"民众怨雠",

---

① 《汉书》卷一上《高帝纪》,第33—34页。
② 《汉书》卷六三《五武子传》,第2744—2745页。
③ 《汉书》卷七六《王尊传》,第3234—3236、3237—3238页。
④ 《汉书》卷一上《高帝纪》,第23页。

韩延寿任该郡太守后,"乃历召郡中长老为乡里所信向者数十人,设酒具食,亲与相对,接以礼意,人人问以谣俗,民所疾苦,为陈和睦亲爱销除怨咎之路"①。又东汉建武十九年(42),光武帝"进幸汝南南顿县舍,置酒会,赐吏人,复南顿田租岁。父老前叩头曰:'皇考居此日久,陛下识知寺舍,每来辄加厚恩,愿赐复十年。'帝曰:'天下重器,常恐不任,日复一日,安敢远期十年乎?'吏人又言:'陛下实惜之,何言谦也'帝大笑,复增一岁"②。这些事例说明,汉时的父老不仅参与"约法",反映民意,讨论"销除怨咎之路";而且还与"吏人"为本县之田租向皇帝要求多予"赐复"的年限。可见,其地位也是非同一般,里父老与县、乡三老一样,皆受到当政者的尊重,影响很大。

地方上的三老、父老不仅议政,而且"掌教化",并直接参与乡里的各种事务活动,成为国家控制农村社会秩序的重要力量,诸多史实说明它们起有不可或缺的作用。

地方上之三老、父老除了参与议政之外,其主要职责是负责对乡里民众的"教化"。董仲舒说:"古之王者南面而治天下,莫不以教化为大务。""教化不立而万民不正也。"③汉人认为治国之要,首在教化。教化广,风俗美。当时实施教化的途径,除学校教育及长吏的表率作用外,还通过三老、父老等进行不同层面的教化。例如,《汉书·文帝纪》载:"三老,民众之师……增置其员,广教化也。"《汉书·百官公卿表》及《后汉书·百官志》载,乡"三老,掌教化"。汉代教化的内容把道德教育放在首位。当时要求:"凡有孝子顺孙,贞女义

---

① 《汉书》卷七六《韩延寿传》,引文中的"长老",当主要指"父老",或者为"三老""父老"的统称,第3210页。
② 《后汉书》卷一下《光武帝纪》,第71页。
③ 《汉书》卷五六《董仲舒传》,第2503页。

妇，让财救患，及学士为民法式者，皆扁表其门，以兴善行。"① 为劝导乡里之民尽忠尽孝，树立典范，风化社会，三老、父老无不以教化为己任。他们或以身作则，为民表率；或防奸除恶，以厉民风，从多方面进行教化。黄霸任颍川太守时，"使邮亭乡官皆畜鸡豚，以赡鳏寡贫穷者。然后为条教，置父老、师帅、伍长，班行于民间"。其制定的"条教"，通过父老、师帅、伍长等去宣传贯彻，使"百姓向化"②。东汉时，"吴祐迁胶东相，民有词讼，先令三老以孝悌喻解，祐身至闾里和之，吏民不忍欺"③。宋度为长沙太守期间，该地"人多以乏衣食，产乳不举。度切让三老，禁民杀子，比年之间，养子者三千余人，男女皆以'宋'为名也"④。又《三老橡赵宽碑》称三老赵宽"教诲后生，百有余人，皆成俊乂"。这些事实说明，父老及不同层级的三老均承担着教化之职责，并取得了一定的成效。假若地方上的"教化"没有做好，则三老要承担责任。如武帝时，遣司马相如以檄书晓谕巴蜀曰："让三老孝悌以不教诲之过。"⑤ 韩延寿任左冯翊时，行县至高陵，"民有昆弟相与讼田自言，"延寿大伤之曰："幸得备位，为郡表率，不能宣明教化，至令民有骨肉争讼，既伤风化，重使贤长吏、啬夫、三老、孝弟受其耻……"⑥ 范延寿为宣帝时廷尉，"时燕赵之间，有三男共娶一妻，生四子，长，各求离别，争财分子，至闻于县。县不能决断，谳之于廷尉。于是延寿决之……奏免郡太守、令、长等，切让三

---

① 《后汉书》志第二八《百官志》，第3624页。
② 《汉书》卷八九《黄霸传》，第3629页。
③ 周天游辑注：《八家后汉书辑注》，引谢承《后汉书》卷四《吴祐传》，上海古籍出版社1986年版，第113页。
④ 周天游辑注：《八家后汉书辑注》，引谢承《后汉书》卷七《宋度传》，上海古籍出版社1986年版，第227页。
⑤ 《汉书》卷五七《司马相如传》，第2580页。
⑥ 《汉书》卷七六《韩延寿传》，第3213页。

老无帅化之道。"①

要强调指出的是，汉代地方上的三老、父老负责教化的内容与范围极广，涉及各个领域，其中尤为值得关注者，有以下几个方面。

第一，"劝善除恶"。配合地方长吏，打击非法，维护治安，是其教化的首要内容。教化行，民风淳；教化废，乃民风败。汉时为整治民风，维护社会治安，一些地方长吏，往往让德高望重的三老、父老介入其中，发挥他们在当地的教化作用。凡民不听教化者，则采取鞭挞措施。尹赏任长安令时，"乃部户曹掾史，与乡吏、亭长、里正、父老、伍人，杂举长安中轻薄少年恶子、无市籍商贩作务，而鲜衣凶服被铠扞持刀兵者，悉籍记之，得数百人"②。父老了解当地情况，他们参与教化，针对性强，对社会秩序的治理容易见效。宣帝时，官府追捕逃犯，命令张掖太守，"严教属县官令以下啬夫、吏正、三老，杂验问乡里吏民"③。这是地方三老和啬夫、吏正一道，"杂验问乡里吏民"之证。哀、平时期，曾仕宦州郡的王丹，后来回归乡里，隐居养志。一方面，他自己躬行长老之责，"好施周急"，为人排忧解难，以身作则进行教化民众，在当地做出表率；另一方面，又将"轻黠游荡废业为患者，辄晓其他父兄，使黠责之"。结果"行之十余年，其化大洽，风俗以笃"④，在文献中，虽没有说王丹回到乡里后的身份是父老，但他实际上行使了父老的教化之职。另外，有时三老也参与镇压农民起义，如据《隶释》卷六《国三老袁良碑》袁良就曾参加"讨江贼张路等，威震徐方"。不过，袁良是国三老，其教化方式也是采用暴力手段罢了。事实证明，汉代重视"教化"，但并未忽视法制，在治乱的问题

---

① 周天游辑注：《八家后汉书辑注》，引谢承《后汉书》卷一《刑志》，上海古籍出版社1986年版，第7页。
② 《汉书》卷九〇《尹赏传》，第3673页。
③ 参见初仕宾《居延汉简〈甘露二年丞相御史律令〉考述》，《考古》1980年第2期。
④ 《后汉书》卷二七《王丹传》，第730页。

上，所遵循的原则仍是"德刑并举"，或"德主刑辅"。这从另一个侧面反映了三老、父老的教化作用。

第二，"劝趣农桑"。配合地方政府推广先进农具和技术，发展生产，是其教化的重要内容。《盐铁论·轻重》篇记贤良文学曰："非力本农，无以兴邦。"农业为治国之本，汉代历朝政府无不强调"农本"的重要性，而且采取了不少措施发展农业生产。例如，《汉书·食货志》说："二千石遣令长、三老、力田及里父老善田者受田器，学耕种养苗状。"《文献通考·职役考》按语说："汉时乡亭则每乡有三老、孝悌、力田掌劝导乡里，助成风化。"汉代发明创造了不少新式农具，如犁、耙、耱、耧车、风车等。耕作技术也有不断创新，如代田法、区种法等。地方上的三老、父老、力田等范式人物，在配合地方政府，宣传重农政令，推广先进农具，学习、传授先进农业技术等方面，均展现了示范、表率作用，加速了新式农具和生产技术的推广。不仅三老劝课农桑，助成风化，当时里父老对教化民众，也尽责尽力。前引黄霸为颍川太守时，颁布"条教"，通过父老、师帅、伍长们班行之于民间，除"劝以为善防奸之意"外；还督促农民"务耕桑，节用殖财，种树畜养，去食谷马"等。[①] 东汉何休在注释井田制下闾里等情况时说："在田曰庐，在邑曰里，一里八十户，八家共一巷，中里为校室。选其耆老有高德者，名曰父老；其有辩护伉健者为里正。皆受倍田，得乘马。父老，比三老、孝悌官属、里正比庶人在官。吏民春夏出田，秋冬入保城郭。田作之时，春，父老及里正旦开门，坐塾上，晏出后时者不得出，暮不持樵者不得入。五谷毕入，民皆居宅，里正趋缉绩，男女同巷，相从夜绩至于夜中，故女功一月得四十五日，从十月尽正

---

① 《汉书》卷八九《黄霸传》，第3629页。

月止。"① 何休的这条注释，显然是以汉制比附周制，实际上反映了汉代的情况。可见，当时无论"乡三老"，还是"父老"与"里正"，都能以身作则，劝课农桑，且有督促和管理生产之职责。

第三，催征赋税。配合乡里行政部门，督促里内居民依制纳税，也是其教化内容的一个方面。马克思说："赋税是行政权力整个机构的生活源泉。"② 为保证国家的财政来源，编户民必须按规定交税。汉代赋税的征课方式，除了田租征收谷物外，其他如算赋、口钱、更赋和訾赋等，都需交纳货币，以供军政开支之用。西汉前期的文、景之时，算赋、口钱的征收时间，往往一年征收多次，如据《江陵凤凰山十号汉墓木牍》记载，市阳里的算赋，二月份收了三次，三月收了三次，四月份收了四次，五月份收了三次，六月份收了一次。从二月至六月，共收算赋达 14 次之多，算赋额共为 227 钱。西汉中期以后至东汉，法定的算赋额是每人每年 120 钱，口钱为 23 钱。征收时间每年一次，通常在秋季进行，故称秋赋钱，主要由乡官里吏负责征收。但其中也有里父老介入的情况。如据《居延汉简》③ 有如下记载。

荧东利里父老夏圣等教数
□秋赋钱五千西乡守有秩志臣佐顺临
阳钱得亲□
(45·1)
叩□□里父老□□
□□秋赋钱五千正安释□□

---

① 《春秋公羊传注疏》卷一六，见阮元校刻《十三经注疏》，中华书局 1980 年影印，第 2287 页。
② 《马克思恩格斯选集》第 1 卷，人民出版社 1972 年版，第 697 页。
③ 中国社会科学院考古研究所编：《居延汉简甲乙编》，中华书局 1980 年版，第 31、275 页。

乡啬夫京佐吉□

(526·1A)

这两片简文说明,当时是以里为单位课赋的,收赋的时间为八月即秋季;收赋的人员,除里正外,也有里父老的活动;从程序上讲,他们将秋赋钱收来了后,要直接交给乡吏(乡有秩、乡佐或乡啬夫等)处理。前面说到,里父老不是"吏",不代表里级行政部门,它不同于里正。为什么亦参与征收秋赋钱的活动?这大概主要是因为"父老"在里中的声望高、影响大。有父老的协助与配合,更加便于使秋赋钱顺利征收,可以减少征赋过程中的阻力。同时也可防止"赋敛不时","乡部私求,不可胜供"等原因。

此外,有关乡里的祭祀祷傩、求雨止雨、修筑墙垣、兴修水利等公共活动,每每政府在对这些事务的管理中,地方上的三老和父老也充当了重要角色,大都参与其中承担教化之职责。例如,《春秋繁露·止雨篇》曰:"使县、乡、里皆扫社下……里正、父老三人以上,祝一人,皆斋三日,各衣时衣,具豚一,黍盐美酒财足,祭社。"谢承《后汉书·循吏传》说,陈留百里嵩为徐州刺史时,"境遭旱,嵩(出巡)行部,传车所经,甘雨辄澍。东海金合乡、祝其二县,僻在山间,嵩传驷不往,二县不得雨。父老于请诉曰'人等是公百姓,独不迁降'。乃廻赴之,嵩曲路到二县,入界即雨"[①]。除了祭祀、求雨之外,闾里墙垣坏了,也由父老组织修理,如《汉书·于定国传》说:"始定国父于公,其门闾坏,父老方共治之。"即是例证。至于乡里的兴修水利,婚丧嫁娶等,一般也都由地方上的三老、父老主持和操办。再者,凡涉及民间的财产继承,要订立"券书"即契约时,三老等有关人员也被邀请出席。例如,据1984年出土于江苏扬州市仪征县胥浦101号汉

---

① 周天游辑注:《八家后汉书辑注》,上海古籍出版社1986年版,第156页。

墓竹简的记载:"元始五年九月,壬辰朔辛丑,□高都里朱凌、凌庐居新安里,甚疾,其死,故请县乡三老、都乡有秩佐、里师田谭等,为先令券书。"① 这是墓主人临终前夕立的遗嘱,参与立嘱的人有地方上的三老、有秩、里师等,这实际上是要他们充当公证或中间人的作用。汉代有尊老的社会风尚,"耆老高德"者,倍受百姓的信任和尊重。

综上大量史实说明,地方上的三老、父老之设,两汉已成制度。它们虽非严格意义的乡村吏员,但由于其政治地位高,社会影响大,所以,不仅时有参与"议政",而且也经常承担"教化"乡里的任务。其教化的范围,包括配合地方政府劝善除恶、维护治安、组织生产、催征赋税等,同时也参与乡里的一些公共活动,紧密配合农村基层政权的任务和职责对乡里民众进行教化。他们是乡里中的特殊力量,对协助国家控制农村社会秩序,加强统治职能起有重要的作用,因而备受政府的重视,特别是"乡三老"享受的褒奖、赏赐尤多,包括赏赐爵位、钱帛和酒肉等,在这《汉书》《后汉书》中的各本纪屡见于记载,于此可以不必重复引征。

---

① 李均明、何双全:《散见简牍合辑》,文物出版社1990年版,第105页。

汉代国家对农村社会的治理和管控

汉代农村政权，是中央集权制国家实行统治的起点和神经末梢。其主要职能是贯彻中央和郡县的各项政策措施，充分发挥农村基层政权的作用，包括组织农业生产，征收赋税，摊派兵徭，民众教化，维护地方治安等。在此同时，国家为有效地对农村进行治理和管控，还针对性的在全国一些重点领域采取过很多举措。这里仅就当时的户籍管理、调均贫富和严密法网等方面做些概述。

加强户籍管理与人口控制

"户籍"，在文献中又称"户版"，或"名籍"。它渊源于三代，定制于战国。秦献公十年（前375）建立"户籍相伍"制。秦孝公用商鞅变法时，规定境内民众皆要著入户籍，如《商君书·境内》篇说："四境之内，丈夫女子，皆有名于上，生者著，死者削。"又同书《去强》篇说："举民众口数，生者著，死者削。"商鞅不仅开创了人口出生和死亡的动态登记，而且注重按人口性别、年龄、社会身份和职业的分类著籍。要求"竟（境）内仓口之数，壮男壮女之数，老弱之数，官士之数，以言说取食者之数，利民之数，马牛、刍稿之数"等列入户籍之中。把户籍管理提到了重要地位。

汉代对户籍制度进一步从"律令"层面加以重视。刘邦初入关中时,首先关注的不是"金帛财物",而是秦的"律令图书",因而得知"天下阨塞,户口多少,强弱之处,民所疾苦者……"①。西汉建立后,汉高帝五年(前202)诏曰:"民前或相聚保山泽,不书名数,今天下已定,令各归其县,复故爵田宅,吏以文法教训辨告,勿笞辱。"② 要求脱籍人口,"各归其县",重新登记户籍,使之成为国家编户。此后,户籍管理日渐加强。

汉代的户籍种类,沿袭秦制,也是根据居民的身份不同,列入不同的户籍。当时有"官籍(宦籍)""宗室籍""外戚籍""弟子籍""市籍",而占人口绝大多数的农民则列入"编户籍"。"官籍"是官吏本人的名籍,凡有官籍者,可免除赋役,犯法有罪先请后议,有减免刑罚的优遇。"宗室籍"是皇室贵族的户籍,它由中央九卿之一的宗正专管,享有比官籍者更多的特权。"外戚籍"通常也归中央的宗正掌管,也享有一定的特权。外戚若有犯罪,则除其属籍,降为一般的编户。"弟子籍"是各级学官中受业弟子的户籍,凡列入弟子籍者,不仅享有免役特权,而且可以当官为吏,或作为进入仕途的阶梯。至于"市籍"是对商人设立的户籍。这些不同的户籍,体现了不同的身份、地位和等级差异。户籍不同,享有的权利和义务有别。

汉代编户农民的户籍内容,文献记载简缺。但在《居延汉简》中,对当时的户籍登记内容有详细记载,下面让我们择举几例以资参证。

其一,是《居延汉简甲乙编》③的记载。

---

① 《史记》卷五三《萧相国世家》,第2014页。
② 《汉书》卷一下《高帝纪》,第54页。
③ 中国社会科学院考古研究所编:《居延汉简甲乙编》,中华书局1980年版,第18页。

永光四年正月己酉妻大女昭武万岁里□□年卅二

　　橐佗吞胡隧长张彭祖符子大男辅年十九岁

　　子小男广宗年十二岁

　　子小女女足年九岁

　　辅妻南来年十五岁皆黑色（29·2）

　　永光四年正月己酉妻大女昭武万岁里孙第卿年廿一

　　橐佗延寿隧长孙时符子小女王女年三岁

　　弟小女耳年九岁皆黑色（29·1）

其二，是《居延新简》[①] 的记载。

　　止北隧卒王谊妻大女君宪年廿四

　　子未使女女足年五岁

　　子小男益有年一岁（E. P. T65：119）

　　□□□□当遂里士伍妻大女临年廿八

　　王恽年卅五子小男崇年七

　　子小男尊年三（E. P. T65：121）

　　鉼庭隧卒鸣沙里父大男辅年六十三

　　大夫范弘年卅四妻大女□年十八

　　弟大男□年十七（E. P. T65：145）

上述简牍表明，汉代户籍的内容包括户主的姓名、住址（县、里）爵位、职务、年龄；家庭成员的性别、年龄、名字及其与户主的关系；还有人的肤色等一一登记在籍。这虽是西部边郡的户籍，有其特殊性，但大致上反映了内郡户籍的内容或模式。

---

① 甘肃省考古研究所等编：《居延新简》，文物出版社1990年版。分见第428、430页。

汉代有专门的户籍管理部门。当时在中央设有"民曹",地方有"户曹",从上到下分级管理,对户籍的管理与人口控制极为严格。

定期检核人口,即"案比",又称"算民"。案比、算民的时间是每年的八月。对此,文献多有记载。《后汉书·礼仪志》曰:"仲秋之月,县道皆案户比民。"《后汉书·皇后纪序》:"汉法,常因八月算人。"

案比、算民的办法,一是,县内农民至县府所在地,由主管吏员统一案验、登记人口,如《后汉书·江革传》说:"建武末年,(江革)与母归乡里。每至岁时,县当案比,革以母老,不欲动摇,自在辕中挽车,不用牛马,由是乡里称之曰'江巨孝'。"二是,县府有关吏员直接到各个乡里进行案比、算民。《金石萃编》卷十八收有中平三年褒扬荡阳令张迁碑,其碑文曰:"八月算民,不烦于乡。"乡民不要到县府案验,方便了民众,因而深受民众称颂。

经过人口的检查、核实之后,接着就是编造户籍簿,如据《张家山汉简·二年律令》记载。

恒从八月令乡部啬夫、吏、令史相杂户籍。

……

民欲别为户者,皆以八月户时,非户时勿许。

这说明案比、算民与编造户籍是同在八月进行的。户籍编造完后,各县要将户口等项数字上报到郡,年终郡向中央"上计"时,户口是"计簿"的核心内容之一。

严禁民户脱籍。汉时,所有农民皆须著籍,严禁流亡脱离户籍。为了制止脱籍,当时设有"流民法","舍匿法"。"流民法"设于武帝时期,由于农民脱籍流亡现象严重,汉武帝元封四年(前107)"关东流民二百万口,无名数者四十万"之多。设流民法是为了解决人口流失问题。"舍匿法"又称"首匿法"。

亡之诸侯，游宦事人，及舍匿者，论皆有法。师古注曰："舍匿，谓容止而藏隐也。"①

该法在文献中多处说到，如王充《论衡》："汉正首匿之罪，制亡从之法。"《后汉书·梁统传》："武帝中国隆盛，财有余力，征伐远方，军役数兴，豪杰犯禁，奸吏弄法，故重首匿之科。"当时若容留脱籍人口不举报，并以之为"庸保"者，要受到严惩，如据《汉书·王子侯表》有以下记载。

元鼎五年，侯圣嗣，坐知人脱亡名数，以为保，杀人，免。师古曰："脱亡名数，谓不占户籍也，以此人为庸保而又别杀人也。"②

毕梁侯婴，元封四年，坐首匿罪人，为鬼薪。③
侯延寿嗣，五凤三年，坐知女妹夫亡命笞二百，首匿罪，免。师古曰："妹夫亡命，又有笞罪，而藏匿之，坐免也。"④

可见，对脱籍逃亡人口若不检举而又藏匿者，就是侯王也要受"坐"。这里还要说到的是，如果农民为逃避赋税、徭役，远逃外乡，而什伍之人不进行劝阻，又未行告发者，也要遭到连坐处分，即未逃亡户要承担逃户的赋役指标，类似后世的摊逃。

民户外出或迁徙要经过批准。境内之民凡因"市买"需要外出或迁居"更籍"者，必须经过当地政府批准，取得身份凭证后，方可放行，如《居延汉简甲乙编》在以下的记载。

---

① 《汉书》卷四四《淮南衡山济北王传》，第2139—2140页。
② 《汉书》卷一五上《王子侯表》，第437—438页。
③ 《汉书》卷一五上《王子侯表》，第447页。
④ 《汉书》卷一五上《王子侯表》，第474页。

下篇　农村篇

永始五年闰月己巳朔丙子，北乡啬夫忠敢言之，义成里崔自当自言为家私市居延。谨案：自当毋官狱征事，当得取传，谒移肩水金关、居延县索关，敢言之。（15·19）

……

建平五年八月戊，□□□□广明乡啬夫客、假佐玄敢言之，善居里男子丘张自言与家买客田居延都亭部，欲取□□案：张等更赋皆给，当得取检，谒移居延，如律令，敢言之。（简背面）放行。（505·37）

从以上两份简文可以看到，里中农民外出或迁徙要办理手续。前一简是义成里的崔自当外出"市私居延"，去北乡政府"取传"，获取身份凭证。后一简是善居里男子丘张因在居延都亭部"买客田"，去广明乡政府"取验"，获取迁徙证明。不论外出市买还是迁徙，首先是要本人提出申请，说明理由，并经乡政府审查申请人有无讼狱、赋税等事，而后上报县府批准后，才能放行。手续非常严格。在《居延汉简甲乙编》中还有一些类似的记载。

建平五年十二月辛卯朔丙寅，东乡啬夫护敢言之，嘉平□一乘忠等毋官狱征事，谒移过所县邑一序河津关，所欲□敢言之。十二月辛卯禄福狱丞博行丞事，移过所如律令。掾海齐，令史众。（495·12）

……

□□□年七月丁巳朔庚申，阳翟长狱守丞就兼行丞事，移函里男子李立第，临自言，取传之居延，过所县邑侯国，勿苛留，如律令，侯自发，阳翟狱丞。（140·1A）

这两片简文的书写格式及其属性和前引两简大体相同，都说明当

· 350 ·

时外出要有凭证，于此不赘。

综上史实表明，汉代的户籍管理与人口控制确实很严。当时设有专门的户籍管理部门，户籍种类很多，每年要定期检核人口，户籍登记内容详细，明确规定人皆著籍，严禁逃亡脱籍，外出或迁居要办理手续，并持有凭证等。

汉代重视户籍，对之强化管理与人口控制的原因，主要是国家为了保证赋税及兵徭来源，增加国家的财政收入，维护社会秩序，巩固中央集权的政治统治。人户的重要性，东汉末年的徐干就曾经说过。他在其《中论·民数》篇中有如下记载。

> 民数周为国之本也……户口漏于国版，夫家脱于联伍，避役者有之，弃捐者有之，浮食者有之，于是奸心竞生，伪端并作矣。小则盗窃，大则攻劫，严刑峻法，不能救也。故民数者，庶事之所自出也，莫不取正焉，以分田里，以令贡赋，以造器用，以制禄食，以起田役，以作军旅。国以之建典，家以之立度，五礼用修，九刑用措者，其惟审民数乎。①

"民数"就是民户人口。徐干认为民数是国之大事，是制土处民，赋税征课，兵徭摊派，财政收入，国家建典等的主要依据，也是维护社会治安的重要工具。所以，汉代统治者对此非常重视，后来之历代统治者也莫不如此。

针对贫富失度，抑强扶弱，调均贫富

考之史册，社会各阶层的贫富不均，渊源久远。战国秦汉时期，

---

① （东汉）徐干：《中论》卷下《民数》第二十，见《诸子集成补编》第2册，四川人民出版社1997年版，第486—487页。

随着地主制经济的确立和发展，当时农村发生了较大的变化，如传统村社组织瓦解，土地私有制发展，地权转移加速，农村借贷业及商品经济发展等。此时的农村由于人们各自占有生产资料的多寡不同，贫富分化乃至贫富失度问题极为严重。例如，《汉书·食货志》曰："富者田连阡陌，贫者无立锥之地。"《汉书·贡禹传》曰："富人积钱满室犹无厌足，贫者虽赐之田，犹贱卖以贾。"《汉书·王莽传》云："富者犬马余菽粟，骄而为邪；贫者不厌糟糠，穷而为奸。"《潜夫论·浮侈》篇云："富者兢欲相过，贫者耻其不逮。"

引文中的"富者"，主要是指富豪、豪民、大家、上家，多属地主豪强、工商富民。所谓"贫者"，指贫民、下户、小家，一般属农民中的弱势群体。当时"富者"与"贫者"之间，无论经济收入，家庭资产，还是生活消费水平等各个方面，都存在着很大差距。

首先，经济收入悬殊很大。地主豪强、工商富民占有大量土地后，主要采用租佃制与自营田庄的方式经营，以获取经济收入。董仲舒说："或耕豪民之田，见税什五。"[1] 地租率为50%。《汉书·酷吏传》说宁成"贳贷陂田千余顷，假贫民，役使数千家"。若以亩产2小石，石60钱计算，行"什五"之租，有"田千余顷"，则宁成一年的地租收入为10余万石粮，折钱600多万，甚为可观。若地主自营田庄，经济收入也相当巨大。《后汉书·樊宏传》说樊重"世善农稼，好货殖……其营理产业，物无所弃，课役童隶，各得其宜，故能上下勤力，财利岁倍。至乃开广田土三百余顷。其所起庐舍，皆有重堂高阁，陂渠灌注。又池渔牧畜，有求必给。尝欲作器物，先种梓漆，时人嗤之，然积以岁月，皆得其用，向之笑者咸求假焉，赀至巨万"。他拥有的三百余顷土地，若同样按亩产2小石计算，仅粮食年收入就达6万余石。再加

---

[1] 《汉书》卷二四上《食货志》，第1137页。

上其所经营的林、牧、渔及手工业、高利贷等，樊氏的经济收入，当不胜其数。地主豪强除收取地租和自营田庄之外，他们中的许多人还经营商业，赚取丰厚的利润。所谓"商贾求利……岁有十二之利"。当时一般的商业利率为20%，即"有万钱为贾，获二千之利"①。若从事囤积商业或贩运商业，利润往往超过20%，甚至高达100%，经济收入更为丰厚。

但农民中的贫民、下户拥有的土地很少，一个五口之家的农户，假若有田20亩，亩产2小石，石60钱，则年收粮食400石，折合货币2400钱，远远解决不了全家人的口粮问题。又因他们因经济能力有限，家庭手工业和农副业生产无力得到大的发展，故其经济收入十分微薄，这是不言而喻的。至于"无立锥之地"的贫民，更是难以度日生存。

其次，家赀拥有量极不平衡。地主豪强、工商富民因经济收入多，家赀极为雄厚。《西京杂记》卷四云，安定富人陈广汉有东西二囤米，不知其数，请计于曹元理，"东囤七百四十九石七升七合"，"西囤六百九十七石八斗"，"薯蔗二十五区，收一千五百三十六枚。蹲鸱三十七亩，收六百七十三石。千牛产二百犊，万鸡将五万雏"。还有大量的羊、豕、鹅、鸭、果蓏、馈薪等，"此赀业之广"，不尽胜陈。《后汉书·仲长统传》说："豪人之室，连栋数百，膏田满野，奴婢千群，徒附万计。船车贾贩，周于四方，废居积贮，满于都城，琦赂宝货，巨室不能容，马牛羊豕，山谷不能受……"言及家赀时，这是学界经常援引的两条材料，用以证明当时富人豪家，资产之巨。其实，两汉时期，富人的家赀拥有量达"千金""巨万""千万"乃至数以"亿计"的人很多。例如，杨王孙有"家业千金"②，梁孝王"财以巨万计，不

---

① 《汉书》卷七二《贡禹传》及师古注，第3075—3076页。
② 《汉书》卷六七《杨王孙传》，第2907页。

可胜数"①，王温舒"家直累千金"②，杜周"家赀累数巨万"③，杨恽"受父财五百万……再受赀千余万"④，士孙奋"钱赀一亿七千万，富闻京师"⑤，折国"有赀财二亿"⑥。可见，当时有些富人的家赀多到惊人。

但农民中的贫民下户，因收入微薄，家赀极度有限。他们的家赀一般在一、二万以下，有的甚至不满千钱。例如，据文献记载，元帝时，有民"赀不满千钱者"⑦；成帝时，有的"民赀不满三万"⑧；平帝时"天下民赀不满二万"者不少。《居延汉简甲乙编》24·1B号简记西道里徐宗的家"赀一万三千钱"。崔寔《政论》说："下户崎岖，无所跱足……历代为虏，犹不赡于衣食，生有终身之勤，死有暴骨之忧。岁小不登，流离沟壑。嫁妻卖子，其所以伤心腐藏。失生人之乐者，盖不胜陈。"这是贫民因家境贫困而导致"不能自存"的写照。

最后，生活消费水平差距极大。地主豪强、工商富民由于拥有大量财富，他们的生活十分奢侈。在饮食方面，讲究山珍野味。例如，《盐铁论·散不足》曰："今富者逐驱歼罔置，掩捕麑鷇，耽湎沈酒铺百川。鲜羔，几胎肩，皮黄口。春鹅秋雏，冬葵温韭，浚茈蓼苏，丰耳菜，毛果虫貉。"仲长统《理乱》篇说，当时的富人"三牲之肉，臭而不可食，清醇之酎，败而不可饮"⑨。穿着方面，服饰漂亮华丽，如《汉书·食货志》说富人"衣必文彩……履丝曳缟"。《盐铁论·散不

---

① 《史记》卷五八《梁孝王世家》，第2087页。
② 《史记》卷一二二《酷吏列传》，第3151页。
③ 《史记》卷一二二《酷吏列传》，第3154页。
④ 《汉书》卷六六《杨恽传》，第2890页。
⑤ 《后汉书》卷三四《梁统传附玄孙冀传》注引《三辅决录》，第1181页。
⑥ 《后汉书》卷八二上《方术传·折像》，第2720页。
⑦ 《汉书》卷九《元帝纪》，第279页。
⑧ 《汉书》卷一〇《成帝纪》，第318页。
⑨ 《后汉书》卷四九《仲长统传》，第1648页。

· 354 ·

足》云："今富者皮衣朱貉，繁露环佩。"又云："清靡使容，纨里训下，越端纵缘。"衣着追求高档、精致、巧饰，以丝织品为主。居住方面，富丽豪华，楼阁连属，如《西京杂记》卷三载，茂林富人袁广汉"于北邙山下筑园，东西四里，南北五里，激流灌注其内。构石为山，高十余丈，连延数里。养白鹦鹉、紫鸳鸯、牦牛、青兕、奇兽怪禽，委积其间……屋皆徘徊连属，重阁八修廊"。仲长统说当时"豪人之室，连栋数百"①，"所起庐舍，皆有重堂高阁"②。居住园林式的住宅，"使居有良田广宅，背山临流，沟池环市，竹木周布，场圃筑前，果园树后……濯清水，追凉风，钓游鲤，弋高鸿"③。风景优美，尽人间之享受。婚娶方面，十分铺张，讲究排场。《史记·司马相如列传》说卓文君嫁与司马相如时，卓王孙以"僮百人，钱百万"及大量衣被财物给女陪嫁。汉乐府诗《焦仲卿妻》描写刘兰芝家的陪嫁品，有"妾有绣腰襦，葳蕤自生光，红罗复斗帐，四角垂香囊，箱帘六七十，绿碧青丝绳，物物各自异，种种在其中"。这虽有文学夸张，但反映了嫁妆之多。又《后汉书·王符传》说，今京师贵戚，"其嫁娶者，车軿数里，缇帷竟道，骑奴侍童，夹毂并引。"由此可见，汉代富人的衣、食、住、行及嫁娶等，到了奢靡无度的程度。

但农民中的贫困下户，生活相当艰苦。他们食不果腹，"贫者食糟糠"，"食犬彘之食"④，或"今贫者菜食不厌"。衣不掩体，贫者"常衣牛马之衣"，或"衣又穿空，父子夫妇不能相保"⑤，或"被穿帷败，寄死不敛"⑥。居住条件也很简陋，《论衡·别通》篇说当时"贫人之

---

① 《后汉书》卷四九《仲长统传》，第1648页。
② 《后汉书》卷三二《樊宏传》，第1119页。
③ 《后汉书》卷四九《仲长统传》，第1644页。
④ 《汉书》卷二四上《食货志》，第1137页。
⑤ 《汉书》卷七二《鲍宣传》，第3089页。
⑥ 《后汉书》卷四九《仲长统传》，第1651页。

宅……内中空虚，徒四壁立"，家无斗筲之储，一贫如洗。在婚娶问题上，许多贫困农民因无钱娶妻，只好借贷，如陈平在未出仕之前，因家贫，"假贷币以聘"，在得到张负的支助后才纳妻。① 当时有不少贫民，"女或旷怨失时，男或放死无匹"，成为单身男女。

要之，两汉时期由于社会分配制度不公平、不公正，各阶层之间的贫富差距很大，形成了鲜明的对比。

适度的贫富不均，有助于人们在竞争中发展，是社会前进的动力。但过度的贫富不均，却影响社会稳定，危及政治统治。因此，贫富失度问题，历来被政治家、思想家视为治国之大患。

早在春秋战国之时，就有人提出了"均贫富"的重要性。孔子在《论语》中说："不患寡而患不均，不患贫而患不安。"又说："均无贫，和无寡，安无倾。"《管子·治国》篇亦说："凡治国之道，必先富民。民富则易治也，民贫则难治也。奚以知其然也？民富则安乡重家，安乡重家则敬上畏罪，敬上畏罪则易治也。民贫则危乡轻家，危乡轻家则敢凌上犯禁，凌上犯禁则难治也。"同书《国蓄》篇说："法令之不行，万民之不治，贫富之不齐也。"因此，执政者施政必须使"贫富有度"。"贫富无度则失……贫富失，而国不乱者，未之尝闻也"。认为"甚富不可使，甚贫不知耻"，就是说人们太富了不行，容易骄奢，不听指令；太贫了也不行，会导致凌上犯禁，不知耻辱。"甚富""甚贫"，都会破坏社会秩序的安定，是乱国的祸根。

《管子》的作者在承认适度贫富差别的情况下，强调通过国家权力限止甚贫、甚富，主张运用政权力量"调通民利"，以贯彻"贫富有度"。具体措施是主张重农抑商。所谓"明君之务，在于强本事，去无用"。"杀正商贾之利，而益农夫之事"；要调控商品流通，通过货币这

---

① 《史记》卷五六《陈丞相世家》，第2052页。

一权柄，用以进退百物。提高粮价，打击商人，使富商大贾，不得豪夺民利；再是控制财政收支，薄赋敛，取民有度，用之有止。还有一点，就是夺富予贫，所谓"夺余满，补不足，以通政事，以赡民常"，解决贫民的基本生活需求等。

迄至汉代，随着社会经济的变革，贫富差距拉大，社会上有关"调均贫富"的思想有进一步发展。当时不少思想家从安定社会秩序、稳定国家政局的立场出发，对汉代贫富不均现象产生的危害高度关注。筦子曰："仓廪实知礼节，民不足而可治者，自古及今，未尝闻。"① 晁错说："民贫，则奸邪生。贫生于不足，不足生于不农，不农则不地著，不地著则离乡轻家，民如鸟兽，虽有高城深池，严法重刑，犹不能禁也。"② 他们认为农民不能太穷了，太穷则会有乱，国家难于治理。董仲舒对此有更为明确的论述，他在《春秋繁露·度制》篇中这样记载。

> 孔子曰："不患贫而患不均。"故有所积重则有所空虚矣。大富则骄，大贫则忧。忧则为盗，骄则为暴，此众人之情也。圣者则于众人之情，见乱之所从生，故其制人之道而差上下也。使富者足以示贵，而不至于骄；贫者足以养生，而不至于忧。以此为度而调均之，是以财不匮，而上下相安，故易治也。

董仲舒认为，只有将贫富差距控制在一定的幅度之内，才能"上下相安"，实现天下大治。若国家对贫富不均失去调节和控制，社会就会出现不安定、就会动乱，很难治理下去。因此，为稳定社会秩序，实现长治久安，他建议，必须限止土地兼并。认为："古井田法虽难卒

---

① 《汉书》卷二四上《食货志》，第1128页。
② 《汉书》卷二四上《食货志》，第1131页。

行,宜少近古,限民名田,以不赡足,塞并兼之路。"在承认土地私有制的前提下,限止豪强富人大量占有土地,以解决农民缺少土地问题。同时,他认为要实行轻徭薄赋。要"薄赋敛,省徭役,以宽民力,然后可善治也"①。农民的赋役负担要控制在合理的范围内,若"赋敛无度,竭民财力,百姓散亡,不得从耕织之业",就会"群盗并起"。②再就是强调政府官吏不得与民争利。不能"因乘富贵之资力,与民争利于下"。认为"受禄之家,食禄而已,不与民争业,然后利可均布,而民可家足"③。在维护土地私有制的基础上限制土地兼并,实行轻徭薄赋,官吏不与民争利,是西汉调均贫富的重要指导思想之一。

时至东汉,仲长统、王符等人,也不同程度地有过调均贫富的思想。他们也都在承认土地私有制的情况下认为应该以农桑为本,限止豪强,扶助贫弱等,这样才能实现社会稳定。

上述这些调均贫富的思想主张,虽然带有某些理想化色彩,在传统社会中不能完全变成现实。但是它对调整财富分配,呼唤"均平",减轻人民负担,发展社会生产等不无裨益,有它的进步意义。同时,它对执政者的思想、政策导向,促使他们完善社会分配制度,安定社会,也产生积极影响。

在社会上调均贫富思潮的推动下,汉代国家在强化中央集权的过程中,面对当时社会上的贫富失度,汉政府确曾采取过一些措施进行干预和控制。从阶级层面来说,对地主阶级有依靠的一面,但也有限制的一面,这主要表现在对强宗豪右的打击,对富商大贾的抑止,而对农民虽有控制的一面,但对他们中的贫困下户也有保护、扶持的一面。这种抑强扶弱的政策措施,似当包含着调均贫富,缩小贫富差距

---

① 《汉书》卷二四上《食货志》,第1137页。
② 《汉书》卷五六《董仲舒传》,第2511页。
③ 《汉书》卷五六《董仲舒传》,第2521页。

的内涵。有关汉代国家"抑强扶弱"的政策，史文多见。例如以下记载。

《汉官典职仪》曰："（武帝时规定）强宗豪右，田宅踰制，以强凌弱，以众暴寡（督察）。"①

《汉书·严延年传》谓"（延年迁河南太守时）其治务在摧折豪强，扶助贫弱。贫弱虽陷法，曲文以出之；其豪杰侵小民者，以文内之。"《汉书·王尊传》谓"（王尊为安定太守，出教告属县曰）令长丞尉奉法守城，为民父母，抑强扶弱，宣恩广泽……"

《汉书·陈汤传》曰："关东富人益众，多规良田，役使贫民，可徙初陵，以强京师，衰弱诸侯，又使中家以下得均贫富。"

这种"抑强扶弱"政策的出台，不是偶然的。因为强宗豪右、工商富民往往凭着其拥有的大量财富，或"武断乡曲"，以强凌弱，纵横恣意。或"因其富厚，交通王侯，力过吏势"，"矫而为邪"。他们不听政令，和中央形成离心力。而农民中的弱势群体，却由于天灾人祸，赋役沉重，土地兼并，高利贷盘剥等，他们的处境十分困难，不断走向破产，或到处流亡，或背本趋末，或伦为奴婢，或聚众反抗。故国家对甚富者"抑"，甚贫者"扶"，是出于保证赋役来源，稳定社会秩序，巩固政治统治着眼的。当时国家抑强扶弱，"使中家以下得均贫富"的政策，在施政实践中主要体现在以下几个方面。

其一，行业调均。农、工、商各行业之间的经济效益差距明显。《史记·货殖列传》说："用贫求富，农不如工，工不如商。"崔寔《政论》亦说："农桑勤而利薄，工商逸而入厚。"如何调整农业与工商业之间的经济效益，是关系到社会稳定与经济发展的一个重要问题。汉代国家对调整这种行业间的"贫富不均"，所采取的办法，主要是贯

---

① 《汉书》卷一九上《百官公卿表》注引师古曰，第742页。

彻"重农抑商"政策。对农民"赐爵",给其一定的荣誉和待遇,提高他们的社会地位。又实行"人粟拜爵",将其作为一种激励机制,调动农民的生产积极性。在此同时,除了减轻农民的租赋负担,尽量解决农民的耕地(详后)之外,还采取了以下一些发展农业生产,扶助弱势农民的措施。

其二,大力兴修水利。西汉时除了在关中地区修建了漕渠、龙首渠、六辅渠、白渠等大型灌溉渠道外,在河西走廊及淮河流域也修建了不少水利工程,给农业带来了巨大效益。东汉时,不少地方官吏主持修治陂塘也卓有成绩,扩大了灌溉面积,使农业取得了丰收。

其三,推广先进农具和耕作技术。由于铸造业的进步,汉代发明了许多铁制优质农具。这些农具的种类较前齐全,性能不断改善,且普遍得到推广。耕作技术上,当时发明"代田法""区种法",提高了土地的单位面积产量,在关中和西北边郡有所推广。东汉时,北方普遍使用牛耕,而南方,牛耕的推广也取得了一定的进展。

其四,督促农民发展农副业生产。西汉宣帝时,龚遂为渤海太守,"令口种一树榆,百本薤,五十本葱,一畦韭,家二母彘,五鸡"[①]。东汉光武帝时,茨充为桂阳太守,"教民种植桑柘麻纻属,劝令养蚕织屦"[②]。安帝永初年间,"诏长吏案行在所,皆令种宿麦蔬食"。[③] 这些举措,使"民得其利",增加了农民的部分收益。

其五,假贷农具与种食。西汉中期以后,国家对缺乏生产、生活资料的农民,常有假贷农具、种子和粮食的举措。据《汉书》《后汉书》各本纪的记载,武帝元狩四年(前119),昭帝始元二年(前85),宣帝地节三年(前67),元帝初元元年(前48)、永光元年(前43),

---

① 《汉书》卷八九《循吏传》,第3640页。
② 《后汉书》卷七六《循吏传》,第2460页。
③ 《后汉书》卷五《安帝纪》,第313页。

平帝元始二年（2），东汉和帝永元十六年（104），安帝永初三年（109）等，都有这方面的记录，当时或"贷与产业"，或"赋贷种、食"，或"赐田宅什器，假与犁、牛、种、食"等，这些都有助于农民维持简单的再生产，是扶贫的举措。

其六，赈济贫民，安辑流亡。西汉武帝以后，国家对离乡背井，"贫困不能自存"的农民，实行"赈济"，赐给他们钱、粮、帛等。汉武帝元狩五年（前118）、元封五年（前106），昭帝始元二年（前85），章帝建初年间，安帝元初元年（114）等，或"赐鳏、寡、独帛，贫穷者粟"，或"赐天下贫民布帛"，或"诏以见谷赈给贫人"，以解贫民的裹腹之食和蔽体之衣。另外，国家面对涌现的大批流民也进行安辑，使他们"著籍"。例如，成帝鸿嘉四年（前17），和帝永元六年（94），桓帝永兴元年（153）等，都要求各郡国，对流民要"谨遇以理，务有以全活之"，或流民所过郡国，"皆实禀之"，使其"安慰居业"。

汉代国家对商业的态度是压制。《盐铁论·本议篇》引文学之言："国有沃野之饶，而民不足食者，工商盛而本业荒也。"又云："末盛则本亏。"他们认为"重农"就必须"抑商"。尽管汉代的抑商程度，各个时段不尽相同，然而有时在政策的执行上是很严厉的。首先是政治上进行贱商，如汉高祖时规定，"贾人不得衣丝乘车"，"市井之子孙，亦不得仕宦为吏"。① 至武帝时还将商人列为"七科"谪对象。再就是在经济上对商人进行排斥和打击。

第一，盐铁官营。武帝时国家将利润最大的盐铁业，由私营改为官营。《汉书·食货志》说："大农上盐铁丞孔仅、咸阳言：'山海，天地之臧，宜属少府，陛下弗私，以属大农佐赋。愿募民自给费，因

---

① 《史记》卷三〇《平准书》，第1418页。

官器作鬻盐，官与牢盆。浮食奇民欲擅斡山海之货，以致富羡，役利细民。其沮事之议，不可胜听。敢私铸铁器煮盐者，钛左趾，没入其器物。郡不出铁者，置小铁官，使属在所县'使仅、咸阳乘传举行天下盐铁，作官府。"据《盐铁论》的《轻重》《错币》等篇记御史曰，当时实行盐铁官营的目的是"排富商大贾"，"以齐黎民"。从而达到"制其有余，调其不足，禁溢羡，厄利涂，然后百姓可家给人足也"。实行盐铁官营，既充实了国家财政，使"民不益赋，而天下饶"，也减少了大工商主的收入，将他们的"余利"取出来弥补了"不足"。

第二，平准、均输。为阻止商人垄断市场，拱抬物价，牟取暴利，汉武帝时规定："置平准于京师，都受天下委输。召工官治车诸器，皆仰给大农。大农之诸官尽笼天下之货物，贵则卖之，贱则买之。如此，富商大贾无所牟大利，则反本，而万物不得腾跃。故抑天下物，名曰'平准'。"① 均输则在各州郡设置均输官，管理各地货物运输。又由于当时实行"平价"政策，官府规定了物价标准，商品昂贵"过平"时，以平价出卖；低于平价时，乃听民自由买卖。故在一定程度上限止了商人操纵市场的不法行为，使"富商大贾无所牟利"②，堵塞了他们生财的渠道。

第三，算缗、告缗。汉武帝时实行"算缗"。史称："诸贾人末作贳贷卖买，居邑贮积诸物，及商以取利者，虽无市籍，各以其物自占，率缗钱二千而算一。诸作有租及铸，率缗钱四千算一。非吏比者、三老、北边骑士，轺车一算，商贾人轺车二算……"③ 这一算缗令下达后，大工商主们并不听令守法。接着又颁布"告缗令"，由杨可主持其事。因"杨可告缗遍天下……得民财物以亿计，奴婢以千万数，田大

---

① 《汉书》卷二四下《食货志》，第1175页。
② 《史记》卷三〇《平准书》，第1141页。
③ 《汉书》卷二四下《食货志》，第1166—1167页。

县数百顷，小县百余顷，宅也如之。于是商贾中家以上大抵破。"① 结果剥夺了富商大贾的大量财富，使他们遭到沉重打击。此外，在重农抑商与调整行业性分配的过程中，国家还有"禁民二业"的规定，即官吏不允许经营其他行业"与民争利"。"商者不农"，不可从事土地经营。"农者不商"，不得从事末业生产。

汉代国家通过上述经济、政治手段，贯彻重农抑商，扶助弱势农民，打击不法商人。客观上有助于农民实现最低的生活保障，发展农业生产。同时限止富商大贾，剥夺他们的部分经济收入，也有助于削弱商业资本对农民的侵袭。这对调均行业间的贫富失度，收到了一定的效果。

其一，土地调均。土地在古代社会中，是重要的生产资料和财富保障，是农民赖以生存的基础。汉代贫富差距拉大，与土地拥有的多寡密切相关。由于土地兼并直接影响到农业生产资源的配量不均，严重危及农民的生存和社会秩序，因此，汉代国家对调均土地问题，历来比较重视。

其二，汉初实行"授田制"②。汉文帝时仍"以口量地，其于古犹有余"③，土地问题不甚紧张，自耕农数量较多。随着土地私有制发展，自西汉中期后至东汉，土地"买卖由己"，土地的商品化与兼并之风日趋明显。不少农民的土地，往往成为地主豪强、工商富民兼并的对象。当时地主豪强等通过不平等的买卖，占有大量土地。据《史记·魏其武安侯列传》说灌夫"家累数千万，食客日数十百人。陂池田园，宗族宾客为权利，横于颍川"。《后汉书·阴识传》说阴子方"暴至巨

---

① 《汉书》卷二四下《食货志》，第1170页。
② 张家山二四七号汉墓竹简整理小组编：《张家山汉墓竹简（二四七号墓）》，文物出版社2001年版，第165页。
③ 《汉书》卷四《文帝纪》，第128页。

富,有田七百余顷"。《后汉书·马援传附子传》说马防兄弟贵盛,"资产巨亿,皆买京师膏腴美田"。除地主豪强、达官贵人购买了大量土地外,商人也"以末致财,用本守之",四处兼并农民。《汉书·陈汤传》说:"关东富人益众,多规良田,役使贫民。"《后汉书·仲长统传》谓东汉时,"豪人货殖,馆舍布于州郡,田亩连于方国"。这些都是例证。

汉代面对社会上的兼并之风日趋严重,出现"富者田连阡陌,贫者无立锥之地","上户累巨亿之资,户地侔封君之土……下户崎岖,无所跱足"的情况,汉政权为调均土地,先后采取了不少措施。

第一,迁徙豪强。有汉以来,曾多次迁豪,如武帝元朔二年(前127)、元狩五年(前118)、太始元年(前96),昭帝始元四年(前83),成帝鸿嘉二年(前19),先后都曾迁徙郡国豪杰、高訾富民充实茂陵、云陵、昌陵等地,其目的主要是内实京师,外销奸猾,强杆弱枝。同时也是铲除他们在原地盘根错节的关系,调均他们在原地占有的大批地产。

第二,禁止商人"名田"。汉武帝规定:"贾人有市籍者,及其家属,皆无得籍民田,以便农,敢犯令,没入田僮。"① 若商人身兼地主豪强,则作为"豪猾"收捕,也籍没他的田产。

第三,实行"限田"。哀帝规定:"诸王、列侯皆得名田国中,列侯在长安及公主名田县道,关内侯、吏民名田,皆无得过三十顷。"② 禁止地主豪强、达官贵人占有大量土地。

第四,推行"王田制"。王莽改制时规定:"今更名天下田曰'王田',奴婢曰'私属',皆不得卖买。其男口不盈八,而田过一井者,

---

① 《史记》卷三〇《平准书》,第1430页。
② 《汉书》卷十一《哀帝纪》,第336页。

分余田予九族邻里乡党。故无田，今当受田者，如制度。"① 明令禁止土地买卖，地主与农民的占田数量以"一井"，即 100 亩为限。采取余、缺调剂方式，试图解决农民无地少地问题。

第五，开展"度田"。东汉立国后，"天下垦田不多以实，又户口年纪互有增减"②。故于建武十五年（39），光武帝"诏下州郡检核垦田顷亩及户口年纪，又考实二千石长吏阿枉不平者"③，并在"度田"过程中，对"不务实核"的长吏进行严惩。试图限止"田宅逾制"。

汉代在堵塞土地兼并，限止地主豪强、工商富民占田过量的同时，国家对那些无地或少地的农民，则采取了一些扶助举措。其中表现在以下几方面。

第一，"假民公田"。"假"即"借"。政府将"公田"（国有土地）假借给贫民耕种。据《汉书·宣帝纪》载地节元年（前69），"假郡国贫民田"。地节三年（前67），"假公田，贷种食"。《汉书·元帝纪》载初元元年（前48），"江海陂湖园池属少府者，以假贫民"。元初二年（115），诏"水衡禁囿、宜春下苑、少府饮飞外池、严簸池田假与贫民"。《后汉书·安帝纪》载永初元年，"以广成游猎地及被灾郡国公田，假与贫民"。永初二年（421），"诏以鸿池假与贫民"，等等。当时贫民对假借来的"公田"，尽管只有使用权，而且要交纳"租、税合一"的假税，但他们可以解决无地可耕问题。

第二，"赋民公田"或"赐民公田"。即政府将国有土地（公田）"赋给"或"赐予"贫民耕种。《汉书·昭帝纪》载元凤三年（前78），"罢中牟苑赋贫民"。《后汉书·明帝纪》载永平九年（66），"诏郡国以公田赐贫人各有差"。永平十三年（70），诏"滨渠下田，赋与贫

---

① 《汉书》卷九九中《王莽传》，第4111页。
② 《后汉书》卷二二《刘隆传》，第780页。
③ 《后汉书》卷一下《光武帝纪》，第66页。

人"。《后汉书·章帝纪》载建初元年（前76），"诏以上林池籞田赋与贫人"。元和三年（86），告常山、魏郡、清河、巨鹿、平原、东平太守、相曰："今肥田尚多，未有垦辟。其悉以赋贫民，给与粮种，务尽地力。"永初三年（109）曰："诏上林、广成苑可垦辟者，赋与贫民。"无地、少地的贫民被"赐""赋"土地后，虽然要交纳"三十税一"的田租，但他们获得了土地所有权，由无地贫民变成了自耕农或半自耕农。

第三，移民耕垦。对人多田少的地方，允许农民到人少田多的"宽乡"或边郡种植。通过移民的办法解决贫民的土地问题。

大量史实说明，汉代国家为稳定政局，和谐社会，巩固统治，在维护土地私有制的前提下，确曾出台了不少抑止兼并，调均土地的政策。尽管当时的限田议、王田制和度田令，皆以失败而告终，但在一定范围内，对豪富民的土地兼并之风，仍有某些"抑止"作用。特别是"赋民公田"或"赐民公田"，对缓冲农民无地和少地问题，具有积极意义，多少能使他们的基本生活得到一些保障。

第四，赋税调均。赋税是国家为了实现其职能，按照法律预先规定的标准，强行征课的一种财政收入，属分配范畴。它具有强制性、无偿性等特点。汉代国家通过赋税的杠杆作用调均贫富，也是当时经济领域中的一大特色。这可从以下几个方面得到反映。

首先，减轻农民的租赋。汉代的田租比战国、秦朝的"什一之税"为轻。高帝、惠帝时行"什五税一"。景帝后以"三十税一"为常制。汉代不仅田租率轻，而且减免的情况也多，当时有对少数民族地区或新设郡县的减免，有对皇帝家乡及其巡幸所过之处的减免，有新皇帝即位和出现所谓"祥瑞"的减免，有劝课农桑及荒灾性的减免等。就减免的地区来说，有局部性的，也有全国性的。至于减免幅度，情况不一。有的仅减免田租，有的则田租、刍稿和赋敛同时减免，有的在受灾郡国全免，有的则在受灾地区按灾情轻重减免。汉代轻田租得惠最多的虽然是地主，但对减轻广大农民的负担也有积极意义。

尤当指出的是，汉代国家对家赀仅有二三万的贫困农民，于灾害之年还另有减免租赋的规定，如据《汉书·成帝纪》载，鸿嘉四年，关东水旱为灾，诏曰："被灾害什四以上，民赀不满三万，勿出租赋。通贷未入，皆勿收。"《汉书·哀帝纪》谓河南、颍川等郡水灾，"其令所伤县邑及他郡国灾害什四以上，民赀不满十万，皆无出今年租赋"。《汉书·平帝纪》载，元始二年，"郡国大旱、蝗……天下民赀不满二万，及被害之郡不满十万，勿租税"。《后汉书·顺帝纪》载，阳嘉元年，"禀冀州贫民，勿收今年更、租、口赋"。又据《居延汉简》曰："夫妻俱毋子男为独寡，田毋租，市毋赋。"① 但对地主豪强和富裕农民，乃一般不予灾免租赋。

其次，加重工商税。汉初，对工商末业经营者，"重租税以困辱之"②。惠帝、高后时，尽管"弛商贾之律"，工商政策有所放宽，但对商人的人头税，仍加倍征收。当时，一般编户交纳算赋入出一算，算百二十钱，但"贾人与奴婢倍算"③。就汉代的末业税而言，不仅税目多，有工矿税、市税等，而且税率也高。据《张家山汉简·二年律令·金布律》规定，煮盐税，"县官取一，主取五"，税率为六分之一。采银税，由于简文漫漶，税率不明。但若私人采银时官府提供牢橐，每石三钱。若将银矿出租或出卖，"十钱税一"。采铁税，税率为"五税一"，即五分之一。若是"鼓销以为成器"，兼卖铁器者，税率又加五分之一。采铅税，税率为"十税一"，即十分之一。采金税，按每人

---

① 《武威新出土王杖诏令册》，见《汉简研究文集》，甘肃人民出版社1984年版，第35页。
② 《史记》卷三〇《平准书》，第1418页。
③ 《汉书》卷二《惠帝纪》注引应劭曰，第91页。

每天计算,税率为"人日十五分铢二"。采丹税,按每人每月征税,且男女有别,"男子六斤九两,女子四斤六两"。关于市税。据《二年律令·市律》规定,市贩商人必须如实向官府申报或登记应交市税的税额,不许隐瞒不交,对市税的征收和管理有严格规定。其中有的税率也高达20%。又《二年律令·金布律》载,凡出卖铁器者,税率为"五税一",即五分之一①。当时工商税比农业税重得多。

通过赋税调均贫富,除上述之外,还有一个重要举措就是"訾算"或"以赀征赋"。"訾"又作"赀",与"资"通用。《汉书·景帝纪》说:"今訾算十以上乃得宦。"服虔注曰:"訾万钱,算百二十七也。"又《盐铁论·未通篇》云:"往者军阵数起,用度不足,以赀征赋,常取给见民。"这说明当时国家是根据民户家赀征收资产税的。

汉代计赀的范围很广,既包括货币财富,也包括土地、车马、牛羊、粮食、奴婢以及住宅、珍宝等实物财富。动产、不动产皆含其中。按汉制,户主"自占"家赀之后,要经过地方官吏对家赀进行核算和评赀活动,以确定"大家""中家""小家"等不同户等。家赀不同,户等有别。核算家赀和评定户等的目的之一,是为了征课民户的资产税。从现有材料看,当时的訾算率,通常是有赀一万,交赋120钱,税率约为1.2%。王莽时,有过"訾三十取一"的情况,这恐怕只是暂时的权宜之策。通常应以万钱为一算,算百二十钱计。如此则户等不同,赀赋(资产税)有别。其中的"小家",若家赀2万,岁课赀产税240钱。"中家"若赀10万,岁课赀产税1200钱。"大家"若赀百万,岁课赀产税12000钱。以此类推,赀多税多,赀少税少,无赀不税。根据家赀的多少征税,有它的合理性。当时实行这种制度的出发

---

① 张家山二四七号汉墓竹简整理小组编:《张家山汉墓竹简(二四七号墓)》,文物出版社2006年版,第68页;详见黄今言《从张家山竹简看汉初的租赋征课制度》,《史学集刊》2007年第2期。

点,主要是由于"军阵数起",为了解决国家的"用度不足",保障军事费用。但它成为汉代的常制赋税项目后,除了增加国家的财源外,在客观上也有于助调均贫富,限止贫富失度。

实行"訾算",以资产为标准收税,是国家对地主豪强、工商富民财产收入的抽成,也是限止他们财富过量的一个举措。它体现了征课赋税的"调均"精神,不过,这在传统社会中,很难真正实现。①

综上所述,汉代"贫富不齐"的情况日趋严重。各阶层之间在经济收入、家赀及生活水平诸方面皆存在很大差距。对此,当时一些政治家、思想家认为应该"贫富有度"。不宜"甚贫",也不可"甚富"。太富了会与中央分庭抗礼,政令难于贯彻;太贫了便会被迫"为盗",犯上作乱。"贫富失度"是社会动乱的根源。因此,汉代统治者出于国家财政利益和巩固政权的双重目的,在施政过程中,往往从行业、土地、赋税等领域进行"调均"。不时采取措施对富者"抑之",贫者"扶之",有余者"损之",不足者"补之"。这些政策,虽然不能从根本上解决贫富差距问题,但在一定程度上,仍可缩小贫富失度,减少一些由此引发的不安定因素出现,有助于控制社会秩序,最终巩固当时的政治统治。

严密法网与警卫系统,维护社会治安

传统中国,尤其是到两汉时期,随着专制主义中央集权政治的巩固和发展,国家为使政令贯通,人各有序,不仅重视道德教化、缩小财富分配不均,而且重视国家的管理功能,着力加强法治,通过法律

---

① 详见黄今言《汉代的訾算》,《中国社会经济史研究》1984年第1期。

的手段来控制农村社会。

韩非子说:"法者,编著之于图籍,设之于官府,而布之百姓者也。"① 统治者历来重视法制建设。秦汉时期,"法律由统一",为尊主安民,凡事皆有法式。当时,不仅对社会的上层机构有种种法律约束,而且对基层社会也有繁密的法网,其中表现之一,就是邻里间的相互纠察与什伍连坐法。该法自商鞅变法以降至汉代,一直成为控制基层社会的重要工具。让我们回顾如下史实。

《史记·商君列传》说:"(秦孝公)以卫鞅为左庶长,卒定变法之令,令民为什伍,而相收司连坐。"

《史记·高祖本纪》注引《集解》张晏曰:"秦法,一人犯罪,举家及邻伍坐之。"

《二年律令·户律》载:"自五大夫以下,比地为伍,以辨□为信,居处相察,出入相司。有为盗贼及亡者,辄谒吏、典。"②

《后汉书·百官五》云:"里有里魁,民有什伍,善恶以告。"本注曰:"里魁掌一里百家,什主十家,伍主五家,以相检察。民有善事恶事,以告监官。"

秦汉乡里之下的什伍组织为最基本的社会单位。里、伍负责人在治安方面要预防、制止和纠举犯罪等。史称:"闾里阡陌有非常,吏辄闻之,奸人莫敢入界。"③ 当时实行邻里间的相互纠察,什伍连坐制。"一家犯罪,举家及邻伍坐之"。对罪犯若不及时告发,同伍、同什者有罪,甚至相关吏员也要负连带责任。连坐受诛者的范围极广,家长有罪,妻子连坐;一人有罪,累及三族;主人有罪,牵连宾客奴婢;

---

① 《韩非子·难三》第三十八,见陈奇猷《韩非子新校注》,上海古籍出版社 2000 年版,第 922 页。
② 张家山二四七号汉墓竹简整理小组编:《张家山汉墓竹简(二四七号墓)》,文物出版社 2001 年版,第 175 页。
③ 《汉书》卷七六《韩延寿传》,第 3211 页。

邻里有罪，旁及里伍。

汉代的法令繁多，刑罚种类复杂。仅汉初的《二年律令》中，就有《贼律》《盗律》《具律》《告律》《捕律》《亡律》《收律》等28种。至汉武帝时，各种"律令凡三百五十九章，大辟四百九条，千八百八十二事，死罪决事比万三千四百七十二事，文书盈于几阁，典者不能遍睹"①。凡是不符合国家法令的所谓"恶事"，包括脱籍逃亡，盗铸货币等等，皆要受到刑事处罚。例如，若家中"藏匿罪人，死罪，黥为城旦舂，它各与同罪"。对于盗铸钱者，"正典、田典、伍人不告，罚金四两"。对于市贩隐匿而不如实申报财产者，"列长、伍长弗告，罚金一斤。啬夫、吏主者弗得，罚金各二两"②。当时用相互纠察、责任连坐的方式，对控制乡里社会起有很大的震慑作用。

为控制农村基层社会，汉代国家不仅严密法网，实行"连坐法"，而且在农村还设有"游徼""亭长"等专门负责社会治安的机构或吏员。

游徼一职，设在乡政府。《汉书·百官公卿表》曰："游徼徼循，禁贼盗。"《急就篇》云："游徼，皆督察奸非者。"又《后汉书·百官志》曰："游徼掌徼禁，司奸盗。"可见，游徼是专管乡里"盗贼""奸猾"等危害社会治安的官吏。因此，当时国家规定游徼要"习设备五兵"，即弓弩、戟、楯、刀剑、甲铠等，以便随时处理不法行为。汉代游徼追捕盗贼的活动，史文多见，如《汉书·胡建传》说："客藏公主庐，吏不敢捕，谓城令（胡）建将吏卒围捕……主使仆射劾渭城令、游徼伤主家奴，建报亡它坐。"又《汉书·朱博传》云："姑幕县有群辈八人报仇廷中，皆不得……（朱）博口占檄文曰：'府告姑幕令丞，言贼发不得，有书。檄到，令丞就职，游徼王卿力有余，如律令！'"

---

① 《汉书》卷二三《刑法志》，第1101页。
② 分见张家山二四七号汉墓竹简整理小组编：《张家山汉墓竹简（二四七号墓）》中的《亡律》《钱律》《市律》等，文物出版社2006年版，第30、35、44、45页。

师古注曰："游徼职主盗贼，故言如律令。"这说明游徼虽是乡吏，其主要职责是维护本乡范围内的治安。但若一旦遇有非常，他们也得为县廷派往它处徼巡、追捕活动。有关游徼捕盗问题，《居延汉简甲乙编》亦有相关记载："名捕平陵德明里李蓬，字游子，年卅二，坐□击平陵游徼周，剽攻邯□市□，杀游徼莱、谭等，亡为人奴□"（114·1）。这是游徼捕捉盗贼时，被盗贼杀害的记录。盗贼因拒捕杀了游徼，为逃避罪责，故"亡为人奴"。关于游徼"职主盗贼"，禁止"奸盗"，有许多史实可征，不必深论。

另外，乡亭还设有亭长。《汉书·百官公卿表》云："大率十里一亭，亭有长。"《后汉书·百官志》曰："亭有亭长，以禁盗贼。"本注曰："亭长，主求捕盗贼，承望都尉。"注引《汉官仪》曰："亭长课徼巡。尉、游徼、亭长皆习设备五兵。五兵，弓弩、戟、楯、刀剑、甲铠。鼓吏赤帻行滕，带剑佩刀，持板被甲，设矛戟、习射。设十里一亭，亭长，亭候；五里一邮，邮间相去二里半，司奸盗。亭长持二尺板以劾贼，索绳以收执贼。"汉代的乡亭，虽设于乡里间，但它不是一级地方政府，而是直属于县的治安派出单位。

汉代随地区不同，在基层设有不同类型的亭。其中有乡亭、邮亭、市亭、都亭、门亭、街亭等，这里主要是讲乡里间的乡亭及其职能。乡亭一般设置在县以下的交通要道，它具有供行旅停留止宿的功用，也有传达官方文书的任务。但其最主要的职能是"禁盗贼"，维护地方的治安。亭长和游徼非上下级关系，他们属于不同的组织系统。但二者相配合，若有重要案件发生，往往"游徼、亭长共杂诊"，即共同追捕、审理罪犯。

根据文献记载，亭长"徼巡""捕盗"，其维护社会治安的职责具体表现在多个方面。具体表现在以下几点。

其一，亭长平时负责检查过往行人。《汉书·王莽传》说："大司空士夜过奉常亭。亭长呵之。告以官名，亭长醉曰：'宁有符传邪?'士以马棰击亭长，亭长斩之，亡，郡县逐之。家上书。莽曰：'亭长奉公，勿逐。'"可见亭长检查过往行人的"符传"，是奉行公事，也是它的本职任务。又据桓谭《新论》说，桓谭从长安返沛，"宿于邑东亭中，亭长疑是贼，发卒夜来攻"。汉代有宵禁法，亭长对夜间行人，检查甚严，于此可以得到说明。

其二，亭长负责押送，拘捕囚徒与逃犯。《史记·高祖本纪》说刘邦曾是"亭长为县送徒郦山"。《后汉书·臧宫传》："宜小挺缓，令得逃亡，逃亡则一亭长足以禽矣。"这些事例说明，押送囚徒，擒捉逃亡，也是亭长的基本职责之一。

其三，亭长要承担修桥补路、保护要员出行安全方面的责任。《后汉书·逸民传》说，韩康（韩徵君）家世著姓，应汉桓帝之聘，出行，"至亭，亭长以韩徵君当过，方发人力修道桥。及见康柴车幅巾，以为田叟也，使夺其牛。康即释驾与之，有顷，使者至，夺牛翁乃徵君也"。汉时可能每个亭不只是管交通沿线，大约方圆十里都是其责任治安区，称为亭部。亭长要负责亭部范围的一切治安事项。

这里还要提及者，亭长的副手为"亭佐"，下属有"亭侯"，负责侯望侦察任务；有"求盗"，掌逐捕盗贼；还有"校长"，主兵戎盗贼事，属员不少。另外，据《长沙东牌楼东汉简牍》，也常见"亭长"（二八正面）、"邮亭长"（二八背面）、"中部亭长"（二五正面）、"中部贼捕掾"（七正面）、"捕盗史"（七八正面），等等。由此可见，汉代国家对维护乡村的社会治安秩序，是极为重视的。近人对汉代亭的研究已有较多的成果①，于此可以从略。

---

① 请参见王毓铨《汉代的亭与乡亭里不同性质不同行政系统说》，《历史研究》1954年第2期；傅举有《有关秦汉乡亭制度的几个问题》，《中国史研究》1985年第3期；李均明《关于汉代亭制的几个问题》，《中国史研究》1988年第3期；朱绍侯《中国古代治安制度史》，河南大学出版社1914年版，第182—183页。

综上史实说明，两汉时期，在控制农村社会秩序中，首先，表现在重视制度建设，强化户籍管理，以便加强控制人口，保证赋税及兵徭来源，维护社会秩序。其次，注重调均贫富，抑强扶弱，避免极度的贫富失度导致社会矛盾激化，危害统治秩序。最后，严密法网，实行"什伍连坐"，通过游徼、亭长等强化治安管理，这对防止不法行为，维护农村社会秩序，稳定政治统治，起着重要作用。当时两汉在较长时期内政局比较平稳，没有经常出现大的动乱，与此不无关系。

两汉自然灾害与政府的赈灾行迹年表

自然灾害是由自然原因所引发的，或由人为因素对生态环境破坏招致自然对社会的恶性报复。

汉代的自然灾害有水灾、旱灾、地震、虫灾、疾疫、风灾、雨雹、霜雪、霖雨等。不仅灾情多样，而且灾发频度很高。据粗略统计，在两汉400余年中，各种灾害至少在570余次以上。其中尤以水灾、旱灾、地震为最。当时，各种灾情造成了极大的危害，导致人口伤亡，庐舍毁灭，社会经济严重破坏，灾民难以为生，社会动荡不安。

面对自然灾害对社会经济带来的严重影响，汉代政府曾采取过不少赈灾举措。主要表现在派遣使者巡行灾区存问疾苦；对罹灾死者，赐钱、给棺，用以抚恤安葬；对因灾受伤或疾疫灾民，行致医药；对广大灾民难以生存者，禀给衣食，假贷种子、农具，减免租赋徭役，"假民"或"赋民"公田；同时，为了防灾，还整治水利，勉劝农桑，提倡节约，敕禁侈靡等。政府将灾民自救与国家赈济救助相结合，有利于提高治灾、抗灾能力，促使生产恢复与经济发展，值得充分肯定。对后世有深远的借鉴意义。

现将汉代自然灾害与政府的赈灾行迹依年代顺序列表如下。

汉代自然灾害与政府的赈灾行迹依年表

年代	灾情	赈灾措施	史料来源
高帝二年 （前205）	四月,(彭城)大风从西北起,折木发屋,扬沙石,窈冥昼晦。	六月,关中大饥,米斛万钱,人相食。令民就食蜀汉。	《史记·项羽本纪》
惠帝二年 （前193）	正月,地震陇西,压四百余家。 夏,旱。		《汉书·五行志》 《汉书·惠帝纪》
惠帝五年 （前190）	夏,大旱,江河少水,溪谷绝。		《汉书·惠帝纪》 《汉书·五行志》
高后二年 （前186）	春,地震,羌道、武都道山崩,杀七百六十人。		《汉书·高后纪》 《汉书·五行志》
高后三年 （前185）	夏,江水、(汉水)溢,流民四千余家。汉中、南郡大水,流四千余家。		《汉书·高后纪》 《汉书·五行志》
高后四年 （前184）	秋,河南大水,伊、洛流千六百余家,汝水流八百余家。		《汉书·五行志》
高后七年 （前181）	征发南越赵佗,会暑湿,士卒大疫。		《汉书·南粤传》
高后八年 （前180）	夏,江水、汉水溢,流万余家。汉中、南郡水复出,流六千余家。南阳沔水流万余家。		《汉书·高后纪》 《汉书·五行志》
文帝前元元年 （前179）	四月,齐楚地震,二十九山同日崩,大水溃出。		《汉书·文帝纪》 《汉书·五行志》
前元二年 （前178）	六月,寿春大风,毁民屋,杀人。		《汉书·五行志》

续表

年代	灾情	赈灾措施	史料来源
前元三年 （前177）	秋，天下旱。		《汉书·五行志》
前元四年 （前176）	六月，大雨雪。		《汉书·五行志》
前元五年 （前175）	二月，地震。 十月，彭城大风从东南来，毁门市，杀人。		《汉书·文帝纪》 《汉书·五行志》
前元九年 （前171）	春，大旱。		《汉书·文帝纪》
前元十一年 （前169）	上幸代，地动。		《史记·汉兴以来将相名臣年表》
前元十二年 （前168）	冬十二月，河决东郡金堤。	东郡大兴卒塞之。诏赐民今年租税之半。	《汉书·文帝纪》 《史记·河渠书》
后元三年 （前161）	秋，大雨，昼夜不绝三十五日。蓝田山水出，流九百余家。汉水出，坏民室八千余所，杀三百余人。		《汉书·五行志》
后元六年 （前158）	春，天下大旱。 四月，大旱，蝗。 秋，螟。	令诸侯无入贡。弛山泽。发仓庾以振民。	《汉书·文帝纪》 《汉书·五行志》
后元七年 （前157）	雨雹，大雪。		《风俗通义》卷二
景帝前元二年 （前155）	秋，衡山雨雹，大者五寸，深者二尺。		《史记·景帝纪》
前元五年 （前152）	五月，江都大风暴从西方来，坏城十二丈。		《史记·景帝纪》

· 377 ·

续表

年代	灾情	赈灾措施	史料来源
前元六年（前151）	十二月,雷,霖雨。		《汉书·景帝纪》
中元元年（前149）	四月,地动。衡山、原都雨雹,大者尺八寸。		《史记·景帝本纪》
中元三年（前147）	四月,地动。 夏,旱。 秋九月,大旱、蝗。	夏旱,禁酤酒。	《史记·景帝本纪》 《汉书·景帝纪》 《汉书·五行志》
中元四年（前146）	三月,大蝗。 夏,蝗。		《史记·景帝本纪》 《汉书·景帝纪》
中元五年（前145）	六月,天下大潦。 秋,地动。		《史记·景帝本纪》
中元六年（前144）	三月,雨雹,雨雪。		《史记·景帝本纪》 《汉书·景帝纪》
后元元年（前143）	五月,地动,其蚤食时复动。上庸地动二十二日,坏城垣。民大疫死。		《史记·景帝本纪》 《汉书·天文志》
后元二年（前142）	正月,地一日三动。 十月,大旱。衡山国、河东、云中郡民疫。	春,以岁不登,禁内郡食马粟。没入之。（师古注:没入其马。）	《史记·景帝本纪》 《汉书·景帝纪》
后元三年（前141）	上郡以西旱。		《汉书·食货志》
武帝建元三年（前138）	河水溢于平原,大饥,人相食。	赐徙茂陵者户钱二十万,田二顷。	《汉书·武帝纪》
建元四年（前137）	夏,有风赤如血。 六月,旱。 十月,地动。		《汉书·武帝纪》 《汉书·天文志》

续表

年代	灾情	赈灾措施	史料来源
建元五年（前136）	五月,大蝗。		《汉书·武帝纪》
元光元年（前134）	七月,京师雨雹。		《西京杂记》卷五
元光三年（前132）	春,河水徙,从顿丘东流入勃海。 五月,河水决濮阳,泛郡十六。 河水决于瓠子,东南注巨野,通于淮、泗。	发卒十万救决河。	《汉书·武帝纪》 《史记·河渠书》
元光四年（前131）	四月,陨霜杀草。 五月,地震。 十二月,地动。		《汉书·武帝纪》 《汉书·五行志》 《史记·汉兴以来将相名臣年表》
元光五年（前130）	秋七月,大风拔木。 八月,螟。		《汉书·武帝纪》 《汉书·五行志》
元光六年（前129）	夏,大旱,蝗。		《汉书·武帝纪》 《汉书·五行志》
元朔五年（前124）	春,大旱。		《汉书·五行志》
元狩元年（前122）	十二月,大雨雪,民多冻死。		《汉书·武帝纪》 《汉书·五行志》
元狩三年（前120）	夏,大旱。 山东被水菑,民多饥乏。	天子遣使者虚郡国仓廥以振贫民。秋,遣谒者劝有水灾郡种宿麦。举吏民能假贷贫民者以名闻。	《史记·平准书》 《汉书·五行志》 《汉书·武帝纪》

续表

年代	灾情	赈灾措施	史料来源
元鼎二年（前115）	三月,大雨雪。夏,大水。关东饿死以千数。	诏:"今京师虽未为丰年,山林川泽之饶与民共之。吏民有振救饥民免其厄者,具举以闻。"	《汉书·武帝纪》《汉书·五行志》
元鼎三年（前114）	三月,水,冰。四月,雨雪,雨雹;关东郡国十余饥,人相食。		《汉书·武帝纪》《汉书·五行志》
元鼎五年（前112）	秋,蝗。		《汉书·五行志》
元封元年（前110）	是岁,小旱,上令百官求雨。		《汉书·食货志》
元封二年（前109）	夏,旱。河复决于馆陶,分为屯氏河。	武帝还……至瓠子,临决河,命从臣将军以下皆负薪塞河堤。	《汉书·武帝纪》《史记·封禅书》《汉书·沟洫志》
元封三年（前108）	夏,旱。十二月,雷雨雹,大如马头。		《史记·武帝本纪》《汉书·五行志》
元封四年（前107）	夏,大旱,民多渴死。		《汉书·武帝纪》
元封六年（前105）	秋,大旱,蝗。		《汉书·五行志》
太初元年（前104）	秋,蝗从东方飞至敦煌。冬,匈奴大雨雪,畜多饥寒死。		《汉书·武帝纪》《汉书·匈奴传》
太初二年（前103）	秋,蝗。		《汉书·武帝纪》

续表

年代	灾情	赈灾措施	史料来源
太初三年（前102）	秋,复蝗。		《汉书·五行志》
天汉元年（前100）	夏,大旱。		《汉书·五行志》
天汉三年（前98）	夏,大旱。		《汉书·五行志》
太始二年（前95）	秋,大旱。		《汉书·武帝纪》
征和元年（前92）	夏,大旱。		《汉书·五行志》
征和二年（前91）	四月,大风发屋折木。八月,地震,压杀人。		《汉书·武帝纪》《汉书·五行志》
征和三年（前90）	秋,蝗。		《汉书·武帝纪》《汉书·五行志》
征和四年（前89）	夏,蝗。		《汉书·五行志》
后元元年前后	（匈奴）会连雨雪数月,畜产死,人民疫病,谷稼不孰。		《汉书·匈奴传》
后元元年（前88）	七月,地震,往往涌泉出。		《汉书·武帝纪》
昭帝始元元年（前86）	七月,大雨水,自七月至十月。		《汉书·昭帝纪》
始元二年（前85）	往年灾害多,今年蚕麦伤。	三月,遣使者振贷贫民毋种、食者。八月,诏曰:"往年灾害多,今年蚕麦伤,所振贷种、食勿收责,毋令民出今年田租。"	《汉书·昭帝纪》《汉书·五行志》

续表

年代	灾情	赈灾措施	史料来源
始元六年（前81）	夏,旱,大雩。		《汉书·昭帝纪》
元凤元年（前80）	燕王都蓟大风雨,拔宫中树七围以上十六枚,坏城楼。		《汉书·五行志》
元凤三年（前78）		正月,诏曰:"乃者民被水灾,颇匮于食,朕虚仓廪,使使者振困乏。其止四年毋漕。三年以前所振贷,非丞相御史所请,边郡受牛者,勿受责。"	《汉书·昭帝纪》
元凤五年（前76）	夏,大旱。十一月,大雷。		《汉书·昭帝纪》
宣帝本始元年（前73）	四月,地震。		《汉书·宣帝纪》
本始二年（前72）	匈奴会天大雨雪,一日深丈余,人民畜产冻死。		《汉书·匈奴传》
本始三年（前71）	五月,大旱。东西数千里。	郡国伤旱甚者,民毋出租赋。三辅民就贱者,且毋收事,尽四年。	《汉书·宣帝纪》《汉书·五行志》
本始四年（前70）	四月,郡国四十九地震,或山崩水出,杀六千余人。	诏:"被地震坏败甚者,勿收租赋。"诏曰:"今岁不登,已遣使者振贷困乏。"	《汉书·宣帝纪》《汉书·五行志》《汉书·夏侯胜传》
地节三年（前67）	夏,京师雨雹。九月,地震。	诏:"池籞未御幸者,假与贫民……流民还归者,假公田,贷种、食,且勿算事。"	《汉书·萧望之传》《汉书·宣帝纪》

续表

年代	灾情	赈灾措施	史料来源
地节四年 （前66）	五月，山阳、济阴雨雹如鸡子，深二尺五寸，杀二十人，蜚鸟皆死。	九月，诏曰："朕惟百姓失职不赡，遣使者循行郡国，问民所疾苦……今年郡国颇被水灾，已振贷。"	《汉书·宣帝纪》
元康二年 （前64）	天下颇被疾疫之灾。	诏："其令郡国被灾甚者，毋出今年田租。"	《汉书·宣帝纪》
神爵元年 （前61）	秋，大旱。		《汉书·五行志》
元帝初元元年 （前48）	四月，地数动而未静。 五月，勃海水大溢。 六月，关东大饥，民多饿死。 是岁，关东大水，郡国十一饥，疫尤甚。	四月，诏曰："关东今年谷不登，民多困乏。其令郡国被灾害甚者毋出租赋。江海陂湖园池属少府以假贫民，勿租赋。"	《汉书·元帝纪》 《汉书·天文志》 《汉书·翼奉传》
初元二年 （前47）	二月，陇西地震，压杀人众，山崩地裂，水泉涌出。 七月，北海水溢，流杀人民。 地震。 今秋禾麦颇伤。	三月诏："郡国被地动灾甚者，无出租赋。" 七月诏："岁比灾害，民有菜色，惨怛于心。已诏吏虚仓廪，开府库振救，赐寒者衣。"	《汉书·元帝纪》 《汉书·翼奉传》 《汉书·食货志》
初元三年 （前45）	夏，旱。		《汉书·元帝纪》
初元五年 （前44）	关东连遭灾害，饥寒疾疫，夭不终命。	诏："令太官毋日杀，所具各减半。"	《汉书·元帝纪》
永光元年 （前43）	三月，雨雪，陨霜伤麦稼，天下大饥。	三月，诏："厉精自新，各务农亩。无田者皆假之，贷种、食如贫民。"	《汉书·元帝纪》 《汉书·五行志》

续表

年代	灾情	赈灾措施	史料来源
永光二年（前42）	地震		《汉书·匡衡传》
永光三年（前41）	十一月，地震。	以用度不足，民多复除，无以给中外徭役。	《汉书·元帝纪》《汉书·五行志》
永光五年（前39）	夏及秋，大水。颍川、汝南、淮阳、庐江雨，坏乡聚民舍，及水流杀人。河决清河灵鸣犊口，而屯氏河绝。		《汉书·五行志》《汉书·沟洫志》
建昭元年（前38）	八月，有白蛾群飞蔽日，从东郡门至枳道。		《汉书·元帝纪》
建昭二年（前37）	冬十一月，齐楚地震，大雨雪，树折屋坏。		《汉书·元帝纪》
建昭四年（前35）	三月，雨雪，燕多死。六月，蓝田地沙石雍霸水，安陵岸崩雍泾水，水逆流。蓝田地震，山崩，雍灞水。	四月诏："间者阴阳不调，五行失序，百姓饥馑……临遣谏大夫博士赏等二十一人循行天下，存问耆老鳏寡孤独乏困失职之人……"	《汉书·元帝纪》《汉书·五行志》
成帝建始元年（前32）	四月，西北有如火光。大风从西北起，云气赤黄，四塞天下，终日夜下著地者黄土尘也。十二月，京师大风，拔甘泉畤中大木十围以上。	郡国被灾什四以上，毋收田租。	《汉书·成帝纪》《汉书·五行志》
建始二年（前31）	夏，大旱。		《汉书·成帝纪》

续表

年代	灾情	赈灾措施	史料来源
建始三年（前30）	夏,大水,三辅霖雨三十余日,郡国十九雨,山谷出水,凡杀四千余人,坏官寺民舍八万三千余所。甲之间暴风三溱,拔树折木。秋,大雨三十余日。十二月,戊申朔,日有蚀之。夜,地震未央宫殿中。	诏:"乃者郡国被水灾……遣谏大夫林等循行天下。诸逋租赋所振贷勿收。"	《汉书·五行志》《汉书·谷永传》《汉书·成帝纪》
建始四年（前29）	四月,雨雪。九月,大雨十余日。秋,大水,河决东郡金堤,泛溢兖、豫,入平原、千乘、济南,凡灌四郡三十二县,水居地十五万余顷,深者三丈,坏败官亭室庐且四万所。		《汉书·五行志》《汉书·成帝纪》《汉书·沟洫志》
河平元年（前28）	三月,旱,伤麦,民食榆皮。大风自西,摇祖宗寝庙,扬裂帷席,折拔树木。		《汉书·成帝纪》《汉书·天文志》
河平二年（前27）	四月,楚国雨雹,大如斧,蜚鸟死。河复决平原,流入济南、千乘。	复遣王延世治河。	《汉书·五行志》
河平三年（前26）	二月,犍为地震山崩,雍江水,水逆流。坏城,杀十三人。地震积二十一日,百二十四动。		《汉书·成帝纪》《汉书·五行志》

续表

年代	灾情	赈灾措施	史料来源
河平四年（前25）	壬申,长陵临泾岸崩,雍泾水。	三月,遣光禄大夫博士嘉等十一人行举濒河之郡水所毁伤困乏不能自存者,财振贷,其为水所流压死,不能自葬,令郡国给槥椟葬埋。已葬者与钱,人两千。	《汉书·成帝纪》
阳朔二年（前23）	春,寒。秋,关东大水。	关东大水,流民欲入函谷、天井、壶口、五阮关者,勿苛留。遣谏大夫博士分行视。	《汉书·成帝纪》
阳朔四年（前21）	四月,雨雪,燕雀死。		《汉书·五行志》
鸿嘉三年（前18）	四月,大旱。		《汉书·五行志》
鸿嘉四年（前17）	秋,勃海、清河、信都河水溢溢,灌县邑三十一,败官亭民舍四万余所。	遣使者循行郡国,被灾害什四以上,民赀不满三万,勿出租赋。逋贷未入,皆勿收。流民欲入关,辄籍内。	《汉书·成帝纪》《汉书·沟洫志》
永始二年（前15）	梁国、平原郡比年伤水灾,人相食。灾害并臻,民被饥饿,加以疾疫溺死。	诏:"关东比岁不登,吏民以义收食贫民、入谷物助县官振赡者,已赐直,其百万以上,加赐爵右更,欲为吏,补三百石,其吏也迁二等。三十万以上,赐爵五大夫,吏亦迁二等,民补郎。十万以上,家无出租赋三岁。万钱以上,一年。"	《汉书·食货志》《汉书·翟方进传》《汉书·成帝纪》

续表

年代	灾情	赈灾措施	史料来源
永始三年（前14）	夏,大旱。	诏曰:"天灾仍重……遣太中大夫嘉等循行天下,存问耆老,民所疾苦。"	《汉书·五行志》《汉书·成帝纪》
永始四年（前13）	夏,大旱。地震京师,火灾娄降。		《汉书·五行志》《汉书·成帝纪》
元延三年（前10）	正月,蜀郡岷山崩,雍江三日,江水竭。		《汉书·成帝纪》《汉书·五行志》
绥和二年（前7）	九月,地震。自京师至北边郡国三十余坏城郭,凡杀四百一十五人。秋,河南、颍川郡水出,流杀人民,坏败庐舍。	诏:"已遣光禄大夫循行举籍,赐死者棺钱,人三千。其令水所伤县邑及他郡国灾害什四以上,民赀不满十万,皆无出今年租赋。"	《汉书·五行志》《汉书·成帝纪》
哀帝建平二年（前5）	是时,郡国地震。		《汉书·鲍宣传》
建平四年（前3）	春,大旱。		《汉书·哀帝纪》
平帝元始二年（2）	四月,郡国大旱、蝗,青州尤甚,民流亡。秋,蝗,遍天下。	（王莽）等为百姓困乏献其田宅者二百三十人,以口赋贫民。遣使者捕蝗……大下民赀不满二万,及被灾之郡不满十万,勿租税。民疾疫者,舍空邸第,为置医药。赐死者一家六尸以上葬钱五千,四尸以上三千,二尸以上二千。又政府对迁徙贫民,赐田宅什器,假与犁牛、种、食。	《汉书·平帝纪》

续表

年代	灾情	赈灾措施	史料来源
元始四年（4）	冬,大风吹长安城东门屋瓦且尽。		《汉书·王莽传》上
孺子婴居摄三年（8）	春,地震。		《汉书·王莽传》上
王莽始建国元年（9）	真定、常山大雨雹。		《汉书·王莽传》上
始建国三年（11）	濒河郡蝗生。河决魏郡,泛清河以东数郡。		《汉书·王莽传》中
天凤元年（14）	四月,陨霜,杀草木,海濒尤甚。六月,黄雾四塞。七月,大风拔树,飞北阙直城门屋瓦。雨雹,杀牛羊。边郡大饥,人相食。		《汉书·王莽传》中
天凤二年（15）	邯郸以北大雨雾,水出,深者数丈,流杀数千人。		《汉书·王莽传》中
天凤三年（16）	二月,地震,大雨雪,关东尤甚,深者一丈,竹柏或枯。五月,长平馆西岸崩,邕泾水不流,毁而北行。十月,击句町,士卒疾疫,死者什六七。		《汉书·王莽传》中
天凤四年（17）	八月,大寒,百官人马有冻死者。		《汉书·王莽传》中

续表

年代	灾情	赈灾措施	史料来源
天凤六年（19）	二月，京都（国内城，今吉林安集）地震。 四月，霜杀草木。 是岁，关东饥旱数年。		金富轼等《三国史记》卷十四《高句丽本纪》《太平御览》卷八七八《咎征部·旱寒疫》《汉书·王莽传》下
地皇元年（20）	七月，大风毁王路堂，发屋拔木，大雨六十余日。		《汉书·王莽传》下
地皇二年（21）	秋，陨霜杀菽，关东大饥，蝗。		《汉书·王莽传》下
地皇三年（22）	夏，蝗从东方来，蜚蔽天。 莽末，天下连年灾蝗。绿林山义军大疾疫，死者且半。	王莽发吏民设购赏捕击蝗；流民入关者，禀食之；开东方诸仓，赈贷穷乏；莽又多遣大夫谒者分教民煮草木为酪。	《汉书·王莽传》下《后汉书·光武帝纪》《后汉书·刘玄传》
地皇四年（23）	三月，大风发屋折木。 六月，昆阳大风飞瓦，雨如注水。 秋，霜，关东人相食。		《汉书·王莽传》下《后汉书·光武帝纪》《太平御览》卷八七八
更始二年（24）	正月，霜雪，大时寒，面皆破裂。		《后汉书·光武帝纪》
光武帝建武二年（26）	十月，赤眉军入安定、北地。至阳城、番须中，逢大雪，坑谷皆满，士多冻死		《后汉书·刘盆子传》
建武三年（27）	七月，洛阳大旱。		《后汉书·五行志》

续表

年代	灾情	赈灾措施	史料来源
建武四年(28)	东郡以北伤水。		《后汉书·五行志》注引《古今注》
建武五年(29)	五月,旱,蝗。久旱伤麦,秋种未下。		《后汉书·光武帝纪》
建武六年(30)	夏,蝗。六月,旱。九月,大雨连月。	诏:"往岁水旱蝗虫为灾……其令郡国有谷者,给禀高年、鳏、寡、孤、独及笃癃、无家属贫不能自存者,如《律》。"	《后汉书·光武帝纪》《后汉书·五行志》注引《古今注》
建武七年(31)	正月,繁霜,自尔以来,率多寒日。注曰:"正月,夏之四月。"六月,洛水盛,溢至津城门,民溺,伤稼,坏庐舍。夏,连雨水。		《后汉书·郑兴传》《后汉书·五行志》《后汉书·光武帝纪》
建武八年(32)	秋,大水。郡国比大水,涌泉盈溢,灾坏城郭官寺,吏民庐舍。		《东观汉记》卷十四
建武九年(33)	春,旱。		《后汉书·五行志》注引《古今注》
建武十年(34)	十月,乐浪、上谷雨雹,伤稼。	雒水出造津,城门校尉欲奏塞之。	《后汉书·五行志》注引《古今注》
建武十二年(36)	五月,旱。河南平阳雨雹,大如杯,坏败吏民庐舍。		《后汉书·五行志》注引《古今注》
建武十三年(37)	扬、徐部大疾疫,会稽江左甚。		《后汉书·五行志》注引《古今注》

续表

年代	灾情	赈灾措施	史料来源
建武十四年（38）	会稽大疫,死者万数。		《后汉书·钟离意传》
建武十五年（39）	十月,巨鹿雨雹,伤稼。		《后汉书·五行志》注引《古今注》
建武十七年（41）	洛阳暴雨,坏民庐舍,压杀人,伤害禾稼。		《后汉书·五行志》注引《古今注》
建武十八年（42）	五月,旱。		《后汉书·光武帝纪》
建武二十年（44）	秋,马援征交阯后,振旅还京师,军吏经瘴疫死者十四五。		《后汉书·马援传》
建武二十一年（45）	六月,旱。		《后汉书·五行志》注引《古今注》
建武二十二年（46）	三月,京师、郡国十九蝗。九月,郡国四十二地震,南阳尤甚,地裂压杀人。南匈奴旱蝗,赤地数千里,草木枯死,人畜饥疫,死耗太半。	诏曰:"日者地震,南阳尤甚……其令南阳勿输今年田租刍稿……其口赋、通租税,而庐宅尤破坏者,勿收责。"	《后汉书·五行志》注引《古今注》《后汉书·光武帝纪》《后汉书·南匈奴传》
建武二十二年（47）	京师、郡国十八大蝗、旱,草木尽。		《后汉书·五行志》注引《古今注》
建武二十四年（48）	六月,沛国睢水逆流,一日一夜止。		《后汉书·五行志》注引《古今注》
建武二十五年（49）	征武陵蛮时会暑甚,士卒多疫死。		《后汉书·马援传》
建武二十六年（50）	郡国七大疫。		《后汉书·五行志》注引《古今注》

续表

年代	灾情	赈灾措施	史料来源
建武二十七年(51)	匈奴旱、蝗,人畜疫死。		《后汉书·南匈奴传》
建武二十八年(52)	三月,郡国八十蝗。		《后汉书·五行志》注引《古今注》
建武二十九年(53)	四月,武威、酒泉、清河、京兆、魏郡、弘农蝗。		《后汉书·五行志》注引《古今注》
建武三十年(54)	五月,郡国大水,坏城郭,伤禾稼,杀人民。六月,郡国十二大蝗。		《后汉书·天文志》《后汉书·五行志》注引《古今注》
建武三十一年(55)	五月,大水。郡国大蝗。		《后汉书·光武帝纪》《后汉书·五行志》注引《古今注》
中元元年(56)	三月,郡国十六大蝗。秋,郡国三蝗。		《后汉书·五行志》注引《古今注》《后汉书·光武帝纪》
明帝永平元年(58)	五月,旱。六月,霜。		《后汉书·五行志》注引《古今注》《后汉书·礼仪志》注引《古今注》
永平三年(60)	夏,旱。八月,郡国十二雨雹,伤稼。是岁,京师及郡国七大水;伊、洛水溢。		《后汉书·明帝纪》《后汉书·五行志》注引《古今注》《后汉书·天文志》
永平四年(61)	冬,旱。十二月,酒泉大蝗,从塞外入。	诏曰:"京师冬无宿雪,春不燠沐,烦劳群司,积精祷求。"	《后汉书·明帝纪》《后汉书·五行志》注引《古今注》

续表

年代	灾情	赈灾措施	史料来源
永平八年（65）	秋,郡国十四大水。冬,旱。		《后汉书·明帝纪》《后汉书·五行志》注引《古今注》
永平十年（67）	郡国十八或雨雹、蝗。		《后汉书·五行志》注引《古今注》
永平十一年（68）	八月,旱。		《后汉书·五行志》注引《古今注》
永平十三年（70）	顷年以来,雨水不时……兖、豫之人,多被水患。		《后汉书·五行志》注引《古今注》
永平十五年（72）	八月,旱。蝗起泰山,弥行兖、豫。		《后汉书·五行志》注引《古今注》《后汉书·五行志》注引《谢承书》
永平十八年（75）	三月,旱。四月,自春已来,时雨不降,宿麦伤旱,秋种未下。是岁,牛疫。	京师及三州大旱,诏勿收兖、豫、徐州田租、刍稿,其以见谷赈给贫人。	《后汉书·五行志》注引《古今注》《后汉书·明帝纪》《后汉书·章帝纪》
章帝建初元年（76）	正月,敦煌大雪丈余。二月,山阳郡、东平国地震。大旱谷贵,灾异未息。	七月,诏以上林池籞田赋与贫人。	《后汉书·耿恭传》《后汉书·章帝纪》《后汉书·杨终传》
建初二年（77）	夏,洛阳旱。比年阴阳不调,饥馑屡臻。		《后汉书·五行志》注引《古今注》《后汉书·章帝纪》
建初四年（79）	夏,旱。冬,京师牛大疫。		《后汉书·五行志》注引《古今注》

续表

年代	灾情	赈灾措施	史料来源
建初五年（80）	二月，久旱伤麦。		《后汉书·五行志》注引《古今注》
建初七年（82）	京师及郡国螟。盛夏多寒。		《后汉书·章帝纪》《后汉书·韦彪传》
建初八年（83）	京师及郡国螟。		《后汉书·章帝纪》
元和元年（84）	春，旱。	诏曰："……自牛疫以来，谷食连少……其令郡国募人无田欲徙它界就肥饶者，恣听之。"	《后汉书·五行志》注引《古今注》《后汉书·章帝纪》
元和二年（85）	旱。		《后汉书·陈宠传》
章和元年（87）	旱。	朝廷百僚皆请雨。	《太平御览》卷十一
章和二年（88）	五月，京师旱。		《后汉书·和帝纪》
和帝永元元年（89）	七月，郡国九大水，伤稼。		《后汉书·五行志》《后汉书·和帝纪》
永元二年（90）	郡国十四旱。		《后汉书·五行志》注引《古今注》
永元四年（92）	六月，郡国十三地震。夏，旱、蝗，时有疾疫。	诏："今年郡国秋稼为旱、蝗所伤，其什四以上勿收田租、刍稿；有不满者，以实除之。"	《后汉书·和帝纪》《后汉书·五行志》

续表

年代	灾情	赈灾措施	史料来源
永元五年（93）	二月,陇西地震。五月,南阳大风,拔树木。六月,郡国三雨雹,大如鸡子。永元之初,连年水旱灾异,郡国多被饥困。	去年秋麦入少,恐民食不足。其上尤贫不能自给者户口人数。令郡国劝民蓄蔬食以助五谷。其官有陂池,令得采取,勿收假税二岁。遣使者分行贫民,举实流冗,开仓赈禀三十余郡。	《后汉书·和帝纪》《后汉书·五行志》注引《古今注》《后汉书·樊准传》
永元六年（94）	七月,京师旱。	遣谒者分行禀贷三河、兖、冀、青州贫民。	《后汉书·和帝纪》
永元七年（95）	春夏大旱,粮谷踊贵。七月,易阳地裂。九月,京师地震。		《后汉书·和帝纪》《后汉书·曹褒传》
永元八年（96）	五月,河内、陈留蝗。九月,京师蝗。		《后汉书·和帝纪》
永元九年（97）	三月,陇西地震。六月,蝗、旱。蝗从夏至秋。	诏:"今年秋稼为蝗虫所伤,皆勿收租、更、刍稿;若有所损失,以实除之,余当收租者亦半入。其山林饶利,陂池渔采,以赡元元,勿收假税。"	《后汉书·和帝纪》
永元十年（98）	五月,京师大水。十月,五洲雨水,坏民舍,淫雨伤稼。		《后汉书·和帝纪》《后汉书·五行志》注引《东观记》
永元十一年（99）		春二月,遣使循行郡国,禀贷被灾害不能自存者,令得渔采山林池泽,不收假税。	《后汉书·和帝纪》

· 395 ·

续表

年代	灾情	赈灾措施	史料来源
永元十二年（100）	六月，舞阳、颍川大水，伤稼。	诏贷被灾诸郡民种食；赐下贫、鳏、寡、孤、独不能自存者，及郡国流民，听入陂池渔采，以助蔬食。 赐（舞阳）被水灾尤贫者谷，人三斛。	《后汉书·和帝纪》《后汉书·五行志》
永元十三年（101）	八月，荆州雨水，淫雨伤稼。	诏："荆州比岁不节，今兹淫水为害……其令天下半入今年田租、刍稿；有宜以实除者，如故事。贫民假种食，皆勿收责。"	《后汉书·和帝纪》《后汉书·五行志》
永元十四年（102）	是秋，三州（兖、豫、荆）雨水，淫雨伤稼。	诏："兖、豫、荆州今年水雨淫过，多伤农功。其令被害什四以上皆半入田租、刍稿；其不满者，以实除之。"	《后汉书·和帝纪》《后汉书·五行志》
永元十五年（103）	五月，南阳大风。秋，兖、豫、徐、冀四州雨水，多伤稼。丹阳郡国二十二并旱，或伤稼。	诏："令百姓鳏寡孤独渔采陂池，勿收假税二岁；禁沽酒。" 诏："禀贷颍川、汝南、陈留、江夏、梁国、敦煌贫民。"	《后汉书·和帝纪》《后汉书·五行志》注引《古今注》
永元十六年（104）	七月，旱，云雨不沾。	诏："令天下皆半入今年田租、刍稿；其被灾害者，以实除之。贫民受贷种粮及田租、刍稿，皆勿收责。"	《后汉书·和帝纪》
元兴元年（105）	五月，雍县地裂。		《后汉书·和帝纪》

续表

年代	灾情	赈灾措施	史料来源
殇帝延平元年（106）	五月,郡国三十七大水,伤稼。 九月,六州（司隶、兖、豫、徐、冀、并）大水。 十月,四州大水,雨雹。	诏:"以宿麦不暇,振贷资贫人。" 遣使者分行虚实,举灾害,振乏绝。	《后汉书·殇帝纪》 《后汉书·安帝纪》 《后汉书·五行志》
安帝永初元年（107）	十月,新城山泉水出,突坏人田,水深三丈。 郡国四十一水出,漂没民人。 郡国十八地震,雨雹。 郡国八旱,大风拔树。	二月,以广成游猎地及被灾郡国公田假与贫民。	《后汉书·安帝纪》 《后汉书·五行志》 《后汉书·天文志》
永初二年（108）	五月,旱。 六月,京师及郡国四十大水,大风,雨雹。郡国十二地震。	十月,禀济阴、山阳、玄菟贫民。 十二月,禀东郡、钜鹿、广阳、安定、定襄、沛国贫民。	《后汉书·安帝纪》 《后汉书·五行志》
永初三年（109）	五月,京师大风。 十二月,郡国九地震;郡国八旱。 是岁,京师及郡国四十一雨水雹,伤稼。	三月,京师大饥,诏以上林、广成苑可垦辟者,赋与贫民。	《后汉书·安帝纪》 《后汉书·五行志》
永初四年（110）	三月,郡国九地震。 四月,司隶、豫、兖、徐、青、冀六州蝗。 七月,三郡大水。 九月,益州郡地震。		《后汉书·安帝纪》 《后汉书·五行志》
永初五年（111）	正月春庚辰朔,日有食之。郡国十地震。 是岁,九州蝗,郡国八雨水。		《后汉书·安帝纪》

续表

年代	灾情	赈灾措施	史料来源
永初六年（112）	三月,十州蝗。 五月,旱。 郡国四十八蝗。		《后汉书·安帝纪》《后汉书·五行志》注引《古今注》
永初七年（113）	正月,郡国十八地震。 夏,旱、蝗。 八月,京师大风,蝗虫飞过洛阳。京都大风拔树。	诏:"郡国被蝗伤稼什五以上,勿收今年田租;不满者以实除之。"	《后汉书·安帝纪》《后汉书·五行志》
元初元年（114）	四月,京师及郡国五旱、蝗。 是岁,郡国十五地震。	诏:"除三辅三岁田租、更赋、口算。"	《后汉书·安帝纪》
元初二年（115）	二月,京都大风拔树。 三月,京师大风。 五月,京师旱,河南及郡国十九蝗。 十一月,郡国十地震。	诏禀三辅及并、凉六郡流冗贫民。	《后汉书·五行志》《后汉书·安帝纪》
元初三年（116）	二月,郡国十地震。 四月,京师旱。 十一月,郡国九地震。		《后汉书·安帝纪》
元初四年（117）	六月,郡国三雨雹。 七月,京师及郡国十雨水。 是岁,郡国十三地震。		《后汉书·安帝纪》《后汉书·五行志》
元初五年（118）	三月,京师及郡国五旱。 是岁,郡国十四地震。	诏禀遭旱贫人。	《后汉书·安帝纪》《后汉书·五行志》
元初六年（119）	二月,京师及郡国四十二地震,或拆裂,水泉涌出。 四月,会稽大疫。沛国、勃海大风,拔树三万余枚。 五月,京师旱。	四月,遣光禄大夫将太医循行疾病,赐棺木,除田租、口赋。	《后汉书·安帝纪》《后汉书·五行志》

续表

年代	灾情	赈灾措施	史料来源
永宁元年（120）	三月至十月,京师及郡国三十三大风,雨水。淫雨伤稼。 是岁,郡国二十三地震。		《后汉书·安帝纪》 《后汉书·五行志》
建光元年（121）	秋,京师及郡国二十九雨水。 九月,郡国三十五地震,坏城郭室屋,压杀人。 十一月,郡国三十五地震,坏城郭,压杀人。	十一月,遣光禄大夫案行,赐死者钱,人二千;除今年田租,其被灾甚者勿收口赋。诏京师及郡国被水雨伤稼者,随顷亩减田租。	《后汉书·安帝纪》 《后汉书·五行志》
延光元年（122）	四月,京师郡国二十一雨雹。 六月,郡国蝗。 七月,京师及郡国十三地震。 九月,郡国二十七地震。 是岁,京师及郡国二十七雨水,大风,杀人。河西大雨雹,大者如斗。郡国五并旱,伤稼。	诏:"赐压溺死者七岁以上钱,人二千;其坏败庐舍,失亡谷食,粟,人三斛;又田被淹伤者,一切勿收田租;若一家皆被灾害而弱小存者,郡县为收敛之。"	《后汉书·安帝纪》 《后汉书·五行志》 《后汉书·孔僖传》 《后汉书·五行志》注引《古今注》
延光二年（123）	正月,河东、颍川大风。 三月,河东、颍川大风拔树。 六月,郡国十一大风拔树。 九月,郡国五雨水。 是岁,京师、郡国三十二地震。郡国五连雨伤稼。		《后汉书·安帝纪》 《后汉书·五行志》

续表

年代	灾情	赈灾措施	史料来源
延光三年（124）	京师及郡国二十三地震；三十六雨水，疾风，雨雹。大水流杀民人，伤苗稼。	遣侍御史分行青、冀二州灾害。	《后汉书·安帝纪》《后汉书·五行志》
延光四年（125）	十一月，京师、郡国十六地震。十二月，京师大疫，有绝门者，人惧。		《后汉书·顺帝纪》《后汉书·五行志》《太平御览》卷八七九
顺帝永建元年（126）	疫疠，水潦。贫人流冗。	诏以疫疠水潦，令人半输今年田租；伤害什四以上，勿收责；不满者，以实除之。	《后汉书·顺帝纪》
永建二年（127）	三月，旱。	诏："禀贷荆、豫、兖、冀四州流冗贫人，所在安业之；疾病致医药。"	《后汉书·顺帝纪》
永建三年（128）	正月，京师地震，汉阳地陷裂。六月，旱。	诏实核伤害者，赐年七岁以上钱，人二千；一家被害，郡县为收敛。乙未，诏勿收汉阳今年田租、口赋。遣光禄大夫案行汉阳及河内、魏郡、陈留、东郡禀贷贫人。	《后汉书·顺帝纪》
永建四年（129）	五月，五州雨水，司隶、荆、豫、兖、冀部淫雨伤稼。是岁，六州大蝗，疫气流行。	遣使实核死亡，收敛，禀赐。	《后汉书·顺帝纪》《后汉书·杨厚传》

续表

年代	灾情	赈灾措施	史料来源
永建五年（130）	四月，京师旱。京师及郡国十二蝗。郡国十二雨雹。	诏："郡国贫人被灾者，勿收责今年过更。"	《后汉书·顺帝纪》
永建六年（131）	郡国十二雨雹，伤秋稼。冀州淫雨伤稼。	诏："连年灾潦，冀部尤甚。比蠲除实伤，赡恤穷匮，而百姓犹有弃业，流亡不绝……其令冀部勿收今年田租、刍稾。"	《后汉书·顺帝纪》《后汉书·五行志》注引《古今注》
阳嘉元年（132）	二月，京师旱。冀部水潦。	遣大夫、谒者诣嵩高、首阳山，并祠河、洛，请雨。以冀部比年水潦，民食不赡，诏案行禀贷，劝农功，赈乏绝。禀冀州尤贫民，勿收今年更租、口赋。	《后汉书·顺帝纪》
阳嘉二年（133）	四月，京师地震。六月，洛阳地陷，旱。		《后汉书·顺帝纪》《后汉书·五行志》
阳嘉三年（134）	河南、三辅大旱，五谷灾伤。	天子亲自露坐德阳殿东厢请雨。	《后汉书·顺帝纪》《后汉书·周举传》
阳嘉四年（135）	自去冬至二月，旱。十二月，京师地震。		《后汉书·顺帝纪》《后汉书·五行志》
永和元年（136）	七月，偃师蝗。夏，洛阳暴水，杀千余人。		《后汉书·顺帝纪》《后汉书·杨厚传》
永和二年（137）	四月，京师地震。十一月，京师地震。		《后汉书·顺帝纪》

续表

年代	灾情	赈灾措施	史料来源
永和三年(138)	二月,京师及金城、陇西地震,二郡山岸崩,地陷。 闰四月己酉,京都地震。	遣光禄大夫案行金城、陇西,赐压死者年七岁以上钱,人二千;一家皆被害,为收敛之。除今年田租,尤甚者勿收口赋。	《后汉书·顺帝纪》《后汉书·五行志》
永和四年(139)	三月,京师地震。 八月,太原郡旱,民庶流冗。	遣光禄大夫案行禀贷,除更赋。	《后汉书·顺帝纪》
永和五年(140)	二月,京师地震。		《后汉书·顺帝纪》
汉安元年(142)	九月,丸都(今吉林集安西北)都地震。		金富轼等《三国史记》卷十五《高句丽本纪》
汉安二年(143)	九月至次年一月,凉州地百八十震,山谷拆裂,坏败城寺,杀害民庶。		《后汉书·顺帝纪》《后汉书·五行志》
建康元年(144)	九月,京师及太原、雁门地震,三郡水涌土裂。	遣光禄大夫案行,宣赐恩泽,惠此下民,勿为烦扰。	《后汉书·冲帝纪》
冲帝永嘉元年(145)	自春至夏,大旱炎赫,零。		《后汉书·质帝纪》《后汉书·五行志》
质帝本初元年(146)	二月,京师旱。 五月,海水溢乐安、北海,溺杀人民。	遣谒者案行,收葬乐安、北海人为水所漂没死者,又禀给贫赢。	《后汉书·五行志》注引《古今注》《后汉书·质帝纪》
桓帝建和元年(147)	夏,四月,京师地震。 九月,京师地震。	遣四府掾分行赈给;灾害所伤什四以上,勿收田租;其不满者,以实除之。	《后汉书·桓帝纪》

续表

年代	灾情	赈灾措施	史料来源
建和二年（148）	七月,京师大水。		《后汉书·桓帝纪》
建和三年（149）	三月,大旱。八月,京师大水。九月,地震,郡国五山崩。京师厮舍,死者相枕。	灾害连仍,死者相枕,其有家属而贫无以葬者,给直,人三千,丧主布三匹;若无亲属,可于官墙地葬之,民有不能自振及流移者,禀谷如科。	《后汉书·桓帝纪》
元嘉元年（151）	正月,京师疾疫。二月,九江、庐江大疫。四月,京师旱,任城、梁国饥,民相食。十一月,京师地震。	正月,使光禄大夫将医药案行。	《后汉书·桓帝纪》《后汉书·五行志》
元嘉二年（152）	正月,京师地震。十月,京师地震。		《后汉书·桓帝纪》
永兴元年（153）	七月,郡国三十二蝗。河水溢。百姓饥穷,流冗道路,至有数十万,冀州尤甚。	诏在所振给乏绝,安慰居业。	《后汉书·桓帝纪》《后汉书·五行志》
永兴二年（154）	二月,京师地震。六月,彭城泗水增长,逆流。京都蝗。五谷不登,人无宿储。	其令所伤郡国种芜菁,以助人食。其不被害郡县,当为饥馁者储。	《后汉书·桓帝纪》《后汉书·五行志》
永寿元年（155）	六月,洛水溢,坏鸿德苑,南阳大水。霖雨大水,三辅以东莫不湮没。巴郡、益州郡山崩,坏败庐舍。	诏:"被水死流失尸骸者,令郡县钩求收葬;及所唐突压溺物故,七岁以上赐钱,人二千。坏败庐舍,亡失谷食,尤贫者禀,人二斛。"	《后汉书·桓帝纪》《后汉书·五行志》《后汉书·公沙穆传》

续表

年代	灾情	赈灾措施	史料来源
永寿二年（156）	十二月，京师地震。		《后汉书·桓帝纪》
永寿三年（157）	六月，京师蝗。七月，河东地裂。		《后汉书·桓帝纪》
延熹元年（158）	五月，京都蝗。六月，大雩，旱。		《后汉书·桓帝纪》《后汉书·五行志》
延熹二年（159）	夏，霖雨五十余日。京师雨水。		《后汉书·五行志》《后汉书·桓帝纪》
延熹三年（160）	久旱。		《后汉书·桓帝纪》
延熹四年（161）	正月，大疫。五月，京都雨雹，大如鸡子。六月，京兆、扶风及凉州地震。七月，京师雩。	文安令度尚，遇时疾疫，谷贵人饥，尚开仓廪给，营救疾者，百姓蒙其济。	《后汉书·桓帝纪》《后汉书·五行志》《后汉书·度尚传》
延熹五年（162）	五月，京都地震。陇右大疫，军中死者十三四。		《后汉书·桓帝纪》《后汉书·黄甫规传》
延熹七年（164）	五月，京师雨雹。冬，大寒，杀鸟兽，害鱼鳖。		《后汉书·桓帝纪》《后汉书·襄楷传》
延熹八年（165）	九月，京师地震。连寒木冰，暴风折树，又八九郡并言陨霜杀菽。		《后汉书·桓帝纪》《袁山松书》卷一，见周天游《八家后汉书辑注》1986年上海古籍出版社本。

续表

年代	灾情	赈灾措施	史料来源
延熹九年（166）	扬州六郡连水、旱、蝗害。自春夏以来，连有霜雹及雨雷。又有水旱疾疫。	诏："令大司农绝今岁调度征求，及前年所调未毕者，勿复收责。其灾旱盗贼之郡，勿收租，余郡悉半入。"司隶、豫州饥死者什四五，至有灭户者。遣三府掾赈禀之。	《后汉书·桓帝纪》《后汉书·五行志》注引《谢承书》《后汉书·襄楷传》
永康元年（167）	八月，六州大水，勃海海溢，没杀人。京都、上党地裂。	诏州郡赐溺死者七岁以上钱，人两千；一家皆被害者，悉为收敛；其亡失谷食，禀人三斛。	《后汉书·五行志》《后汉书·桓帝纪》
灵帝建宁元年（168）	六月，京师大水。夏，霖雨六十余日。		《后汉书·灵帝纪》《后汉书·五行志》
建宁二年（169）	四月，大风、雨雹，京都大风雨雹，拔郊道树十围以上百余枚。	诏公卿以下各上封事。	《后汉书·灵帝纪》《后汉书·五行志》
建宁四年（171）	二月地震，海水溢，河水清。三月，人疫。五月，河东地裂、雨雹，山水暴出，漂坏庐舍五百余家。	大疫，使中谒者巡行致医药。	《后汉书·灵帝纪》《后汉书·五行志》
熹平元年（172）	六月，京师雨水。夏，霖雨七十余日。		《后汉书·灵帝纪》《后汉书·五行志》
熹平二年（173）	正月，大疫。六月，北海地震。东莱、北海海水溢，漂人物。	大疫，使使者巡行致医药。	《后汉书·灵帝纪》《后汉书·五行志》

· 405 ·

续表

年代	灾情	赈灾措施	史料来源
熹平三年（174）	秋,洛水出。		《后汉书·五行志》
熹平四年（175）	夏四月,郡国七大水,伤害秋稼。 六月,弘农、三辅螟虫为灾。	令郡国遇灾者,减田租之半,其伤害十四以上,勿收责。	《后汉书·灵帝纪》 《后汉书·五行志》
熹平五年（176）	夏,旱。		《后汉书·五行志》
熹平六年（177）	四月,大旱,七州蝗。 十月,京师地震。时有雷霆疾风,伤树拔木、地震、陨雹、蝗虫之害。		《后汉书·灵帝纪》 《后汉书·蔡邕传》
光和元年（178）	二月,地震。 四月,地震。		《后汉书·灵帝纪》 《后汉书·五行志》
光和二年（179）	春,大疫。 三月,京兆地震。	使常侍、中谒者巡行致医药。	《后汉书·灵帝纪》
光和三年（180）	自秋至明年春,酒泉表氏地八十余动,涌水出,城中官寺民舍皆顿,县易处,更筑城郭。		《后汉书·灵帝纪》 《后汉书·五行志》
光和四年（181）	六月,雨雹,大如鸡子。		《后汉书·五行志》
光和五年（182）	二月,大疫。 四月,旱。		《后汉书·灵帝纪》
光和六年（183）	夏,大旱。 秋,金城河水溢,五原山岸崩。 冬,大寒,北海、东莱、琅琊井中冰厚尺余。		《后汉书·灵帝纪》 《后汉书·五行志》

续表

年代	灾情	赈灾措施	史料来源
中平二年 （185）	正月，大疫。 四月，大风、雨雹，伤稼。 七月，三辅螟蝗为害。		《后汉书·灵帝纪》 《后汉书·五行志》
中平四年 （187）	十二月晦，雨水，大雷电、雹。		《后汉书·五行志》
中平五年 （188）	六月，大风拔树，郡国七大水。		《后汉书·灵帝纪》
中平六年 （189）	六月，雨水。 夏，霖雨八十余日。		《后汉书·灵帝纪》 《后汉书·五行志》
献帝初平二年 （191）	五月，雹如扇如斗。 六月，京师地震。		《太平御览》卷十四 《后汉书·献帝纪》
初平三年 （192）	春，连雨六十余日。		《后汉书·王允传》
初平四年 （193）	五月，无云而雷。 六月，扶风大风，雨雹。 华山崩裂，雨水。 十月，京师地震。 十二月，地震。		《后汉书·献帝纪》 《后汉书·五行志》
兴平元年 （194）	六月，地震，大蝗。 七月，三辅大旱。 是时，谷一斛五十万，豆麦一斛二十万，人相食啖，白骨委积。	帝使侍御史侯汶出太仓米豆，为饥人作糜粥，经日而死者无降。帝疑赋恤有虚，乃亲于御坐前量试作糜，乃知非实，使侍中刘艾出让有司……自是之后，多得全济。	《后汉书·献帝纪》
兴平二年 （195）	四月，大旱。		《后汉书·献帝纪》

· 407 ·

续表

年代	灾情	赈灾措施	史料来源
建安二年（197）	五月,蝗。 九月,汉水溢,害民人。 是岁,饥,江淮间民相食。		《后汉书·献帝纪》 《后汉书·五行志》
建安十三年（208）	十二月,公(曹操)至赤壁,大疫。		《三国志·魏书·武帝纪》
建安十四年（209）	十月,荆州地震。		《后汉书·献帝纪》
建安十六年（211）	三辅乱……邺疾疫。		《三国志·魏书·胡昭传》注引《魏略》
建安十七年（212）	七月,洧水、颍水溢。螟。		《后汉书·献帝纪》
建安十八年（213）	五月,大雨水。 六月,大水。		《后汉书·献帝纪》 《后汉书·五行志》
建安十九年（214）	四月,旱。 五月,雨水。		《后汉书·献帝纪》
建安二十年（215）	合肥,疾疫。		《三国志·吴书·甘宁传》
建安二十二年（217）	是岁大疫。家家有强尸之痛,室室有号泣之哀。		《后汉书·献帝纪》 《后汉书·五行志》
建安二十四年（219）	八月,汉水溢,害民人。 是岁,大疫。	是岁大疫,(孙权)尽除荆州民租税。	《三国志·吴书·吴主传》
延康元年（220）	有疾疠。 大霖雨五十余日。	（曹丕初嗣魏王,二月）,庚戌令曰:"关津所以通商旅,池苑所以御灾荒也。设禁重税,非所以便民。其除池籞之禁,轻关津之税,皆复什一。"	《三国志·魏书·贾逵传》注引《魏略》 《艺文类聚》卷二注引《魏略》 《三国志·魏书·文帝纪》元年二月注

原载《农业考古》2000 年第 3 期,与温乐平同志合作,收入本书时笔者有修改。

后　　记

　　两汉农业、农民和农村是史学研究的传统课题。长期以来，学术界对当时农业政策，农业部类的发展，农业结构与生产方式，农田水利，农业科技，土地制度，赋役征课；农民生计，农民起义；农村政权与民间组织，婚姻与家庭，宗族与宗法，风俗、文化，等等，做了大量的研究，取得了丰硕的成果。拙著《汉代农业社会诸问题研究》，只是针对此前研究中的某些不足和缺疑，先后陆续做了些补说，共计收入二十篇文稿，其中有的篇章，我曾与研究生合作署名在刊物上发表过，现在也做了些文字修订，这是要说明的一个方面。

　　还要说明的是，本书在整理过程中，万义广副教授热情相助，他对文稿的打印、校对和注释页码等费了不少精力；中国社会科学出版社吴丽平老师对本书做了精心编审；特别是江西师范大学领导，多年来对我的工作一直多方关照和大力支持；本书的出版得到江西省汉代文化研究中心经费资助，在此一并表示感谢！

黄今言谨识
2021 年 11 月 26 日